MAZARIN
LE POUVOIR ET L'ARGENT

GEORGES BORDONOVE

MAZARIN
LE POUVOIR ET L'ARGENT

FRANCE LOISIRS
123, boulevard de Grenelle, Paris

Édition du Club France Loisirs, Paris
réalisée avec l'autorisation des Éditions Pygmalion/Gérard Watelet

ISBN 2-7441-0716-6

LE SPHINX OU MAZARIN ET L'OPINION

Le cardinal de Retz, son rival, le gratifie de ce portrait : « Sa naissance était basse et son enfance honteuse. Au sortir du Colisée, il apprit à piper, ce qui lui attira des coups de bâton d'un orfèvre de Rome appelé Moreto. Il fut capitaine d'infanterie en Valteline ; et Bagni, qui était son général, m'a dit qu'il ne passa dans sa guerre, qui ne fut que de trois mois, que pour un escroc. Il eut la nonciature extraordinaire en France, par la faveur du cardinal Antoine [1]*, qui ne s'acquérait pas, en ce temps-là, par de bons moyens. Il plut à Chavigny par ses contes libertins d'Italie, et par Chavigny à Richelieu, qui le fit cardinal, par le même esprit, à ce que l'on a cru, qui obligea Auguste à laisser à Tibère la succession de l'Empire. La pourpre ne l'empêcha pas de demeurer valet sous Richelieu. La reine l'ayant choisi faute d'autre, ce qui est vrai quoi qu'on en dise, il parut d'abord l'original de Trivelino Principe* [2]*. La fortune*

1. Le cardinal Barberini, neveu du pape Urbain VIII.
2. Acteur italien jouant, sous l'habit d'Arlequin, les valets et les aventuriers.

l'ayant ébloui et tous les autres, il s'érigea et l'on l'érigea en Richelieu ; mais il n'en eut que l'impudence de l'imitation. Il se fit de la honte de tout ce que l'autre s'était fait de l'honneur. Il se moqua de la religion. Il promit tout, parce qu'il ne voulut rien tenir. Il ne fut ni doux ni cruel, parce qu'il ne se ressouvenait ni des bienfaits ni des injures. Il s'aimait trop, ce qui est le naturel des âmes lâches ; il se craignait trop peu, ce qui est le caractère de ceux qui n'ont pas de soin de leur réputation. Il prévoyait assez bien le mal, parce qu'il avait souvent peur ; mais il n'y remédiait pas à proportion, parce qu'il n'avait pas tant de prudence que de peur. Il avait de l'esprit, de l'insinuation, de l'enjouement, des manières ; mais le vilain cœur paraissait toujours au travers, et au point que ces qualités eurent, dans l'adversité, tout l'air du ridicule, et ne perdirent pas, dans la plus grande prospérité, celui de fourberie. Il porta le filoutage dans le ministère, ce qui n'est jamais arrivé qu'à lui ; et ce filoutage faisait que le ministère, même heureux et absolu, ne lui seyait pas bien, et que le mépris s'y glissa, qui est la maladie la plus dangereuse d'un État, et dont la contagion se répand le plus aisément et le plus promptement du chef dans les membres. »

Ailleurs, le cardinal de Retz le qualifie d'« ignorantissime ». Il le haïssait, ne lui pardonnant pas d'avoir ruiné sa carrière.

Les Mazarinades, *pamphlets politiques, souvent ignobles, toujours injustes, parfois d'une vulgarité dont il est peu d'exemples, chargent Mazarin de tous les péchés et de tous les vices :*

« Maudit, maraud, malicieux,
Sot, superbe, simoniaque,
Avare, usurier, ambitieux,
Pendard, pelé, pernicieux,
Plus dangereux qu'un maniaque,
Tigre têtu, tyran et traître,
Fourbe, faquin, fantasque, fat,
Infâme, impertinent, ingrat,
Ribaud, rodomont, renégat… »

Le portrait de Mazarin par Saint-Simon, écrit un demi-siècle après la mort du cardinal, montre que l'opinion n'avait pas évolué à l'égard de celui-ci, bien plutôt qu'elle s'était aggravée :

« Un étranger de la lie du peuple, qui ne tient à rien et qui n'a d'autre dieu que sa grandeur et sa puissance, ne songe à l'État qu'il gouverne que par rapport à soi. Il en méprise les lois, le génie, les avantages ; il en ignore les règles et les formes ; il ne pense qu'à tout subjuguer, à tout confondre, à faire que tout soit peuple ; et comme cela ne se peut exécuter que sous le nom du Roi, il ne craint pas de rendre ce prince odieux, ni de faire passer dans son esprit sa pernicieuse politique. On l'a vu insulter au plus proche sang royal, se faire redouter du Roi, maltraiter la Reine mère en la dominant toujours, abattre tous les ordres du royaume, en hasarder la perte à deux différentes reprises par ses divisions à son sujet, et perpétuer la guerre au-dehors pour sa sûreté et ses avantages, plutôt que de céder le timon qu'il avait usurpé. Enfin on l'a vu régner en plein par lui-même par son extérieur et par son autorité, et ne laisser au Roi que la figure du monarque. C'est dans ce scandaleux éclat qu'il est mort avec les établissements, les alliances et l'immense succession qu'il a laissée, monstrueuse jusqu'à pouvoir enrichir seule le plus puissant roi de l'Europe... »

Il est vrai qu'un peu plus loin Saint-Simon montre, si l'on peut dire, le bout de son nez :

« Tous ses soins, toute son application se tourna à l'anéantissement des dignités et de la naissance par toutes sortes de voies, à dépouiller les personnes de qualité de toute sorte d'autorité, et pour cela de les éloigner, par état, des affaires ; d'y faire entrer des gens aussi vils d'extraction que lui ; d'accroître leurs places en pouvoir, en distinctions, en crédit, en richesses ; de persuader au Roi que tout seigneur est nécessairement ennemi de son autorité, et de préférer, pour manier ses affaires en tout genre, des gens de rien, qu'au moindre mécontentement on réduisait au néant, en leur ôtant leur emploi, avec la même facilité qu'on les en avait tirés en [le leur] donnant ; au lieu que les seigneurs déjà grands par leur naissance, leurs alliances, souvent par leurs établissements, acquéraient une puissance redoutable par le ministère et les emplois qui y avaient rapport, et devenaient dangereux à cesser de s'en servir, par les mêmes raisons. De là l'élévation de la plume et de la robe, et l'anéantissement de la noblesse par les degrés qu'on pourra voir ailleurs, jusqu'au prodige qu'on voit

et qu'on sent aujourd'hui, et que ces gens de plume et de robe ont bien su soutenir, et chaque jour aggraver leur joug, en sorte que les choses sont arrivées au point que le plus grand seigneur ne peut être bon à personne, et qu'en mille façons différentes il dépend du plus vil roturier. C'est ainsi que les choses passent d'un comble d'extrémité à un autre tout opposé. »

Emporté par sa passion nobiliaire, Saint-Simon reprend à son compte les ragots d'une cour où persistaient des relents de Fronde. Il émet des contrevérités flagrantes, sans avoir les raisons personnelles de Retz de discréditer Mazarin. Il n'est d'ailleurs pas le seul de ses détracteurs. Dans la littérature de l'Ancien Régime, les rares éloges consentis au cardinal s'enfouissent dans un amas de calomnies. C'est en vain que Servien, loyal serviteur de la couronne, louait sa dignité et son adresse. Que Turenne écrivait : « Il n'y a personne, ni qui travaille tant, ni qui trouve tant d'expédients, avec une grande netteté d'esprit pour terminer beaucoup d'affaires de différentes sortes. »

L'historiographie du XIXe *siècle n'est guère plus objective. Michelet, dont l'*Histoire de France *n'est qu'une marche vers la Révolution, emboîte le pas du cardinal de Retz, et trempe sa plume dans le vitriol : « Son caractère [celui de Mazarin] offre la beauté d'un type bien soutenu qui ne se dément pas. Ingrat pour ses auteurs, Joseph* [1] *et Chavigny qui le créèrent en France, il se tira d'affaire deux fois pendant la Fronde par le même moyen, ingrat pour Condé, puis pour Retz. Enfin il couronna sa carrière par le plus fort, l'ingratitude pour la reine, sa vieille amoureuse… Pour faire accepter ce gouvernement de Trivelino Principe, il y eut une profusion de grâces extraordinaire, un débordement de faveurs, un déchaînement de prodigalités… Nul doute cependant que, si la reine n'eût pas pris son amant si bas, si elle n'eût pas appelé au suprême pouvoir ce bouffon italien, elle eût eu moins à faire et à donner pour se faire pardonner son choix. »*

De la raillerie, Michelet passe au réquisitoire le plus impitoyable :

« Que les peuples soient exploités, volés, c'est la chose ordi-

1. Joseph du Tremblay, éminence grise de Richelieu.

naire. On n'y ferait pas attention s'il n'y avait eu ici dans le vol une lâche audace, une intrépidité de bassesse, qu'on nous passe ces mots, toute nouvelle et originale, qui ne s'est peut-être vue qu'une fois.

On vit en huit ans cette chose surprenante, miraculeuse, absurde : un homme qui était maître et roi, prenait ce qu'il voulait, et qui pourtant volait le roi, c'est-à-dire se volait lui-même.

Il était l'État en réalité (autant que le fut jamais Louis XIV). Et en même temps il faisait des affaires avec l'État, s'était fait financier, partisan, munitionnaire. Il trafiquait des vivres, spéculait sur l'artillerie, gagnait sur la marine. Il avait pris à son compte la maison du roi.

Quoiqu'il eût tant d'esprit pour l'intrigue et le ravaudage (dit si bien Retz), il n'avait ni intelligence ni connaissance de la France qu'il exploitait. De sorte qu'à chaque instant, sans tact ni pudeur, à l'aveugle, il faisait des choses immondes. Il avilit les charges, les dignités, en les vendant, en les multipliant. Il aimait mieux faire dix ducs et pairs que donner dix écus. »

Lavisse s'en tient au Mazarin de la Fronde, vilipendé par toutes les factions et honni dans le peuple : « Sa figure n'avait pas de relief ni de dignité, mais elle était intelligente et douce, avec une flamme d'esprit dans les yeux bruns. Il avait à peu près le même âge que la reine, il l'aima peut-être, elle l'aima certainement, avec une passion qui fut la folie de sa quarantaine. Et c'est ainsi que par un jeu de l'amour et du hasard, deux des très grandes puissances en histoire, la monarchie française tomba aux mains d'une Espagnole et d'un Napolitain. Mazarin, bien qu'il fût naturalisé, continua de signer Mazarini ; il avait ses raisons de ne point renoncer à sa qualité d'Italien, qui pouvait resservir, pour devenir pape, par exemple. C'était un personnage indistinct, prince de l'Église sans être prêtre, un condottiere d'État, un cherche-fortune qui en trouva une si extraordinaire : Premier ministre du royaume de France, peut-être mari secret, pour le moins amant de la superbe reine à qui "le sang de Charles Quint donnait de la hauteur" ; prodigieux comédien, capable d'entrer dans un grand rôle et de le jouer en grand artiste, mais sans dépouiller une vilenie qui lui était naturelle. »

L'historiographie contemporaine tend – sauf exceptions – à le réhabiliter, et ce n'est que justice. Il aura fallu trois siècles pour qu'il apparaisse sous un autre aspect que celui d'un comédien, d'un fourbe et d'un fripon. Il est des hommes d'État qui apportent tous leurs soins à léguer leur image embellie aux générations futures, tout en ménageant des zones d'ombre dont ils savent bien qu'elles nourriront les chroniques et par là même leur assureront une espèce de survie. Tel ne fut pas le cas de Mazarin qui ne fit rien pour magnifier son rôle. Il semble même que la postérité lui ait été indifférente : il lui suffisait de réussir son œuvre et sa vie. Pourtant, on peut regretter qu'il n'ait pas écrit ses Mémoires, comme tant de ses contemporains, conté le roman de sa vie hors du commun, de son enfance romaine au quasi-trône de France, dévoilé ses sentiments, explicité ses actes. C'eût été un extraordinaire document humain. Or, il n'a laissé que des lettres qui ne disent pas tout, des carnets de notes écrits à la diable. Ils ne résolvent pas l'énigme qu'il était à lui-même ; ils ne tranchent pas le nœud de ses contradictions, mais ajoutent à l'ambiguïté dont il s'était apparemment fait une règle et qui masque sa personnalité réelle. Patience et prudence paraissent être les traits dominants de son caractère. Nul plus que lui ne connaissait le danger des situations trop nettes, des décisions tranchées. Il préférait les silences incertains, mais lourds de possibilités, les à-peu-près subtils, les sous-entendus laissant le champ libre à des interprétations diverses, les mots couverts, les demi-promesses. Il ne bravait pas l'adversité mais, pliant sous la bourrasque, la contournait. Les compromissions ne l'effrayaient pas, quand elles pouvaient lui servir. On l'eût dit indifférent aux insultes, car il poursuivait obstinément son but et n'avait que faire du bavardage de ses ennemis. Triomphant, il pardonnait à ces derniers, mais du bout des lèvres : il ne pouvait haïr ce qu'il méprisait. Ambitieux, comédien, cupide et fourbe, il mérite peut-être ces épithètes, et quelques autres ! Pourtant, si l'on scrute plus à fond ce personnage complexe, on discerne bientôt ses lignes de force soigneusement dissimulées, et d'abord une volonté inflexible tendue vers un but qui le dépassait lui-même. Et, quoi qu'on pense par ailleurs, ce but suffit à le rédimer. Chemin faisant, ce cardinal sans prêtrise, ce Premier ministre sans titre, ce vice-roi qui assumait la plénitude du pouvoir, s'était pris de passion pour la France. D'une passion qui consuma ses jours et le jeta dans la tombe à cinquante-neuf ans, usé jusqu'à la corde ! Qu'il ait fait de l'argent avec le pouvoir, d'autres l'ont imité, qui ne surent pas laisser notre pays plus grand qu'ils ne l'avaient pris. La France, après la mort de Mazarin, était devenue la première puissance d'Europe.

Parmi ses contemporains, seul le Père Léon, « prédicateur ordinaire » de Louis XIV, l'a sans doute défini avec exactitude dans l'Éloge funèbre qu'il prononça devant le Sacré Collège :

« ... La vie du grand cardinal Jules Mazarin est de vrai un mystérieux énigme, composé comme dans les tableaux les plus achevés de contrariétés opposées qui ne le rendent non moins admirable à tous les siècles qu'il est sans doute très difficile de l'imiter. Ah Dieu ! quelles clartés et quelles obscurités ! Quelles lumières et quelles ombres vous rehaussent la beauté de cette peinture ! Un Italien français, un soldat Docteur en lois, un laïque sans ordres sacrés et un Éminentissime Cardinal, un Étranger et un Domestique, un Banni et un Plénipotentiaire, un Sujet et un Ami des Rois... Un illustre persécuté, des outrages glorieux. Un phénix qui renaît de ses cendres. Un soleil que le retour, après les ténèbres d'une épaisse nuit, rend plus éclatant : Posto nubila, Phœbus [1]. *Enfin, l'Arbitre de tant de peuples, de Nations... »*

On peut en effet résumer de la sorte l'exceptionnelle ascension de Mazarin et les étapes de sa vie. Mais entre des débuts incertains et l'apothéose finale intervint une métamorphose sur laquelle il faut insister. Un abîme sépare le douteux capitaine de la Valteline du maître de la France. Le destin de Mazarin prend une autre direction à partir de son appel par Richelieu, sans doute même à partir de sa première rencontre avec celui-ci. Il découvre sa vraie vocation ; il est enfin lui-même. De simple ambitieux à la recherche d'un emploi à la hauteur de ses capacités, il se hausse au niveau d'un véritable homme d'État et devient plus authentiquement français que la plupart des grands seigneurs qui entouraient le trône et des magistrats qui composaient le Parlement. Il ne s'agit pas seulement d'une adaptation à des fonctions nou-

1. Après les nuages, Phœbus.

velles, mais d'une transformation profonde de l'esprit et du cœur. Transformation dont ce livre essaie de rendre compte. Que Mazarin ait été un sphinx impénétrable aux yeux de ses contemporains, qu'il ait même rempli ce rôle avec une secrète délectation, soit. D'autres se sont d'ailleurs exercés à ce métier ! Cependant, sous le masque transparaît le vrai visage : celui-là même qu'il est passionnant de montrer dans sa vérité, débarrassé de ses ruses, de ses sourires de complaisance et des stigmates de la politique.

PREMIÈRE PARTIE

LE CHOIX DE LA FRANCE

(1602-1643)

I

ENFANCE ET JEUNESSE

Jules Mazarin naquit le 14 juillet 1602, jour de la Saint-Bonaventure, à Piscina, petite ville des Abruzzes. L'historien allemand Karl Federn découvrit naguère son acte de baptême.

« Le 14 juillet de l'an 1602, Julius Raimundus, fils du seigneur Petrus Mazarini, de Palerme, et de la dame Hortensia, a été baptisé par moi, Don Paschalis Pippo, et la sage-femme Cristina l'a tenu sur les fonts baptismaux. »

Voilà qui coupe court à la légende d'une naissance romaine que Mazarin lui-même et ses premiers biographes tentèrent d'accréditer. En réalité, sa mère avait fui les miasmes de l'été romain et la grosse chaleur pour faire ses couches dans une nature plus clémente. Piscina était une petite ville de montagne. L'un des frères d'Hortensia Mazarini y possédait un bénéfice. Karl Federn, visitant les Abruzzes, a pu voir les soubassements et les restes de la maison natale de Julius. Mais pourquoi ce prénom de Jules ? Non certes par référence à l'illustre César, mais selon l'usage, pour honorer un membre de la famille, soit le frère de son père, Giulio Mazarini, Jésuite fort connu pour ses prédications, soit un autre frère de sa mère qui avait été chevalier de Malte – certains disent commandeur –, de surcroît auteur d'un ouvrage sur les duels.

Quand il parvint au faîte de la gloire et de la puissance, le cardinal Mazarin chargea plusieurs généalogistes de lui trouver des ancêtres prestigieux. Les uns prétendirent que le cardinal descendait d'un certain Jean Mazarin, victime des Vêpres siciliennes, dont la famille avait été dépouillée de ses biens et proscrite. D'autres, que les Mazarin, venant de Gênes, s'étaient fixés en Sicile, où ils détenaient un fief auquel ils auraient donné leur nom, fief relevant des comtes de Branciforte. Par la suite, le cardinal crut pouvoir rattacher sa famille à celle des Spinola et confondre les Mazarin de Gênes avec les Mazarin de Sicile. Ce prurit de noblesse ne laisse pas de surprendre chez un homme de cette envergure, mais il faut le replacer dans son époque. Au surplus, voulait-il répondre à ses détracteurs qui le disaient fils de portefaix ou de marchand besogneux. Le moine camuldule [1] Michel écrivait alors, il est vrai dans un pamphlet :

« Il tirait sa naissance des ennemis et des bourreaux de Jésus-Christ… Il était né à Palerme de Pierre Mazarin, marchand de chapelets, qui changea de pays par banqueroute et par la force du destin et de la malédiction des Juifs qui portent la peine de leur péché par toutes les nations de la terre. »

À cette époque, c'était une injure majeure. Le moine Michel n'y allait pas par quatre chemins et ce n'étaient pas les sentiments chrétiens qui l'étouffaient !

Autant dire qu'on ne sait à peu près rien des origines des Mazarin. Certains indices donnent à penser qu'ils possédaient quelques terres formant un modeste domaine en Sicile, probablement dans la vallée de Mazzaro, d'où leur nom de Mazarini, francisé plus tard en Mazarin. Le fait que la République de Venise puis la République de Gênes eussent inscrit le cardinal dans les Livres d'Or de leur

1. Ordre de moines contemplatifs, inspiré des bénédictins et fondé en 1012 par saint Romuald, de Ravenne.

noblesse ne prouve rien, sinon que les doges de ces deux États voulaient l'honorer et ménager l'avenir. Sauf découverte d'un document sensationnel, et surtout probant, il est évident que l'origine des Mazarin restera inconnue.

Cependant, il est probable qu'ils n'étaient pas d'extraction aussi ancienne que le prétendait le cardinal, ni aussi démunie que ses détracteurs le donnent à croire. Le frère aîné de Pierre (Pietro) Mazarin, le Père Giulio (Jules), appartenait à la Compagnie de Jésus : qui ne recrutait pas spécialement ses membres parmi les pauvres. Ses sermons étaient célèbres, non seulement en Italie, mais en France où ils avaient été publiés. Le Père Giulio veilla à l'éducation de Pierre, son frère puîné, et à son avenir. Peut-être le présenta-t-il au prince Colonna, qui possédait des fiefs en Sicile, dans la vallée de Mazzaro. Les Colonna étaient alliés aux Cardona et aux Branciforte, grandes familles siciliennes. Ils n'ignoraient donc rien de la condition sociale de Pierre Mazarin et ce ne fut pas par hasard qu'ils le recrutèrent. Pierre Mazarin entra au service de Filippo Colonna, prince de Palliano, duc de Tagliacozzo et connétable du royaume de Naples que possédait alors l'Espagne. Il fut inclus dans la domesticité du prince, mot impropre ; il vaudrait mieux écrire maisonnée, ou clan. De même qu'en France, les grandes familles romaines avaient leurs familiers, à mi-chemin entre les maîtres et les laquais. Pierre Mazarin n'avait point, semble-t-il, de titre ni d'emploi bien déterminés. C'était une sorte de majordome ou d'intendant. Le prince Filippo Colonna, son patron, lui confiait des missions de confiance, entre autres la gestion de ses terres siciliennes. Il faut croire que Pierre Mazarin lui donnait satisfaction et avait su gagner son estime, car le prince lui fit épouser sa filleule, Hortensia Bufalini. Elle appartenait à une famille noble, originaire d'Ombrie. Elle était très belle, très cultivée et écrivait des vers. Un de ses frères était abbé de Piscina. Un autre, chevalier de Malte, comme on l'a signalé précédemment. Mais il faut ajouter que ce dernier avait beaucoup vécu en France et même dédié son essai sur les duels à Louis XIII. Ce mariage était pour

Pierre Mazarin une flatteuse promotion sociale. Il ne s'en tint pas là car, devenu veuf, il se remaria avec Porzia Orsini. Or, les Orsini étaient d'antique noblesse ; ils rivalisaient avec les Colonna : longtemps, les deux familles s'étaient disputé la domination de Rome. Bien entendu, les Orsini n'épousaient pas n'importe qui. Or, Pierre Mazarin n'était après tout que l'homme lige des Colonna. Toutefois, en l'épousant, Porzia Orsini devenait en somme la belle-mère du maître de la France. Quand Pierre Mazarin mourut en 1654, son illustre fils écrivit à Epidio Benedetti, son agent à Rome : « Il ne doit pas être enterré comme duc, car il ne l'était pas ; la postérité verra pour sa gloire et la mienne qu'il mourut en simple gentilhomme alors qu'il eût pu prétendre à toutes les distinctions. » Il ne dit pas lesquelles et nous en resterons là sur ses origines paternelles. Admettons donc que Pierre Mazarin ait été un modeste gentilhomme de Sicile !

Hortensia lui donna six enfants (deux fils et quatre filles : voir Note sur la famille Mazarin à la fin de ce volume). Les Mazarin habitaient, au cœur de Rome, le quartier de Trevi, dans une petite rue proche de l'église Saints-Vincent-et-Anastase. Rome, capitale spirituelle du monde chrétien et de l'Europe, était alors une ville en pleine expansion, embellie d'églises et de palais innombrables. Elle était aussi capitale des États du pape, puisque celui-ci restait un souverain temporel doté d'une administration civile et d'une armée. Les gens du peuple, artisans, ouvriers, marchands, y côtoyaient quotidiennement les princes et leurs séides, les cardinaux, les évêques, les moines et les abbés. Le petit Jules Mazarin grandit dans cette animation perpétuelle, allant du palais Colonna, où il partageait les jeux du jeune Girolamo, l'un des fils du prince Filippo, aux ruelles bruyantes du quartier de Trevi.

On sait peu de chose de sa prime enfance. À l'âge de sept ans, il fut admis au Collegio romano en compagnie de Girolamo Colonna. Ce collège de deux mille élèves était alors tout neuf. Il avait été bâti par les Jésuites. Rompant avec l'enseignement classique, et passablement sclérosé, ces esprits pleins de hardiesse voulaient former les cadres de la société future, aussi bien ecclésiastiques que laïcs. Le *Ratio studiorum*, leur système pédagogique, embrassait toutes les connaissances du temps, littéraires comme scientifiques et théologiques. Les exercices physiques étaient inclus dans leur enseignement : *Mens sana in corpore sano !* Ils préféraient des têtes bien faites à des têtes trop pleines. C'était l'efficacité qu'ils recherchaient, plus que l'exaltation d'un mysticisme désordonné. Prenant la condition humaine telle qu'elle était, entre le ciel et la terre, ils ne condamnaient pas les réussites terrestres. Ils prônaient, en définitive, les avantages de la raison, la sagesse du juste milieu, l'indulgence aux faiblesses de la créature mais, plus que tout, les mérites d'une volonté sans failles. Le paganisme des Anciens ne les effrayait pas, sachant qu'il était un long moment de l'histoire des hommes et, par bien des côtés, une approche inconsciente du christianisme. Les progrès de la connaissance retenaient toute leur attention : ils avaient soutenu Galilée, célébré sa découverte, au mépris de l'Inquisition qui finit par le condamner. Le Collegio romano disposait des meilleurs professeurs dans toutes les disciplines.

Tout jeune, vers l'âge de cinq ans, dit un de ses biographes (ou plutôt de ses hagiographes), Jules Mazarin se serait fait remarquer par son aptitude à répéter les sermons qu'il entendait, non seulement avec l'accent voulu, mais avec les gestes appropriés. Il n'y a là rien de bien singulier pour qui connaît tant soit peu la mémoire rapide et sûre des enfants et leur don de mimétisme. Jules Mazarin fut admis sans difficulté au prestigieux collège, et d'autant qu'il appartenait aux princes Colonna. La tradition veut qu'il y ait fait de brillantes études, ce qui paraît exact, encore que nous soyons peu renseignés sur sa scolarité qui dura une huitaine d'années (1608-1616). Ses aptitudes au théâtre furent notées par les bons Pères qui surent s'en souvenir. Qu'ils aient tenté de le diriger vers une carrière ecclésiastique, voire de l'agréger à leur Compagnie, cela est d'évidence. Cependant leurs manœuvres échouèrent.

Jamais Mazarin n'envisagea de devenir Jésuite ou même prêtre. C'était le monde qui l'attirait, dans sa diversité et dans ses perspectives infinies. Il conserva, tout au long de sa vie, une méfiance instinctive à l'égard de ses maîtres ; sans doute les connaissait-il trop bien !

Cette attitude ne put que décevoir ses parents, surtout sa mère qui était très pieuse et le voyait déjà revêtu de la pourpre cardinalice car, comme toutes les mères, elle croyait avoir enfanté un prodige. Dans l'Italie de cette époque, et ailleurs, il fallait appartenir à la haute noblesse pour prétendre à une grande charge. Appartenant à une petite gentilhommerie, Mazarin ne pouvait que végéter, malgré la protection des Colonna. L'Église seule lui offrait de vraies possibilités d'ascension sociale : encore préférait-elle les sujets dociles et patients. L'adolescent Mazarin n'était ni l'un ni l'autre ; il avait un caractère indépendant et ne se sentait pas attiré par la soutane. L'univers feutré de l'Église ne s'accordait pas à la vivacité de son esprit. La petite cour des Colonna, les gentilshommes et les belles dames somptueusement vêtus le fascinaient. Il commençait à aimer le luxe, les soirées, les parfums délicats, les œuvres d'art. Ne sachant trop que faire de lui, ses parents l'envoyèrent à l'université Sapienza pour y apprendre le droit. Jules Mazarin suivait les cours sans grande conviction. Il se plaisait davantage au palais Colonna, avec Girolamo et ses nobles compagnons. Le jeu était alors à la mode, et dans toutes les couches de la société. On peut même dire qu'il atteignait une telle frénésie qu'il rejoignait le vice. Mazarin ne pouvait que céder à la passion commune. De surcroît, étant assez désargenté, il demandait aux cartes de lui procurer ce dont il manquait cruellement. Confiant dans son étoile, il gagnait souvent, mais il lui arrivait aussi de perdre jusqu'à sa culotte de soie. Une année poussant l'autre, il était devenu un beau cavalier au regard vif. Un regard qui s'attardait volontiers sur le décolleté des femmes. Ici, l'historien doit s'arrêter, car on ignore tout de l'existence aventureuse du beau Mazarin. Il vivait au-dessus de ses moyens. Sans vocation d'aucune sorte, il misait sur la chance avec une confiance qui n'était justifiée par rien, hormis sa bonne éducation, son bagage intellectuel, son intelligence toujours en éveil et son charme personnel dont il connaissait la puissance. Il pouvait mal tourner et l'existence désordonnée qu'il menait avec une sorte d'emportement le laissait présager. Pourtant, il avait la certitude d'une réussite exceptionnelle. Cela lui paraissait même un dû.

II

DES DÉBUTS INCERTAINS

Pietro et Hortensia s'inquiétaient à juste raison des dissipations de leur fils aîné. Ils furent assez adroits pour obtenir du prince Filippo Colonna, leur maître, que Jules Mazarin accompagnât Girolamo en Espagne. Les deux jeunes gens iraient étudier le droit à l'université d'Alcala de Hénarès. Leur amitié avait survécu à leur prime jeunesse ; elle s'était même renforcée. Jules ne serait point le valet de Girolamo, mais son compagnon. Ils partirent joyeusement pour cette Espagne dont la puissance dominait alors l'Europe, pour cette capitale d'un empire sur lequel le soleil ne se couchait jamais. La qualité de vice-roi de Naples du prince Filippo Colonna leur ouvrirait toutes les portes, y compris celles du palais royal. Ils s'inscrivirent à l'université d'Alcala. Mais étudièrent-ils sérieusement ? Il est permis d'en douter. Alcala n'est pas très éloignée de Madrid. Tout donne à croire que leur assiduité les porta davantage à fréquenter le monde et la cour. Mazarin avouera plus tard qu'il avait été fort empressé auprès des dames. Il ne put en tout cas s'empêcher de jouer. La légende veut que, perdu de dettes, il eût recours à un notaire madrilène répondant au nom de Nodaro. Ce tabellion se prit de sympathie pour le bel Italien. Il avait une fille dont l'inflammable Mazarin tomba amoureux, au point de la demander en mariage. Girolamo était l'aîné de Giulio. Il comprit que son protégé était tombé dans un piège et ne put admettre qu'il devînt gendre d'un notaire et brisât son avenir aussi sottement. Il le convainquit de retourner à Rome, afin de remettre un pli confidentiel au prince Filippo. Giulio profiterait de son séjour pour demander à son père l'autorisation d'épouser la belle Espagnole. Or, dans cette lettre prétendument secrète, Girolamo dénonçait la sottise de son jeune ami et priait son père de ne pas le laisser repartir pour l'Espagne. Jules Mazarin reçut donc l'ordre de rester à Rome et de reprendre ses études juridiques, outre les reproches véhéments qu'il méritait. Cette historiette, joliment contée par un anonyme, est digne de la Commedia dell'Arte et Mazarin n'y a pas le beau rôle contrairement à ses habitudes. Mais est-elle véridique ?

Il importe davantage de souligner que, pendant son séjour à Alcala et à Madrid, il apprit le castillan, assez bien pour parler couramment cette langue. Il y gagnera d'entrée de jeu la sympathie de la reine Anne d'Autriche. De plus, il fut à même d'observer la situation réelle de l'Espagne et de pénétrer les intrigues de la cour. Il vit le roi Philippe III au terme de sa vie, abandonnant le pouvoir à des favoris cupides et, peut-être, l'avènement de Philippe IV, personnage taré, d'une rare laideur et qui se révéla aussi incapable de régner que son père. Philippe III, confit en dévotion, avait expulsé les morisques (musulmans mal convertis) de ses États et accumulé les erreurs, car il n'avait pas le moindre sens politique. Le duc de Lerma avait gouverné à sa place, puis le propre fils de celui-ci, le duc d'Uceda. Sa seule réussite, si c'en était une, avait été de marier sa fille (l'infante Anne d'Autriche) au jeune roi Louis XIII. L'Espagne, mal administrée et déjà désargentée, mais confite dans son hypothétique grandeur, s'apprêtait à entrer dans la guerre de Trente Ans. Quant à Philippe IV, sa première décision fut de chasser le duc d'Uceda et d'appeler près de lui le duc d'Olivarès aux appétits insatiables. Ces changements de favoris dotés de pouvoirs démesurés provoquaient de sombres règlements de comptes, ajoutaient au désordre et anémiaient l'État. Mazarin perdit ses illusions sur l'Espagne. Il fit également son profit des intrigues de cour et approfondit sa connaissance des hommes. L'âpreté des Espagnols, leur férocité dans certaines circonstances, leur orgueil pesant, pour ne pas dire insupportable, leurs rodomontades déconcertaient son esprit pragmatique, frappé du sceau de la Raison par les Pères Jésuites. Son hostilité instinctive envers l'Espagne provient sans doute de son séjour à Alcala. Il ne fut jamais tenté de se mettre au service de cette nation : ce détail a son importance.

Revenu à Rome, il fréquenta à nouveau la Sapienza et se remit sérieusement aux études. Il fut rapidement reçu docteur *in utroque*, c'est-à-dire double docteur : en droit canon et en droit romain. L'appui des Colonna ne fut peut-être pas étranger à cette prompte réussite. Désormais, Mazarin pouvait espérer une charge lucrative et confortable dans l'administration vaticane. Mais il ne paraît pas s'être hâté de postuler un emploi. D'ailleurs, les hasards de l'existence allaient lui procurer une brève célébrité ; en mai 1622, Rome célébrait la canonisation de saint Ignace de Loyola, fondateur de la Compagnie de Jésus, et de saint François-Xavier. De somptueuses cérémonies religieuses, d'immenses processions et des représentations théâtrales marquèrent ce grand événement. La foi romaine associait volontiers les spectacles et la piété. Les pièces que l'on jouait ressemblaient par plus d'un point aux autodafés espagnols. Or, au dernier moment, l'acteur qui devait incarner saint Ignace de Loyola tomba malade. Les Jésuites n'avaient point oublié le jeune Mazarin. Ils se souvenaient de son excellente mémoire et de ses talents de comédien. Ils lui demandèrent de jouer le rôle de saint Ignace, au pied levé. Mazarin, ravi de se mettre en valeur, accepta. Il se tailla un énorme succès. C'était saint Ignace lui-même qui apparaissait, luttant contre le mal, triomphant enfin.

L'assistance était bouleversée. Les Jésuites eux-mêmes ne parvenaient pas à retenir leurs larmes. Le nom de Mazarin était sur toutes les lèvres. Puis, comme il est de règle, l'acteur improvisé retomba dans l'anonymat, et c'était un état que Mazarin détestait par-dessus tout. Devenu cardinal, il gardera le goût du théâtre à l'italienne, volontiers pathétique et doté d'une machinerie compliquée pour « les effets spéciaux », qu'on me pardonne cet anachronisme.

Les Jésuites revinrent à la charge. Ce jeune Mazarin leur semblait à nouveau une recrue possible. Quel prédicateur admirable ne pourrait-il pas devenir ! S'il consentait à entrer dans la Compagnie, à recevoir la prêtrise, quelle carrière serait la sienne ! Il avait tous les dons. L'élégance et la beauté couronnaient sa jeunesse. Jules Mazarin fut assailli de leurs flatteries, de leurs insinuations doucereuses, obstinées. Il ne céda pas. Il refusait de s'ensevelir dans un ordre, de s'insérer dans une hiérarchie. Il aimait trop ardemment la vie. En outre, confusément sans doute, il percevait l'espèce de génie qui germait en lui, et restait persuadé d'avoir un grand destin, bien entendu sans savoir dans quel milieu il exercerait ses talents, rencontrerait fortune et gloire.

Ne voulant être ni juriste ni religieux, ne sachant même pas exactement ce qu'il voulait, Mazarin cherchait sa voie, autrement dit il se cherchait lui-même, se jugeant apte à tous les emplois, non sans outrecuidance. Survint alors l'affaire des Grisons qui décida, momentanément, de sa vocation. Pendant cinq ans, le futur cardinal fut capitaine de lansquenets, il est vrai dans l'armée pontificale.

Ouvrons ici une parenthèse. Avant de se retirer au monastère de Juste en 1556, Charles Quint avait divisé son immense empire. Il avait confié le trône impérial à son frère Ferdinand Ier et laissé l'Espagne avec ses colonies et ses autres possessions à son fils Philippe II. Les Habsbourg d'Espagne et ceux d'Autriche restaient liés par des intérêts communs. Or, les principales routes de communication entre le nord et le sud, entre l'Allemagne et l'Italie, passaient par le canton suisse des Grisons, et principalement par la Valteline qui en était une dépendance. Protestants et catholiques s'affrontaient les armes à la main dans cette vallée. Les protestants s'appuyaient sur la France et sur la Sérénissime République de Venise, les catholiques sur l'Allemagne et l'Espagne. En 1622, les Espagnols, pour assurer la libre circulation avec l'Italie, occupèrent militairement la Valteline. Louis XIII, le doge de Venise et le duc souverain de Savoie conclurent une alliance visant à la leur reprendre. Cependant, ils s'en remirent à la médiation offerte par le pape Grégoire XV. Ce dernier proposait de faire de la Valteline un territoire neutre qui serait occupé par l'armée pontificale en attendant un accord définitif. Il leva donc des troupes, avec le concours financier des grandes familles romaines. Francesco Colonna, prince de Palestrina, équipa à ses frais un régiment de trois mille lansquenets. Mazarin sauta sur l'occasion et obtint le commandement d'une compagnie, avec le grade de capitaine. Il était enchanté d'endosser l'uniforme, de chausser les larges bottes des cavaliers et de ceindre l'épée, symbole de noblesse ! Bien entendu, il ignorait tout du métier militaire. Il s'adapta vite et passa bientôt pour un officier modèle en raison de son exactitude. Il est vrai que ses chefs ne pouvaient se montrer difficiles. D'ailleurs, l'armée pontificale manquait de pugnacité. Elle n'avait même aucune envie de se battre et se gardait d'approcher l'ennemi de trop près. La compagnie du capitaine Mazarin ne courait pour sa part aucun danger : elle était cantonnée à Lorette. De là, elle fit mouvement vers Ancône. Mazarin ne souffrait point de cette inaction. Il se montrait bon camarade, vivait une expérience enrichissante et, consciemment ou non, attendait son heure. Elle tardait un peu à venir. Il se rendit par deux fois à Rome : l'une pour compléter les effectifs de sa compagnie ; l'autre pour défendre son père faussement accusé d'homicide. On raconta plus tard qu'ayant appris que sa mère était mourante, il aurait déserté pour se rendre à son chevet. Puis, il se serait jeté aux pieds du pape qui lui aurait pardonné d'avoir abandonné son poste. Or, pour l'un et l'autre voyage, le capitaine Mazarin avait obtenu l'autorisation de ses chefs ; il était parfaitement en règle. Il passa en 1626 sous les ordres du condottiere Torquato Conti et fut assez habile pour gagner sa confiance. On imagine combien il devait se distinguer des autres officiers : il s'exprimait et il écrivait avec facilité, il connaissait trois langues (dont le français), il était docteur en l'un et l'autre droit, il avait une éducation mondaine et se trouvait partout à l'aise.

Torquato Conti était assisté d'un commissaire apostolique, Jean-François Sacchetti, lui-même assisté d'un sous-commissaire, Capatio. Ce dernier était un balourd et Sacchetti donna sa place à Mazarin. Notre capitaine-sous-commissaire apostolique sut se rendre utile. Il fut chargé d'assurer la liaison entre l'armée pontificale et les commandants de l'armée espagnole : Gonzalve de Cordoue et le duc de Feria. Il ne se contentait pas de remettre des messages, il parlait et, surtout, il écoutait ; il observait et rédigeait des comptes rendus pour attirer l'attention sur lui. Grégoire XV était mort. Urbain VIII (Maffeo Barberini) lui avait succédé : il voulait mettre fin à l'occupation de la Valteline par les troupes pontificales. Torquato Conti confia à Mazarin la délicate mission de négocier leur retrait (janvier 1627). Mazarin osa réveiller Gonzalve de Cordoue en pleine nuit, essuya sa colère mais eut gain de cause. Il rédigea un mirifique rapport dans lequel il soulignait subtilement ses mérites. Ce petit succès fut noté dans l'entourage d'Urbain VIII, mais les choses en restèrent là. Les troupes pontificales regagnèrent Rome, où elles furent licenciées. Le capitaine Mazarin se retrouva sans emploi. Cependant, cette expérience « militaire » lui avait ouvert de nouveaux horizons. Il y avait découvert ses talents de diplomate et rassemblé les premiers linéaments d'une méthode qui devait assurer sa réussite. Il écrira plus tard à Zongo Ondedei : « Lorsque les patrons commencèrent à m'employer en affaires, je me rendis plus considérable par les pratiques de celles-ci que par le poste même qui m'avait été donné. »

III

L'EXPLOIT DE CASAL

À Rome, l'élection du nouveau pape avait modifié l'échiquier politique. Il importait extrêmement au capitaine Mazarin de se choisir un nouveau patron. Il y employa tous ses talents ; cependant la partie fut plus difficile à jouer qu'il ne l'avait imaginé. Sans rompre avec les Colonna, ses bienfaiteurs, il se rapprocha de Jean-François Sacchetti et se mit à fréquenter le palais de cette opulente famille. Il espérait approcher le pape et ses neveux par l'intermédiaire de l'ex-commissaire apostolique en Valteline. Urbain VIII avait trois neveux : Taddeo, Francesco et Antonio. Il les couvrit d'honneurs et d'argent. Taddeo devint préfet de Rome (il avait épousé une Colonna). Antonio et Francesco furent nommés cardinaux. Francesco reçut le titre de secrétaire d'État, chargé de la diplomatie pontificale. C'était un personnage fort abrupt, aux idées étroites, irréaliste mais entêté, ne cachant pas ses préférences pour l'Espagne. Antonio avait à peine vingt ans ; il n'était pas prêtre et n'avait pas la moindre envie de l'être. Ce grand enfant gâté, adulé, avait une âme d'artiste et un cœur de midinette ; il aimait les belles choses et les belles dames, préférant au travail, ou aux exercices de piété, les plaisirs délicats. Le bon oncle lui pardonnait sa paresse et le soutenait en toutes circonstances. Il fut aisé au capitaine Mazarin de gagner l'amitié d'Antonio Barberini : ils avaient trop de goûts communs. Il n'en fut pas de même du roide cardinal Francesco. Mazarin était trop brillant pour lui plaire, trop ondoyant, d'esprit trop vif. Ce jeune homme, dont il percevait l'ambition voilée de paroles caressantes, le déconcertait. Le fait que, dépourvu de fortune personnelle, il refusât d'être prêtre ou d'entrer dans la Compagnie de Jésus éveillait sa suspicion. Sans doute avait-il rendu des services, s'était-il montré habile, mais on le voyait plus dans les salons que dans les églises, et il s'adonnait au jeu. Que faire de ce candidat qui était mondain et désargenté, sans vocation religieuse et soldat d'occasion ?

Finalement, il ne refusa pas à Sacchetti, nommé nonce apostolique à Milan, d'emmener Mazarin comme secrétaire, avec le grade et l'uniforme de capitaine. Cette ambiguïté allait comme un gant à cet étrange secrétaire d'ambassade. Une nouvelle affaire menaçait la paix internationale : celle de la succession de Mantoue. Urbain VIII avait chargé Sacchetti de trouver un compromis. Son objectif était d'éviter une guerre dont la pauvre et fière Italie eût fait les frais, comme au siècle précédent. La chance servit Mazarin. Le frère du nonce Sacchetti tomba gravement malade et mourut d'ailleurs peu après. Il dirigeait la banque pontificale. Urbain VIII appela le nonce pour le remplacer. Ce dernier délégua ses pouvoirs à Mazarin, délégation qui fut confirmée par le secrétaire d'État Francesco Barberini. Cette fois, Mazarin avait le pied à l'étrier. Il allait pouvoir donner toute sa mesure et asseoir sa réputation de diplomate. Ce n'était pourtant pas une sinécure dont l'avait gratifié Sacchetti ! Rarement situation fut plus complexe et embrouillée. Mais le capitaine-nonce intérimaire se sentait capable de démêler les fils de cet incroyable écheveau. Encore devait-il, pour ne pas déplaire à son maître le cardinal Francesco, ménager adroitement l'Espagne, au mépris de ses sentiments intimes.

Doté d'une santé de fer, soutenu par son ambition, il montra une activité incroyable, toujours par vaux et par monts, toujours à la recherche d'expédients, de combinaisons où ses adversaires s'engluaient.

L'affaire de la Valteline n'était qu'un épisode de la tentative d'hégémonie des Habsbourg. Naples, la Sicile, la Sardaigne, Milan pliaient sous le joug espagnol. Venise, Gênes, Parme, la Toscane défendaient avec peine leur indépendance. La Savoie, agrandie du Piémont, s'avérait seule capable de résister. Les États du Saint-Siège avaient perdu leur ancienne puissance et se trouvaient eux-mêmes menacés. L'Italie ne constituait plus une vraie nation ; elle n'était plus qu'une proie offerte, fruit de la désunion entre ses princes. Toute occasion était bonne pour l'amoindrir. Depuis la Réforme, la moitié de la chrétienté européenne échappait au pape, dont le prestige déclinait.

Vincent II, duc de Mantoue, mourut le 26 décembre 1627. Il appartenait à la Maison de Gonzague et régnait non seulement sur Mantoue mais sur le marquisat de Montferrat. Ce fut le prétexte d'un nouveau conflit. Charles de Gonzague, duc de Nevers, revendiqua la succession. L'Espagne, peu désireuse de voir un prince français régner à Mantoue et à Montferrat, suscita contre lui la candidature d'un autre parent du défunt : le duc de Guastalla. Mais Charles-Emmanuel Ier, duc de Savoie, n'était pas moins intéressé par le marquisat de Montferrat avec lequel il avait une frontière commune. C'était un esprit retors, d'une constante mauvaise foi. Allié de la France, il ne cessait de regarder vers l'Espagne, bien décidé à jouer sur les deux tableaux. Il soutint que le marquisat de Montferrat était transmissible par les femmes et revenait de ce fait à Marie de Gonzague, sa propre petite-fille. Informé de ces prétentions, Charles de Gonzague envoya son fils, le duc de Rethel, à Mantoue. Ce dernier épousa précipitamment Marie de Gonzague et son père put se proclamer duc. Charles-Emmanuel Ier riposta en concluant un accord secret avec l'Espagne. En février 1628, les troupes piémontaises et les troupes espagnoles envahirent le marquisat de Montferrat par surprise. Les Espagnols, commandés par Gonzalès de Cordoue, mirent le siège devant Casal que tenait une garnison française. Le moment était bien choisi, car l'armée de Louis XIII et de Richelieu assiégeait La Rochelle. Après la reddition de cette ville (28 octobre 1628), la réplique française ne se fit pas attendre. Bravant les rigueurs de l'hiver, Louis XIII, dont on ne redira jamais assez les talents de général et l'extrême bravoure, força le Pas-de-Suse. Charles-Emmanuel s'empressa de signer un nouveau traité d'alliance avec la France, assorti d'une renonciation formelle au marquisat de Montferrat. Les Espagnols ne purent admettre leur échec. Gonzalès de Cordoue fut rappelé. Le célèbre Spinola, vainqueur d'Ostende et de Bréda, le remplaça. C'était un grand spécialiste des sièges. On lui intima l'ordre de s'emparer promptement de Casal. L'empereur allemand se devait d'aider Philippe IV d'Espagne tout en ménageant ses intérêts. Il envoya une armée commandée par le reître Collalto. La guerre se généralisait.

Le pape Urbain VIII voulait épargner à son pays de nouveaux désastres : les pillages, les viols, les meurtres, les incendies qui accompagnaient d'ordinaire le passage des troupes, fussent-elles amies. Il envoya, sans beaucoup de discernement, son neveu Antonio Barberini à Bologne, avec le titre de légat ; Gian Giacomo Panziroli à Milan, où le capitaine Mazarin fut maintenu dans sa fonction de secrétaire. Panziroli ne manquait pas de capacités. Cependant, il endossa le plus souvent la responsabilité des initiatives et des décisions audacieuses de son adjoint. Mazarin s'accommodait parfaitement de cette subordination théorique et même de la modestie de son titre. Il avait en fait le champ libre. Il pouvait agir à sa guise. Il advint plusieurs fois qu'il réussît, là où son maître avait échoué. Il ne tirait aucune vanité de ses succès, mais un surcroît de confiance dans ses capacités.

Le récit tant soit peu détaillé de ses allées et venues, de ses chevauchées – parfois périlleuses – entre Milan, Casal, Turin, Bologne et Lyon, lasserait promptement le lecteur. Je simplifierai donc à l'extrême.

Urbain VIII voulait, à défaut de paix, une suspension d'armes. La tâche était malaisée, et même apparemment insurmontable. Tout laissait prévoir que Spinola s'emparerait promptement de Casal et que les Impériaux de Collalto prendraient Mantoue. Mais il était non moins évident que les Français ne toléreraient pas la mainmise de leurs adversaires sur ces deux places fortes. Cependant Mazarin, fort bien renseigné, n'ignorait pas que Spinola et Collalto étaient à la fois alliés et rivaux. Il s'en prit d'abord à Spinola. Ce vieux soldat était originaire de Gênes. Il lui déplaisait de porter la guerre dans sa propre nation. Mazarin ne fut pas long à déceler ce défaut de la cuirasse. Touchant la fibre patriotique, il plaida avec ferveur en faveur de l'Italie. Il sut émouvoir et, par là, obtenir des concessions de plus en plus importantes. Bientôt Spinola se déclara prêt à traiter. Cela lui coûta d'ailleurs son commandement et il en mourut, quasi ruiné. Avec Collalto, reître sans pitié et dévoré d'ambition, il ne plaida point en faveur de l'Italie mais joua une autre carte : celle de la camaraderie militaire. Finalement, Collalto consentit à une suspension d'armes : en réalité, une épidémie décimait son armée et il attendait des renforts. À Turin, le capitaine-diplomate reçut un accueil empressé, surtout de la part de Victor-Emmanuel, prince de Piémont. Le père de celui-ci, Charles-Emmanuel Ier, finassa quelque peu, pour tâter l'adversaire et prendre le vent, selon ses habitudes, mais finit par se déclarer favorable à la paix. Il avait en réalité grand besoin d'un armistice, fût-il provisoire, pour sortir de la situation où il s'était mis. Après l'exploit du Pas-de-Suse, Louis XIII l'avait traité avec rigueur et contraint, comme on l'a signalé plus haut, à signer un traité d'alliance. Charles-Emmanuel n'avait pas tenu ses engagements. Bien au contraire, il s'était allié secrètement avec les Espagnols, parce qu'il voulait un morceau du marquisat de Montferrat. Mais il venait d'apprendre que Richelieu s'approchait de Lyon avec une forte armée. Une seconde intervention de la France en Italie semblait donc inévitable. Elle passerait nécessairement par la Savoie. Vieux renard politique, Charles-Emmanuel comprenait que Louis XIII et son ministre n'abandonneraient jamais le duc de Mantoue et ne permettraient pas aux Espagnols d'occuper Casal. La seule parade était donc une suspension d'armes, suivie d'un bon traité de paix confirmant la Savoie dans son rôle fructueux de « portier des Alpes ». Les craintes, les souhaits de Charles-Emmanuel confortaient, d'une certaine manière, la position de Mazarin. Lui aussi voulait passionnément la paix et travaillait à une suspension d'armes, afin de se faire bien voir du pape dont c'était la préoccupation majeure. Agissait-il de la sorte par intérêt ou par conviction ? Quoi qu'il en soit, sa mission prenait bonne tournure. Il était parvenu à ralentir les opérations militaires, sinon même à les paralyser. On parlait d'ouvrir un congrès de la paix. Mais le plus dur restait à faire : convaincre le cardinal de Richelieu. On était en décembre 1629. Panziroli eut peur de franchir les cols enneigés. Il laissa partir Mazarin, non sans perfidie d'ailleurs, car il était persuadé qu'il échouerait.

Cheminant vers Lyon, Mazarin put se faire une opinion de l'armée française. Il écrivit à Rome : « L'armée que conduit M. le Cardinal en personne est de vingt-cinq mille fantassins et quatre mille cavaliers ; parmi eux s'en trouvent dix à douze mille particulièrement choisis parmi les régiments de Champagne, Navarre, Piémont et Phalsbourg, avec huit compagnies des gardes… » Il a noté la présence de plusieurs maréchaux. Les intentions de Richelieu étaient donc claires. Il avait même récusé une entrevue avec le prince de Piémont, promettant ironiquement de lui rendre bientôt visite. Tout autre que Mazarin eût rebroussé chemin. Il s'opiniâtra. À vrai dire, on ne sait si la curiosité ne l'emportait pas en lui sur la volonté de réussir envers et contre tout. La rencontre eut lieu le 29 janvier 1630. Elle ne fut pas couronnée de succès, mais revêtit une importance capitale dans la destinée de Mazarin. Un abîme séparait l'émissaire d'Urbain VIII de l'impérieux cardinal. Mais Mazarin n'était pas de nature à se laisser terrifier. Il avait l'usage des grands, affronté Spinola, Collalto ; il était l'ami des Colonna et des Barberini. Il était aussi accoutumé aux rebuffades du cardinal Francesco, chef de la diplomatie de Sa Sainteté. Pourtant, ce qu'il éprouva face à Richelieu ressemblait fort à un coup de foudre ; c'était à coup sûr un sentiment d'admiration totale. Il parla d'abondance, usa de toutes les ressources de son art. Le cardinal l'écoutait, impassible. Il aurait pu l'éconduire. Il s'en abstint, peut-être amusé par la faconde de cet étrange capitaine-diplomate, peut-être aussi gagné par son enthousiasme quasi juvénile, certainement intéressé, car il découvrait un esprit fertile en expédients et d'une variété fort rare, où il joignait le réalisme à l'imagination. De plus, l'élégant cavalier attirait la sympathie, ce qui ajoutait à ses qualités intellectuelles. L'entretien dura plusieurs heures, ce qui était pour Mazarin une sorte d'exploit. Bien entendu, Richelieu refusa d'abandonner ses projets. Cependant, il accepta de différer les opérations militaires pour donner le temps au légat du pape et à ses collaborateurs de négocier cette paix annoncée comme imminente par Mazarin. Cette concession lui coûtait peu, car il fallait plus d'un mois pour que ses troupes fussent à pied d'œuvre.

Mazarin exultait. Il commit l'imprudence d'envoyer à son chef, le cardinal Francesco, un rapport dans lequel il brossait cet étrange portrait de Richelieu : « Du caractère de ce personnage, je dirai seulement que les finesses les plus délicates dont un génie prudent et noble peut faire usage pour captiver les âmes, lui appartiennent et sont savamment employées par lui ; il a suffisamment conscience de ses talents pour être persuadé qu'il vous favorise et vous oblige alors même qu'il vous fait du mal ; il est en somme de ceux qui, en refusant, vous charment plus que d'autres en accordant. » N'était-ce pas un peu de lui-même qui transparaissait à travers ces lignes ! D'ailleurs, il omettait de préciser que Richelieu avait failli briser leur entretien par un brutal : « Parleriez-vous pendant vingt ans que je ne céderai pas ! » Mazarin avouera plus tard qu'il s'était attaché à Richelieu par instinct, avant même de connaître par expérience ses éminentes qualités. Quant à ses premiers biographes, ils n'hésiteront pas à écrire qu'à l'issue de leur première rencontre Richelieu fut à ce point « ravi » qu'il exprima publiquement son estime sur les qualités qu'il avait remarquées en lui. Bien plus, qu'il n'avait jamais trouvé un homme qui lui donnât pareille impression de valeur intellectuelle, ni qui se montrât plus instruit des affaires politiques, de celles d'Italie en particulier. Comme on l'a vu, la vérité était assez différente. Il est même probable que Richelieu eût vite oublié son interlocuteur, si ce dernier ne s'était arrangé pour obtenir d'autres entrevues et pour rencontrer Louis XIII qui l'accueillit avec sa courtoisie habituelle. Cette insistance était significative ; pourtant le cardinal se montrait circonspect ; il se demandait si l'émissaire du pape n'était pas en réalité un espion.

Bref, la rencontre du 29 janvier ne fut importante que pour Mazarin ; elle n'arrêta point le cours des événements. En mars, après avoir mis en demeure Charles-Emmanuel de tenir ses engagements, Richelieu s'empara de Pignerol. Louis XIII était resté en Champagne pour surveiller les Impériaux. Il rejoignit le cardinal à Grenoble. La décision fut prise d'envahir la Savoie, pour en finir avec Charles-Emmanuel. Le roi conquit la presque totalité de la Savoie en moins de deux mois (mai-juin 1630). Ses armées envahirent ensuite le Piémont. Elles vainquirent les Savoyards à Veillane le 10 juillet et, dix jours après, surprirent Saluces. Charles-Emmanuel n'était plus en état de résister. Il en mourut de dépit. Cette campagne éclair fit rentrer la Savoie dans l'orbite française.

Toutefois Collalto, violant les promesses qu'il avait faites à Mazarin, venait de prendre Mantoue (18 juillet) ; en revanche, Casal tenait encore. Ce fut vers cette place que le maréchal de Schomberg se dirigea en toute hâte avec un corps d'armée.

Mazarin venait enfin de conclure une trêve entre les Français et les Espagnols. L'arrivée de Schomberg remettait tout en cause. Au moment où le combat allait s'engager (les canons envoyaient leur première volée de mitraille), on vit tout à coup apparaître un cavalier qui brandissait son chapeau d'une main et de l'autre un crucifix, s'époumonant à crier : « Paix ! Paix ! Paix ! » Il galopa ainsi devant le front des troupes qui montaient à l'assaut, au mépris du danger. C'était le plénipotentiaire de Sa Sainteté, le capitaine Jules Mazarin. Et quand on pense que ses adversaires futurs, dont le prince de Condé, oseront l'accuser plus tard de lâcheté !

Quelques instants après, il réunit les chefs des deux armées et rappela l'accord qu'il avait arraché au général espagnol, selon lequel Toiras devait évacuer la forteresse de Casal, cependant que les Espagnols comme les Français s'engageaient à évacuer le Montferrat. Il écrivit : « Je parlai en public environ un quart d'heure ; tous consentirent à ce que je dis et commencèrent à s'embrasser, si bien que l'on ne distinguait plus Français ni Espagnols, mais tous paraissaient frères selon la chair, à la stupéfaction des armées qui avaient cru devoir faire d'autres combats que d'embrassements et de courtoisie. » Ce dut être en effet un fameux spectacle que celui de ces officiers emplumés s'étreignant soudain entre leurs armées respectives.

On se doute bien que l'exploit de Casal ne résolvait pas le conflit entre les Habsbourg et la France. Mais enfin il nous évita une défaite presque certaine eu égard à la disproportion des forces. Mazarin était désormais célèbre. Il entrait dans l'histoire… du moins anecdotique. Les almanachs, qui étaient la seule lecture vraiment populaire de l'époque, répandirent une petite gravure sur bois, représentant le capitaine Mazarin galopant entre les deux armées et arrêtant le combat quasi miraculeusement. Qui avait suggéré cette publicité sous forme d'image ? On ne peut s'empêcher de penser à Richelieu dont on sait quelle attention il portait à la presse.

Pour en finir avec Casal, j'ajoute qu'il fallut encore un an pour que les Français et les Espagnols, d'égale mauvaise foi, consentissent à évacuer le duché de Mantoue et le marquisat de Montferrat, et que la paix fût enfin signée à Cherasco le 19 juin 1631.

IV

MONSIGNORE

Urbain VIII était satisfait des services de Mazarin. Il ne tarissait pas d'éloges sur son compte et promettait de faire pour lui « de grandes choses », sans préciser lesquelles et en sous-entendant que l'audacieux capitaine devrait bien accepter d'être prêtre. Ce qui signifiait en clair qu'il subordonnait les récompenses à la docilité de Mazarin. On connaît les réticences de celui-ci, plus exactement son refus catégorique d'embrasser la carrière ecclésiastique. Mais, en attendant patiemment qu'il changeât d'avis, car il ne pouvait passer toute sa vie sans emploi régulier, le pape se servait de lui. Il l'avait mandaté pour contrôler et accélérer l'évacuation des territoires occupés par les troupes étrangères. Mazarin fut assez habile pour éviter quelques incidents susceptibles de rompre la trêve de Casal. Puis, afin de négocier le traité de paix, il l'envoya à Paris, avec le titre, non pas de nonce, mais de « Ministre de Sa Sainteté ». Mazarin avait déjà pris parti pour la France et rendu plusieurs services officieux au cardinal de Richelieu. Ce dernier l'accueillait chaleureusement. Le temps était déjà dépassé où il le soupçonnait d'être « espagnol » ou « savoyard », c'est-à-dire espion. Les négociations allèrent bon train. Mazarin fit en sorte que la forteresse de Pignerol restât en fin de compte à la France. Il profita de son séjour (janvier-février 1631) pour élargir ses relations, gagner l'amitié de plusieurs grands seigneurs et celle du Père Joseph (ci-devant marquis du Tremblay) que l'on surnommait l'« Éminence grise ». Il était l'hôte de Chavigny, chef de notre diplomatie. L'exploit de Casal l'auréolait d'un grand prestige. On appréciait « sa propreté » (son élégance), sa politesse exquise, le piquant de ses propos, sa galanterie envers les dames, la délicatesse de ses présents. Richelieu le retenait souvent à dîner pour le connaître plus à fond et l'éprouver. Il était, comme les gens de l'Ouest [1], lent à accorder son amitié, mais, l'ayant donnée, s'y tenait. Il écrivit à Noailles, notre ambassadeur auprès du Saint-Siège, de faire en sorte que « le sieur Mazarin, qui a montré au cours des négociations de paix tant d'adresse, et tant d'affection pour la France, soit nommé nonce en France, en remplacement du nonce actuel lorsque celui-ci serait rappelé à Rome pour occuper une fonction plus élevée ». C'était aller un peu vite en besogne, mais la démarche avait un caractère simplement officieux.

La nonciature conduisait généralement au cardinalat. Urbain VIII n'était guère disposé à avantager un candidat de Richelieu, car il devenait de plus en plus hispanophile sous l'influence de Francesco Barberini. De plus, la résistance de Mazarin à ses volontés l'irritait. Toutefois, il ne pouvait retarder indéfiniment la récompense promise. En mai 1632, il lui octroya un canonicat à Saint-Jean-de-Latran. C'était une grande faveur, assortie d'une prébende annuelle de cinq cents ducats sans compter les avantages secondaires, mais aussi d'une condition formelle. Le bénéficiaire devait résider à Rome afin de participer aux offices et surtout porter la tonsure et la soutane. Quand la nouvelle de cette nomination parvint à Mazarin, il ne cacha

1. Richelieu était originaire du Poitou.

pas sa déception. Son père essaya de l'apaiser ; il lui écrivit : « La nature très prudente de Sa Sainteté n'a pas l'habitude de faire accomplir des sauts brusques à ses protégés, mais de les avancer à pas proportionnés à leur mérite. Ainsi, l'on peut croire qu'ayant jusqu'ici récité deux lettres de l'alphabet, il ne voudra pas s'arrêter en si bon chemin. »

Mazarin se trouvait de nouveau à Paris. Urbain VIII l'avait chargé d'une mission vouée par avance à l'échec. Il s'agissait de convaincre Louis XIII et Richelieu d'aider le duc de Savoie à s'emparer de Genève, citadelle du protestantisme. Sa Majesté Très Chrétienne ne pouvait refuser de s'associer à cette « croisade ». Il va sans dire que ce projet irréaliste, et même saugrenu, n'eut pas de suite. Sa Majesté Très Chrétienne n'avait aucune envie d'offenser les Suisses, ayant trop besoin d'eux ! Néanmoins Mazarin prolongea son séjour à Paris (avril-juillet 1632). Dès son arrivée, le roi lui avait accordé audience et l'avait accueilli « avec une telle expression d'affection » qu'il en resta confus. Puis, il l'avait présenté à la reine.

Selon cette mauvaise langue de Tallemant des Réaux, qui prétendait tenir l'anecdote du neveu de Servien, Hugues de Lionne, Richelieu aurait lâché cette grossièreté :

– « Vous l'aimerez bien, Madame, il a l'air de Buckingham ! »

Et Tallemant crut bon d'ajouter : « Je ne sais pas si cela y a servi, mais on croit que la Reine avait de l'inclination pour Mazarin de longue main et que le cardinal de Richelieu s'en était aperçu, ou que cette ressemblance lui donnait lieu de l'espérer. »

Tallemant, s'il avait vécu à notre époque, eût brillamment réussi dans la presse à scandales. Ses talents de nécrophage eussent fait merveille ! De plus, il n'en était pas à un mensonge près. Il est impossible d'admettre que Richelieu se fût permis cette réflexion envers sa souveraine. Certes, il pratiquait parfois l'humour noir, mais savait garder sa dignité. Quant à la ressemblance avec Buckingham, elle était toute relative. D'ailleurs, Mazarin connaissait trop bien les usages pour se permettre de courtiser la reine, fût-ce pour complaire à Richelieu. Il se contenta de gagner sa sympathie. Il lui importait davantage d'achever la conquête du tout-puissant ministre. Il rêvait alors de la nonciature à Paris. Partout, à la cour comme à la ville, on le choyait. Il découvrait avec émerveillement les charmes de la capitale française, les plaisirs des conversations de salon. Il lui fallut pourtant rentrer à Rome. En octobre, il était à Turin, afin de ramener le duc Victor-Amédée à la raison et de resserrer les liens entre la Savoie et la France. Ce qui montre qu'il travaillait déjà pour le compte de Richelieu, interprétant à sa façon les instructions d'Urbain VIII. Le 26 octobre 1632, il écrivit à Servien, devenu son confident :

« Je ne peux me consoler et je n'aurais jamais cru que l'éloignement de cette cour [celle de Paris] me serait si sensible. Je retourne en ma patrie après cinq ans d'absence, et il me semble aller en enfer. »

Ce qui était un peu exagéré, car l'« enfer » était le beau palais du cardinal Antonio Barberini, où il s'installa dès son arrivée. Pendant son séjour parisien, il avait discrètement reçu la tonsure de la main du nonce Bichi. Cette tonsure n'était pas gênante, car elle s'enfouissait dans la belle et généreuse chevelure bouclée dont s'enorgueillissait Mazarin. Elle faisait néanmoins de lui un clerc, apte à recevoir des bénéfices : et c'était là le point essentiel ! Mais, pour jouir du canonicat accordé par Urbain VIII, il devait aussi porter la soutane. Il s'y résigna, en novembre 1632. Le pape l'éleva aussitôt au rang de protonotaire apostolique, ce qui conférait le titre de Monsignore et le droit de porter l'habit violet. Désormais Mazarin était évêque, mais sans évêché et sans obligation particulière. Il cessait en revanche d'être le fringant cavalier que l'on avait connu et devait adopter l'onctuosité gestuelle qui était de mise en son nouvel état. En 1633, le pape lui donna la qualité de Référendaire, autrement dit l'agrégea à ses familiers, privilège enviable et largement rétribué. Mais, dans le même temps, par une de ces subtilités propres au monde romain, il l'éloignait malicieusement de sa personne, en le rattachant à la maison de son neveu, le cardinal Antoine. Ce dernier ayant été nommé légat d'Avignon, Mazarin fut pourvu d'une charge d'auditeur, c'est-à-dire de vice-légat. Il n'était point question que le cardinal Antoine résidât en Avignon : Mazarin le suppléerait. Le bruit courut à Rome que cette vice-légation dissimulait une relégation.

Mazarin ne se hâta pas de rejoindre le Comtat Venaissin. Il préférait partager la vie joyeuse que menait le cardinal Antoine, lequel était amoureux d'une diva. Il assumait alors les fonctions d'intendant du palais Barberini, comme son père avait été celui des Colonna. On ignore quel était le montant de ses rétributions diverses. Il put en tout cas donner quarante mille livres de dot à ses deux nièces, Laura et Hieronyma. La première épousa Jérôme Martinozzi, la seconde, Michel-Laurent Mancini, l'un et l'autre de bonne noblesse. Les Mazarin s'élevaient d'un échelon dans la société romaine. Cependant Monsignore rongeait son frein. Il était obsédé par la nonciature de Paris. Soudain la fortune parut lui sourire. Le nonce Bichi fut promu cardinal, libérant ainsi son poste. Malgré l'insistance de Louis XIII et de Richelieu, Urbain VIII récusa la candidature de leur protégé. Ce fut un vieil évêque, Mgr Bolognotti, qu'il désigna. Mazarin avait commis une erreur tactique. Sur ses instances, le cardinal Antoine était devenu protecteur des affaires de France, l'opposant ainsi à son frère, Francisco, chef de la diplomatie pontificale. Urbain VIII gardait une certaine bienveillance à l'égard de Mazarin. Francesco le jalousait et ne perdait pas une occasion de le desservir, tout en l'utilisant, car il reconnaissait ses mérites. De plus, les Espagnols n'avaient pas oublié Casal, non plus que Pignerol, évacué en application du traité de Cherasco, puis rétrocédé secrètement par le duc de Savoie. Ils n'ignoraient point que Mazarin avait eu l'idée de ce tour de passe-passe. Cependant, il est permis de se demander pourquoi le pape et son secrétaire d'État freinaient systématiquement l'avancement de ce jeune prélat plein d'avenir. N'était-ce pas son excès de dons qui humiliait leur médiocrité ?

Non sans perfidie – mais en avait-il conscience ? –, Urbain VIII le chargea d'une nouvelle mission en France. Il hésita quelque peu à lui décerner le titre de nonce extraordinaire. Mazarin se mit en route le 25 août 1634 (jour de la Saint-Louis), après avoir entendu la messe à Saint-Louis-des-Français. Le cardinal Antoine lui avait offert un magnifique carrosse tiré par six mules, et conduites par trois jeunes postillons sans expérience. Le voyage commença mal, car les mules s'égarèrent et le carrosse versa. Mésaventure que Mazarin raconta avec beaucoup de verve. Les chemins français ne valaient pas mieux que ceux d'Italie, car il mit trois mois pour atteindre Paris. Il est vrai qu'il fit étape à Florence et à Turin. Le beau cavalier s'était métamorphosé en messager de paix. Il s'efforçait de croire à sa mission, mais il avait une trop exacte connaissance de la situation internationale pour espérer sincèrement réussir. Le pape s'était en effet mis en tête de lancer une croisade contre les Turcs. Le château Saint-Ange regorgeait d'armes achetées à grands frais dans cette perspective. Sa Sainteté, prenant ses désirs pour des réalités, voulait constituer une ligue des princes italiens, en oubliant que les uns étaient vassaux du roi d'Espagne ou de l'empereur d'Allemagne, et les autres, alliés de la France. Il voulait en outre rétablir la concorde en Europe. Le rôle de Mazarin était donc d'empêcher que la France déclarât la guerre aux Habsbourg, en s'appuyant sur les protestants suédois et hollandais. Subsidiairement, il devait sommer Louis XIII de restituer la Lorraine à son duc et réconcilier le roi avec Gaston d'Orléans, son frère. Par voie de conséquence, il devait envisager la réunion d'un congrès de la paix. Les propositions d'Urbain VIII à la cour de France n'avaient pas la moindre chance d'aboutir. Mazarin les défendit pourtant de son mieux.

Il fit une Entrée spectaculaire à Paris et le bon peuple voulut bien s'extasier devant son carrosse. Puis il s'installa à la nonciature qui était alors l'hôtel de Cluny. Le roi, la reine, les ministres, les grands seigneurs, les hautes dames le reçurent une nouvelle fois à bras ouverts. Fidèle à sa méthode, il distribuait de menus cadeaux : éventails, eaux de toilette, gants parfumés, savonnettes au jasmin, médailles et autres curiosités. Richelieu eut pour sa part des statues antiques et des tableaux dont un Titien, présent du cardinal Antoine. Bientôt il ne put se passer du vice-légat, partageant ses repas avec lui, l'emmenant au spectacle, l'affublant d'aimables sobriquets : Nunzinicardo (le petit nonce), Rinzama (anagramme de Mazarin), Colmardo ou Colmarduccio (frère Coupechou, ou petit frère Coupechou). Ces familiarités n'entamaient pas leurs positions respectives. Mazarin s'acharnait en vain à plaider pour la paix, répétant sans se lasser les arguments qu'il avait minutieusement préparés. Parfois Richelieu coupait court et congédiait brusquement Mazarin ; mais celui-ci revenait toujours à la charge. Un jour, le cardinal lui dit :

– « Vous courtisez la paix comme si elle était la dame de vos pensées. »

Et il avait ajouté :

– « Vous n'êtes pas encore parti de France. »

Il jouait ainsi, soufflant le chaud et le froid, avec Mazarin, sans cesser de l'étudier, de guetter une parole imprudente, un léger indice. Mais il était difficile de prendre Mazarin en défaut. Quand il n'était pas avec le cardinal, celui-ci approfondissait la connaissance des personnages qui seraient ses fidèles ou ses adversaires dans un avenir assez proche.

Le 26 mai 1635, la France déclara la guerre aux Habsbourg. Mazarin en fut mortifié, au point de tomber – réellement et non diplomatiquement – malade. Sa mission se soldait par un échec quasi sur tous les points. Soutenu par Chavigny et par le Père Joseph, il obtint pourtant la désignation de plénipotentiaires français au mirifique congrès de la paix. Soudain le pape lui donna l'ordre de quitter Paris et de se rendre à sa vice-légation d'Avignon. Richelieu exprima son mécontentement en termes incisifs, qui n'arrangeaient en rien les affaires de son protégé. Mazarin s'ennuya tellement en Avignon qu'il retomba malade, mais il avait trop de vitalité pour ne pas surmonter sa mélancolie. D'ailleurs, les encouragements venus de Paris, l'« affection » quasi paternelle de Richelieu ne lui manquaient pas. Il savait que ni le cardinal ni Louis XIII n'abandonneraient le disgracié, la victime des intrigues de l'Espagne. Avignon ne manquait pas d'agréments, mais c'étaient les contacts humains qui passionnaient le vice-légat. Ses fonctions, qu'il remplissait avec exactitude, toutefois sans zèle excessif, ne pouvaient combler son besoin d'agir, de se mêler de haute politique. Il recevait quelques hôtes, comme lord Walter Montagu qui venait d'abjurer et dont l'amitié lui serait utile. Parfois il allait visiter le cardinal Bichi, évêque de Carpentras. Il écrivit à Chavigny :

« La vie que je passe en ce pays est la plus mélancolique du monde. J'ai converti un des salons antiques [1] en salle de jeux, mais, après avoir joué une heure, je m'ennuie plus que jamais. »

Il confiait à Richelieu, grand amateur de théâtre, qu'il avait commencé à écrire une comédie, mais que le courage lui manquait. La correspondance – c'était un écrivailleur infatigable ! – restait sa seule ressource. Dans sa situation, elle n'était pas sans danger, car les lettres pouvaient être interceptées, et d'autant que les agents stipendiés par l'Espagne surveillaient ses agissements. Il était parti de Paris avec la promesse d'être nommé nonce à la première occasion et par suite d'être promu cardinal. Toutefois, s'il pouvait tabler sur le soutien chaleureux du roi et de Richelieu, il n'ignorait pas que la décision relevait de l'autorité du pape. C'était auprès de celui-ci qu'il fallait agir. Il obtint, par l'intermédiaire du cardinal Antoine, l'autorisation de revenir à Rome. Là se jouerait son sort, pensait-il.

1. Une salle du palais des Papes.

V

« CANONISÉ FRANÇAIS »

Toutefois il ne quitta pas Avignon sans en informer Richelieu. « Il vous y faut maintenir, lui répondit le cardinal. Partant j'estime que toute condition qui vous sera proposée pour en sortir vous doit être suspecte, si ce n'est pour devenir nonce ordinaire de deça [1], lorsque M. Bolognotti sera fait cardinal, ou pour avoir emploi à la paix auprès du légat. Quelque autre commission qu'on vous puisse donner ne sera qu'un prétexte pour vous éloigner de Rome, et un chemin parsemé de fleurs pour vous conduire en quelque précipice. » Le conseil était pertinent. Au surplus, Richelieu entendait se servir de son protégé pour étoffer le parti français au sein du Sacré Collège. Il misait sur sa dextérité et sa souplesse pour adoucir les rudesses du maréchal d'Estrées, notre ambassadeur en titre.

Pour Mazarin ce fut un nouvel exil, cependant moins désagréable que la vice-légation avignonnaise. À Rome, il retrouvait sa famille, ses sœurs et leurs enfants. Il retrouvait

1. À Paris, où Bolognotti était précisément nonce.

surtout le palais d'Antonio Barberini, son luxe et ses fêtes. La magnificence d'Antonio dépassait l'entendement. Mazarin débordait d'activités, bien qu'il fût officiellement sans emploi. Avec l'argent de son protecteur, il achetait des tableaux et des statues destinés à Richelieu, afin de décorer ses châteaux de Rueil et de Richelieu. Il envoyait ses propres cadeaux à Paris pour se rappeler au bon souvenir de ses amis. Il multipliait les contacts avec les prélats du Vatican. Il était en réalité secrètement au service de la France et renseignait Richelieu. Cependant, faute d'obtenir la nonciature de Paris, il eût accepté celle d'Angleterre, de Pologne ou de Savoie. Les rois disposaient alors d'un privilège, incompréhensible à notre époque, consistant à désigner « les cardinaux de couronne ». Bien entendu, le pape devait avaliser leur choix, mais ce n'était généralement qu'une formalité. Mazarin fut à deux doigts de partir pour la Pologne. Malgré son amour pour la France, la pourpre cardinalice l'obsédait plus que tout. Une fois de plus on lui préféra un autre candidat. Sinon le cours de notre histoire eût été changé et l'œuvre du grand Richelieu probablement anéantie !

Cependant, il lui restait peu d'espoir d'obtenir la nonciature de Paris ou même une promotion quelconque. Outre Francesco Barberini, les trois quarts des prélats romains appartenaient à la faction espagnole. On parlait de réunir un congrès de la paix à Cologne. Mazarin espérait être adjoint du légat du pape. L'Espagne s'opposa à sa nomination. Il revint à la charge pour la nonciature de Paris et se heurta à un nouveau refus. Il résolut alors d'entrer au service du roi de France, quel que fût l'emploi qui lui serait offert.

« Je ne suis pas né sujet du Roi, écrivit-il à Chavigny, mais je crois pouvoir vraiment dire que les déclarations des Espagnols m'ont canonisé français, de sorte qu'avec justice on peut me permettre d'appeler la France ma patrie. »

Richelieu ne l'entendit pas de cette oreille. L'attitude d'Urbain VIII l'irritait. Il estimait inadmissible et injustifiable sa collusion avec l'Espagne. De plus, ne pouvant obtenir la nomination de Mazarin comme nonce, il s'était mis en tête d'en faire directement un cardinal. Son éminence grise, le Père Joseph, avait été proposé comme « cardinal de couronne », mais il se mourait. Louis XIII signifia au pape que, dans l'hypothèse où deux chapeaux seraient accordés à la France, le second fût pour Mazarin. Le Père Joseph mourut deux mois plus tard (en décembre 1638). Aussitôt Mazarin fut proposé à sa place. Désormais sa promotion paraissait assurée, et même imminente.

« Vous êtes mon bienfaiteur, écrivit-il à Richelieu, à tel point que c'en était fait de Colmardo s'il n'avait pas été relevé par l'affection de Votre Éminence. »

Le cardinal Francesco Barberini et ses acolytes se chargèrent de retarder sa promotion. Ils estimèrent que le roi de France ne pouvait proposer un étranger comme « cardinal de couronne ». Mazarin n'étant pas français, la proposition n'était pas valable. La réaction de Louis XIII fut à la mesure de sa déconvenue. Un dauphin (le futur Louis XIV) lui était né, le 5 septembre 1638. Il avait demandé au pape d'être le parrain, espéré que le cardinal Mazarin représenterait Sa Sainteté à la cérémonie du baptême. Il considéra le refus d'Urbain VIII comme une offense personnelle : et c'en était une ! Il refusa donc hautement d'agréer le nouveau nonce et menaça de rappeler son ambassadeur. Le pape eût probablement cédé, pour éviter une rupture lourde de conséquences, notamment financières. Mais un incident d'une gravité extrême survint alors : l'assassinat d'un gentilhomme de la suite du maréchal d'Estrées. Louis XIII ne pouvait tolérer cet affront. Il suspendit les relations diplomatiques avec le Saint-Siège pendant un an et refusa même de recevoir le nonce extraordinaire que lui envoyait Urbain VIII.

Imagine-t-on la position de Mazarin, cheville ouvrière du parti français, en butte à l'hostilité hargneuse du cardinal Francesco, aux colères du maréchal d'Estrées, à des intrigues sournoises dont il renonçait à démêler les fils. Il désespérait pour la première fois de sa vie et croyait le chapeau de cardinal définitivement perdu. C'était en vain que Richelieu essayait de le consoler, de ranimer son courage :

« Si vos ennemis sont puissants, lui écrivait-il, votre protection n'est pas faible. Le Roi vous aime. » Mazarin ne conservait plus d'illusions. Son avenir à Rome était bouché. Pour obtenir le chapeau, il faudrait attendre la mort d'Urbain VIII, l'avènement d'un nouveau pape qui devrait, selon toute probabilité, son élection aux Espagnols. Mazarin avait pris sa décision. Il demandait, il implorait presque l'ordre de venir en France. Richelieu lui ordonna de rester à Rome, pour y poursuivre ses activités d'agent secret, de vice-ambassadeur officieux, tout en restant apparemment au service du pape. Mazarin dut s'accommoder de cette ambiguïté. Au surplus, dès cette époque, il était à demi français, et cela légalement. Ce point d'histoire vaut d'être précisé.

Louis XIII lui avait octroyé le bénéfice d'une abbaye, mais il était difficile, voire impossible pour un étranger d'en percevoir les revenus. Mazarin se fit délivrer des lettres de naturalité. On a nié l'existence de ces lettres, sur l'exacte portée desquelles certains historiens se sont d'ailleurs mépris. Au siècle dernier, Chéruel crut les avoir découvertes : ce n'étaient que des copies à la vérité fort suspectes et dont on contesta la valeur. Georges Dethan s'efforça en vain de retrouver l'original de ce document dans le registre de la Chambre des Comptes. Il conclut alors que Mazarin « devint premier ministre de Louis XIV sans jamais avoir été français ». Puis il revint, avec une grande honnêteté, sur sa position. Un chartiste, Léonce Cellier, avait en effet découvert dans le « plumitif » de la Chambre des Comptes que les lettres avaient bel et bien été vérifiées et enregistrées par la Chambre des Comptes en juin 1638. Dès lors, il devenait indiscutable que Mazarin détenait les lettres en cause. Que signifiaient-elles exactement ? Elles équivalaient à une semi-naturalisation en conférant à leurs détenteurs le droit de tester et de recevoir, de posséder des bénéfices ecclésiastiques. En d'autres termes, elles se limitaient à ce qu'on appelle la capacité juridique. Mazarin n'était donc pas français à part entière, mais franco-italien. Il avait en somme la double nationalité, ce qui n'était pas un handicap pour lui, mais un avantage. D'ailleurs, le XVIIe siècle subissait moins que nous la tyrannie bureaucratique et le concept de nationalité restait encore flexible. Pourtant, les adversaires de Mazarin ne tarderont guère à lui reprocher sa naissance italienne, animés par un chauvinisme de tous les temps. Dans l'immédiat, les Italiens le rejetaient d'ailleurs comme suppôt de la France. Le pauvre était assis entre deux chaises et commençait à trouver le temps long. Il écrivait à Chavigny :

« Ah ! lorsque j'aurai la chance de pouvoir vous raconter la vie que j'ai menée à Rome pendant ces trois ans, vous serez forcé de vous attendrir. »

En adoptant ce ton plaintif, il oubliait un peu trop les fêtes du palais Barberini et les parties de campagne avec son ami le cardinal Antonio.

La convocation pour la France arriva enfin, qui était plutôt une invitation courtoise. Urbain VIII autorisa volontiers Mazarin à quitter Rome, tout en émettant les regrets de circonstance. Les Espagnols lui refusèrent un passeport, mais il avait plus d'un tour dans son sac. Pour déjouer la surveillance des espions, il sortit nuitamment de Rome, sous un déguisement, et gagna le port de Civitavecchia. La tartane qu'il attendait n'était pas au rendez-vous. Il embarqua sur un navire de guerre français qui rallia Marseille en trois jours.

Le 5 janvier 1640, il était à Paris. Une nouvelle existence commençait pour lui. Il avait alors trente-sept ans et ne devait jamais revoir sa patrie. Naguère, un astrologue lui avait prédit que ce serait en France qu'il recevrait honneurs et fortune et qu'il serait cardinal avant quarante ans. Il prétendit ensuite ne s'être soucié en rien de cette prophétie. Mais, en bon Italien, il était bien trop superstitieux pour l'avoir oubliée. Peut-être s'en ressouvint-il en retrouvant Paris et en faisant sa révérence au roi et à la reine. Il descendit dans l'hôtel de son ami Chavigny, rue du Roi-de-Sicile, en attendant qu'on lui trouvât un logement. Richelieu lui manifesta tant de confiance et d'affection qu'il débordait de gratitude. Quant à Louis XIII, il ne fut pas en reste, car il le désigna d'emblée comme chef de la délégation française au congrès de la paix à Cologne. Ce n'était qu'un leurre pour abuser nos adversaires sur ses intentions véritables. Le roi et son Premier ministre voulaient continuer la guerre, et non pas négocier ! Mazarin fut leur dupe. Il s'enflamma pour cette nouvelle mission et commença à la préparer. Mais les mois passèrent et il attendait toujours son ordre de départ. Richelieu l'amusait avec des problèmes de théâtre. Il se servait de lui pour compléter ses collections et même pour faire tailler son buste dans le marbre. Il ne lui livrait pas encore le fond de sa pensée, ne lui dévoilait pas ses projets les plus importants. Mazarin devait d'abord faire ses preuves. Ce qui agaçait un peu le cardinal, c'étaient l'esprit d'indépendance de son protégé et cet amour de la paix qu'il mettait sans cesse en avant et qui faussait quelque peu sa perspicacité. Ce ne fut donc pas par simple caprice qu'il l'emmena au siège d'Arras, où les Espagnols capitulèrent le 9 août 1640.

VI

CRÉATURE DE RICHELIEU

La cour de Turin donnait à nouveau de la tablature à Richelieu. La « porte des Alpes » s'entrebâillait dangereusement pour le plus grand profit des Espagnols. Le duc Victor-Amédée avait remporté sur eux quelques avantages, mais il était mort peu après (1637). On prétendait qu'il avait été empoisonné, explication courante dégageant commodément la responsabilité des médecins. Il laissait une veuve, la belle Chrétienne de France, fille d'Henri IV et sœur de Louis XIII. Elle tenait de son père un tempérament inflammable, mais elle n'avait pas hérité de ses capacités politiques. Régente de Savoie durant la minorité de son fils, elle fut en butte à la jalousie de ses deux beaux-frères : le prince Thomas et le cardinal Maurice. Ils étaient vendus aux Habsbourg et guettaient l'occasion d'évincer la duchesse Chrétienne de la régence. Il faut dire qu'elle accumulait les maladresses et menait une vie scandaleuse. Depuis la mort de son époux, elle affichait sa liaison avec son amant, le comte Philippe d'Aglié. Pis : elle l'associait au gouvernement. Beau prétexte pour le prince Thomas qui la chassa de Turin à la tête d'une armée espagnole. Chrétienne, réfugiée à Chambéry, appela au secours…

Richelieu ne pouvait accepter ce camouflet. Il avait l'habitude des revirements, des trahisons et de la mauvaise foi des princes savoyards. Il ne tenta point de négocier avec Thomas, mais expédia le comte d'Harcourt avec une armée, qui balaya les Espagnols et réoccupa Turin en septembre 1640. Puis, il envoya Mazarin afin de ramener Chrétienne à la raison et de restaurer son pouvoir, s'il était possible. Il le mettait sciemment dans une situation délicate, car il n'ignorait point ses sympathies à la cour de Savoie, notamment à l'égard de la duchesse Chrétienne. Mais c'était aussi le moyen de vérifier sa loyauté. Il le munit d'instructions précises, lui recommanda la rigueur : « Que Colmardo se souvienne que les puissances supérieures [1] à la sienne ne font état que des exécutions et méprisent fort les esprits qui sont plus capables de propositions aériennes et de discours vaniteux que de pratiques salutaires. »

C'était un coup de semonce. Mazarin comprit qu'il jouait son avenir. Mais ce n'était pas un homme de sang et cette mission ne lui plaisait guère. Il partit de Paris le 16 septembre. Le 22, il était à Chambéry près de la duchesse. Le 29, à Turin, pour y préparer le retour de celle-ci. Le plus difficile restait à faire, mais l'ordre de Richelieu était impératif et Mazarin devait l'exécuter lui-même. La nuit de la Saint-Sylvestre (1640), au cours d'un dîner, une cinquantaine de soldats français firent irruption dans la salle où l'on festoyait. Philippe d'Aglié fut mis en état d'arrestation et transféré aussitôt à la citadelle, malgré ses protestations. Il crut naïvement que sa maîtresse le tirerait d'affaire. Mazarin le fit conduire à Pignerol, qui était une prison plus sûre. Chrétienne afficha un désespoir qui pouvait passer pour sincère. Elle versa d'abondantes larmes et tenta d'apitoyer Mazarin. Monsignore avait le cœur sensible ; il n'aimait point faire pleurer les dames, mais il demeura inflexible. Ce qui ne l'empêchait pas d'écrire à Chavigny :

1. Richelieu lui-même et Louis XIII.

« Si vous voyiez comme Madame est réduite et comme elle a changé de visage, elle vous ferait compassion. Elle n'a point encore quitté le lit, et avec tout l'effort qu'elle fait, elle ne peut s'empêcher de pleurer à tout moment. »

Était-il dupe de cette comédie des larmes ? Espérait-il attendrir Richelieu auquel Chavigny montrerait la lettre ? La duchesse proposa alors une autre combinaison. Prétendant que l'emprisonnement d'Aglié compromettait sa propre réputation, elle suggérait de le conduire en France où il resterait en résidence surveillée. Elle se portait garante de sa soumission. Mazarin transmit la proposition. Il va sans dire que Richelieu fit la sourde oreille. Le chant des sirènes le laissait de glace. De toute manière il tenait la régente à sa merci. Par suite de sa fuite à Chambéry et de ses prodigalités, elle était complètement désargentée. Mazarin reçut l'ordre de lui donner quelque gratification, mais à condition qu'elle se montrât coopérative et renonçât à son amant. Chrétienne se résigna. Mazarin crut alors sa mission terminée. Il s'apprêtait à regagner Paris. Richelieu exigea qu'il restât à Turin, pour y négocier un accord avec le prince Thomas et le cardinal Maurice. Le comte d'Aglié avait été envoyé à Vincennes. Il y fut traité fort doucement, en prisonnier politique de haut vol. Chrétienne attendit en vain sa libération. Au bout d'un an, elle prit un autre amant, plus jeune qu'Aglié : elle était décidément incorrigible. Ce nouvel amant, le comte Tana, était un benêt sans ambition. Il n'inquiéta pas Richelieu. Avant de quitter Turin, Mazarin remit de l'ordre dans l'administration du duché de Savoie. Il convainquit le prince Thomas – contre une indemnité substantielle – de se mettre au service de la France et d'épauler sa belle-sœur. Le cardinal Maurice rentra lui aussi dans le rang. Il s'apprêtait d'ailleurs à se démettre du cardinalat pour se marier.

Mazarin revint à Paris en juin 1641, mission remplie. Richelieu ne tarit pas d'éloges, mais il avait déjà d'autres projets en tête. Il semblait à nouveau favorable à la réunion d'un congrès de la paix. Ce congrès se tiendrait à Münster et Mazarin conduirait la délégation française : quatre-vingts diplomates et conseillers ! Richelieu ne lésinait pas sur les moyens quand il s'agissait d'atteindre le but qu'il s'était fixé. Car, si l'on peut douter de ses intentions pacifiques, force est d'admettre qu'il poussait habilement Mazarin sur le devant de la scène. Le pape œuvrant pour la paix, l'éventualité du congrès de Münster ne pouvait qu'adoucir sa rancune envers la France. D'un autre côté, était-il convenable que Mazarin fût le chef des plénipotentiaires français, alors qu'il restait simple Monsignore ? De surcroît et peut-être sur la suggestion de son protégé, Richelieu avait décidé le rappel du maréchal d'Estrées et nommé comme ambassadeur à Rome Fontenay-Mareuil, au caractère moins agressif. Le pape fut sensible à cette décision. Le brave d'Estrées l'avait indisposé, jusqu'à provoquer de sa part des gestes de colère. C'était un militaire. Les nuances diplomatiques lui échappaient du tout. La santé d'Urbain VIII déclinait. Il remettait sans cesse une promotion de cardinaux, dont il sentait qu'elle serait la dernière. Il céda pourtant à la conjoncture et créa, en décembre 1641, treize cardinaux, dont Jules Mazarin. L'ambassadeur Fontenay-Mareuil annonça triomphalement à Richelieu : « ... Vous l'avez aujourd'hui fait plus Cardinal que le Pape lui-même. » Ce qui était vrai. J'ajoute, pour la curiosité du lecteur, qu'en principe tout nouveau promu – fût-il cardinal de couronne – avait obligation de se rendre à Rome dans le délai d'un an, pour y recevoir de la main du souverain pontife le titre, le chapeau et l'anneau cardinalice. Mazarin n'eut jamais le temps de faire ce voyage. Il se contenta de la barrette qui lui fut envoyée par Urbain VIII et remise solennellement par Louis XIII (en février 1642). Pourtant il eut des velléités de se rendre à Rome, au moins pour deux raisons : paraître dans la Ville Éternelle sous la robe cardinalice, vanité toute humaine, et habiter dans une demeure enfin digne de lui, l'ancien palais Bentivoglio, où sa famille venait de s'installer. Il lui en avait coûté soixante-quinze mille livres. Il s'était lourdement endetté, mais il avait confiance en son étoile, persuadé que le roi de France et Richelieu le tireraient d'embarras.

Il dut renoncer à ce voyage. Il ne prit pas davantage le chemin de Münster. Il lui fallut suivre la cour dans le Midi. Louis XIII avait décidé de soutenir la rébellion des Catalans contre Philippe IV, et surtout de mettre la main sur le Roussillon. Le roi et son ministre voyagèrent séparément. Ce dernier jugeait plus prudent de conserver son escorte personnelle. Il se sentait menacé, ayant eu vent d'un complot contre sa personne et contre l'État. Le triste Gaston d'Orléans patronnait, une fois de plus, une conjuration dont les promoteurs étaient le duc de Bouillon, Fontrailles, Cinq-Mars, de Thou et quelques autres. Il s'agissait, alors que nous étions en guerre contre l'Espagne, de provoquer des troubles graves à l'intérieur du royaume et de livrer Sedan aux Espagnols. Cinq-Mars s'était chargé d'assassiner Richelieu. Philippe IV promit une aide militaire et financière. Quand il eut copie du traité passé entre les rebelles et le roi d'Espagne, Richelieu était moribond. Cela lui rendit brusquement ses forces. Il avait lui-même poussé Cinq-Mars dans la faveur de Louis XIII, espérant en faire un agent de renseignement loyal et ponctuel. Dès qu'il eut reçu le titre de grand écuyer, le jeune fat fut grisé par sa réussite. Il entra dans le complot de Gaston d'Orléans sans mesurer la gravité de sa faute, sans comprendre qu'il trahissait son maître. Il eut, à plusieurs reprises, l'occasion de tuer Richelieu ; il n'osa pas. Les conjurés commençaient à prendre peur. Fontrailles préféra s'enfuir. Le duc de Bouillon reprit sa mise. Qui remit la copie du traité secret avec Philippe IV ? Peut-être la reine Anne d'Autriche, qui était au courant de la conjuration, et ménageait l'avenir. La santé de Richelieu déclinait depuis plusieurs années. En 1642, son état empira sensiblement. Il était rongé d'ulcères. Il avait un méchant abcès au bras, aggravé par les saignées des médecins. Mazarin veillait à son chevet, le soignait comme s'il avait été son fils – et de quelque manière il l'était ! –, lui remontait le moral, le distrayait, avec affection et patience. Cependant, jour après jour, les chances de guérison s'amenuisaient. Richelieu venait de dicter son testament. Il renonçait à lutter. Il se résignait. Le traité avec l'Espagne opéra un miracle. Le mourant tenait la preuve de la trahison de Cinq-Mars. Il connaissait assez bien Louis XIII pour savoir qu'il ne pardonnerait jamais un crime de trahison, quelle que fût l'amitié qu'il eût pour Cinq-Mars. Mais l'histoire est trop connue pour que je m'y attarde [1]. Le roi laissa la justice agir. Richelieu diligenta personnellement l'enquête. Gaston d'Orléans s'affola et, comme à son habitude, lâcha ses amis et avoua tout ce qu'on voulut. Sa qualité de frère du roi l'assurait pourtant de l'impunité, mais c'était un couard. Le duc de Bouillon n'eut pas le temps de se réfugier dans sa ville de Sedan. On se saisit de lui ; il passa aux aveux. Cinq-Mars (qui méritait son châtiment) et de Thou (simple complice) payèrent pour Gaston d'Orléans. Richelieu les convoya lui-même jusqu'à Lyon, où on les jugea. On le transporta par bateau. Les coupables suivaient dans une prison flottante, bondée de soldats. Il fit pression sur le tribunal pour obtenir leur condamnation à la peine de mort. Cinq-Mars et de Thou furent décapités ensemble. Mazarin fut mêlé de fort près à cette tragédie. Il servait d'intermédiaire, tout en essayant d'adoucir la haine de son maître. Il sauva probablement le duc de Bouillon d'un long emprisonnement ou de l'échafaud, en lui extorquant la promesse écrite de renoncer à Sedan. Il n'avait pas le cœur altier de Richelieu. Il ne savait pas haïr. Il faisait dans l'onctuosité, dans la douceur, et n'en était peut-être que plus redoutable. Sans doute désapprouvait-il la cruauté de Richelieu, mais il se gardait bien de le prendre de front, d'opposer une résistance trop appuyée à ses décisions. S'il s'était comporté différemment, il eût attiré la suspicion. Toutefois, en plaidant la cause de Gaston d'Orléans, il ménageait lui aussi l'avenir.

Perpignan tomba en même temps que les têtes de Cinq-Mars et de Thou, si l'on peut se permettre ce mauvais jeu de mots. Puis, après une cuisante défaite navale des

1. Voir *Louis XIII*, même auteur, même éditeur.

Espagnols, ce furent Collioure et, en septembre, la puissante forteresse de Salses, clef du Roussillon.

Richelieu confia une ultime mission à Mazarin : occuper Sedan au nom du roi. Il manœuvra avec tant de finesse que la duchesse de Bouillon, qui commandait en lieu et place de son époux, capitula. Le maréchal Fabert entra par surprise dans la ville, que les Espagnols évacuèrent sans combat.

Richelieu eut au moins la satisfaction de penser qu'il avait fait le bon choix en sortant son protégé de l'ornière romaine. Travailleur enthousiaste et infatigable, Mazarin connaissait les secrets de toutes les cours d'Europe et la plupart des personnages qui dirigeaient les affaires. Il était toujours volontaire. On pouvait lui reprocher une excessive modestie, mais Richelieu savait ce qu'elle recouvrait : une ambition égale à la sienne.

Le 29 novembre 1642, il sentit une douleur dans la poitrine. Les médecins diagnostiquèrent « une fausse pleurésie ». C'en était une vraie, dont il mourut le 4 décembre suivant, à cinquante-sept ans. Il laissait une fortune considérable. Il léguait le Palais-Cardinal au roi, le duché-pairie de Fronsac à son neveu, l'amiral de Brézé, le château de Rueil et le Petit-Luxembourg à sa nièce, la duchesse d'Aiguillon, le duché-pairie de Richelieu à son petit-neveu, Armand du Pont-de-Courlay. C'était pour Mazarin un exemple à méditer !

DEUXIÈME PARTIE

« *LA BONNE RÉGENCE* »

(1643-1648)

I

PARRAIN DE LOUIS XIV

Quand il apprit la mort de Richelieu, le pape Urbain VIII se permit cette boutade :

– « S'il y a un Dieu, il aura beaucoup à expier ; s'il n'y a pas de Dieu, c'était un homme irréprochable ! »

Quelle fut l'attitude de Mazarin ? Une douleur frisant le désespoir, du moins en gestes et en paroles. Certes, il avait perdu son protecteur, un ami fidèle, dont il révérait secrètement le génie, un homme qu'il admirait sans réserve, un maître bienveillant, malgré ses exigences, auquel il devait tout. Inconsolable, il déclarait et écrivait qu'il ne désirait plus qu'une chose : achever son existence en quelque retraite. L'époque avait le style de Corneille ; elle aimait les passions et les larmes. Cependant Mazarin en rajoutait. Il parlait de son retour à Rome à qui voulait l'entendre. Il prétendait avoir demandé au roi l'autorisation de partir. Cherchait-il à abuser autrui, ou s'abusait-il lui-même ? D'ailleurs cette comédie prit rapidement fin. La gloire d'une promotion inespérée, les obligations qui en découlaient, effacèrent l'insondable chagrin.

On a dit et répété que Richelieu l'avait désigné comme successeur. C'est méconnaître le respect qu'il gardait, même sur son lit de mort, à l'égard de Louis XIII. Cependant, au cours de sa lente agonie, il avait eu d'ultimes entretiens avec lui et lui avait suggéré de se servir de Mazarin. Dès le 5 décembre 1642, le lendemain de la mort de Richelieu, le roi signifia par lettres patentes, aux parlementaires, aux gouverneurs de ses provinces, à ses ambassadeurs, qu'il avait résolu de poursuivre les projets en cours : « pour les affaires du dehors et du dedans de notre royaume, en sorte qu'il n'y aura aucun changement et que, continuant dans nos conseils les mêmes personnes qui nous y servent si dignement, nous avons voulu y appeler notre cher cousin le cardinal Mazarin, de qui nous avons éprouvé la capacité et l'affection à notre service dans les divers emplois que nous lui avons donnés, et qui nous a rendu des services si fidèles et si considérables, que nous n'en sommes pas moins assurés que s'il était né notre sujet… »

Bien entendu, Mazarin accepta cette nomination avec gratitude et humilité, se déclarant indigne de cette haute faveur et peu capable de remplir ses nouvelles fonctions. Ce n'était là qu'une clause de style. Mais il paraissait tellement sincère que l'on s'y méprit. Louis XIII s'était quelque peu lassé de la tyrannie de Richelieu. Il voulait exercer la plénitude du pouvoir et ne désigna pas de premier ministre. Le Conseil royal était alors composé du chancelier Séguier, excellent juriste mais courtisan un peu trop empressé, de Claude Le Bouthilier, ministre des Finances, de son fils Léon Le Bouthilier, comte de Chavigny, secrétaire d'État aux Affaires étrangères, de Sublet des Noyers dont la bigoterie plaisait au roi, mais qui avait peu de moyens, de Phelippeaux de La Vrillère et du Plessis-Guénégaud, eux aussi secrétaires d'État, mais paperassiers sans éclat. Mazarin tranchait sur le lot, malgré son parti pris d'effacement. Bientôt ses avis prévalurent, mais il avait l'habileté de faire accroire à ses collègues que sa propre volonté était la leur ; que ses propres initiatives étaient de leur cru. Son seul concurrent éventuel était le jeune Chavigny, son ami de naguère. On se souvient que Chavigny l'avait hébergé rue du Roi-de-Sicile. C'était un brillant sujet, mais qui manquait d'esprit de suite et menait une existence trop dissipée pour être réellement efficace. Le roi ayant déclaré qu'il voulait continuer la politique de Richelieu, on ne s'étonna pas qu'il eût agrégé Mazarin au gouvernement. Nul ne prévoyait alors qu'il tiendrait le premier rôle à brève échéance, d'autant qu'il était étranger. On se serait méfié du Père Joseph, s'il avait survécu au défunt cardinal, car on le redoutait. Mazarin semblait anodin : un intermédiaire aimable, une sorte de factotum complaisant et soumis. Il avait réussi ce tour de force de persuader tout un chacun de son manque d'ambition.

Le roi était gravement malade, nul ne l'ignorait, et lui moins que quiconque. Les médecins faisaient de leur mieux, à coups de saignées et de purgatifs, pour abréger ses jours. La tuberculose le rongeait, maladie que l'on ne savait ni détecter ni guérir. Il s'était épuisé à la tâche, avec une constance et une abnégation admirables. Cependant, il tenait à poursuivre son métier de roi jusqu'à son dernier jour. Il préparait activement une nouvelle campagne, qu'il se flattait de diriger lui-même. Il étudiait les cartes, élaborait un plan, pourvoyait aux effectifs et aux commandements. Ces activités ne trompaient personne. Ce n'était plus qu'un mort vivant dont l'allure militaire dissimulait le délabrement physique.

Sa mort prochaine amènerait de grands changements dont les Espagnols essaieraient de tirer profit. Le futur Louis XIV étant mineur, il était opportun d'organiser la régence. Selon la tradition capétienne, elle revenait à Gaston d'Orléans et sinon à la reine. Louis XIII haïssait son frère, en raison de ses trahisons indignes d'un Fils de France. De surcroît, connaissant la légèreté de son caractère et l'inconsistance de sa volonté, il l'estimait incapable de gouverner. Quant à la reine, il se défiait d'elle, car il la croyait moins française qu'espagnole, et ne l'aimait pas, bien qu'elle lui eût donné deux enfants. C'est ici qu'intervint nécessairement Mazarin, mais de façon tellement subtile et discrète que l'on ne peut cerner son rôle avec précision. Il contribua probablement à atténuer la défiance du roi envers Anne d'Autriche et, certainement, au retour en grâce de Gaston d'Orléans. Agissant ainsi, il faisait de ces deux personnages ses obligés. Il mit également la main à la rédaction du testament du roi instituant le Conseil de régence. Il sut apaiser les craintes du malade, en préconisant un système de gouvernement, où son esprit retors et ingénieux est perceptible. La reine recevait le titre de régente et Gaston d'Orléans celui de lieutenant général du royaume. Mais leurs initiatives, en quelque domaine que ce fût, étaient cadenassées par un Conseil de régence, formé du prince de Condé et des ministres Mazarin, Séguier, Le Bouthilier et Chavigny. Les questions importantes, touchant aux finances, à la guerre, aux affaires étrangères, aux nominations, devaient être soumises au Conseil par la reine. Les décisions seraient prises à la majorité, sans voix prépondérante. Autrement dit, la régente ne détenait d'autre pouvoir que de soumettre les affaires au Conseil et de rendre exécutoires les décisions de celui-ci. Le Parlement enregistra ce testament le 20 avril 1643 et l'approuva à l'unanimité : le fait mérite d'être souligné.

Louis XIII voulut que le dauphin fût baptisé. L'enfant avait été seulement ondoyé. Il choisit pour parrain le cardinal Mazarin et la princesse Charlotte de Condé pour marraine. Mazarin était censé représenter le pape. On ne s'alarma pas de cette faveur témoignant de la confiance du roi. À cette époque, le parrainage était plus qu'une paternité spirituelle. Il conférait des droits et des obligations impérieux à celui qui l'assumait. Le filleul était presque un fils, surtout quand le père selon la chair venait à mourir. On se devait de le protéger et de le guider. Chrétien sincère, quelque peu mystique, le roi n'avait pas fait ce choix au hasard. Le baptême eut lieu le 22 avril dans la chapelle du Château-Vieux de Saint-Germain. On conduisit ensuite le dauphin au chevet de son père, qui lui demanda :

– « Mon fils, comment avez-vous nom à présent ? »

L'enfant aurait dû répondre : Louis-Dieudonné. Il dit :

– « Louis XIV, mon papa. »

– « Pas encore, mon fils, mais ce sera peut-être pour bientôt, si c'est la volonté de Dieu. »

Et, levant les yeux au ciel, il ajouta :

– « Seigneur, faites-lui la grâce de le faire régner en paix après moi, et en véritable prince chrétien ; qu'il ait toujours en vue le maintien de notre sainte religion et le soulagement de ses peuples. »

Il s'éteignit, après une interminable agonie, le 14 mai 1643, âgé de quarante-deux ans. Le règne qui s'achevait, combien parmi les courtisans en comprenaient la grandeur ? Accordaient au roi mort les immenses mérites qui avaient été les siens : son abnégation, sa ténacité ? Ils versaient des larmes de circonstance mais, dans le secret de leurs cœurs, frétillaient d'aise. La régence autorisait tous les espoirs, toutes les ambitions. Ce serait une période transitoire, incertaine, une eau trouble où les habiles pêcheraient à loisir ! Le lendemain, la cour quitta Saint-Germain. Ne restèrent pour veiller la dépouille royale que les gentilshommes et les officiers de service. La reine fit son Entrée solennelle à Paris, le 15 mai, en compagnie de ses deux fils, le petit Louis XIV et le duc d'Anjou, son frère cadet. La cérémonie avait été improvisée. Pourtant, selon Mme de Motteville : « La Reine, en arrivant à Paris, y trouva une aussi grande foule de peuple et de gens de qualité qu'il y en a dans les Entrées pour lesquelles on fait les plus grands préparatifs. Depuis Nanterre jusqu'aux portes de cette grande ville, toute la campagne était remplie de carrosses ; et ce n'étaient partout qu'applaudissements et bénédictions. Elle fut saluée à l'ordinaire de toutes les compagnies souveraines de la ville, qui toutes la regardaient comme celle qui, par sa pitié et sa bonté naturelle, allait rendre à la France le bonheur après lequel il y avait longtemps qu'elle soupirait, et dont elle avait grand besoin. Ils voyaient entre les bras de cette princesse, qu'ils avaient vue souffrir de grandes persécutions avec beaucoup de fermeté, leur jeune Roi enfant, comme un présent du Ciel donné à leurs vœux : ce qui augmentait en eux l'amour et la fidélité que les Français ont naturellement pour leurs princes et l'affection qu'ils avaient pour elle ; si bien qu'on peut dire que jamais Régence n'a eu de si heureux commencements. »

Mazarin s'était, modestement, abstenu de paraître à ce défilé. Il avait mieux à faire et il connaissait trop le prix des vivats, de l'allégresse populaire. Ces bonnes gens de Paris croyaient que la régente terminerait cette guerre qui n'en finissait pas, dévorait les hommes et l'argent ; qu'elle diminuerait les impôts ; que son « avènement » ramènerait l'âge d'or. Quant aux « gens de qualité », ils se réjouissaient d'être enfin délivrés de la tyrannie de Richelieu et du roi défunt. Toutefois, Mme de Motteville avait raison de souligner l'attachement quasi viscéral des Français pour leurs princes et, singulièrement, pour l'enfant-roi. Ces sentiments, inexistants en Italie et surtout à Rome, Mazarin ne pouvait encore les discerner. Pour lui, l'accession au pouvoir d'Anne d'Autriche était un événement posant des problèmes de fond aussi urgents les uns que les autres. Il lui fallait parfaire la trame qu'il avait tissée pendant la maladie de Louis XIII. Tout en entourant le moribond de prévenances – il avait l'habitude des grands malades ! –, il entreprenait le siège de la reine, non directement mais par personnes interposées. C'est ainsi qu'il avait gagné la bienveillance de la princesse de Condé, amie d'Anne d'Autriche. Que le futur saint Vincent de Paul avait vanté sa douceur de caractère et ses mérites éminents. Que l'évêque Potier de Beauvais avait innocemment informé la reine du dévouement de Mazarin envers sa personne, du désir qu'il nourrissait de consacrer sa vie à son service. Etc.

La reine s'installa au Louvre. Le 16 mai, elle reçut des délégations, dont celle du Parlement. Ce n'était là que trompe-l'œil, usage immémorial auquel on devait se conformer. Les mimiques, les déclarations ampoulées, les serments et les génuflexions n'étaient que des formalités. En revanche, ce qui se passait hors des salles d'apparat traduisait un intense vibrionnage, une atmosphère passionnée. Les ministres se demandaient s'ils resteraient en place, quel serait le premier d'entre eux, car il leur paraissait évident qu'Anne d'Autriche, écartée des affaires par un mari soupçonneux, en butte à la défiance permanente de Richelieu, ne pourrait gouverner seule. Elle n'avait ni l'expérience ni les connaissances nécessaires. Les Grands se divisaient en factions rivales : les uns préconisaient un changement radical du ministère ; les autres, le respect du testament de Louis XIII et le maintien du Conseil royal tel qu'il avait été institué. Les Condé s'opposaient aux Vendôme, qu'ils méprisaient en raison de leur bâtardise légitimée. Le prince Gaston d'Orléans avait ses propres partisans qui le poussaient à revendiquer la régence, pour en tirer profit. Certains voulaient dépouiller et punir les héritiers de Richelieu. D'autres suggéraient de se débarrasser de Mazarin en le nommant ambassadeur à Rome. Tous s'entendaient pour se partager les charges fructueuses, mais commençaient à se les disputer. On parlait de promouvoir Potier de Beauvais Premier ministre, parce que c'était un imbécile et un naïf. Les Vendôme poussaient l'un d'entre eux, le duc de Beaufort, un bellâtre : ils croyaient que la reine s'était entichée de lui parce qu'elle lui avait confié la garde de son fils après la mort du roi. Les langues allaient leur train ; elles sécrétaient plus de venin que de miel.

Comme l'annonçait Mme de Motteville, « nous allons voir, comme dans un tableau, les différentes révolutions de la fortune ; de quelle nature est le climat de ce pays qu'on appelle la cour ; quelle est sa corruption, et combien doit s'estimer heureux celui qui n'est point destiné à l'habiter. L'air n'y est jamais doux ni serein pour personne. Ceux mêmes qui, dans l'apparence d'un bonheur tout entier, y sont adorés comme des dieux, sont les plus menacés de l'orage. Le tonnerre y gronde incessamment, soit pour les grands, soit pour les petits ; et ceux mêmes que leurs compatriotes regardent avec envie ne connaissent point de calme. C'est une région venteuse, sombre et pleine de tempêtes continuelles. Les hommes y vivent peu ; et le temps que la fortune les y laisse, ils sont toujours malades de cette contagieuse maladie de l'ambition, qui leur ôte le repos, leur ronge le cœur et leur envoie des vapeurs à la tête, qui souvent leur ôte la raison... ».

Mazarin se sentait à l'aise dans cette atmosphère, et même heureux quoi qu'il en ait dit. Il ne lui déplaisait nullement de frôler les précipices. La cour était à ses yeux un mécanisme dont il connaissait à la perfection les ressorts et les rouages. Connut-il jamais d'autres milieux, se donna-t-il la peine d'étudier le peuple ? Il ne s'intéressait qu'aux Grands, qu'aux affaires d'État. Il habitait les cimes, comme son maître Richelieu. Pour l'heure, il jouait à nouveau son destin et, tout en répétant qu'il bouclait ses malles et s'apprêtait à partir, il agissait à sa manière feutrée, avançait dans l'ombre, posait ses pions sur l'échiquier. Il était à la merci de la moindre erreur de calcul, ou d'un incident minime et, plus que tout, des incertitudes de la régente. Qui intervint auprès du Parlement, lui ou Chavigny, ou les deux ensemble ? Ils marchaient encore la main dans la main, l'un croyant se servir de l'autre, et chacun travaillant pour son propre compte. Lequel d'entre eux fut assez adroit pour obtenir l'accord de Gaston d'Orléans et du prince de Condé ? Et convaincre les parlementaires de manquer à leur devoir le plus essentiel ?

II

PREMIER MINISTRE

La reine n'avait pas été heureuse avec son mari. La suspicion dont elle avait été l'objet, l'incident de Buckingham, l'hostilité, d'ailleurs passablement ambiguë, de Richelieu, l'avaient humiliée. On la plaignait, mais on ne connaissait pas le fond de son caractère. Or, elle avait, à peu de chose près et nonobstant un chagrin assez réel, la psychologie de ces veuves pour lesquelles la perte de l'époux ressemble fort à une délivrance, marque en tout cas le début d'une nouvelle existence, en les révélant à elles-mêmes. Le premier acte de la reine fut de rappeler les dames qui avaient été chassées de la cour par Louis XIII : Mme de Senecé, son ancienne dame d'honneur, et Mme de Hautefort à laquelle elle envoya même son propre linge de voyage. Tout ce qui avait comploté de près ou de loin contre le feu roi était reçu de la meilleure grâce. Tel le prince de Marsillac [1], fils du duc de La Rochefoucauld et ami de la dangereuse duchesse de Chevreuse. Bref, la reine prenait, d'entrée de jeu, le

1. Futur auteur des *Maximes*.

contre-pied du feu roi. Elle écoutait avec plaisir ceux qui lui conseillaient de se libérer de ses chaînes, c'est-à-dire de régner par elle-même et de se doter d'un ministère à sa dévotion. Pour autant, elle avait assez de sang royal dans les veines pour comprendre que les Grands entendaient gouverner à sa place, par le biais de ministres complaisants. En outre, elle était parfaitement consciente de son insuffisance et de la gravité de la situation. Les finances étaient au plus bas et la guerre continuait avec les Habsbourg. Il fallait donc à la reine un Premier ministre connaissant les affaires, capable de l'instruire et de la conseiller loyalement, de surcroît n'appartenant à aucun clan, ni aux Condé, ni aux Vendôme leurs rivaux, ni à Gaston d'Orléans. Un homme qui lui fût totalement dévoué. Elle voulait rester à même de le révoquer, sans courir le risque de pressions extérieures, voire de rébellions. On susurrait les noms de Potier de Beauvais, du cardinal de La Rochefoucauld, vieux et décrépit, du beau duc de Beaufort, car il semblait lui plaire. Mais son attention, habilement dirigée, se portait sur Mazarin. Il était adroit et dévoué. Il n'appartenait à personne, mais comptait des amitiés dans tous les partis. Sa discrétion, son exquise politesse, l'agrément de sa conversation, son désir de servir motivaient en sa faveur. De plus, il parlait espagnol. Cependant elle hésitait. Elle crut bon de consulter le président Bailleul, qui s'opposa catégoriquement à la candidature de Mazarin, parce que c'était une créature de Richelieu. Répondant de la sorte, Bailleul perdit la charge de garde des sceaux qu'on s'apprêtait à lui donner. Loménie de Brienne fut aussi maladroit. Il proposa à la reine de choisir le Premier ministre parmi les victimes de Richelieu, par exemple Châteauneuf. Lord Montagu avait toute la confiance d'Anne d'Autriche. Elle lui demanda son avis. « Je me trouve, lui dit-il, peut-être la seule personne désintéressée de qui vous en pouvez prendre. » Il opina pour Mazarin, voyant en lui « le contraire du cardinal de Richelieu ». Mais elle avait déjà pris sa décision. Si l'on en croit Loménie de Brienne, elle envoya son premier chambellan, Henri de Beringhen, chez le commandeur de Souvré, où se trouvait Mazarin. Beringhen trouva ce dernier jouant aux cartes avec Chavigny et d'autres personnes. Le cardinal donna ses cartes à l'un des partenaires et suivit Beringhen dans une autre pièce. Leur entretien dura deux heures. Beringhen exigea une déclaration écrite de son interlocuteur. Il lui tendit un carnet et un crayon. Mazarin griffonna :

« Je n'aurai jamais de volonté que celle de la Reine. Je me désiste dès maintenant de tout mon cœur des avantages que me promet la déclaration que j'abandonne sans réserve, avec tous mes autres intérêts, à la bonté sans exemple de Sa Majesté. Écrit et signé de ma main : de Sa Majesté le très humble, très obéissant et très fidèle sujet, et la très reconnaissante créature, Jules, cardinal Mazarini. »

Il venait une fois de plus de gagner la partie. En souscrivant cet engagement inconditionnel, il donnait à sa vie un second départ.

Le 18 mai, la reine se rendit au Parlement en compagnie de son fils aîné. Le noir lui seyait à ravir. Quant au petit Louis XIV, il portait un habit violet, le deuil des rois. Le Parlement était au complet, dans ses robes écarlates relevées d'hermine. Les princes du sang, les grands seigneurs étaient présents. C'était le premier lit de justice de Louis XIV. Il bredouilla quelques paroles. Le chancelier Séguier se leva. Il rendit hommage au feu roi et couvrit la reine d'éloges :

« ... En mettant tous ses soins à élever dignement le jeune Roi, cette grande Princesse saura cultiver la semence des vertus que la nature a mises sur lui pour que ce règne, inauguré par l'innocence de son âge, soit une ère de piété, de justice et de paix. Nous avons donc tout sujet de désirer que Sa Majesté la Reine prenne la régence en main pour la conduite et le gouvernement de cette monarchie avec puissance et liberté entières... »

Omer Talon, avocat général, passait pour un incorrigible phraseur. Il se surpassa, affirmant que le trône royal représentait sur terre celui de Dieu et que la personne du roi devrait être honorée « comme une divinité visible ». Mais enfin il en vint à l'essentiel. Lui aussi demanda la régence pleine et entière pour la reine.

Tout était parfaitement orchestré, par une main mystérieuse ; tout se déroula comme prévu. Le prince de Condé donna fermement son accord ; Gaston d'Orléans de même, quoique avec moins de conviction. Les parlementaires unanimes votèrent les pleins pouvoirs à Anne d'Autriche.

Le chancelier Séguier donna alors lecture de l'arrêt, qui avait été préparé à l'avance et qui était ainsi conçu :

« Le Roi, séant dans son lit de justice, a déclaré et déclare la Reine sa mère régente en France conformément à la volonté du défunt Roi, son très honoré seigneur et père, pour avoir de l'éducation et de la nourriture de sa personne, et l'administration libre, absolue et entière des affaires de son royaume pendant sa minorité. Veut et entend Sa Majesté que Monseigneur le duc d'Orléans son oncle soit lieutenant général en toutes ses provinces et chef de ses conseils sous l'autorité de ladite dame, demeurant au pouvoir d'icelle [1] de faire choix de personnes de probité et d'expérience en tel nombre qu'elle jugera à propos pour délibérer auxdits conseils à donner leur avis sans qu'elle soit néanmoins tenue de le suivre si bon lui semble. »

Quelle était la portée de cet arrêt ? En apparence, le Parlement confirmait les dernières volontés de Louis XIII quant à la désignation de la reine comme régente. Il cassait en réalité le testament royal en abolissant purement et simplement le Conseil de régence et en accordant à Anne d'Autriche un pouvoir illimité. Or, il avait enregistré et approuvé ce testament le 20 avril précédent. Un tel revirement dissimulait un piège. Les parlementaires n'avaient pas oublié l'exécution de leur confrère de Thou, les brimades et les menaces de Louis XIII et de Richelieu à leur encontre. L'arrêt du 18 mai était leur revanche longtemps attendue. Il rehaussait le prestige de la vieille assemblée. Mais il y avait beaucoup plus grave : ces pompeux magistrats étaient ravis de toucher aux sacro-saints droits régaliens. N'avaient-ils

1. Celle-ci.

pas toujours rêvé de s'ériger en législateurs ? En accordant les pleins pouvoirs à la régente, ils comptaient bien lui présenter la note, tirer juste récompense de leur complaisance à son endroit. Par ailleurs, de même que la coterie des Grands, ils misaient sur l'incapacité de la reine à gouverner. Le bien de l'État n'était pas leur souci majeur.

Cependant, l'arrêt du 18 mai fut bien reçu dans l'opinion. On ne gardait de Louis XIII, chevalier à la triste figure, qu'un souvenir mitigé, plutôt négatif, et l'on vouait à Richelieu une haine posthume. On murmurait que Gaston d'Orléans se lasserait vite de présider les Conseils et que la reine se doterait inévitablement d'un Premier ministre. Le nom de Beaufort était sur toutes les lèvres. D'autres candidats attendaient le choix de la reine en supputant leurs chances. On échafaudait de nouvelles combinaisons. On nouait d'ultimes intrigues.

Le soir même, on apprit que le cardinal Mazarin était Premier ministre et que le duc d'Enghien [1] avait remporté l'éclatante victoire de Rocroy sur les Espagnols. Les lauriers d'Enghien occultèrent passablement l'accès au pouvoir du cardinal. Sans doute la déception fut-elle vive dans certains milieux. Mais on ne s'inquiéta pas trop. On vit dans cette promotion un caprice de femme. On se dit que Mazarin ne parviendrait pas à asseoir son autorité, n'ayant point l'étoffe d'un Premier ministre, et qu'il serait aisé de s'en défaire. On ne connaissait de lui que sa courtoisie confinant à l'obséquiosité. Certains affûtaient déjà leurs armes. La plupart estimaient que le choix de la reine était transitoire : elle se servirait de Mazarin pour s'initier aux affaires et, suffisamment instruite, le rejetterait dans son néant. Quelques grincheux déploraient que le royaume fût entre les mains d'une Espagnole et d'un Italien. Emportés par leur xénophobie, ils rappelaient les malheurs de la régence précédente : Marie de Médicis sacrifiant le bien de l'État à la cupidité de Concini et de son épouse, Leonora Galigai. Le futur cardinal de Retz analysait plus subtile-

1. Fils aîné du prince de Condé.

ment la situation : « L'on voyait sur les degrés du trône, d'où l'âpre et redoutable Richelieu avait foudroyé plutôt que gouverné les humains, un successeur doux, bénin, qui ne voulait rien, qui était au désespoir que sa dignité de cardinal ne lui permettait pas de s'humilier autant qu'il l'eût souhaité devant tout le monde, qui marchait dans les rues avec deux petits laquais derrière son carrosse. »

De fait, ce merveilleux acteur simulait l'embarras dans lequel la décision de la reine l'avait jeté. Loin de triompher de ses rivaux, il feignait de devoir sa nomination comme Premier ministre à l'intervention de Gaston d'Orléans et du prince de Condé qui, selon lui, l'avaient emporté sur la résistance de Sa Majesté. Il restait sans morgue aucune. Au contraire, il renchérissait sur son urbanité et sa débonnaireté habituelles. Il était le premier à saluer, accordait toutes les audiences qui lui étaient demandées et souvent gardait ses visiteurs à dîner ou à souper, afin de mieux les enjôler. Comme le dit le cardinal de Retz : « Enfin il fit si bien qu'il se trouva sur la tête de tout le monde, dans le temps que tout le monde croyait l'avoir encore à ses côtés. » Les princes s'accommodaient assez bien de sa présence, car ils ne le prenaient pas au sérieux, mais croyaient lui imposer, tôt ou tard, leur volonté. Ils savaient en outre que la reine l'avait en somme pris à l'essai pendant trois mois. Il n'était donc à leurs yeux qu'un Premier ministre intérimaire. Et lui, n'ignorant point l'opinion des Grands, entretenait avec soin leurs illusions. Tartufferie ? Certes non. Tactique des plus fines pour s'installer durablement dans la place et assumer seul le pouvoir. Un pouvoir qui dépassa bientôt celui de Richelieu, bien qu'il fût d'une autre nature. Richelieu devait sans cesse ménager l'autorité de Louis XIII ; il partageait avec lui la responsabilité des décisions et subissait un contrôle plus étroit qu'on ne l'imagine. L'action de Mazarin fut incontrôlée ; car la reine lui fut bientôt entièrement soumise.

Au début, Mazarin ménagea sa susceptibilité et se montra circonspect. Il lui fallait consentir à ce qu'elle s'essayât à gouverner, pour qu'elle pût constater ses propres erreurs et lui accorder dès lors sa confiance entière. Il se bornait alors à la conseiller fort doucement, veillant à ne pas heurter de front son orgueil castillan. Puis, insensiblement, prenant de l'autorité, imposant sa supériorité intellectuelle, son expérience des affaires, restant toutefois assez habile pour laisser croire à la régente que c'était elle qui décidait en fin de compte : art dans lequel il était passé maître. Elle prétendit remanier le Conseil de régence et, le 5 juin, congédia Le Bouthilier père, ministre des Finances. Le Bouthilier jeune (Chavigny) démissionna par solidarité. Mazarin les défendit, toutefois assez mollement car il n'était pas fâché d'être débarrassé de Chavigny. Ce qui ne l'empêcha pas d'afficher quelque tristesse de leur départ et de rester en relation avec eux. Il se donna même l'avantage de proposer un petit secrétariat d'État à Chavigny, qui le refusa avec mépris. Le chancelier Séguier fut à deux doigts de sa perte. La reine voulait donner les sceaux à Châteauneuf, qui avait naguère occupé cette charge dont il avait été chassé par Richelieu. Mazarin jugea que Châteauneuf avait trop d'amis encombrants. En revanche, il laissa la reine nommer Loménie de Brienne aux Affaires étrangères. Il avait écarté d'un revers de main le piteux évêque de Beauvais (Potier), bien qu'il fût aumônier de la reine. Cependant, de façon générale et hormis les Le Bouthilier, il défendit le personnel en place. Les autres secrétaires d'État, qui étaient devenus ses créatures, conservèrent leur charge. Les ennemis du cardinal suivaient ces remaniements ministériels avec attention. Ils imaginaient qu'après le congédiement des Le Bouthilier le tour du cardinal ne tarderait guère à venir.

On vit alors reparaître à la cour celles et ceux qui se disaient victimes de Richelieu et réclamaient l'indemnisation de leurs pertes vraies ou supposées. La reine était généreuse. Elle distribua six millions sans beaucoup de discernement, non pour se tailler une popularité qui lui semblait acquise et qu'elle dédaignait un peu, mais par pure bonté. Mazarin s'efforçait d'endiguer ce flot, mais il sacrifiait lui-même de fortes sommes pour désarmer ses adversaires potentiels et accroître le nombre de ses partisans. Il acheta ainsi la complaisance du duc de Rohan-Montbazon, de la princesse de Guéménée, du comte d'Harcourt, du duc d'Elbeuf. Il fit octroyer des titres ducaux au maréchal d'Estrées, à Mortemart, Liancourt, Vitry, Châtillon, etc. La noblesse était insatiable, les plus grands seigneurs montrant le mauvais exemple. Mazarin empêcha la reine de dépouiller la parenté et la clientèle de Richelieu de leurs charges. Il s'acquit de la sorte de solides amis. La reine avait promis au duc de La Rochefoucauld de lui octroyer le gouvernement du Havre. Cette charge resta à la duchesse d'Aiguillon (nièce de Richelieu). Il se répandit en protestations furieuses et passa à l'opposition. La reine eût commis des fautes plus graves, voire irréparables, si Mazarin ne l'avait retenue et guidée avec tact. Elle manquait de discernement, se laissait trop facilement approcher et ne savait pas refuser. On ne parlait alors que de « la bonne Reine », que de « la bonne régence ». Mais les mécontents restaient nombreux et continuaient leurs intrigues. Il tombait sous le sens que l'état de grâce ne durerait pas longtemps. Mazarin en était conscient. Mais il exhortait en vain la reine à montrer plus de hauteur, à se faire respecter. « Les Français, disait-il, sont naturellement portés à faire quatre pas, quand on leur permet de mettre un pied. » Elle ne l'écoutait pas toujours. C'est ainsi qu'elle n'avait pu résister aux flatteries du jeune Gondi (futur cardinal de Retz) et l'avait nommé coadjuteur de l'archevêque de Paris. Or, Richelieu jugeait l'abbé de Gondi fort dangereux ; il avait décelé en lui de la graine de conspirateur. Mazarin partageait ce point de vue, et d'autant que Gondi lui faisait une cour empressée.

III

LA CABALE DES IMPORTANTS

Ce nom d'Importants, appliqué aux partisans de Beaufort, fut trouvé, selon Tallemant des Réaux, par Anne Bigot, femme du financier Cornuel, qui tenait bureau d'esprit. Cette aimable dame aimait à s'égayer aux dépens de Beaufort. On a longtemps pris pour une bagatelle, voire pour un montage politique, cette cabale des Importants, dont cependant Mme de Motteville et surtout Henri de Campion dans leurs *Mémoires* avaient souligné la gravité. Tout commença par une intrigue de cour que l'on transforma en scandale, mais qui avait ses racines dans la haine des Vendôme contre les Condé. Les victoires du duc d'Enghien à Rocroy et à Thionville exacerbèrent la jalousie des frères Vendôme : César et François, duc de Beaufort. Le premier avait perdu le gouvernement de Bretagne sous le règne de Louis XIII. La reine-régente ne le lui avait pas rendu. La déception de Beaufort qui avait cru devenir Premier ministre ne fut pas moins vive. La gloire soudaine des Condé les rejetait encore plus dans l'ombre. Ils accusaient la reine d'ingratitude et tenaient Mazarin pour responsable de leur effacement. Beaufort se montrait le plus acharné et le plus imprudent. Il forma une petite cabale « de quatre ou cinq mélancoliques qui avaient mine de penser creux » (cardinal de Retz). C'étaient le comte de Beaupuy, guidon des gendarmes du roi, le vicomte de Fontrailles (l'un des auteurs de la conspiration de Cinq-Mars), le comte de Fiesque, Montrésor, « qui avait la mine de Caton mais qui n'en avait pas le jeu » et le comte de Béthune, neveu du défunt Sully. Ces « mélancoliques » (cette épithète équivalait à peu près à insensé, tête brûlée) agrandirent leur cercle. D'autres gentilshommes de moindre rang se joignirent à eux, des ecclésiastiques parmi lesquels l'évêque Potier de Beauvais, des parlementaires comme Novion qui était son frère. Ils affectaient des mines graves, entouraient leurs conciliabules de mystère, se prenaient pour de vrais conspirateurs. C'est bien à tort que certains historiens ont mis l'accent sur leur libéralisme, voire sur leurs prétendues opinions républicaines et les ont pris pour d'authentiques réformateurs. La réalité est qu'ils rêvaient ensemble d'un nouveau gouvernement, dans lequel ils se seraient adjugé les premières places, d'une nouvelle politique extérieure où les Habsbourg auraient trouvé leur avantage.

Un libelle en forme de ballade circulait alors dans Paris. Il décrit si malicieusement les activités des Importants que je ne résiste pas au plaisir de le citer :

« *Courir jour et nuit par la rue*
Sans affaires et sans dessein,
Faire aux portes le pied de grue,
Trancher du petit souverain,
Avoir des brigands à sa suite,
Contrefaire les capitans,
Et des premiers prendre la fuite,
C'est ce que font les Importants.
Présider dans les lieux infâmes,
Mettre en jeu son plus grand bonheur,

Médire des plus sages femmes [1]*,*
Loin de défendre leur honneur ;
Parler en politique grave,
Ayant à peine atteint vingt ans ;
En sa maison faire le brave,
C'est ce que font les Importants.

S'efforcer d'obscurcir la gloire
D'un prince [2] *admirable en ses faits*
Qui par une double victoire
Nous rend plus puissants que jamais ;
Ne pouvoir de sa renommée
Souffrir les rayons éclatants,
Et n'oser paraître à l'armée,
C'est ce que font les Importants.

Fuir la vertu, suivre le vice,
Parler et rire à contretemps,
Au Roi ne rendre aucun service,
C'est ce que font les Importants. »

Il est probable que les Importants en seraient restés aux paroles, si les femmes ne s'en étaient mêlées. La régente avait commis l'imprudence de rappeler à la cour les plus néfastes d'entre elles, parce que c'étaient ses amies de naguère. Ces dames avaient misé sur sa gratitude. Elles croyaient retrouver la petite reine délaissée par son époux et surveillée par le cardinal de Richelieu. L'accueil qu'elles reçurent les déçut. Anne d'Autriche était une autre femme, plus sûre d'elle-même, plus distante en dépit de sa gentillesse. Elles entrevirent l'influence de Mazarin et se mirent à le haïr. Mais bientôt leurs intérêts respectifs les opposeront les unes aux autres, avant que la Fronde ne les réunisse pour méfaire. La duchesse de Rohan-Montbazon et ses deux belles-filles, la princesse de Rohan-Guéménée

1. Allusion à la querelle Longueville-Montbazon qui va suivre.
2. Le duc d'Enghien.

et la duchesse de Chevreuse, étaient dans le clan des Vendôme. Leurs adversaires étaient la princesse de Condé et sa fille, Anne-Geneviève, duchesse de Longueville. Le prince de Condé passait pour terriblement avare ; il avait contraint Anne-Geneviève à épouser la grosse fortune de son vieux mari. Mme de Motteville : « Cette princesse était alors dans une grande réputation de vertu et de sagesse, mais elle ne laissait pas d'être soupçonnée de ne pas haïr l'adoration et les louanges. » Ce petit défaut ne distinguait nullement Mme de Longueville. On ne voyait pas de mal à ce que les dames de la bonne société eussent un ou plusieurs soupirants. Nul n'ignorait que Coligny était éperdument amoureux d'Anne-Geneviève. Mme de Longueville s'accommodait de cette passion, toute platonique, qui flattait sa vanité.

Or, un soir, alors qu'une nombreuse compagnie devisait rue Barbette, dans l'hôtel de Mme de Montbazon, un gentilhomme ramassa deux lettres qui étaient tombées de la poche de leur destinataire. Ce gentilhomme les lut sans vergogne et les apporta à la maîtresse de maison. Ces lettres, non signées, mais d'une écriture féminine, étaient celles-ci :

« J'aurais beaucoup plus de regret de votre changement de conduite si je croyais moins mériter la continuation de votre affection. Je vous avoue que, tant que je l'ai vue véritable et violente, la mienne vous a donné tous les avantages que vous pouviez souhaiter. Maintenant n'espérez pas autre chose de moi que l'estime, que je dois à votre discrétion. J'ai trop de gloire pour partager la passion que vous m'avez si souvent jurée, et je ne veux plus vous donner d'autre punition de votre négligence à me voir que celle de vous en priver tout à fait.

Je vous prie de ne plus venir chez moi, puisque je n'ai plus le pouvoir de vous le commander. »

Seconde lettre : « De quoi vous avisez-vous après un si long silence ? Ne savez-vous pas que la même gloire qui m'a rendue sensible à votre affection passée me défend de souffrir les fausses apparences de sa continuation ? Vous dites que mes soupçons et mes inégalités vous rendent la plus malheureuse personne du monde ; je vous assure que je n'en crois rien, bien que je ne puisse nier que vous m'avez parfaitement aimée, comme vous devez avouer que mon estime vous en a parfaitement récompensé. En cela nous nous sommes rendu justice, et je ne veux pas avoir dans la suite moins de bonté, si votre conduite répond à mes intentions. Vous les trouveriez moins déraisonnables si vous aviez plus de passion, et les difficultés de me voir ne feraient que l'augmenter au lieu de la diminuer. Je souffre trop pour vous aimer et vous ne m'aimez pas assez. Si je vous dois croire, changeons d'humeur ; je trouverai mon repos à faire mon devoir et vous devez y manquer pour vous mettre en liberté. Je m'aperçois que j'oublie la façon dont vous avez passé avec moi l'hiver, et que je vous parle aussi franchement que je l'ai fait autrefois. J'espère que vous en userez aussi bien, et que je n'aurai point de regret d'être vaincue dans ma résolution que j'avais faite de ne plus y retourner. Je garderai le logis trois ou quatre jours de suite et l'on ne m'y verra que le soir : vous en savez la raison. »

Quand elle eut achevé la lecture de ces lettres, Mme de Montbazon s'écria, triomphante :

– « Elles sont de l'écriture de Mme de Longueville ! C'est Maurice de Coligny qui les a perdues en sortant. »

En une seconde, cette femme qui ne comptait plus ses amants (y compris son gendre Chevreuse), vit tout le parti qu'elle pourrait tirer du scandale. D'où sa déclaration péremptoire et que d'ailleurs personne ne mit en doute. Bientôt tout Paris dauba sur l'infortune de M. de Longueville. C'était pour Mme de Montbazon et ses amis l'occasion de discréditer les Condé, de ternir la gloire trop étincelante du duc d'Enghien. On apprit que l'auteur des lettres était en réalité Mme de Fouquerolles qui avait une liaison avec le marquis de Maulévrier. L'affaire aurait pu s'arrêter là. Mais la princesse de Condé vint se plaindre à la reine. Outrée de fureur, elle demandait une réparation publique de l'injure infligée à sa fille. Ce devint une affaire d'État qui divisa la cour, les femmes prenant le parti de

Mme de Longueville, les hommes celui de Mme de Montbazon. La reine eut à cœur de régler ce différend. Mme de Longueville, étant enceinte, s'était retirée au château de La Barre, près de Paris. La reine crut bon de lui prodiguer ses consolations. La princesse de Condé et sa fille se jetèrent à ses pieds et, le visage noyé de larmes, réclamèrent à nouveau la réparation qui leur était due. La reine la leur promit. Elle ordonna à Mme de Montbazon de faire des excuses publiques à Mme de Longueville. La formule que devait réciter la fautive fut écrite sur les tablettes de Mazarin. Car Son Éminence se mêla d'arranger les choses. Il avait pourtant mieux à faire. Il prit le temps de peser chaque mot avec Mme de Chevreuse chargée de la négociation. Le lendemain, Mme de Montbazon se rendit chez l'offensée et lut la formule d'excuses qu'elle avait épinglée à son éventail. L'incident semblait clos. Il ne tarda guère à rebondir. Mme de Longueville avait supplié la reine de ne plus avoir à rencontrer Mme de Montbazon. La reine eut la faiblesse d'acquiescer, ne mesurant pas à quoi elle s'engageait.

Sur ces entrefaites, Mme de Chevreuse offrit une collation à la reine, chez Regnard qui tenait un établissement à la mode au bout du jardin des Tuileries. Elle assura perfidement que sa belle-mère, prenant médecine ce jour-là, ne serait pas de la partie. En foi de quoi, la reine crut bon d'y conduire Mme de Longueville. La première personne qu'elles virent fut la duchesse de Montbazon, laquelle prétendit de surcroît offrir la collation. Mme de Longueville voulut se retirer. La reine la retint. Elle envoya prier Mme de Montbazon de feindre un malaise et de s'en aller. L'irascible duchesse répondit par un refus. Ce furent la reine et sa protégée qui partirent. Le lendemain, Mme de Montbazon reçut l'ordre de ne plus paraître à la cour et de se retirer dans une de ses maisons. Elle ne pardonna pas ces humiliations à la reine et chercha dès lors le moyen de se venger. Peu intelligente, hormis dans la malfaisance, elle n'écoutait que ses passions momentanées, donc changeantes. Son amant était alors le beau duc de Beaufort. Cette diablesse avait résolu de faire assassiner Mazarin, pour désarmer la reine et la tenir à merci. Beaufort serait l'exécutant. Ce lui fut un jeu de convaincre cet esprit « au-dessous du médiocre », en lui faisant accroire qu'il se taillerait une gloire impérissable. Beaufort se lustra les ailes ; il se voyait déjà Premier ministre, maître tout-puissant du royaume. Les Importants applaudirent au projet. Ces songe-creux croyaient sauver la France. Ils ficelèrent en hâte un complot dont Henri de Campion donne tous les détails dans ses *Mémoires*. Bien entendu, ces messieurs n'entendaient point se salir les mains. C'étaient de petits gentilshommes qui se chargeraient de l'attentat. Beaufort convoqua Henri de Campion qui appartenait à sa maison, et se mit en devoir de l'endoctriner. Mazarin, lui dit-il (en substance), continue la tyrannie de Richelieu : il a entièrement gagné l'esprit de la reine et mis les ministres à sa dévotion ; il n'est possible d'arrêter ses mauvais desseins qu'en lui ôtant la vie. Il demandait à Campion de l'assister de ses conseils et d'organiser l'attentat. Campion répondit que, s'étant attaché à sa fortune, « il le suivrait dans tous les accidents qui lui pourraient arriver », et ne l'abandonnerait pas, même si le parti qu'il prenait paraissait injuste.

Cette attitude mérite d'être explicitée. Les officiers des grands seigneurs, leurs familiers avaient tous cette mentalité, en laquelle survivait le monde féodal. Ils servaient leur maître, corps et âme, sans restriction, au risque d'y perdre la vie. Leur honneur, c'était cela. Cet état d'esprit éclaire certains événements de la Fronde.

Beaupuy, qui accompagnait Beaufort, souligna les méfaits de Richelieu et l'urgence de mettre son continuateur hors d'état de nuire. Campion rétorqua :

– « Quand bien même ce que vous dites des cruautés du feu cardinal serait vrai, celui dont il s'agit jusqu'à présent a vécu avec tant de douceur qu'il faut demeurer d'accord que, si nous le punissons, ce sera des violences de son devancier. »

Beaufort parut ébranlé par cet argument. Mais Mme de Montbazon et la duchesse de Chevreuse le ramenèrent promptement à sa première opinion. Finalement Campion accepta de se charger de l'exécution, à condition qu'il ne portât pas lui-même la main sur Mazarin et que Beaufort fût présent, c'est-à-dire assumât ses responsabilités. On passa à l'organisation du guet-apens. Une dizaine d'officiers, appartenant à la maison de Vendôme, eurent ordre de se rendre dès le matin dans les cabarets proches du logis de Mazarin. Ils devaient prévenir Campion de la sortie du cardinal. Il était convenu que deux des affidés arrêteraient le carrosse, cependant que deux autres courraient aux portières et poignarderaient l'Éminence. Le choix de Campion comme principal exécutant montre l'insignifiance de Beaufort, son manque total de psychologie. Il était pourtant évident que, si Campion n'osait désobéir, il n'avait aucune envie de tremper dans ce meurtre et qu'il ferait son possible pour l'éviter : débat cornélien ! Une première fois, il ne donna pas le signal, sous un prétexte douteux. Le lendemain, le cardinal alla faire collation à La Barre, en compagnie du comte d'Harcourt. Beaufort ordonna à sa bande de lui courir sus. Campion le mit en garde. Si l'on tuait Mazarin, il fallait aussi se défaire du comte d'Harcourt. C'était se mettre la maison de Lorraine sur les bras. Beaufort reporta son ordre. Quelques jours après, il eut avis que le cardinal irait dîner à Maisons avec Gaston d'Orléans. On convint que si Gaston d'Orléans était dans le carrosse, il serait sursis à l'attentat. Le prince y était. Fureur de Beaufort qui essuyait les reproches cinglants de la Montbazon et de la Chevreuse ! Ces deux tigresses décidèrent d'intervenir directement. Elles agirent avec tant de discrétion qu'elles sauvèrent probablement la vie de Mazarin. Il fut décidé qu'on l'expédierait de nuit, quand il sortait du Louvre pour regagner son logis. On s'aboucha avec des Essarts, capitaine des gardes, puis avec le duc d'Épernon, chef de la compagnie-colonelle. On les requit simplement d'empêcher leurs hommes d'intervenir, quoi qu'ils vissent ou entendissent. Ni des Essarts ni d'Épernon ne refusèrent leur collaboration. Mazarin ne parut pas. Il avait été prévenu. Déjà la cour murmurait qu'on avait voulu l'assassiner, nommait les coupables. La grande amitié d'Épernon et du cardinal date de cette époque.

On conseilla à Beaufort de prendre le large, le plus vite possible. Il n'en fit rien. Il eut même l'audace de se présenter chez la reine, au retour de la chasse. La reine l'entretint aimablement. Quelques minutes après, Guitaut, capitaine des gardes, l'arrêta. Le lendemain, il fut conduit à Vincennes. On lui donna un valet de chambre et un cuisinier. Son emprisonnement allait durer cinq ans. Les Vendôme furent exilés dans leurs terres. Il en fut de même de la plupart des Importants. Campion et ses complices immédiats se dispersèrent comme volée de moineaux. Il eut la chance de passer à Jersey. Il y contempla la mer à loisir et médita « sur la fragilité des choses humaines ».

IV

UN COUPLE POLITIQUE

La surprise fut extrême. Retz s'en fait l'écho : « Ce coup de rigueur, fait dans un temps où l'autorité était si douce qu'elle était comme imperceptible, fit un grand effet... Quand l'on vit que le Cardinal avait arrêté celui qui, cinq ou six semaines devant [1], avait ramené le Roi à Paris avec un faste inconcevable, l'imagination de tous les hommes fut saisie d'un étonnement respectueux. »

Personne ne plaignit Beaufort et les Importants. Les courtisans se répandaient en louanges. Ils se pressaient dans l'antichambre de Mazarin, cherchant à l'approcher. Plus de trois cents gentilshommes le suivirent quand il parut. À vrai dire, plus d'un n'avaient pas la conscience tout à fait tranquille et se demandaient s'ils ne recevraient pas bientôt un ordre d'exil ou ne prendraient pas le chemin de Vincennes. Les rigueurs du cardinal s'arrêtèrent là. On

1. Du 15 mai 1643, jour de l'Entrée du roi à Paris, au 4 septembre, jour de l'arrestation de Beaufort, il y avait en réalité plus de trois mois et demi.

lui en sut gré. Il lui suffisait d'avoir abattu l'opposition et fait sentir son autorité. Mais il était trop perspicace pour ne pas prévoir qu'elle relèverait la tête à la première occasion et ne pas se prémunir contre elle. Ses carnets font état de ses suspicions. Ils mettent en relief son mépris cynique des gens de cour et sa tendance à croire que tous pouvaient être achetés.

La reine avait eu peur. Elle voulut lui donner une garde personnelle. Il la remercia de cette attention mais refusa, en affectant la modestie. Ne lui avait-il pas offert sa vie, et encore par écrit, lors de son entrevue avec Beringhen ? Toutefois, il déguisa six soldats vigoureux et loyaux en laquais pour le protéger pendant ses sorties. Ces gardes du corps avaient certes plus d'efficacité qu'une escorte d'apparat. C'étaient en outre ses créatures. Puis il abandonna son logis pour s'installer dans l'hôtel Duret qu'il venait d'acheter et qui était situé derrière le Palais-Cardinal. Je rappelle que ce palais avait été légué au roi par Richelieu, d'où son nom. La reine, ses enfants, ses domestiques quittèrent alors le Louvre pour s'établir au Palais-Cardinal, qui devint dès lors Palais-Royal, nom qu'il porte toujours. C'était une lourde erreur, car le Louvre était entouré de fossés profonds, donc facile à défendre. Le Palais-Royal était à la merci d'une émeute. La reine fit percer une porte en face de l'hôtel Duret. Mazarin pouvait donc se rendre directement au palais, de surcroît sous la protection du poste de garde. L'année suivante, il s'installa dans une aile du château proche du logement d'Anne d'Autriche.

Les médisances allèrent bon train et les Parisiens, toujours friands d'histoires salaces, jasèrent abondamment. On insinuait, en riant sous cape, que la reine avait des bontés pour le cardinal, ce qui expliquait l'insolente faveur de cet Italien. Le parti dévot, toujours porté à faire de la politique sous le masque de la religion, se voilait la face, mais en agissant à sa manière feutrée. La reine reçut des avertissements de moins en moins discrets : de la part des Mères supérieures des couvents qu'elle aimait visiter, notamment celui du Val-de-Grâce dont elle était la fondatrice. Ces appels à sa conscience, plus ou moins appuyés, ces reproches enveloppés de respect, la troublaient profondément. Un évêque s'en mêla et lui fit dire par Mme de Sénecé qu'elle prît garde à sa réputation : il n'avait pas le courage de faire lui-même ses commissions ! Peu après, elle trouva sur son lit une lettre de Marie de Hautefort l'exhortant à la prudence. Le fidèle La Porte, qui, naguère, avait été emprisonné et torturé sur ordre de Richelieu et l'avait sauvée par son silence, lui déclara sans ambages qu'elle se compromettait gravement avec Son Éminence. Il raconte dans ses *Mémoires* qu'elle rougit et se mit en colère, accusant le prince de Condé de faire courir ces bruits et le qualifiant de « méchant homme ». Elle frappait la vitre de son éventail. La Porte ne se démonta pas.

– « Sa Majesté, reprit-il [1], devrait éviter les fautes que Marie de Médicis a faites. »

– « Quelles fautes ? »

– « D'avoir fait mal parler d'elle et de cet autre Italien, le maréchal d'Ancre [2]. »

Quant à Loménie de Brienne, il prétend que sa mère aurait également prévenu la reine des calomnies que l'on répandait sur elle et sur le cardinal.

– « Pourquoi, ma chère, aurait répondu la reine, ne m'as-tu pas dit cela plus tôt... J'avoue que je l'aime, et je te puis dire, même tendrement ; mais mes sens n'y ont point de part, mon esprit est charmé de la beauté de son esprit ; mais s'il y a même dans cet amour l'ombre du péché, j'y renonce dès maintenant devant Dieu et les Saints. Je ne lui parlerai désormais que des affaires de l'État et je romprai la conversation dès qu'il me parlera d'autre chose. »

Il ne faut pas trop ajouter foi aux écrits de Brienne. Quand il rédigea ses *Mémoires*, un mysticisme exacerbé perturbait fortement son esprit.

La reine était pieuse. Les reproches qu'elle essuyait, les

1. Du moins, c'est ce qu'il affirme, mais son hostilité systématique à l'encontre de Mazarin est connue.
2. Concini.

ragots qui allaient s'amplifiant de sa liaison avec Mazarin, la blessaient et l'inquiétaient. Elle tomba malade « d'une jaunisse effroyable », que les médecins imputèrent à ses chagrins. Mme de Motteville, pour laquelle Anne d'Autriche est un ange, explique, laborieusement, que ces chagrins provenaient des plaintes contre « son gouvernement », des tracas que lui donnaient les affaires et de la déception de ne pouvoir plus continuer ses générosités.

Mazarin ne négligeait rien. Il avait acheté la complaisance de plusieurs dames d'honneur. Il n'ignorait donc pas les manœuvres des dévots et de leurs amis. Et moins encore l'acharnement de Marie de Hautefort à lui nuire. Celle-ci ne perdait pas une occasion de lui lancer un coup de griffe ou, selon son humeur, de lâcher quelque raillerie. Elle tablait sur l'amitié que la reine avait toujours eue pour elle. Mal lui en prit. Mazarin s'arrangea pour la discréditer. Elle reçut son congé à la suite d'un incident qui n'était qu'un prétexte. Il dominait déjà entièrement l'esprit de la reine. Déjà elle s'avérait incapable de lui résister.

Ce qui soulève un problème resté sans solution, mais que l'on ne peut esquiver. Quelle était la nature de leurs rapports ? Furent-ils amants ? Mariés morganatiquement, comme Louis XIV et Mme de Maintenon ? Eurent-ils une liaison platonique ?

Peut-être faut-il d'abord essayer de restituer leur épaisseur humaine et leur apparence. Anne d'Autriche avait quarante-deux ans, un an de plus que Mazarin. Mme de Motteville la décrit ainsi : « Elle est grande et bien faite, elle a une mine douce et majestueuse qui ne manque jamais d'inspirer dans l'âme de ceux qui la voient l'amour et le respect. Elle a été l'une des grandes beautés de son siècle, et présentement il lui en reste assez pour en effacer des jeunes qui prétendent avoir des attraits. Ses yeux sont parfaitement beaux ; le doux et le grave s'y mêlent agréablement ; leur puissance a été fatale à beaucoup d'illustres particuliers [1]... Sa bouche, quoique d'une manière fort

1. Allusion au duc de Buckingham.

innocente, a été complice de tous les maux que ses yeux ont faits. Elle est petite et vermeille, et la nature lui a été libérale de toutes les grâces dont elle avait besoin pour être parfaite… Ses cheveux sont beaux et leur couleur est d'un beau châtain clair : elle en a beaucoup, et il n'y a rien de plus agréable que de la voir peigner. Ses mains, qui ont reçu les louanges de toute l'Europe… joignent l'adresse avec une extrême blancheur. Sa gorge est belle et bien faite ; et ceux qui aiment à voir ce qui est beau ont sujet de se plaindre du soin que la Reine prend de la cacher… Toute sa peau est d'une égale blancheur, et d'une délicatesse qui ne se saurait jamais assez louer. Son teint n'est pas de même ; il n'est pas si beau ; et la négligence qu'elle a pour sa conservation, ne mettant presque jamais de masque, ne contribue pas à l'embellir. Son nez n'est pas si parfait que les autres traits de son visage : il est gros, mais cette grosseur ne sied pas mal avec de grands yeux… Elle a le pied fort beau, petit et fort bien fait… Elle n'est pas esclave de la mode, mais elle s'habille bien. Elle est propre et fort nette : on peut dire même qu'elle est curieuse des belles choses, et c'est sans affection extraordinaire ; et beaucoup de dames dans Paris font plus de dépense que la Reine n'en fait. »

Les portraits officiels ou moins connus [1] confirment absolument les dires de Mme de Motteville. Anne d'Autriche était grande et bien faite. Elle avait une carnation de blonde et des mains admirables. Ses yeux étaient verts, avec des paillettes dorées. Avec l'âge elle avait pris un peu d'embonpoint, mais on sait que le XVIIe siècle n'aimait pas les femmes maigres. Un air de majesté se dégageait de sa personne.

Mazarin n'eut pas la chance d'être portraituré par Philippe de Champaigne qui sut merveilleusement exprimer l'orgueil et le génie de Richelieu. Il eut affaire à des peintres de second rang, quoique talentueux. Il était d'ailleurs plus difficile à percer en raison de sa mobilité de

1. Par exemple, le portrait que l'on peut voir dans la chapelle du Val-de-Grâce et qui est une acquisition récente.

visage, de la variété de ses expressions. « Il est grand, notait Olivier d'Ormesson, de bonne mine, bel homme, le poil châtain, un œil vif et d'esprit, avec une grande douceur dans le visage. » Il était effectivement d'une belle taille. La pourpre cardinalice n'alourdissait pas la sveltesse du cavalier ; elle en augmentait plutôt la prestance. Les mains étaient belles, presque féminines, avec de longs doigts fuselés. La chevelure châtain foncé tombait de part et d'autre du rabat. Toutefois le front se dégarnissait. Le visage était ovale, barré par une moustache aux pointes relevées et qui surmontait un bouc assez discret. Le nez, bien dessiné, était droit. Les yeux d'un bleu noir, terriblement attentifs, contrastaient avec la douceur des traits. Les lèvres avouaient la sensualité, ou la gourmandise. Hormis ce début de calvitie, Mazarin ressemblait encore à l'esquisse aux trois crayons faite en 1632 par Dumoustier. Il était extrêmement soigné et l'on sait qu'il aimait les parfums. Hormis l'historiette de la fille du notaire de Madrid, on ignore tout de ses amours, s'il en eut. On ne lui connaît pas de liaisons, à Rome comme à Paris. Les médisants exercèrent en vain leur industrie, fouillèrent en vain dans son passé ; ils furent incapables d'avancer un nom ou un fait précis. Tous en reviennent à la misérable anecdote de Madrid. Mme de Motteville le vit tous les jours chez la reine et eut avec lui de nombreux entretiens. Alors qu'elle encense Anne d'Autriche à longueur de page, elle se montre réticente à l'égard du cardinal et trace de lui un portrait psychologique qui vaut d'être connu en raison de sa finesse :

« Il était capable de plaire par son esprit adroit, fin et habile à l'intrigue, et par une manière d'agir pleine de douceur, fort éloignée de la rigueur du règne précédent, et fort accommodante à la bonté de la Reine. On a cru qu'il n'était point digne de l'estime de cette princesse ; mais il est vrai néanmoins qu'il avait de louables qualités qui ont eu le pouvoir de réparer fortement les défauts qui étaient en lui et qui, joints à l'envie, l'ont fait haïr et mépriser des peuples et de beaucoup d'honnêtes gens.

La Reine eut donc raison d'estimer la beauté de son esprit, sa capacité, et les marques qu'il lui donna de sa modération. Elle crut facilement qu'il était vertueux en toutes choses parce qu'il n'avait point de vice apparent, ni de mauvaises qualités qu'elle pût connaître alors... »

Il est indiscutable qu'Anne d'Autriche admirait l'esprit de Mazarin. Elle était moyennement instruite et n'aimait pas la lecture. Ses fonctions de régente la dépassaient, surtout dans une conjoncture aussi délicate. Elle était incapable de les remplir. Mazarin la soulageait de ce fardeau. Sans elle il n'était rien, mais elle ne pouvait gouverner sans lui. Leurs solitudes se complétaient. Les nécessités du pouvoir confondaient leurs intérêts respectifs. Espagnole dans cette cour de beaux esprits, de bravaches et de langues vipérines, elle n'avait finalement que lui : il ne se rattachait à aucun clan et il lui devait tout. Italien, plus ou moins en butte à la xénophobie, il n'avait que la reine pour le soutenir. Ce double isolement les rapprochait. Mais n'y avait-il que cela ?

Ces deux êtres étaient dans la force de l'âge et gardaient assez de beauté pour séduire. Tous deux étaient parfaitement sains et même robustes. Ils passaient ensemble deux heures par jour, les portes ouvertes, précise Mme de Motteville. Ils ne parlaient pas toujours des affaires de l'État. La reine ne découvrit-elle pas l'amour dans la personne de son confident et de son maître à penser ? Louis XIII avait été un si triste compagnon, rongé par la maladie et le soupçon. Mazarin était un homme superbe et délicat. Mais lui, ne se laissa-t-il pas émouvoir par cette femme encore belle ? La reine avait une maturité épanouie. Dans quelle mesure, sachant que son teint de lys ne tarderait guère à se flétrir, céda-t-elle à la passion qu'elle éprouvait, voulut-elle connaître un véritable amour puisqu'il était à sa portée ? Elle était bien vivante et ne récusait pas les plaisirs : le bal, les ballets, le théâtre, la bonne chère. Elle était gaie, franche et naturelle, et non point gourmée comme avaient été ses aïeux, Charles Quint ou Philippe II. Quant à Mazarin, il partageait la plupart de ses goûts et tout laisse à penser qu'il s'éprit d'elle.

On objecte parfois que leur liaison ne put être charnelle, car Anne d'Autriche était d'une piété exemplaire (excessive aux yeux de Mazarin qui déplorait ses visites un peu trop longues dans les couvents). Mme de Motteville précise qu'elle se retirait chaque jour dans son oratoire pour prier. Pour autant, résista-t-elle à la tentation ? On risque aussi l'hypothèse selon laquelle elle eût épousé morganatiquement Mazarin et l'on va jusqu'à dire que Vincent de Paul eût béni ce mariage clandestin. Le droit canon n'interdisait pas ce mariage. Mazarin n'était pas prêtre, mais simple clerc tonsuré. Cependant il était cardinal. Pour convoler, il devait se démettre de son titre et quitter la simarre rouge. D'autres cardinaux avaient agi de la sorte. Or, Mazarin conserva la pourpre cardinalice jusqu'à la fin de sa vie. On sait en outre que, peu avant sa mort, il songeait à se faire prêtre : c'était, il est vrai, dans la perspective de coiffer la tiare pontificale. Néanmoins, s'il avait été marié, il ne pouvait envisager d'être prêtre.

On a dit aussi que c'était un mariage selon l'esprit, non selon la chair, en arguant du fait qu'un abîme séparait une reine d'un petit gentilhomme aux origines douteuses, quand bien même la simarre lui donnait rang de prince. Cependant Mazarin dominait entièrement Anne d'Autriche, comme s'il la tenait par les sens. Elle tenait à lui comme à la prunelle de ses yeux, prenait son parti en toute circonstance, avec l'emportement et la partialité d'une femme amoureuse. Plus d'une fois, ils se comportèrent comme mari et femme. Était-il absent qu'elle se morfondait et s'inquiétait. Je citerai plus loin une lettre cryptée qui semble résoudre le dilemme. Il est également possible que l'entraînement des sens ne fût que passager et qu'il ait pris rapidement fin par peur du scandale. Quoi qu'il en soit, le secret fut inviolé et l'on imagine à quel prix ! La duchesse de Chevreuse elle-même avoua qu'elle ne pouvait en juger. Après tout, ce qui importe, c'est qu'ils formaient un couple politique dont on trouve peu d'exemples. Un couple tellement uni dans le revers comme dans le succès qu'il sauva le royaume d'une anarchie certaine.

V

SITUATION DE LA FRANCE

Mazarin écrivait, le 30 juin 1643, à son ami, le cardinal Bichi : « Chacun voit que je n'épargne aucune fatigue, et que cette couronne n'a pas de serviteur plus zélé, plus désintéressé, et pourtant je songe toujours à retourner dans mon pays, quand je pourrai le faire sans me manquer à moi-même, à mes devoirs et à la France, car, bien que mes desseins soient bons, bien que je me rende ce témoignage que je n'en ai pas un qui n'ait pour objet la gloire de Sa Majesté, je ne laisse pas de rencontrer mille oppositions et d'en prévoir de plus grandes encore dans l'avenir. Les Français n'ayant point de sérieux attachement à l'intérêt de l'État, et prenant en aversion tous ceux qui le mettent au-dessus des intérêts particuliers. Aussi, je le confie à Votre Éminence, je passe la vie la plus malheureuse, et sans la bonté de la Reine qui me donne mille preuves d'affection, je n'y tiendrais pas [1]. »

Il était excédé, mais non découragé par les intrigues de l'opposition. En écartant les Importants, partisans des

1. Cité par Anne-Marie Cabrini, *in : Mazarin, aventures et politiques.*

Vendôme, il s'était donné de nouveaux maîtres, si l'on peut dire, en la personne des Condé. Ceux-ci étaient plus coriaces et plus intelligents que Beaufort et ses affidés. Cependant, ces entraves, cette incertitude du lendemain ne diminuaient en rien sa puissance de travail, n'atténuaient en rien ses facultés intellectuelles et ne le détournaient pas un instant de l'objectif qu'il s'était fixé. Elles n'étaient que l'écume des jours, les inévitables scories du pouvoir. Cet objectif, il ne l'avait pas inventé ; il en avait hérité. Mazarin n'oubliait pas les leçons de Richelieu. Au cours de leurs conversations, l'Éminence lui avait révélé ses buts : abaisser les Habsbourg, ceux d'Autriche et ceux d'Espagne, indissolublement liés, assurer à la France des frontières solides, afin de mettre Paris à l'abri des invasions. La différence entre leurs méthodes n'était qu'apparente. Chez Richelieu, la pugnacité l'emportait sur la diplomatie. Chez Mazarin, c'était l'inverse : mais chacun sait que la diplomatie est la suite des victoires ou des défaites, exploitant les unes, réparant les autres.

Lorsque Louis XIII mourut, la France occupait le Roussillon et une partie de la Catalogne, l'Alsace et la Lorraine, Turin et les passages des Alpes. Ses frontières sud et sud-est paraissaient donc solides. Il n'en était pas de même au nord-est. Nous ne tenions que trois bonnes places en Artois (Arras, Bapaume et Hesdin) et Landrecies dans le Hainaut. C'est dire que la route vers Paris restait ouverte.

Je rappelle pour mémoire que, depuis François Ier, la guerre sévissait, certes coupée de longues trêves, entre les empereurs et les rois de France. Louis XIII, ayant les mains libres depuis la prise de La Rochelle, rouvrit le conflit : officiellement en 1635, en réalité depuis 1630 (la Valteline et ce qui s'ensuivit). Simultanément, nous soutenions la rébellion des Provinces-Unies contre l'Espagne, luttant pour obtenir leur indépendance. Depuis 1618 (la Défenestration de Prague), l'Allemagne était en proie à d'horribles convulsions. Les empereurs essayaient en vain d'imposer la religion catholique et la suprématie de leur pouvoir. Les princes protestants menaient contre eux une lutte implacable, avec l'appui de la Suède et les subsides de la France. C'est là ce qu'on appelle la guerre de Trente Ans. Elle ne prit fin qu'en 1648.

Il y avait donc trois conflits ouverts en Europe lorsque Mazarin accéda au pouvoir, trois conflits auxquels nous étions mêlés, directement ou non. Le plus grave était la menace espagnole. En 1636 (l'année de Corbie et du *Cid* !), le cardinal-infant Don Fernando, gouverneur des Pays-Bas, se rua vers la Somme sans rencontrer de résistance sérieuse. Son avant-garde atteignit Pontoise, semant la panique. Louis XIII et Richelieu sauvèrent la capitale d'extrême justesse et Don Fernando repassa la frontière. En 1643, le gouverneur des Pays-Bas était Don Francisco Melo de Braganza. Il voulut renouveler l'exploit de Don Fernando. Faisant fond sur les troubles que ne manquerait pas de susciter la mort de Louis XIII et sur l'affaiblissement du pouvoir royal qui en résulterait selon lui, il voulait surprendre la place de Rocroy, entre la Meuse et la Sambre, puis tourner par l'est les villes de l'Oise et, par l'Aisne et la Marne, foncer vers Paris. Le jeune duc d'Enghien (il avait vingt-deux ans) se dirigea vers Rocroy à marches forcées. Le 19 mai 1643, les deux armées s'affrontèrent. Enghien rompit la cavalerie espagnole mais, au lieu de la poursuivre, il se retourna contre l'infanterie adverse dont il dispersa l'aile gauche. Restait le centre, qui était le corps d'élite. Attaqué au canon, pressé par les fantassins français, entamé par les charges incessantes, il succomba. L'infanterie espagnole perdit sa réputation d'invincibilité. Son organisation, ses méthodes de combat étaient calquées sur celles des légions romaines. Les pertes en hommes et en officiers étaient irréparables pour l'Espagne. Cette bataille mettait en tout cas et pour des années la France à l'abri d'une invasion.

La victoire de Rocroy coïncida avec l'« avènement » de Mazarin. Dès lors, c'était à lui d'assumer la direction des opérations militaires. Cette charge redoutable ne le prenait pas au dépourvu. Il avait ses agents de renseignement, ses courriers et des notions de stratégie qu'il est de bon ton de railler mais qui s'avéreront bien réelles au fil des années. Il dirigea Enghien vers la Moselle, dans l'intention de joindre son armée à celle de Guébriant qui combattait aux côtés de nos alliés flamands et allemands. Enghien s'empara de Thionville puis de Sierck, et fit sa jonction avec Guébriant. Ce dernier commandait une troupe de mercenaires naguère recrutés par Bernard de Saxe-Weimar, un des derniers condottieri. Avec l'aide d'Enghien, il prit Rottweil, mais mourut d'une blessure mal soignée. C'était un remarquable général. Sa mort désorganisa son armée. Mazarin envoya Turenne pour le remplacer. Cependant, il fallait du temps pour remettre une armée sur pied. Mercy, général bavarois, en profita pour s'emparer de Fribourg-en-Brisgau (juin 1644), menaçant dès lors l'Alsace. Enghien et Turenne l'attaquèrent en août, le battirent et le contraignirent à la retraite. Toutefois, ils ne purent le poursuivre, l'intendance ne suivant pas. Reprenant alors un projet fort remarquable de Guébriant, Enghien descendit le Rhin par les deux rives après avoir embarqué son artillerie. En septembre, il prit Philippsbourg, Mayence et Landau. Spire et Worms acceptèrent notre protection. La garde des frontières alsacienne et lorraine était dorénavant assurée.

Mazarin avait une vue panoramique des opérations, qualité majeure chez un homme d'État en charge de guerre. L'année suivante, il arbitra un conflit dont l'issue risquait de nous porter un grave dommage. La Suède demeurait notre fidèle alliée, grâce à nos subsides lui permettant d'entretenir une forte armée. À cette époque, les puissances riveraines se disputaient le contrôle de la mer Baltique, la Suède en tout premier lieu. L'empereur soutenait évidemment ses concurrents. En décembre 1643, et pour briser cette coalition naissante, le général suédois Torstensen s'en fut ravager le Holstein, le Sleswig et le Danemark. Mazarin suspendit le paiement des subsides : ils étaient destinés à combattre l'empereur, non ses adversaires ! Puis il imposa son arbitrage. La paix fut signée en août 1643. La Suède, contre la cession de quelques îles et de la province d'Alard, retourna ses armes contre l'empereur. La même année,

Mazarin parvenait à marier une princesse française, Marie de Gonzague-Nevers, au roi de Pologne Wladislas IV, étendant notre influence à ce pays. Il achetait aussi le concours du prince de Transylvanie, Georges Rakoczy, dont les forces rejoignirent bientôt les Suédois de Torstensen en Moravie. Il achevait ainsi l'encerclement de l'Autriche, noyau de l'empire et notre séculaire ennemie.

En mars 1645, Turenne avait pris le commandement de l'armée d'Alsace, avec pour objectif l'invasion de la Bavière. Mercy se retira sans combat, puis surprit nos cantonnements à Marienthal (mai 1645). Mazarin envoya le duc d'Enghien en renfort. Les deux généraux attaquèrent Mercy retranché dans le village d'Allenheim (près de Nordlingen) et le battirent. Cependant, trop loin de leurs bases, ils durent se replier sur Philippsbourg, au lieu d'exploiter leur victoire. La conquête de la Bavière eût mis l'Autriche à genoux et hâté la conclusion de la paix. Mazarin en était conscient, mais il se heurtait à de trop nombreuses difficultés, dont l'ambition des princes n'était pas la moindre. Gaston d'Orléans s'avisa soudain qu'il était lieutenant général et voulut remplir sa fonction, c'est-à-dire acquérir de la gloire sans prendre de risques. En 1646, secondé par le duc d'Enghien, il prit Courtrai et Mardyck et revint parader à la cour. Heureusement, Enghien continua la campagne et, en octobre, s'empara de Furnes et de Dunkerque. La prise de Dunkerque alarma les Pays-Bas. Ils craignirent, non sans raison, que la France les annexât purement et simplement, sous couleur de les protéger de l'Espagne. Telle était en effet la secrète pensée de Mazarin, cherchant à éloigner le plus possible Paris de la frontière du nord, d'en faire véritablement « le cœur de la France ». Il n'ignorait pas non plus les multiples richesses des Pays-Bas. Mais ceux-ci ne voulaient que leur indépendance. L'Espagne finit par la leur accorder contre leur neutralité. C'était un échec pour Mazarin, et qui pouvait avoir de rudes conséquences.

Autre échec en Catalogne dont nous ne parvenions pas à achever la conquête. Mazarin stimulait en vain nos généraux qui manquaient d'hommes et d'argent. Par ailleurs, les Catalans se lassaient de l'occupation française. Condé [1] lui-même échoua sous les murs de Lérida. Nouvel échec dans le royaume de Naples. En 1647, les Napolitains assassinèrent le duc d'Arcos, vice-roi espagnol, et proclamèrent la république. Ils sollicitèrent l'appui de la France. Mazarin les connaissait assez bien pour retarder son intervention. Ils appelèrent alors le duc de Guise, lointain descendant de la Maison d'Anjou qui avait régné sur Naples et la Sicile. Ils prétendirent en faire un roi, puis le livrèrent aux Espagnols. Mazarin se contenta d'envoyer une petite flotte qui ne servit à rien.

En 1644, il n'avait pu faire élire pape son candidat, le cardinal Sacchetti. Ce fut le cardinal Pamfili qui succéda à Urbain VIII, sous le nom d'Innocent X. C'était un partisan convaincu de l'Espagne ; il haïssait Mazarin. Ce dernier suscita des troubles dans les États voisins de ceux du pape. Il lança contre lui deux expéditions navales. La première tourna mal : Orbitello fut occupée, puis évacuée. La seconde eut meilleure fortune : l'île d'Elbe fut prise. Cette menue conquête entrava quelque peu les communications entre l'Espagne et l'Italie. Mazarin menaçant d'interdire les envois d'argent vers Rome, Innocent X mit une sourdine à son hostilité.

Mazarin ne joua pas à fond la carte italienne. Il ne pouvait se désintéresser tout à fait de sa terre natale, mais il savait que la partie décisive se jouerait ailleurs. Il lui était au surplus impossible de vaincre à la fois l'empereur et le roi d'Espagne, d'autant qu'il venait de commettre une grave erreur. Dans son obsession de repousser les frontières du nord et sa volonté de diviser les Habsbourg, il avait secrètement offert une paix séparée à l'Espagne, lui proposant d'échanger la Catalogne contre les Pays-Bas. Ce projet fut aussitôt communiqué aux représentants des Pays-Bas. D'où le revirement dont il est question plus haut.

Il commit une seconde faute tout aussi lourde. À l'automne de 1646, Turenne et Torstensen envahirent la

1. Le duc d'Enghien était devenu prince de Condé à la mort de son père, le 26 décembre 1646.

Bavière et la ravagèrent systématiquement. Le prince Maximilien implora la paix. Elle fut signée en mars 1647. Contre la protection française, Maximilien promettait de ne plus soutenir l'empereur. Turenne prétendit alors passer en Bohême, où s'était retirée la faible armée impériale. Mazarin l'en empêcha : il voulait ménager l'empereur qui semblait disposé à traiter. C'était peut-être de bonne politique. Malheureusement le prince Maximilien viola ses engagements.

La campagne de 1648 commença par une série de revers. Les troubles augmentant à Paris faisaient prévoir la chute prochaine de Mazarin, à tout le moins une guerre civile qui paralyserait le gouvernement. L'archiduc Léopold, frère de l'empereur, crut le moment propice à une attaque de grande envergure. Pendant que le prince de Condé assiégeait Ypres, l'archiduc s'empara de Courtrai, Furnes et Lens. Condé se dirigea vers Lens dans l'intention de lui porter secours. Il arriva trop tard et feignit de battre en retraite. Ce n'était qu'une ruse pour inciter Léopold à le poursuivre. Les Espagnols quittèrent leurs retranchements et se firent totalement écraser. Nous leur prîmes leurs étendards et cent vingt canons. Lens (20 août 1648) effaçait la gloire de Rocroy. On verra quel malheureux parti Anne d'Autriche et Mazarin en tirèrent.

Pendant ce temps, Turenne et le Suédois Wrangel avaient enfin réglé son compte à Maximilien de Bavière et marchaient sur Vienne. Le manque d'approvisionnement les obligea à rétrograder vers la Souabe. Ils décidèrent alors d'opérer leur jonction avec Kœnigsmark, autre général suédois, qui assiégeait Prague. Après la capitulation de cette ville, ils auraient à nouveau pris la route de Vienne. Mais la paix de Westphalie venait d'être signée.

Cette paix était l'aboutissement de négociations qui avaient duré presque quatre ans, et dont les fluctuations répondaient à celles des armes. Elles se déroulèrent bizarrement dans deux villes voisines de Westphalie : Osnabrück pour les Suédois et leurs alliés protestants, Münster pour les catholiques. On imagine les complications, car il fallait aligner au fur et à mesure les propositions des uns et des autres ! La France était représentée par le comte d'Avaux et par Abel Servien. Ils informaient ponctuellement Mazarin de l'état d'avancement des négociations, recevaient en retour des instructions détaillées. Les défaites successives des Impériaux accélérèrent la conclusion. Cependant, l'Espagne se retira du congrès après avoir reconnu l'indépendance des Pays-Bas contre la cession quasi symbolique d'un mince territoire. Elle se désintéressait donc, provisoirement, du sort des Habsbourg d'Autriche et restait en guerre avec la France.

Deux traités (rédigés en latin) furent signés à Münster et à Osnabrück, le 24 octobre 1648.

La France obtint de l'empereur la cession pleine et entière des Trois Évêchés (Metz, Toul et Verdun) qu'elle occupait de fait, non de droit, depuis un siècle. L'empereur consentait à ce qu'elle tînt garnison perpétuelle à Pignerol. Et surtout il renonçait définitivement à l'Alsace. C'était un territoire plus vaste que les actuels départements du Haut-Rhin et du Bas-Rhin, englobant des villes et des territoires situés sur les deux rives du fleuve, avec des enclaves restées féodales et des cités quasi indépendantes. Le problème de savoir si l'empereur renonçait à la souveraineté ou à la propriété de cette région ne fut pas nettement tranché. Bien entendu, le roi de France se considéra comme seul maître de cette belle province. Il y avait là une source de conflit. Mais, dès cette époque, les diplomates pratiquaient avec ravissement l'art du compromis.

La Suède reçut, en récompense de sa fidélité à la France, la totalité de la Poméranie supérieure. Frédéric-Guillaume, prince de Brandebourg, protesta vigoureusement. On le dédommagea avec les évêchés d'Halberstadt et de Magdebourg.

Le prince de Bavière recouvra son titre d'électeur du Saint-Empire et acquit le Bas-Palatinat. Il ne méritait pas tant de faveurs, mais Mazarin entendait l'opposer, si la nécessité s'en faisait sentir, à l'Autriche ou aux princes protestants, voisins de la Bavière.

La religion réformée (y compris les calvinistes) reçut une existence légale, au même titre que la religion catholique : c'était mettre fin à une interminable lutte entre chrétiens.

Là n'était pas l'essentiel des traités pour Mazarin. Il voulait l'abaissement du pouvoir impérial. L'empire était composé de quelque trois cent soixante États d'importance inégale. Leur indépendance fut garantie, tant en matière de politique extérieure qu'intérieure. Leurs souverains avaient voix délibérative au Reichstag. La France et la Suède se déclaraient protectrices de leurs libertés. Le titre d'empereur se trouvait *ipso facto* vidé de son contenu. C'est ici le point le plus bas où soit descendu le Saint-Empire naguère tout-puissant et prétendant à l'hégémonie sur l'Europe. Le génie de Mazarin succédant à celui de Richelieu avait provoqué cette chute retentissante !

Les Français ne lui en surent aucun gré. Emportés par leurs querelles intestines, ils ne comprirent nullement l'importance de cette paix de Westphalie si laborieusement acquise. Au contraire, ils reprochaient à Mazarin de n'avoir pas traité avec l'Espagne et l'accusaient de vouloir continuer la guerre pour enrichir les traitants et munitionnaires, et pour s'enrichir lui-même. C'était en vain qu'il affirmait que les plénipotentiaires espagnols s'étaient retirés avant la fin des négociations, en refusant toutes les offres de paix. En vain qu'il leur parlait de l'Alsace, de Philippsbourg, de Brisgau, du boulevard sur le Rhin, de la sécurité de nos frontières enfin acquise. En vain qu'il rappelait les circonstances de son arrivée aux affaires « après la mort d'un des plus zélés, vigilants et prudents ministres qui aient jamais été et d'un si grand et si sage Roi, très glorieux et autorisé, qui laissait à son successeur à l'âge de quatre ans, avec la guerre allumée en tant d'endroits, les finances épuisées, et avec de si puissants ennemis qui croyaient le temps venu de prendre leur revanche avec usure et donner loi… ».

Les dévots lui en voulaient d'avoir soutenu les protestants, et les autres d'avoir trop bien réussi. On ricanait sur ses prétentions de stratège, en oubliant qu'il avait, pendant cinq ans, choisi les généraux, coordonné leurs opérations, stimulé leur zèle et leur talent, sans que son autorité ait été contestée par eux.

VI

PROBLÈMES D'ARGENT

La guerre coûtait très cher. Des études récentes [1] montrent qu'elle quadruplait le budget normal de l'État, si tant est que l'on puisse parler de « budget » pour ce qui regarde cette époque. Ce serait en effet une erreur de croire que les ministères et secrétariats d'État disposaient d'une somme annuelle précise, répondant aux besoins des services qu'ils régissaient. C'en serait une autre de penser qu'il existait une véritable administration fiscale. Un mot suffit à définir le gouvernement monarchique de cette époque : l'improvisation. On puisait dans une caisse pour en remplir une autre. L'État vivait au-dessus de son revenu. Il faut reconnaître que nos modernes républiques font de même, tout en prétendant maîtriser leurs déficits et en les masquant par quelques subterfuges.

Mazarin n'était pas un économiste, au sens actuel de ce terme. Ses connaissances en matière fiscale étaient superficielles, du moins au début de son ministériat. Cette insuffi-

1. Voir bibliographie : Françoise Bayard.

sance n'entravait d'ailleurs que fort peu son appétence et son habileté à s'enrichir personnellement. De 1643 à 1648, mis à part la diplomatie et la conduite des opérations, son principal souci fut de financer la guerre.

Ouvrons une parenthèse. En temps de paix, le roi disposait d'une petite armée permanente d'environ douze mille hommes, formée de sa garde personnelle (les gardes suisses, les gardes françaises, les chevau-légers, les mousquetaires à cheval, et quelques régiments d'élite). En temps de guerre, l'armée comptait théoriquement cent quarante mille hommes, réellement une centaine de milliers d'hommes. Ces derniers étaient des engagés volontaires recrutés par les chefs de corps et leurs lieutenants. Les brevets d'officiers se vendaient. Le versement de la solde, l'armement, l'habillement, l'approvisionnement n'étaient pas assurés par une intendance militaire : ce service n'existait pas. C'étaient des munitionnaires, c'est-à-dire des traitants ou des groupes de traitants, qui s'en chargeaient. L'artillerie était gérée par un grand maître qui se comportait en souverain. Il fournissait à l'armée les canons, la poudre et autres munitions. Les armes à feu comme les armes blanches étaient achetées à l'étranger, notamment en Suède, car nous n'avions pas d'ateliers de fabrication. La guerre était donc une affaire juteuse pour quantité de gens, dont les financiers et ceux qui se dissimulaient derrière eux. Ajoutons à ce tableau (très simplifié) que tout retard apporté au versement de la solde provoquait des désertions, ou pis : la mise en coupe réglée des territoires occupés, français ou étrangers.

Mazarin héritait aussi de cette situation et devait faire face. Il s'agissait pour lui de trouver annuellement, coûte que coûte (c'est le cas de le dire), cent quarante millions de livres tournois. Ces sommes énormes pour l'époque, il sut les trouver pendant cinq ans ; car il exagérait un peu en déclarant qu'à la mort de Louis XIII les finances étaient « épuisées » ! Le royaume n'était point encore exsangue. Les Français, industrieux et laborieux, selon le génie propre à notre race, continuaient à sécréter de nouvelles richesses.

La France n'eût pas eu autant d'ennemis et d'une telle constance si elle n'avait pas été prospère, donc enviée.

Le système fiscal était à peu près aussi clair que les textes et les circulaires d'application régissant nos finances actuelles, à cela près qu'il ne tendait pas à tarir systématiquement les sources de revenus. Cependant, il faut en convenir, il atteignait une sorte de perfection dans l'inégalité. Une inégalité héritée du Moyen Âge, résultant de la partition en trois ordres (clergé, noblesse et tiers état), tenant aux privilèges traditionnels et aux exemptions accordées sous les règnes successifs. Mazarin n'avait ni le temps ni la capacité de régler lui-même la levée des impôts. Il se déchargeait de cette besogne sur les surintendants des finances et leurs adjoints à Paris et en province. C'était pour l'heure Particelli d'Emery, un Italien originaire de Sienne.

Les impôts étaient, comme aujourd'hui, directs ou indirects, sous des dénominations variées, parfois saugrenues. Après avoir été temporaires, destinés à financer une dépense exceptionnelle, ils étaient devenus permanents. Quelques-uns étaient en sommeil, voire tombés en désuétude, mais pouvaient sortir de leur léthargie à tout moment : Mazarin saura s'en souvenir !

Le principal (plus du tiers des ressources de l'État) était la taille, impôt sur le revenu des terres. Chacun des trésoriers de France recevait de Paris la somme globale qu'il devait recueillir. Il répartissait cette somme entre les élus (officiers percepteurs) de sa trésorerie. Ceux-ci notifiaient, après enquête, le montant de la taille à lever dans chaque paroisse de leur ressort. La levée proprement dite était effectuée par des délégués élus par les habitants. Ce système semblait équitable. Malheureusement les trésoriers et leurs collaborateurs avaient acheté leur charge. Leurs émoluments étant modestes, ils les arrondissaient comme ils le pouvaient et parfois sans modération. La collecte des fonds, leur transport (par charrettes) prenaient des mois, presque la moitié de l'année. L'envoi d'intendants, pour stimuler les agents du fisc et contrôler leur gestion, suscitait de véhéments conflits. La taille était le plus lourd des impôts. Elle frappait quatre-vingt-dix pour cent des terres. Mais l'Église et la noblesse en étaient exemptées, ainsi que la plupart des villes. Selon le concept féodal, l'Église contribuait à l'effort commun par la prière et consentait au roi « un don gratuit » annuel de plusieurs millions de livres ; la noblesse devait le service militaire et payait en principe l'impôt du sang, ce qui était partiellement vrai. Quant aux villes, ou bien on les épargnait systématiquement (par exemple, Paris), ou bien, au fil des siècles, elles avaient acheté leur exemption. La taille portait donc sur les paysans exploitant les terres, riches laboureurs (il y en avait plus qu'on ne croit), fermiers plus modestes. Ils formaient à eux seuls la majorité de la population. C'étaient eux qui, par leur inlassable travail, avaient fait la fortune de la France. En plus de la taille, ils acquittaient les droits seigneuriaux (généralement modérés) et la dîme qui ne l'était pas et dépassait souvent dix pour cent des récoltes. Il va sans dire que la fraude et le braconnage sévissaient.

L'impôt le plus impopulaire était la gabelle, taxe sur le sel. Les provinces où on le récoltait (Bretagne et Aunis) en étaient exemptées. Ailleurs, il était non seulement lourdement taxé, mais sa consommation était obligatoire. Des centaines de gabelous pourchassaient les « faux sauniers », opéraient des perquisitions chez les particuliers. La contrebande était punie de galère ou de la pendaison. La gabelle provoqua des incidents nombreux et sanglants. Mais il y avait aussi les « aides », taxes sur le vin et autres produits, dont la perception plus ou moins rigoureuse soulevait des protestations et ajoutait au mécontentement général. Des émeutes de pauvres gens, parfois encouragées par les curés et les hobereaux campagnards, éclataient çà et là. Elles étaient promptement réprimées. On appelait cela des « émotions », et l'on n'y prêtait guère attention. Elles se multipliaient et s'aggravaient à mesure que les impôts augmentaient. Dans les villes, elles avaient pour cause la cherté des produits de première nécessité, surtout du pain. Lors des mauvaises récoltes, les accapareurs stockaient le blé pour le revendre « au marché noir ». En général, les bourgeois, craignant pour leurs biens, s'arrangeaient pour apaiser les troubles quand ils prenaient vilaine tournure.

Le gouvernement avait d'énormes dettes. Il payait avec retard, mais enfin il payait ! Il devait assumer, selon la conjoncture, les dépenses urgentes. Le mécanisme fiscal était d'une telle complexité et, par suite, d'une telle lenteur que l'État devait nécessairement emprunter. Il était donc en réalité dans les mains des financiers. Il avait un crédit si faible qu'on lui prêtait à quinze pour cent d'intérêts. La dette s'alourdissait d'autant. Il parut donc plus avantageux de mettre les impôts « en parti », c'est-à-dire d'en confier la levée à des « partisans » ou « traitants ». Le Conseil royal, parfois un ministre et parfois Mazarin, passait un contrat avec un prête-nom. Ce dernier s'engageait à verser rapidement au trésor le montant supposé de tel impôt ou telle taxe, moyennant un confortable pourcentage. Pour enlever le marché, il versait une somme rondelette au représentant du roi (éventuellement le Premier ministre). Le « traitant » avait des sous-fermiers en province qui se chargeaient de lever l'impôt, souvent sans ménagement. Il était déjà de pratique courante que la gabelle et les aides fussent ainsi rétrocédées aux « traitants ». Le système fut étendu à la taille, ce qui était un imparable moyen d'éviter les fraudes, mais suscita la colère dans le milieu paysan. On comprend dès lors pourquoi les traitants étaient exécrés. On ignorait pourtant qui se dissimulait derrière eux.

Très rares étaient les financiers capables de réunir, comme par un coup de baguette magique, les charretées d'argent ou d'or que demandait l'intendant des finances. Ce n'étaient pas des philanthropes, mais d'exacts comptables. Ils prenaient des risques mesurés, ou plutôt ils partageaient les risques et bien entendu les bénéfices. Ils avaient des associés nombreux, toujours occultes. La transparence dans les affaires, politiques ou autres, est une invention de notre époque, qui ignore généralement l'histoire et manie sans vergogne les armes à double tranchant. Au contraire, la dissimulation était de règle au XVIIe siècle, mettons : l'extrême discrétion. Le prête-nom n'était qu'un bon bourgeois, honorablement connu chez les financiers. Il signait à la place d'un ou plusieurs financiers, auxquels s'agrégeaient les véritables bailleurs de fonds. Fort riches, ceux-ci faisaient ainsi fructifier leurs disponibilités. Ils appartenaient à la plus haute noblesse, à la prélature la plus huppée, à la magistrature de premier rang, c'est-à-dire au Parlement. C'est ici une des découvertes les plus considérables de l'historiographie contemporaine. Un grand nombre de noms de ces prêteurs indirects a été retrouvé. Ce sont ceux des plus grandes familles de noblesse d'épée et de robe, et de la haute bourgeoisie parisienne. Les mêmes savantes études montrent que les financiers et les traitants se ruinèrent parfois, en tout cas qu'ils ne réalisèrent pas, sauf exceptions, les insolentes fortunes qui leur furent reprochées. Le peuple les haïssait. Les Frondeurs du Parlement désignèrent certains d'entre eux, les plus compromis, à la vindicte publique.

Ils vociféraient contre un système dont ils étaient les complices et les bénéficiaires. Ils souhaitaient bien évidemment sa continuation, mais aboyaient avec les chiens. Ils vociféraient de même contre la tyrannie royale, mais ils avaient grand besoin du roi. Les nobles se trouvaient dans la même situation et commettaient néanmoins les mêmes aberrations. En sorte que la Fronde eût probablement tourné court, s'il ne s'était trouvé une poignée d'ambitieux pour ranimer des brasiers sur le point de s'éteindre.

Mazarin, malgré sa vaste intelligence et son expérience politique, ne sentit pas venir le danger. Il s'accommodait d'expédients et laissait la bride sur le cou à Particelli d'Emery, en lequel il avait toute confiance. Particelli était ingénieux. Il se dit que, sur vingt-six millions de Français, les Parisiens, qui étaient quatre cent mille, détenaient à peu près le quart de la fortune du royaume ; qu'un monceau d'or dormait dans les coffres particuliers. Paris avait toujours bénéficié d'un traitement de faveur au point de vue fiscal. Particelli voulut extraire un peu plus de cet or. Il freina le paiement des rentes de l'hôtel de ville, lesquelles s'élevaient annuellement à vingt millions de livres. Premier mécontentement : les rentiers se groupèrent en syndicat. Particelli exhuma alors un édit de 1548 interdisant de construire à moins de deux cents toises des fortifications de Paris, sous peine d'amende. Il prétendit le remettre en vigueur et fit recenser les édifices indésirables. Ce ne fut qu'une clameur dans Paris. Le Parlement intervint, d'autant plus volontiers que certains de ses membres étaient passibles de l'amende. Particelli fit marche arrière mais, la même année, il prétendit instituer une « taxe d'aisés ». Il semblait normal de demander aux riches une contribution exceptionnelle à l'effort de guerre. Les pauvres applaudirent. Les aisés protestèrent. Ils eussent toutefois accepté que les financiers et les marchands les plus prospères fussent taxés. Les parlementaires – dont beaucoup étaient concernés – résistèrent de leur mieux. L'édit fut retiré. Particelli tenta alors de faire payer tout le monde à égalité et lança l'édit du Tarif : c'était un droit d'octroi sur toutes les denrées entrant dans Paris. Protestation unanime ! Il fallut abaisser le tarif, après des négociations insupportables. Il en fut de même des autres tentatives de l'intendant : on ne voulait pas payer le droit de franc-fief dû par les roturiers bâtissant sur des terres nobles. Ni la censive sur les maisons construites sur le domaine royal. Particelli constitua une « chambre du domaine » pour évaluer le prix des bâtiments fautifs et fixer le montant de la censive à acquitter par leurs propriétaires. Cette mesure, peut-être fondée en droit mais abusive, suscita des troubles qui durèrent plusieurs jours.

Mazarin ne s'émut pas. Il n'ignorait pas les protestations des Parisiens, ni les « émotions » des paysans, mais il faisait fond sur leur résignation, sur leur patience séculaire. Il imaginait que le bon peuple s'enthousiasmait pour les victoires de nos armes. Ses propres succès, son pouvoir grandissant le trompaient. Il ne savait rien de la vie quotidienne, des difficultés des petites gens pour assurer leur nourriture. La réalité le rappela durement à l'ordre.

« Le dernier point de l'illusion, en matière d'État, écrivait le cardinal de Retz, est une espèce de léthargie, qui n'arrive jamais qu'après de grands symptômes. Le renversement des anciennes lois, l'anéantissement de ce milieu qu'elles ont posé entre les peuples et les rois, l'établissement de l'autorité purement et absolument despotique, sont ceux qui ont jeté originairement la France dans les convulsions dans lesquelles nos pères l'ont vue. Le cardinal de Richelieu la vint traiter comme un empirique, avec des remèdes violents, qui lui firent paraître de la force, mais une force d'agitation qui en épuisa le corps et les parties. Le cardinal Mazarin, comme un médecin très inexpérimenté, ne connut point son abattement. Il ne le soutint point par les secrets chimiques de son prédécesseur ; il continua de l'affaiblir par des saignées : elle tomba en léthargie, et il fut assez malhabile pour prendre ce faux repos pour une véritable santé… Si cette indolence générale eût été ménagée, l'assoupissement eût peut-être duré plus longtemps ; mais comme le médecin ne le prenait que pour un doux sommeil, il n'y fit aucun remède. Le mal s'aigrit ; la tête s'éveilla : Paris se sentit, il poussa des soupirs ; l'on n'en fit point de cas : il tomba en frénésie. Venons au détail… »

TROISIÈME PARTIE

LA PREMIÈRE FRONDE

(1648-1650)

I

LA PAULETTE

Il y avait huit parlements dans le royaume, sept en province, un à Paris. C'étaient des cours de justice formées de magistrats qui achetaient leurs charges ou qui en héritaient. Le Parlement de Paris était, de très loin, le plus important, par suite de l'étendue de son ressort, de l'extension de ses compétences, du rôle qu'il prétendait assumer et de l'influence qu'il exerçait par la force des choses. Il paraît nécessaire de donner un aperçu de cette institution. La Grande Chambre comptait vingt-cinq membres et huit présidents : les princes du sang et les grands officiers de la couronne y siégeaient. Le premier président était nommé par le roi. Les deux chambres de requêtes comptaient chacune quinze membres et trois présidents. Les cinq chambres des enquêtes avaient chacune quinze membres et deux présidents. Les maîtres des requêtes n'avaient pas encore rang de conseillers. Il y avait en outre une chambre Tournelle, qui était un tribunal criminel où siégeaient tour à tour les membres des autres chambres. Enfin, la chambre de l'édit connaissait des affaires concernant l'Église réformée. Le pouvoir royal était représenté par un procureur général et deux avocats généraux.

Une charge de conseiller valait environ cent mille livres tournois. La haute magistrature était donc aux mains de la bourgeoisie la plus riche, qu'elle fût roturière ou de noblesse de robe. On a vu plus haut que les membres du Parlement étaient de part dans les « traites ». Quelles que fussent leurs déclarations à tendance démagogique, ils restaient des privilégiés, ne songeant en fin de compte qu'à défendre leurs intérêts. Certes, il y avait des exceptions ; encore, en dernière analyse, paraissent-elles douteuses. Nombre d'entre eux possédaient des terres nobles, dont ils se disaient seigneurs, des baronnies ou des comtés, des châteaux et d'opulentes maisons de campagne. La noblesse d'épée feignait de les mépriser, mais épousait leurs filles confortablement dotées.

Les parlementaires, vêtus de drap rouge et d'hermine, siégeaient dans la chambre Saint-Louis, vaste salle lambrissée, dallée de marbre noir et blanc, avec un plafond peint aux couleurs de la royauté : azur et or. Ils avaient une fâcheuse tendance à se prendre pour le Sénat romain. Toutefois, ce n'était pas l'harmonie qui régnait entre eux. Les maîtres des enquêtes voulaient être traités à égalité avec leurs collègues des requêtes, et ceux-ci avec les conseillers de la Grande Chambre. Tous jalousaient les présidents à mortier [1], qui arboraient des toques de velours noir galonné d'or. Il y avait dans cette auguste assemblée quantité d'honnêtes gens, mais aussi un quarteron de démagogues effrénés, de pompeux imbéciles et de cupides insatiables que Mazarin décèlera vite.

Le Parlement trouvait ses origines (incertaines) dans la *Curia regis* des anciens rois. En tout cas, il n'avait cessé d'être l'auxiliaire de la monarchie, le plus souvent zélé. Toutefois, il avait su profiter de la bienveillance des rois ou du fléchissement momentané de leur pouvoir, pour obtenir

1. On disait alors : président au mortier, car la toque affectait la forme de cet ustensile.

des avantages substantiels et accroître peu à peu ses attributions. Les parlementaires rendaient la justice au plus haut niveau, certes, mais ils étaient aussi les « notaires » du roi : ils enregistraient les décisions royales (édits et autres) après avoir vérifié leur légalité. Peu à peu, ils avaient obtenu le droit de remontrance, dont il était, ou non, tenu compte. Ils pouvaient refuser d'enregistrer, mais la plupart du temps le roi passait outre et tenait un lit de justice pour imposer l'enregistrement forcé. Ainsi l'idée avait insensiblement pris corps, selon laquelle le Parlement constituait un second pouvoir, garant des libertés, protecteur naturel du peuple. Il n'y avait qu'un pas à franchir pour que cette assemblée revendiquât le droit de légiférer et de contrôler le monarque. On a vu avec quel empressement suspect les parlementaires avaient cassé le testament de Louis XIII et conféré les pleins pouvoirs à Anne d'Autriche. Ils croyaient alors pouvoir se glisser dans l'appareil du gouvernement, décider, choisir. Cette tendance-là, à laquelle notre époque semble ne pas prendre garde, est lourde de conséquences pour une nation. L'Histoire montre en effet, et singulièrement celle de la Fronde, qu'une intrusion abusive du judiciaire en politique est toujours dommageable. Le pouvoir second ne doit en aucun cas supplanter le premier, quel que soit le prétexte invoqué. Les magistrats du Parlement émanaient du pouvoir royal ; ils n'avaient ni le droit ni la compétence de le modifier ; ils ne représentaient nullement le peuple, en dépit de leurs affirmations. Ils ne ressemblaient en rien aux parlementaires anglais auxquels ils prétendirent s'identifier. La minorité de Louis XIV et l'impopularité croissante de Mazarin leur donneront l'occasion d'usurper partiellement le pouvoir. Mais ce n'étaient pas des hommes d'action. De plus, leurs idées mêmes manquaient de consistance. Ils mirent pourtant la royauté en péril.

Les embarras financiers de Mazarin facilitèrent les choses. Depuis le début de 1648, il était aux abois. Or, dès le début de son ministériat, il s'était heurté à l'opposition des parlementaires. C'était en vain qu'il faisait appel à leur patriotisme, leur montrant la nécessité de solder nos armées en campagne si l'on voulait éviter les désertions massives, de les ravitailler, de les pourvoir en artillerie, de verser les indemnités promises à nos alliés, afin de mener à son terme la guerre contre l'Autriche. Il ne rencontrait que leur égoïsme. Il dit un jour à Omer Talon, avocat général :

– « L'esprit de ces messieurs est envenimé à tel point qu'ils aiment mieux voir la sédition à Paris et la désolation des ennemis dans la campagne que de se dédire de ce qu'ils ont entrepris. »

L'analyse était juste, et le mal paraissait sans remède. Il suffisait d'une étincelle pour mettre le feu aux poudres. Ce fut la paulette.

La paulette était l'édit qui avait consacré l'hérédité des charges, contre paiement d'une redevance annuelle : environ le soixantième du prix estimé. Cet édit était renouvelable tous les neuf ans. Il venait à échéance en avril 1648. Mazarin et Particelli crurent tirer quelque argent de cette opération. On annonça aux magistrats de la Chambre des comptes, de la Cour des aides et du Grand Conseil, que quatre années de leurs gages seraient retranchées, mais qu'ils seraient, en contrepartie, dispensés de verser la paulette pendant neuf ans. Le Parlement était exempté de cette mesure. Tollé général dans le monde des robins ! Les trois cours sanctionnées envoyèrent une délégation au Parlement pour solliciter son appui. Les parlementaires trouvèrent là un prétexte pour défier le pouvoir. Par l'arrêt d'Union, les quatre cours « souveraines » décidèrent d'élire chacune leurs députés pour délibérer sur une réforme de l'État.

La reine avait trop de hauteur pour ne pas mépriser ces robins frottés de noblesse qui prétendaient régenter le pouvoir. Mazarin ne put l'empêcher de dire que c'était « une espèce de république dans la monarchie ». Elle menaça les rebelles de sanctions. Le Parlement, quoique ébranlé, ne tint pas compte de cet avertissement. Pourtant, la reine retira l'édit de renouvellement de la paulette. Ces concessions furent inutiles.

Les délégués des quatre cours, siégeant dans la Chambre Saint-Louis, élaborèrent une charte comprenant vingt-sept articles, mal articulés et d'une clarté relative. Quelques historiens ont cru voir dans ce document – qui est une curiosité historique – l'amorce d'une constitution. C'est là créditer les parlementaires d'une hauteur de vues et même d'intentions qu'ils n'avaient pas et ne pouvaient avoir en raison de leurs privilèges et de leur fortune.

L'analyse qui suit montre au contraire qu'ils se souciaient d'abord de leurs intérêts personnels et de ceux des autres compagnies d'officiers (titulaires d'offices). Quelques mesures démagogiques, et irréalistes, donnaient le change. Cette prétendue charte n'était nullement le point de départ d'une monarchie constitutionnelle dotée de structures clairement définies et associant le peuple au gouvernement à travers des représentants élus. Elle visait simplement à subordonner le pouvoir royal au Parlement. Ne tenant aucun compte de la situation du royaume et de l'état de guerre dans lequel il se trouvait, elle apparaît comme substantiellement réactionnaire.

L'un de ses principaux articles prévoyait la suppression des intendants. Ces envoyés du roi, munis des pleins pouvoirs, exerçant leur action quasi dans tous les domaines administratifs, étaient détestés par les officiers. Ils les contrôlaient, redressaient leurs défaillances et sanctionnaient leurs fautes. Or, comme on l'a dit, les officiers étaient propriétaires de leurs charges ; ils les avaient achetées ou reçues en héritage : elles représentaient un capital inclus dans le patrimoine familial et qu'il s'agissait de faire fructifier. Ils formaient une caste, une nouvelle féodalité – sans doute pire que l'ancienne –, prête à défendre ses positions du bec et de l'ongle. Il faut ajouter que, pour faire de l'argent, Mazarin et Particelli avaient poussé jusqu'à l'indécence les créations de charges, restreignant ainsi le revenu et le prestige (très relatif) de leurs détenteurs. Malgré l'utilité que représentaient les intendants, le Parlement exigeait donc leur suppression, couvrant ainsi par avance les abus des officiers, pour ne pas dire leurs exactions. Pour faire bonne mesure, il interdisait la création de nouveaux offices sans son autorisation :

« Défense à toutes personnes de faire et avancer telles propositions pernicieuses tendantes à la ruine des compagnies, à l'anéantissement de la justice et subversion du Royaume… »

C'était une première atteinte au pouvoir discrétionnaire du roi. Il y en avait deux autres. Le Parlement interdisait l'instauration de nouveaux impôts, à l'exception de ceux qu'il autoriserait :

« Ne seront faites aucunes impositions et taxes qu'en vertu d'édits et de déclarations bien et dûment vérifiés es Cours souveraines *auxquelles la connaissance en appartient,* avec la liberté de suffrages, *et l'exécution desdits édits et déclarations sera réservée* auxdites Cours… Défenses à toute personne de faire et continuer aucunes levées de deniers et impositions de taxes qu'en vertu d'édits et déclarations bien et dûment vérifiés es dites Cours, à peine de la vie… »

Ainsi, le Parlement prétendait non seulement empêcher la création d'impôts sans son accord formel, mais encore en surveiller l'exécution, et cela en vertu d'un droit qu'il n'avait jamais eu. Il cherchait en réalité à contrôler l'ensemble du domaine financier. C'était une usurpation inacceptable dans la mesure où ces magistrats ne représentaient qu'eux-mêmes. De plus, sans avoir les responsabilités du gouvernement, ils eussent été à même de freiner, voire de geler son action. Ces brillants juristes – ceux du moins qui étaient un peu plus que des phraseurs barbotant dans leur jargon – n'avaient aucune notion des réalités.

Un autre article énonçait : « Qu'aucun des sujets du Roi, de quelque qualité qu'il soit, ne pourra être détenu prisonnier passé vingt-quatre heures, sans être interrogé, suivant les ordonnances, et rendu à son juge naturel, à peine d'en répondre par les geôliers, capitaines et tous autres qui les tiendront, en leurs propres et privés noms… »

C'était une sorte d'*habeas corpus,* louable en soi, mais dont le double but visait à étendre le droit des magistrats au détriment du roi dont toute justice émanait. Après les finances, le Parlement essayait de s'approprier la justice !

Passons aux mesures démagogiques. Le Parlement réclamait (alors que le pays était en guerre) une diminution de vingt-cinq pour cent de la taille, avec annulation des arriérés des exercices précédents (trois ou quatre). Il exigeait de même la réduction ou la suppression de plusieurs taxes frappant la population parisienne (toisé, tarif, franc-fief, censive). Pour faire bonne mesure et caresser l'opinion, il demandait l'instauration d'une chambre de justice devant laquelle comparaîtraient les « financiers », tenus pour responsables de la ruine de l'État et de la misère générale. Pour mettre plus spécialement Mazarin en difficulté, il réclamait enfin la suppression des « comptants », à tout le moins leur limitation. C'était un procédé permettant d'assimiler des dépenses courantes aux fonds secrets. Mazarin, presque toujours à court d'argent, en avait abusé par commodité.

Quand les vingt-sept articles furent connus de la cour, la reine se cabra. Elle n'admettait pas qu'un ramassis de robins osât s'en prendre à l'autorité de son fils, mettre la main sur la justice et les finances et, par là, déterminer indirectement la politique extérieure et intérieure du royaume. Elle souhaitait un châtiment exemplaire, afin de tuer le germe dans l'œuf. « Souvent elle disait à ses familiers qu'elle ne consentirait jamais que cette canaille (les gens de robe) attaquât l'autorité du Roi son fils » (Mme de Motteville). Mazarin, selon son penchant, préférait négocier. Il se faisait fort d'engluer les parlementaires dans leur propre raisonnement. Gaston d'Orléans s'entremit, non sans adresse et, on doit le reconnaître, avec une grande loyauté envers la couronne, mais sans profit. La reine n'avait peur de rien, pas même d'affronter une révolte. Elle croyait que le régiment des gardes françaises suffirait à réprimer les troubles et que le dégât se limiterait à quelques maisons pillées. Au contraire, Mazarin redoutait une révolution. Il la convainquit de plier sous la bourrasque, tout en préparant sa revanche. Il espérait, il attendait une grande victoire de nos armées. La reine céda quasi sur tous les points. Elle tint un lit de justice pour conférer quelque solennité à son approbation des vingt-sept articles. En se rendant au Parlement avec son fils, elle dit qu'elle « allait leur jeter des roses à la tête, mais qu'après cela, s'ils n'étaient pas sages, elle saurait bien les punir ». Le procureur général Omer Talon donna lecture de la déclaration (pour ne pas dire de la capitulation) royale. Il l'avait assaisonnée d'une harangue de son cru, dans laquelle il comparait les rois à des soleils : « Les éclipses de ces grands luminaires ne sont autre chose que les effets naturels et périodiques de leurs cours et mouvement ordinaire : *ainsi les rois ne sont pas en tutelle lorsqu'ils déférent aux ordres publics...* »

L'expression était peut-être intentionnelle, ou simplement maladroite. Elle indisposa la reine. De surcroît, les jours suivants, les délégués des quatre cours poursuivirent leurs réunions, bien qu'ils se fussent engagés à clore leurs débats. Cette attitude laissait supposer qu'ils projetaient de s'ériger en assemblée permanente. Des troubles éclataient, encore sporadiques mais significatifs. La reculade du pouvoir enhardissait les meneurs. Mazarin était devenu leur bête noire. Il avait sacrifié en vain Particelli d'Emery, il est vrai pour le remplacer par le maréchal de La Meilleraye, bon soldat mais pitoyable financier. La situation semblait sans issue. Mazarin connaissait mieux que quiconque le dessous des cartes. Il savait que l'hostilité des magistrats et d'une partie des Parisiens résultait surtout de la décision qu'il avait prise de révoquer, pour l'exercice 1648 et les suivants, la totalité des prêts consentis à l'État par les particuliers, directement ou non. C'était une banqueroute déguisée. Elle semblait répondre aux injonctions du Parlement, dont toutefois les membres en étaient les premières victimes !

II

« ON ARRÊTE M. BROUSSEL ! »

Condé avait écrasé les Espagnols à Lens, le 20 août 1648. Quand la nouvelle de cette victoire parvint à la cour, Anne d'Autriche reprit espoir. Elle décida, en accord avec Mazarin, les autres ministres et les princes, de régler ses comptes avec le Parlement. Les empiétements de celui-ci ne pouvaient être tolérés plus longtemps à moins d'abdiquer le pouvoir. La reine avait un grand courage : Mazarin dit un jour qu'elle était un brave soldat, parce qu'elle ignorait le péril. Elle connaissait pourtant, et fort bien, les circonstances dans lesquelles Charles Ier d'Angleterre avait perdu son trône. Elle savait que, vaincu par Cromwell et ses « côtes de fer », il n'était plus qu'un monarque captif, déjà menacé de mort. La reine Henriette d'Angleterre s'était réfugiée à Paris. Anne d'Autriche lui donnait asile : elle n'entendait pas subir un sort identique, être contrainte de s'enfuir avec le petit Louis XIV. « L'étoile était terrible pour les rois », écrit Mme de Motteville à propos des événements de 1648. La reine commit une erreur d'appréciation. Elle crut que la victoire de Lens, et l'euphorie qui s'ensuivrait à Paris, lui donnait l'occasion de contre-attaquer avec un minimum de risques. Elle ordonna qu'un superbe *Te Deum* fût chanté à Notre-Dame, ce qui permettrait de déployer le régiment des gardes au grand complet, sans alarmer la population. Elle avait en effet prescrit l'arrestation des principaux meneurs de l'opposition, ou supposés tels : Broussel, Blancmesnil et Charton, conseillers au Parlement. Les deux derniers étaient des personnages assez ternes et peu connus du public. Tel n'était pas le cas de Broussel.

Broussel avait soixante-treize ans : la grande vieillesse en ce temps-là ! C'était un magistrat moustachu, barbu, au visage assez quelconque, pénétré de son insignifiance, toujours grave dans son comportement, mais phraseur incorrigible. Il émaillait ses interminables discours de citations latines plus ou moins heureuses, s'attirant les railleries de ses jeunes collègues. Ce prophète à la petite semaine – dont on fit un héros – affectait une austérité toute spartiate. Foncièrement honnête, il vivait de ses gages, assez pauvrement (il n'avait qu'une servante et un laquais), dans une petite maison proche de la place de Grève. Les gens de son quartier l'aimaient bien, le saluaient d'un chaleureux : « Bonjour, monsieur Broussel ! ». C'est qu'il aboyait sans cesse contre les gens d'affaires, les comparant aux corbeaux qui lacèrent les cadavres et dénonçant leurs exactions. Sa défiance vis-à-vis du gouvernement le rendait suspect de républicanisme. Il n'était que libéral mais, persuadé de servir le roi, il lui portait dommage. Ce n'était pas un hypocrite, mais un naïf. Il déclarait avec une entière bonne foi :

– « Je n'ai jamais rien dit ni fait qui fût contre le service du Roi ; mes propositions sont conformes aux ordonnances et aux bons principes… On ne détruit pas l'autorité des rois en la combattant dans son excès, mais, au contraire, on la soutient en lui résistant, comme on voit dans un édifice les arcs-boutants soutenir la masse, bien qu'ils semblent lui résister… Oui, messieurs, il est des occasions où le meilleur moyen de servir les princes, c'est de leur désobéir… »

Cette doctrine, pour le moins originale, séduisait ceux

qui ne demandaient qu'à l'être. Elle s'accordait aux idées de ces cerveaux passablement embrouillés, dont toute la science, mal digérée, restait didactique et dont l'expérience politique était nulle. Broussel fut bientôt considéré comme le chef de l'opposition ; il en était tout au plus le porte-parole et se rengorgeait dans ce médiocre rôle.

La reine avait chargé Comminges, neveu de Guitaut, capitaine des gardes, d'arrêter Broussel, considéré comme le pire ennemi de la couronne, et ses acolytes Blancmesnil et Charton. Comminges prit ses dispositions et fut maladroit. Charton, probablement averti, ne se trouvait plus à son domicile. Blancmesnil se laissa cueillir : son arrestation passa inaperçue. Il n'en fut pas de même de Broussel. Après la cérémonie du *Te Deum*, les gardes accompagnèrent le cortège royal au palais. On remarqua que Comminges et quelques-uns de ses hommes restaient à Notre-Dame. On pensa qu'il y avait anguille sous roche, qu'une arrestation était imminente. Le peuple ne quitta point le parvis de Notre-Dame. On vit sortir Comminges. Par précaution, il avait envoyé un carrosse, avec quatre gardes et un exempt, au bout de la rue habitée par Broussel. Il se rendit lui-même à pied chez le conseiller. Un petit laquais lui ouvrit la porte. Il y apposta deux gardes et monta dans l'appartement de Broussel avec deux autres gardes. Broussel dînait en famille. Il s'était abstenu d'assister au *Te Deum*. Comminges lui annonça qu'il venait l'arrêter de par le Roi. Broussel fut abasourdi. Il bredouilla qu'il était hors d'état d'obéir, car il avait pris une purge. La servante se mit à la fenêtre, injuriant Comminges, bramant qu'elle l'empêcherait de faire du mal à son maître, appelant au secours. La foule s'assembla, vociférant. Les uns réclamaient la liberté pour Broussel. D'autres essayaient de couper les rênes des chevaux et malmenaient le carrosse. Comminges, voyant ce désordre, empoigna le vieux Broussel et le jeta dans le carrosse en menaçant de le tuer s'il regimbait. Les émeutiers tendirent des chaînes pour barrer les rues. Le carrosse ne put suivre l'itinéraire prévu. En arrivant au quai de la Seine, une roue se rompit et il versa.

Sans la présence d'un piquet de gardes, Comminges eût été perdu. Les soldats le dégagèrent. On lui amena un autre carrosse, dont une roue se rompit rue Saint-Honoré. Le capitaine Guitaut en envoya un troisième qui, sous bonne escorte, conduisit le prisonnier à Saint-Germain. Il était prévu d'incarcérer Broussel à Sedan.

En un moment la ville entra en combustion. Des barricades s'élevèrent. Les chaînes barrèrent les rues, rendant toute circulation impossible. Il faut lire, dans les *Mémoires* du cardinal de Retz, le reportage jubilatoire de cette journée :

« Le mouvement fut comme un incendie violent, qui se prît du Pont-Neuf à toute la ville. Tout le monde, sans exception, prit les armes. L'on voyait des enfants de cinq ou six ans avec les poignards à la main ; on voyait les mères qui les leur apportaient elles-mêmes. Il y eut dans Paris plus de douze cents barricades [1] en moins de deux heures, bordées de drapeaux et de toutes les armes que la Ligue avait laissées entières. Comme je fus obligé de sortir un moment, pour apaiser un tumulte qui était arrivé, par le malentendu de deux officiers du quartier, dans la rue Neuve-Notre-Dame, je vis entre autres une lance, traînée plutôt que portée par un petit garçon de huit ou dix ans, qui était assurément de l'ancienne guerre des Anglais. Mais j'y vis encore quelque chose de plus curieux : M. de Brissac me fit remarquer un hausse-cou, de vermeil doré, sur lequel la figure du jacobin qui tua Henri III était gravée, avec cette inscription : "Saint Jacques-Clément". Je fis une réprimande à l'officier qui le portait, et je fis rompre le hausse-cou à coups de marteau, sur l'enclume d'un maréchal. Tout le monde cria : "Vive le Roi !", mais l'écho répondit : "Point de Mazarin !". »

Retz se vante ensuite d'avoir reçu la visite de l'argentier de la reine venu le supplier d'user de son influence pour apaiser le tumulte... Sur quoi il se serait excusé de son impuissance. Il jouait à la vérité sur deux tableaux, bien déterminé « à faire le mal par dessein » et n'obéissant qu'à

1. Six cents au maximum.

son ambition. Certes, ses *Mémoires* contiennent des pages éblouissantes et quantité de renseignements utiles, mais aussi de prodigieux mensonges. Ils ne sont point le récit de la Fronde, mais la pseudo-confession d'un auteur qui rêve du rôle qu'il aurait pu jouer et partant gonfle sans cesse son importance. Cependant, il était en partie responsable de cette mémorable journée et de celles qui suivirent. Coadjuteur de son oncle, l'archevêque de Paris, il avait pris en main le clergé de la capitale. Il avait en outre distribué trente-six mille livres en aumônes diverses, ou supposées telles. Il s'était de la sorte constitué un parti, dont l'influence n'était pas négligeable. Les curés diffusaient ses consignes dans chaque paroisse. On peut donc le considérer à bon droit comme un des meneurs occultes de l'insurrection. Car il tombe sous le sens que le mouvement n'était pas spontané, mais que les Parisiens obéissaient à des mots d'ordre. L'arrestation de Broussel n'avait été que le signal.

Retz se rendit au Palais-Royal en compagnie du maréchal de La Meilleraye. Ce dernier avait tenté d'apaiser le désordre. Il était fort ému. Le coadjuteur, en camail et rochet, feignait de vouloir calmer les esprits. La reine, Mazarin et leur entourage ne le prirent pas au sérieux. Bien plus, la reine dit :

– « Il y a de la révolte à s'imaginer que l'on puisse se révolter ; voilà les contes ridicules de ceux qui la veulent. L'autorité du Roi y donnera bon ordre. »

– « Plût à Dieu, Madame, répliqua La Meilleraye, que tout le monde parlât avec la même sincérité que parle Monsieur le coadjuteur ! Il craint pour son troupeau ; il craint pour la ville ; il craint pour l'autorité de Votre Majesté. Je suis persuadé que le péril n'est pas au point qu'il se l'imagine ; mais le scrupule sur cette matière est en lui une religion louable. »

La reine se radoucit et remercia le coadjuteur, toutefois d'un ton assez aigre. Elle se défiait avec raison de ses offres de service. Cependant, les courtisans affectaient la plus grande sécurité. La rébellion n'était à leurs yeux que bagatelle. Le chancelier Séguier parut alors. Le spectacle de la rue l'avait effrayé. Il recommanda la clémence. Mazarin demanda son avis à Guitaut, qui répondit sans ménagement :

– « Mon avis est, Monsieur, de rendre ce vieux coquin de Broussel mort ou vif. »

Retz crut bon de répliquer :

– « Le premier ne serait ni de la piété ni de la prudence de la Reine ; le second pourrait faire cesser le tumulte. »

La reine rougit de colère (la rougeur des blondes !) :

– « Je vous entends, Monsieur le coadjuteur, vous voudriez que je donnasse la liberté à Broussel. Je l'étranglerais plutôt avec ces deux mains ! Et ceux qui... »

Mazarin l'interrompit, lui parla à l'oreille. Elle se radoucit à nouveau. Survint alors Dreux d'Aubery, lieutenant de police (l'équivalent d'un préfet de police). Il avait « une pâleur mortelle ». Sa frayeur gagna l'assistance. Finalement, on décida de rendre la liberté au vieux Broussel, à condition que le peuple cessât de le réclamer et enlevât ses barricades.

Retz et La Meilleraye furent chargés de porter la bonne parole aux émeutiers. C'était un coup fourré de Mazarin. Le maréchal fut atteint par un pavé et, pour se défendre, abattit un crocheteur devant Saint-Germain-l'Auxerrois. Ce bon apôtre de coadjuteur confessa le moribond, bien qu'il eût reçu lui-même une pierre dans « les côtes ». Son attitude impressionna les manifestants. Il leur cria qu'il allait retourner au Palais-Royal pour demander à la reine la libération immédiate de Broussel. Les deux compères, fort penauds, vinrent donc rendre compte de leur échec. Selon Retz, la reine s'amusait des « fariboles » de la cour. Mlle de Montpensier (fille de Gaston d'Orléans) se moquait de la gaucherie des bourgeois parisiens à porter l'épée. La Meilleraye déclara avec emphase :

– « Voilà celui, Madame, à qui je dois la vie, mais à qui Votre Majesté doit le salut de sa garde et peut-être celui du Palais-Royal. »

La reine écouta les propos du coadjuteur en souriant et finit par le congédier par ces mots ambigus :

– « Allez vous reposer, Monsieur, vous avez bien travaillé. »

Il raconte qu'en rentrant chez lui, il trouva l'atmosphère

fort retombée parce que l'heure du souper approchait, et note : « ... J'ai observé qu'à Paris, dans les émotions populaires, les plus échauffés ne veulent pas ce qu'ils appellent se desheurer. » Il était furieux. Ce fut cette nuit-là (du 26 au 27 août) qu'il entrevit la perspective de devenir « chef de parti » : si l'on en croit ses *Mémoires*. En réalité, son unique but était d'avoir part aux affaires, si possible de supplanter Mazarin, en acculant la reine à des décisions extrêmes. L'heure lui semblait venue de jouer un grand rôle dans l'État. En bonne tactique, il devait attiser le feu du mécontentement, afin de l'apaiser ensuite. Mais ce n'était qu'un apprenti sorcier et il s'exagérait son importance. Au surplus, il n'était pas le seul à vouloir la place du cardinal. Il tint une sorte de conseil de guerre avec ses affidés. Au Palais-Royal, un autre conseil prenait la décision d'envoyer le chancelier Séguier au Parlement, pour lui intimer l'ordre de ne plus s'occuper que de justice : après cette marque d'obéissance, Broussel serait libéré. Le chancelier partit de bonne heure, mais son carrosse dut faire plusieurs détours pour éviter les chaînes et les barricades. Arrivé quai des Augustins, il fut à nouveau bloqué. La foule poussait des cris de mort. Le chancelier se réfugia à l'hôtel du duc de Sully, son parent. Les émeutiers rompirent la porte. Il se cacha au dernier étage, dans un petit cabinet fermé par une cloison de bois. Le lieutenant civil accourut avec deux compagnies de gardes et de suisses. Il le dégagea de justesse et le fit monter dans son carrosse. Les émeutiers tirèrent sur la voiture. Un garde et un exempt furent tués. Le Parlement était en séance. La nouvelle de l'attentat lui parvint. Ces Messieurs de la cour ne s'émurent pas. Certains conseillers dirent qu'il y avait des affaires plus urgentes, que c'était justice d'assommer Séguier, que « ce devrait être déjà fait. » Mme de Motteville accuse carrément le coadjuteur d'avoir organisé l'opération, afin de rendre toute négociation impossible.

Le Parlement prit ensuite l'initiative de se rendre en corps et en costume au Palais-Royal. Il n'avait pas demandé audience à la reine. Celle-ci refusa de le recevoir, bien qu'une vingtaine de milliers d'émeutiers stationnât devant le palais en criant : « Vivent le Parlement et M. Broussel ! ». La reine gardait son sang-froid. Elle céda pourtant aux conseils de son entourage. Le premier président prononça un long et fastidieux discours, qui resta sans effets. Le président de Mesmes ne fut pas plus heureux. Cette prolixité, habituelle chez ces hauts magistrats, n'était plus de mise. Dehors, la foule hurlait. La reine finit par promettre la libération de Broussel, mais à condition que tout rentrât dans l'ordre. Quand ils sortirent du palais, les parlementaires affectaient une démarche fière, comme s'ils avaient obtenu pleine satisfaction. Les cris cessèrent. Un silence hostile accueillit ces Messieurs en robe rouge. Ils eurent quelque peine à se frayer un passage. À La Croix-du-Trahoir, des séditieux se jetèrent sur Molé et l'emmenèrent de force dans une boutique voisine, dont l'enseigne était : « À l'écu d'argent ». Ils voulaient le garder en otage, l'échanger contre Broussel. Les parlementaires obtinrent sa libération contre la promesse de retourner au Palais-Royal. Molé rallia ses collègues qui étaient déjà moins nombreux : plusieurs d'entre eux, parmi les plus élevés en dignité, avaient profité du tumulte pour s'enfuir. Leur zèle « révolutionnaire » s'était singulièrement refroidi depuis le matin. Ils revinrent donc au Palais-Royal et supplièrent la reine de céder pour éviter le pire. Elle leur fit servir une collation, car les citations latines ne remplissent pas l'estomac ! Eux non plus n'aimaient guère être « desheurés ». On convint que des lettres de cachet portant libération des prisonniers seraient confiées à deux de leurs parents.

Puis la reine, dans un esprit d'apaisement mais aussi pour éprouver son loyalisme, fit inviter le coadjuteur à se rendre au Palais. Il répondit que cela lui était impossible, car il souffrait de la contusion qu'il avait reçue la veille. En réalité, il délibérait avec ses amis, parmi lesquels le duc de Longueville, mari d'Anne-Geneviève de Bourbon-Condé, sœur du grand Condé. Que glapissaient ces trublions chapitrés par Retz ? Que le moment était venu de lancer une opération décisive, parce que le peuple, chauffé à blanc, était disposé à tout entreprendre. Qu'il fallait se ruer en masse vers le Palais-Royal, mal gardé et d'ailleurs indéfendable, et aller droit à Mazarin. Que les atermoiements de la régente offraient une occasion unique, mais que, si Mazarin en réchappait, sa vengeance serait impitoyable. Il est plus facile de dire que de faire. On perdit trois grandes heures en parlotes, dont il ne sortit rien, sinon une vague promesse de Longueville d'associer son beau-frère, le jeune prince de Condé, au mouvement. Ici apparaît ce qui sera l'une des caractéristiques de la Fronde : l'hétérogénéité de ses acteurs, le manque de coordination entre eux. Retz et ses affidés agissaient de leur propre initiative, sans se préoccuper réellement des positions du Parlement.

Le peuple resta en armes pendant la nuit du 27 au 28 août. On dit aussi que Mazarin resta botté et prêt à sauter à cheval. À huit heures, la foule se rassembla devant le Palais-Royal, vociférant : « Vivent le Roi tout seul et M. de Broussel ! ». Le président Blancmesnil était rentré à Paris, la veille, vers dix heures du soir. Son retour n'intéressait personne. C'était M. Broussel que l'on voulait. Des agitateurs – stipendiés par qui ? – proposaient de piller le palais. Le vieux Broussel arriva vers dix heures. On l'emmena dans les quartiers les plus chauds. Partout il fut ovationné et les barricades s'ouvraient devant lui. Paris avait retrouvé son sauveur. Un *Te Deum* fut chanté à Notre-Dame. Broussel ne voulut pas y paraître : chat échaudé craint l'eau froide ! Puis, après être passé chez lui, il se rendit au Parlement qui l'abreuva de compliments. Mme de Motteville : « Jamais triomphe de roi ou d'empereur romain n'a été plus grand que celui de ce pauvre petit homme, qui n'avait rien de recommandable que d'être entêté du bien public. » Le Parlement rendit un arrêt ordonnant aux Parisiens d'abattre les barricades et de déposer les armes. À deux heures de l'après-midi, tout était rentré dans l'ordre ; la ville était redevenue paisible ; les boutiquiers avaient rouvert leurs volets. Ainsi se terminèrent ces trois mémorables journées qui causèrent quelques dizaines de morts dont on ne parla pas, car c'étaient des gens sans importance.

III

LA FAUSSE PAIX DE SAINT-GERMAIN

Le 12 septembre, la reine annonça son intention de faire un séjour d'une semaine à Rueil, afin que l'on procédât au nettoyage du Palais-Royal. Le Parlement recommençait ses « persécutions » contre elle, lui présentant ses remontrances, prétendant délibérer pendant les vacances, bref continuait son projet de subordonner le roi à ses propres officiers. Mille fables couraient dans Paris, dont l'une annonçait que la reine ferait une nouvelle Saint-Barthélemy. Mazarin n'osait sortir du Palais-Royal, de peur d'être agressé, voire assassiné. La reine ne changeait rien à ses habitudes, bravant les menaces, car telle était sa nature. Mais elle avait besoin d'air pur et de la fraîcheur des ombrages. Le 13, à six heures du matin, Mazarin et les enfants royaux [1], suivis de quelques serviteurs et gardes à cheval, quittèrent le Palais-Royal. C'était le plus sûr moyen d'empêcher les Parisiens de s'opposer à ce départ. La reine resta, non sans courage. Au sortir de Paris, une troupe de

1. Louis XIV et son frère, le duc d'Anjou.

coquins tenta de piller les bagages du roi. Mazarin fit prévenir la reine, lui conseillant de se hâter. Elle ne tint pas compte de cet avertissement. Affectant le plus grand calme, elle fit les deux visites qu'elle avait projetées : aux Cordeliers, où se trouvait son confesseur, et au Val-de-Grâce. Elle reçut le prévôt des marchands, auquel elle annonça qu'elle rentrerait dans une semaine avec son fils. Elle partit à une heure de l'après-midi et s'arrêta à Chaillot, pour y entendre vêpres, avant de gagner Rueil. Le château de Saint-Germain n'étant pas prêt pour recevoir la cour, elle avait accepté l'invitation de la duchesse d'Aiguillon, nièce de Richelieu, qui avait hérité de cette belle demeure. Stupéfaction des Parisiens qui sentirent soudain qu'on les avait joués. Ce que notre chère Motteville interprète à sa façon :

« Le Parlement et le peuple de Paris, se voyant privés de la personne du Roi, eurent de la crainte, et cette crainte augmenta leur rébellion et leur audace. Les uns et les autres connaissaient leurs fautes : ils savaient le pouvoir du souverain, et ils voyaient ses armées victorieuses, triomphantes et fidèles. Ils voyaient deux princes du sang qui paraissaient attachés aux intérêts de la Reine offensée et de son ministre outragé. Dans cet état, ils devaient raisonnablement avoir de grandes frayeurs ; mais ils avaient de la confiance en leur hardiesse, parce qu'ils s'imaginaient avec sujet [1] que le seul moyen pour les sauver était de faire peur au ministre. »

La reine ne semblait pas disposée à punir les Parisiens. Elle parlait ostensiblement de son retour, toutefois sans en préciser la date. Le cardinal dissimulait. Il était d'ailleurs fort préoccupé par les négociations de Münster qui entraient dans leur phase finale. Quant à la crise avec les Parisiens, il comptait sur l'usure du temps. Le temps avait toujours été son allié ! Il n'aurait certainement pas dit : « Il faut laisser du temps au temps », mais : « Que le temps me laisse faire ce que je veux. »

Sur ces entrefaites, il apprit les intrigues de Châ-

1. Avec raison.

teauneuf, l'ancien garde des sceaux, et de Chavigny, ci-devant ministre, avec les meneurs du Parlement, et leur rôle occulte. L'un et l'autre, déçus dans leurs ambitions, rêvaient d'entrer au gouvernement par n'importe quel moyen. Châteauneuf eut l'ordre de se retirer à cinquante lieues de la capitale. Quant à Chavigny, il fut arrêté et jeté dans une geôle de Vincennes. Cette double mesure invitait les indécis et les traîtres en puissance à réfléchir.

Le Parlement en fit une affaire d'État. Il envoya une délégation à Rueil. La reine était invitée à ramener le roi à Paris dans les vingt-quatre heures et à autoriser les parlementaires à siéger jusqu'à ce qu'ils aient réformé l'État et changé les ministres. Cette fois, Mazarin était directement mis en cause. On le tenait pour seul responsable du dérèglement de l'État. Bien plus, les parlementaires avaient exhumé un arrêt de 1617, pris après le meurtre de Concini, selon lequel il était interdit, sous peine de mort, à tout étranger, de quelque qualité qu'il fût, de gouverner le royaume. Ils ne cachaient pas leur intention de l'appliquer à qui de droit. Ils demandaient enfin la libération de Chavigny.

La reine répliqua qu'elle s'étonnait de voir contester au roi le droit de quitter Paris et de passer les derniers beaux jours à la campagne, comme tout un chacun. Elle se dit fort mal satisfaite de leurs mutineries et leur commanda de rentrer au plus tôt dans l'obéissance. Quant à Chavigny, elle déclara qu'elle avait eu de solides raisons de le faire arrêter.

Le président Maisons pria le duc d'Orléans de se rendre le lendemain à la Chambre Saint-Louis pour assister aux délibérations. Gaston d'Orléans se souvint qu'il était lieutenant général du royaume et oncle du petit Louis XIV. Il répondit que, par sa naissance, il était obligé de maintenir l'autorité de son neveu. Qu'il soutiendrait donc fermement la reine-régente et le Premier ministre. À la vérité, cette fermeté n'était qu'un leurre ; il détestait depuis longtemps Chavigny et n'était pas fâché de le savoir à Vincennes. Le prince de Condé parla comme un soldat. Il déclara qu'il ne souffrirait pas la désobéissance du Parlement ni ses entreprises pernicieuses. Qu'il verserait jusqu'à la dernière goutte de son sang pour défendre le roi, la reine, et ne se départirait jamais de l'amitié qu'il avait à l'endroit du cardinal. Le prince de Conti (frère du prince de Condé) tint à peu près le même langage. Le duc de Longueville, qui n'avait pas la conscience très nette – et l'on sait pourquoi –, prôna la modération.

Le prince de Condé était arrivé depuis peu à Paris, avec sa suite. Une partie de son armée suivait, notamment quatre mille mercenaires allemands. Le vainqueur de Rocroy et de Lens se posait en sauveur de la monarchie. Il était résolu à mater la rébellion parisienne et à mettre les parlementaires à genoux. Sa venue, sa prise de position, modifiaient le rapport de forces. C'est bien là ce que pensèrent les Parisiens. Ceux qui le pouvaient partaient pour les maisons de campagne qu'ils possédaient en Île-de-France. D'autres rejoignaient la cour. Le château de Rueil devenant trop exigu, la reine décida de s'installer à Saint-Germain. Le 23 septembre, elle envoya une sorte d'ultimatum au Parlement, par lequel elle renouvelait l'interdiction de délibérer dans les affaires de l'État. L'affrontement paraissait inévitable. Beaucoup évacuaient leurs meubles. Ceux qui ne pouvaient quitter Paris commençaient à stocker du blé et des provisions. Les prix montaient. Le Parlement enjoignit au prévôt des marchands de veiller à l'approvisionnement de la ville. Il se substituait au gouvernement !

Le 29 septembre, les mandataires du Parlement revinrent à la charge. La conférence eut lieu chez le duc d'Orléans. Selon Mme de Motteville – qui observait beaucoup, mais n'était pas dans tous les secrets –, les parlementaires exigèrent que le cardinal fût exclu de la conférence, ce que les princes acceptèrent sans difficulté. Mais n'était-ce pas une feinte de Mazarin que de se décharger sur leurs épaules de ce fardeau ? Les délégués posèrent comme préalable à la discussion la délivrance de Chavigny et se heurtèrent à un refus. Ils n'insistèrent pas et proposèrent :

« I. Qu'il leur fût donné toute sûreté pour eux en leurs

personnes en particulier et au peuple en général ; qu'on donnât sûreté pour tous ceux qui étaient exilés, le retour des bannis et la liberté des prisonniers, de quelque qualité et condition qu'ils fussent ; qu'il ne pût être au pouvoir des ministres, sous le nom du Roi, d'emprisonner qui que ce fût sans que vingt-quatre heures après le Parlement eût pu prendre connaissance de leur affaire.

II. Que le quart des tailles tout entier, et sans être sujet à aucune diminution, fût remis au peuple ; et conclurent pour demander le retour du Roi à Paris. »

La séance fut houleuse. Finalement les deux articles, fortement réduits, furent adoptés sous ce libellé :

« I. Que la liberté de M. de Chavigny étant une pure grâce de la Reine, elle devait dépendre d'elle ; mais que, selon la bonté de Sa Majesté, on pouvait l'espérer lorsqu'elle le jugerait à propos.

II. Que le retour du Roi serait à la saison où l'on a coutume de retourner à Paris, pourvu que le Parlement et le peuple se rendissent dignes de ce bonheur par leur soumission et leur obéissance. »

Pas un mot du retour des exilés et des prisonniers, ni de l'*habeas corpus,* ni de la sûreté des parlementaires. Quant à la suppression du quart de la taille, la reine se déclara prête à l'octroyer, si la situation le lui permettait.

Les parlementaires revinrent à Saint-Germain le 1er octobre. Ils apportaient de nouvelles propositions sur lesquelles on se mit d'accord. Ce qui ne les empêcha pas d'interdire la levée d'une taxe sur « le pied fourchu » (les bovins), sous le prétexte qu'elle faisait double emploi avec la taxe « du sous pour livre ». Le 3 octobre, nouvelle séance. La discussion porta cette fois sur l'*habeas corpus.* Les délégués acceptèrent que le délai de vingt-quatre heures fût porté à trois mois pour les gens de cour (qui étaient de noblesse d'épée). Ni le cardinal ni la reine n'étaient présents. La reine se déclarait prête à mourir « plutôt que de laisser périr entre ses mains l'autorité du Roi son fils ». Le cardinal penchait pour la modération. Ce désaccord était convenu entre eux. La mansuétude de Mazarin diminuait d'autant le mérite du prince de Condé et de Gaston d'Orléans aux yeux des parlementaires. D'ores et déjà, la reine et le cardinal avaient pris la résolution de traiter. La paix dite de Rueil – qui n'était en fait qu'une trêve – fut signée le 22 octobre 1648 et enregistrée le 24. Ce même jour, les plénipotentiaires français signaient les traités de Westphalie. Cet événement, si important pour l'Europe, si glorieux pour nous, était l'œuvre de Mazarin. Il passa inaperçu à Paris. On ignorait pareillement que, pendant les discussions interminables avec les parlementaires, le cardinal débattait des conditions de paix avec un envoyé du roi d'Espagne.

La cour regagna Paris le 31 octobre. Omer Talon notait dans son *Journal* : « Ainsi toutes choses ont été apaisées avec plus de bonheur que de prudence. » C'était une bonne analyse. La reine qui préparait sa revanche n'avait pas l'intention de respecter des engagements qui lui avaient été extorqués et portaient atteinte à l'autorité royale. Le Parlement était d'aussi mauvaise foi. Il se sentait victorieux et continua à tenir ses assemblées et à se mêler de la politique intérieure du royaume. Tout concourait à déstabiliser la situation. De surcroît, les intrigues hors de saison des courtisans contribuaient à affaiblir le pouvoir. En veut-on quelques exemples ? La reine avait proposé au pape comme « cardinal de couronne » l'abbé de La Rivière, favori de Gaston d'Orléans. Le Saint-Siège opposa quelque résistance, selon son habitude. Soudain, Mazarin s'avisa que le prince de Condé était un allié plus solide que le duc d'Orléans, dont les oscillations entre les deux partis éveillaient sa défiance. Or, Condé réclamait le chapeau pour son frère Conti. Pourquoi ? Parce qu'il n'aurait pas à lui donner sa part dans l'héritage maternel et se flattait de tirer certains avantages de sa position de chef du clergé du royaume. Pour abuser son concurrent, Conti parut au cercle de la reine l'épée au côté, arborant un flot de rubans sur un superbe habit. On crut qu'il renonçait au cardinalat. Quand la vérité fut connue, Gaston d'Orléans prit feu et flamme. Il rompit avec Condé et menaça de passer à l'opposition. On parvint, difficilement, à apaiser son courroux et on le raccommoda avec Condé. Mais, dès lors, Mazarin, qui récoltait ce qu'il avait semé, le considéra comme un allié douteux. Il faut ajouter que les Orléans détestaient les Bourbon-Condé depuis longtemps et cet incident n'arrangeait pas les relations entre eux. Mlle de Montpensier (fille de Gaston d'Orléans) avait pleuré de rage en apprenant la victoire de Lens.

Sur ces entrefaites, la marquise de Sénecé, dame d'honneur d'Anne d'Autriche, s'avisa soudain que son gendre, le comte de Fleix, descendait de l'illustre Gaston de Foix dont une sœur avait été reine d'Espagne et l'autre, reine de Hongrie. Elle prétendait que la comtesse de Fleix, sa fille, avait droit au tabouret des duchesses. Par ailleurs, elle avait rendu service à Mazarin en accueillant ses nièces [1]. Il finit par céder à cette chimère : un tabouret ne coûtait rien ! Cette faveur, à la vérité fort contestable, éveilla la convoitise de plusieurs familles qui se souvinrent brusquement d'un aïeul auquel on avait donné rang de prince par courtoisie ou qui avait épousé la descendante d'une maison royale. Mazarin fut assailli de demandes d'intervention de Condé ou d'Orléans. Car on s'adressait à l'un ou à l'autre prince pour appuyer les requêtes. Louis XIII avait promu ducs les marquis de Liancourt et de Mortemart. Les brevets n'ayant pas été enregistrés par le Parlement, leurs femmes n'avaient pas droit au tabouret. La reine le leur accorda, sur les instances de Mazarin. Puis les maréchaux d'Estrées et de Grammont réclamèrent un brevet de duc ; ils l'obtinrent. Le comte de Châtillon postulait le bâton de maréchal ; il fut nommé duc en compensation. Le maréchal de Villeroy, gouverneur des Enfants de France, se plaignit. Il reprocha à Mazarin de « brader » ce titre qui était le premier de la hiérarchie nobiliaire, celui de prince excepté.

Parallèlement à ces intrigues, la noblesse de second rang tenait des réunions clandestines à Noisy (près de Versailles) dans une maison appartenant à la duchesse de Longueville

1. Les Mazarinettes.

en train de devenir l'« âme de la Fronde ». Elle faisait pression sur le prince de Condé, dont elle était la sœur très aimée. De leur côté, Retz et ses amis essayaient de le détacher de la cause royale, en flattant son ambition démesurée. Mais il tenait bon. Cette rectitude n'était d'ailleurs pas sans arrière-pensée, car il espérait tirer d'immenses avantages de sa fidélité au petit roi et à Mazarin. Les cours souveraines ne perdaient pas une occasion de tourmenter la reine. La Cour des aides interdit les prêts des particuliers au roi. Le Parlement multipliait les remontrances et, sous couleur de bien public, faisait de son mieux pour entraver le gouvernement. Le coadjuteur rameutait les curés de Paris, les persuadait de se mêler de politique. Il avoue lui-même : « Je fis une assemblée de curés, de chanoines, de docteurs, de religieux ; et, sans avoir seulement prononcé le nom du cardinal dans toutes ces conférences, où je faisais, au contraire, toujours semblant de l'épargner, je le fis passer en huit jours pour le juif le plus convaincu qu'il fût en Europe [1]. »

Car Mazarin était l'unique cible. C'était contre lui que se dressaient le Parlement, les autres cours, la population parisienne, une partie de la noblesse et des courtisans. On répandait sur son compte des libelles infâmes. L'agitation croissait dans toutes les couches de la société.

1. En raison des prêts usuraires que contractait l'État auprès des financiers.

IV

LA NUIT DES ROIS

Les fêtes de Noël donnèrent quelque répit à la reine. Cependant, elle ne se rendit point au Val-de-Grâce comme elle avait accoutumé. On insinuait dans l'opinion qu'elle voulait enlever le roi aux Parisiens. Les jours suivants, les parlementaires demandèrent audience ; ils avaient relevé plusieurs abus dont ils voulaient l'entretenir pour lui arracher quelque nouvelle concession. Elle leur fit répondre que, le duc d'Orléans étant malade, il convenait de surseoir jusqu'à sa guérison. Les Parisiens s'inquiétaient : car le prince de Condé rassemblait des troupes en Île-de-France. L'année 1648 s'acheva dans une ambiance menaçante. Mme de Motteville : « Les épines y furent mêlées de peu de roses, et celle où nous allons entrer non seulement n'aura point de fleurs, mais les maux en seront si grands, qu'il faudrait trouver des comparaisons plus fortes que celle des épines, pour bien exprimer ce que nous y sentîmes et ce que la malice des factieux fit éprouver à toute la France... »

La reine, à l'incitation du prince de Condé, avait résolu de tenter l'épreuve de force et de sortir au plus vite, et secrètement, de cette ville où la monarchie risquait, à brève échéance, de succomber sous les coups de la subversion. Le prince de Condé proposa un plan qui eût mis Paris à feu et à sang. C'était un militaire et un cœur exalté, faisant bon marché de la vie des gens du commun. On aurait fait courir le bruit que les Espagnols approchaient de la capitale. Le roi et le gouvernement se seraient portés à Vincennes, puis à l'Arsenal et à la Bastille. Maître de l'artillerie, Condé aurait fait entrer son armée par la porte Saint-Antoine. Vingt canons mis en batterie dans la rue Saint-Antoine et vingt autres sur le quai de l'Arsenal auraient foudroyé les barricades et leurs défenseurs. Le maréchal de La Meilleraye, passant en un instant de la prudence à la pugnacité, suggérait pour sa part de border l'île Notre-Dame (actuelle île Saint-Louis) de canons et d'y établir un camp retranché, pour tenir en respect l'île de la Cité et les quartiers voisins. Mazarin et la reine s'opposèrent à ce plan qui eût causé des dégâts immenses et fait d'innombrables victimes. La reine préféra mettre d'abord le roi à l'abri de tout événement et réduire Paris par la disette. Un simple blocus sans effusion de sang donnerait un meilleur résultat que les canons prenant en enfilade la rue Saint-Antoine. C'est ce qui fut décidé.

Quel que fût le secret de la délibération ? il en filtra quelque chose : une rumeur ténue mais insistante. Le Parlement trouva la riposte. Il crut désarmer la reine en détachant Gaston d'Orléans de son parti. C'était un pauvre caractère, comme on le sait, un perpétuel hésitant, toujours prêt à conspirer mais incapable de s'en tenir au choix qu'il avait fait, toujours prêt à trahir ses amis pour tirer son épingle du jeu. Pour l'appâter, les parlementaires lui offrirent la régence ; ils étaient certains, connaissant ses faiblesses, de le manipuler à leur guise. Il n'osa accepter, bien que le titre de régent le tentât. Il essaya pourtant de dissuader la reine de quitter Paris, mais finit par se rendre à ses raisons. Bien plus, il s'engagea à ne rien dire à sa fille, Mlle de Montpensier. Condé fit de même à l'égard de sa sœur, Mme de Longueville, dont on connaissait les cabales. Malgré ces précautions, la rumeur du prochain départ de la reine et de son fils courait dans Paris, mais on en ignorait la date.

Le 5 janvier 1649, veille de la fête des Rois, Mme de Motteville prit son service auprès de la reine, dans le petit salon où elle se tenait chaque soir. Elle regardait jouer le petit roi, fort paisiblement, sans montrer la moindre agitation. Les princes et le cardinal vinrent la saluer. Ils allaient souper chez le maréchal de Grammont. La reine entretint ses dames de dévotion et dit qu'elle irait le lendemain au Val-de-Grâce. Monsieur, c'est-à-dire le petit duc d'Anjou, frère puîné de Louis XIV, vint l'embrasser avant d'aller au lit. Il lui fit promettre de l'emmener au Val-de-Grâce. Elle acquiesça en souriant. Ensuite, par manière de divertissement, elle partagea le gâteau des Rois avec son fils et ses suivantes. Elle tira la fève et chacun s'écria en riant : « La Reine boit ! ». Après le gâteau, la reine soupa : elle avait un solide appétit et semblait d'excellente humeur. Après le souper, il fut question d'un festin auquel le marquis de Villequier, capitaine des gardes, avait convié les dames d'honneur. La reine leur suggéra d'emprunter pour la circonstance le petit orchestre de violons du prince de Condé. Au début de la soirée, Mme de La Trémouille avait susurré à l'oreille de Motteville : « Il court un bruit par Paris que la Reine part cette nuit. » Aucune des assistantes ne pouvait ajouter foi à cette rumeur, tant la reine paraissait tranquille. Cependant, alors qu'elle s'apprêtait à se déshabiller, Beringhen, premier écuyer, entra. Elle se leva et on l'entendit « commander les carrosses du Roi ». Un peu plus tard, vers minuit, elle quitta le petit salon pour entretenir le grand écuyer « d'une affaire de charité ». Puis elle se déshabilla, souhaita le bonsoir à ses dames d'honneur et se coucha. Quand celles-ci se furent retirées, elle se leva et donna promptement ses ordres. Tous ceux qui devaient partir furent prévenus. Le maréchal de Villeroy fut le premier informé en sa qualité de gouverneur des Enfants de France. Il laissa dormir le roi et son frère jusqu'à trois heures du matin, puis les fit lever et les conduisit dans le carrosse qui les attendait à la porte du jardin du Palais-Royal. La reine rejoignit ses fils. Pendant ce temps, Villequier et Guitaut, capitaine des gardes, leur lieutenant Comminges et Mme de Beauvais, première femme de chambre, prenaient en hâte un escalier dérobé qui descendait de l'appartement de la reine au jardin. Ils montèrent dans les carrosses qui leur étaient destinés. Le cortège s'ébranla en direction du Cours-la-Reine, point de ralliement. Les carrosses du duc d'Orléans et du prince de Condé étaient au rendez-vous. Ne manquait que la duchesse de Longueville qui avait refusé de quitter l'hôtel de Condé sous le prétexte qu'elle était enceinte et ne pourrait supporter le voyage. Mazarin avait emmené quelques amis ; les jours précédents, il avait fait enlever ses objets les plus précieux. On prit la route de Saint-Germain-en-Laye. Jamais on n'avait vu la reine aussi rieuse. Elle était enchantée de jouer ce tour aux Parisiens. Il fallait bien partager sa joie, fût-ce en apparence ! En arrivant au château de Saint-Germain, la déception fut vive. Rien n'était prêt ; il faisait très froid ; des vitres manquaient aux fenêtres. Lorsque les rois se déplaçaient, une longue file de chariots suivait, avec des meubles, des tapisseries, de l'argenterie. À Saint-Germain, on ne trouva que quatre petits lits de camp : pour la reine, ses fils et Mazarin. Le cardinal les avait fait porter en grand secret, pour ne pas donner l'éveil. Les princes, les princesses, y compris la douairière de Condé, le maréchal et les autres dormirent à la soldate, sur des bottes de paille. Cette équipée nocturne, ce château sans feu et démuni du nécessaire, jamais Louis XIV ne les pardonna aux Parisiens ! D'où sa volonté de mettre la royauté hors d'atteinte d'une poignée d'agitateurs ! D'où Versailles !

Quard, au début de la matinée, on apprit le départ du roi, l'agitation fut extrême. Omer Talon en témoigne : « Tout le peuple, les grands, les médiocres et la populace s'excitèrent ; on courut après ceux qui voulaient partir, et en trois heures la plupart des portes furent gardées par les bourgeois. » Le tumulte commença dès six heures du matin. Les « personnes de qualité », les riches bourgeois, firent atteler et prirent la fuite, qui vers Saint-Germain, qui vers sa maison de campagne. D'autres perdirent du temps à faire leurs bagages. Tel fut le cas de Mme de Motteville. Un laquais de Mazarin l'avait pourtant réveillée. Elle aimait trop son confort. Elle refusa d'aller à l'aventure, de surcroît démunie de tout. Quand elle se décida à partir, il était trop tard. Elle fut prise à partie, houspillée, traitée de « mazarine ». Folle de peur, elle se réfugia dans une église où des gentilshommes la reconnurent et la dégagèrent. D'autres « mazarins », ou réputés tels, furent copieusement rossés. Il y eut certainement des morts.

Ce jour-là, le Parlement put croire qu'il était le maître de Paris. Il donna l'ordre aux bourgeois de prendre les armes. Ils s'assemblèrent par quartiers, en vociférant contre la reine et Mazarin. Au nom du roi, cette lettre avait été adressée au prévôt des marchands et aux échevins :

« Très chers et bien-aimés, étant obligés avec un très sensible déplaisir, à partir de notre bonne ville de Paris cette nuit même, pour ne pas demeurer exposé aux pernicieux desseins d'aucuns officiers de notre cour du Parlement de Paris, lesquels, ayant intelligence avec les ennemis de l'État, après avoir attenté contre notre autorité par diverses rencontres, et abusé longuement de notre bonté, se sont portés jusqu'à conspirer de se saisir de notre personne : nous avons bien voulu, de l'avis de notre très honorée dame et mère, vous donner part de notre résolution, et vous ordonner, comme nous faisons très expressément, de vous employer en tout ce qui dépendra de vous pour empêcher qu'il n'arrive rien à notre dite ville qui puisse en altérer le repos ni préjudicier à notre service ; vous assurant, comme nous espérons, que tous les bons bourgeois et habitants d'icelle (celle-ci) continueront avec vous dans les devoirs de bons et fidèles sujets, ainsi qu'ils ont fait jusqu'à présent ; qu'aussi ils recevront de bons et favorables traitements : nous réservant de vous faire savoir dans peu de jours la suite de notre résolution ; et cependant, nous confiant en votre fidélité et affection à notre service, nous ne vous ferons la présente plus longue ni plus expresse.

Donné à Paris ce 5 janvier 1649. Signé Louis. Et plus bas, Guénégaud. »

Le lendemain, un capitaine des gardes du corps nommé de Lisle apporta une interdiction aux quatre cours souveraines de siéger à Paris. Le Parlement devait s'installer à Montargis, les trois autres cours en d'autres villes. On refusa de le recevoir, sous un prétexte fallacieux. La reine fit défense aux habitants des villages entourant la capitale d'y apporter des denrées quelles qu'elles fussent. Condé envoya des garnisons à Poissy, Pontoise, Corbeil, Lagny, Aubervilliers et Saint-Denis. Le pain de Gonesse, cher aux Parisiens, fut arrêté. De même le bétail.

Le Parlement s'émut. Il envoya une délégation à Saint-Germain, pour demander à la reine les motifs de son départ, les noms de ceux qui étaient accusés de pactiser avec l'ennemi, promettant d'en faire bonne justice. C'étaient les éléments modérés qui l'emportaient, momentanément. La délégation ne fut pas reçue. Après cet échec, les meneurs reprirent le dessus et imposèrent un arrêt condamnant Mazarin comme perturbateur du repos public, ennemi du Roi et de son État, et enjoignant à tous ses sujets de lui courir sus ! Cette condamnation était non seulement grotesque, mais nulle de plein droit. D'une part, le Parlement ne pouvait juger un prince de l'Église. D'autre part, il condamnait sans avoir entendu la défense du condamné. Jamais des magistrats dignes de ce nom ne s'étaient comportés de la sorte. Voici le texte de cet arrêt :

« Ce jour, la cour, toutes les chambres assemblées, délibérant sur le récit fait par les gens du Roi, de ce qu'ils se sont transportés à Saint-Germain-en-Laye par-devers ledit seigneur Roi et la Reine régente en France, en exécution de l'arrêt du jour d'hier, et du refus de les entendre, et qu'ils ont dit que la ville a été bloquée, a arrêté et ordonné que très humbles remontrances par écrit seront faites audit seigneur Roi et à ladite dame Reine régente. Et attendu que le cardinal Mazarin est notoirement l'auteur de tous les désordres de l'État et du mal présent, l'a déclaré et déclare perturbateur du repos public, ennemi du Roi et de son État, lui enjoint de se retirer de la cour dans ce jour, et dans huitaine hors du royaume : et ledit temps passé, enjoint à tous les sujets du Roi de lui courir sus, fait défense à toutes personnes de le recevoir. Ordonne en outre qu'il sera fait levée de gens de guerre en cette ville, en nombre suffisant ; à cette fin, commissions seront délivrées pour la sûreté de la ville, tant au-dedans qu'au-dehors, et escorter ceux qui amèneront les vivres, et faire en sorte qu'ils soient amenés et apportés en toute sûreté et liberté. Et sera le présent arrêté lu, publié et affiché partout où il appartiendra, à ce qu'aucun n'en prétende cause d'ignorance. Enjoint au prévôt des marchands et échevins tenir la main à l'exécution. »

C'était une déclaration de guerre. Le Parlement usurpait la puissance publique : il mobilisait contre le roi, suivant en cela l'exemple de Cromwell. Il fit d'ailleurs, dans la même journée, un pas de plus. Ordre fut donné de lever de l'argent pour solder les gens de guerre. Chaque conseiller versa cinq cents livres. Chaque « porte cochère » (les maisons les plus riches) paya de vingt-cinq à cinquante écus. On récolta ainsi un million de livres. Le marquis de La Boulaye fut le premier à offrir ses services ; il fut suivi d'un grand nombre de nobles. Le duc d'Elbeuf (de la Maison de Guise) quitta Saint-Germain et demanda le poste de général en chef de l'armée parisienne. La duchesse de Longueville était, comme on l'a dit, restée à Paris. L'occasion lui semblait venue « de se faire une destinée qui fût digne d'elle ». Elle appela son mari, le duc de Longueville, et son frère, le prince de Conti qui nourrissait pour elle une passion quasi amoureuse. Ils s'enfuirent de Saint-Germain comme des malfaiteurs, dans la nuit du 10 janvier. Les Parisiens les accueillirent avec enthousiasme, tant le sang de France gardait de prestige. Or, les deux princes étaient aussi indécis et ondoyants l'un que l'autre. En revanche, la duchesse de Longueville avait l'audace d'un homme ; elle décidait pour eux. Elle s'était liée d'amitié avec le coadjuteur : il pensait se servir d'elle et elle entendait bien se servir de lui. Poussé par cette amazone, Conti se posa en défenseur du peuple opprimé. Il offrit de retirer le roi des mains de Mazarin, « qui s'en était emparé et l'avait enlevé de nuit par une trahison inouïe ». Cette étrange version des faits fut adoptée par le Parlement. Il y voyait la justification de la révolte. D'Elbeuf était déjà nommé général en chef. Quelques jours plus tard, le commandement fut confié à Conti, à la suite d'intrigues ourdies par Retz et Mme de Longueville.

Cependant le prince de Condé s'activait. Il disposait d'une armée numériquement très inférieure à l'armée parisienne, mais composée de soldats entraînés et disciplinés. Le blocus se resserrait un peu plus chaque jour. Les prix montaient, les vivres se raréfiant. Le Parlement ordonna de fouiller les maisons. Le larcin était permis s'il s'exerçait aux dépens de ceux que l'on suspectait d'être « mazarins ». La faim exacerbait la haine contre Mazarin et contre la reine. Celle-ci était la première à rire des injures qui se disaient contre elle et son ministre. Le départ discret de quelques grands seigneurs l'inquiétait davantage : le duc de Beaufort, Louis de La Trémouille, marquis de Noirmoutier, le duc de Bouillon, le maréchal de La Mothe rallièrent la ville rebelle et furent embauchés comme généraux. L'exemple de Conti, membre de la famille royale, faisait tache d'huile.

V

LE BLOCUS

Dès cette époque, on commençait à parler de « la Fronde ». On lit dans les *Mémoires* de Montylat qu'en ce temps-là des bandes de jeunes gens descendaient dans les fossés de la ville et se battaient à coups de pierres à l'aide de frondes. Ce pouvait être une arme meurtrière : David n'avait-il pas tué Goliath avec une fronde ? Il y eut des morts et des blessés. Le Parlement interdit ce jeu meurtrier. Comme on en débattait et que le président Le Coigneux proposait l'interdiction, son fils, le conseiller Bachaumont, dit par manière de plaisanterie : « Quand ce sera à mon tour (d'opiner), je fronderai bien l'opinion de mon père ! ». On éclata de rire et le mot fit fortune. Tous ceux qui étaient ennemis de la cour se qualifièrent plaisamment de « Frondeurs ». Peu après, des marchands avisés mirent sur le marché des chapeaux, des manchons, des mouchoirs, des gants et des dentelles à la mode de la Fronde. Retz et ses amis décorèrent leurs chapeaux de cordons en forme de fronde ; ils eurent un immense succès. Ce détail n'est pas insignifiant. Tout au contraire, il donne une indication précieuse sur les mentalités. Au début, cette guerre civile ressemblait à un jeu, principalement chez les gentilshommes et les nobles dames qui se disaient alliés des Parisiens et du Parlement, par haine de Mazarin. Cependant, ce divertissement menaçait d'être sanglant. Condé ne pardonnait pas leur trahison à son frère Conti et à Mme de Longueville. Il était chef de la Maison de Condé et ne tolérait pas qu'on lui désobéît. On ne pouvait escompter un revirement de sa part : il irait jusqu'au bout ! Il méprisait d'ailleurs cette armée parisienne et tout autant son frère qui était contrefait et bossu. Un jour qu'il traversait la chambre du roi, à Saint-Germain, il salua humblement un singe qui était attaché à un chenet de la cheminée et dit : « Serviteur au généralissime des Parisiens ! ». Le mot était cruel, mais tout à fait dans le style de Condé et à la mesure de son dédain pour Conti.

Cependant, à Paris, les généraux de la Fronde s'efforçaient de constituer des bataillons, avec l'argent levé par le Parlement. Ces brillants officiers ne s'oubliaient pas et s'attribuaient de confortables soldes. Les uniformes étaient superbes et les armes suffisantes. Mais ces troupes hétéroclites de petits bourgeois, de commis, de laquais et de truands tirés des bas-fonds, manquaient de pugnacité. Elles excellaient à brailler des slogans contre Mazarin. Comment se comporteraient-elles en face des soldats de Condé ? Elles remportèrent pourtant un premier avantage, dont les Parisiens se réjouirent un peu trop vite. Le 12 janvier, le duc d'Elbeuf fit mettre en batterie six canons devant la Bastille. Le gouverneur de cette forteresse, du Tremblay (c'était le frère du Père Joseph), ne disposait que de très peu d'hommes. Il opposa une faible résistance et capitula. On lui permit d'emporter ses meubles, en remerciement. Broussel fut nommé gouverneur et l'un de ses fils lieutenant. Puis on s'empara tout aussi facilement de l'Arsenal. Le comte de Fiesque en postula le commandement ; ce fut à nouveau un conseiller du Parlement qui fut nommé. Mme de Motteville : « Cette préférence fut honteuse ; car les gens de robe à Paris ne ressemblent pas aux Romains qui, en sortant du

Sénat et de la tribune aux harangues, allaient commander des armées. » Certes, ils étaient plus à l'aise au milieu de leurs cartons poussiéreux qu'à la tête d'un escadron ! Les dames de Paris avaient assisté à ces deux sièges comme à un spectacle : elles emportaient leurs chaises.

L'atmosphère était à la fête, du moins chez les riches qui ne manquaient point de ravitaillement. Il faut noter au passage que les paysans des villages circonvoisins, bravant l'interdiction royale, profitaient de la nuit pour venir aux portes de la capitale vendre des victuailles au prix fort. Il n'y avait que les pauvres à souffrir de la disette. Naturellement, on tenait les boulangers pour responsables du manque de pain, qui était l'aliment de base dans beaucoup de maisons.

L'état-major de l'armée parisienne siégeait à l'Hôtel de Ville, avec Mme de Longueville, et c'était un spectacle inoubliable. Retz : « Imaginez-vous, je vous supplie, ces deux personnes [1] sur le perron de l'Hôtel de Ville, plus belles en ce qu'elles paraissaient négligées, quoiqu'elles ne le fussent pas. Elles tenaient chacune un de leurs enfants entre leurs bras, qui étaient beaux comme leurs mères. La Grève était pleine de peuple jusqu'au-dessus des toits ; tous les hommes jetaient des cris de joie ; toutes les femmes pleuraient de tendresse. Je jetai cinq cents pistoles par les fenêtres... Ce mélange d'écharpes bleues, de dames, de cuirasses, de violons, qui étaient dans la place, donnait un spectacle qui se voit plus souvent dans les romans qu'ailleurs. Noirmoutier, qui était grand amateur de *L'Astrée* [2], me dit : « Je m'imagine que nous sommes assiégés dans Marcilli [3]. – Vous avez raison, lui répondis-je : Mme de Longueville est aussi belle que Galatée [4] ; mais Marcillac (M. de La Rochefoucauld père n'était pas encore mort [5]) n'est pas si honnête homme que Lindamor [6]." »

---

1. Mme de Longueville et Mme de Bouillon.
2. Ce célèbre roman était le bréviaire des courtisans.
3. Capitale des États d'Amosis dans *L'Astrée*.
4. Galatée en était la principale héroïne.
5. Marcillac prit le titre de duc de La Rochefoucauld en 1650, après la mort de son père.
6. Lindamor, chevalier intrépide, dans le même roman.

Ainsi, pendant que le Parlement s'appliquait à administrer Paris, tant bien que mal et plutôt mal que bien, les Frondeurs de la noblesse s'amusaient à des bagatelles et se prenaient pour des personnages de roman. Ils allaient galamment au combat, comme à un duel, pour l'honneur des dames. En s'attendrissant sur les morts, celles-ci jetaient des œillades aux vivants. Le duc de Beaufort avait tous les suffrages. Il avait adopté un langage quasi ordurier pour accroître sa popularité. Les harengères l'adoraient ; elles lui décernèrent le surnom de « Roi des Halles ». C'était un songe-creux, un bellâtre fier de son opulente perruque blonde, de ses rubans, très brave sans doute, mais sans aucun talent de stratège.

Il fallait tout de même passer à l'action. Ces Messieurs convinrent de tenter une sortie. Ils ne doutaient pas du succès. Le 16 janvier, le maréchal de La Mothe, avec une centaine de cavaliers, s'avança en vue des troupes de Condé. Le maréchal du Plessis, qui commandait le secteur, accepta le combat. Les Parisiens s'enfuirent. Ils déclarèrent qu'ils avaient agi par respect : pour ne pas être les premiers à tirer sur les royaux. Cette expérience laissait mal augurer de l'avenir. Mais on se contenta de cette explication et l'on continua de se monter la tête. Le prince de Conti, qui excellait à ce genre d'exercice, organisait des revues en l'honneur des dames.

Le 21 janvier, il y eut une sortie massive des volontaires parisiens, conduite par plusieurs généraux paradant sur leurs chevaux de bataille. L'objectif était de forcer le blocus et d'escorter un grand convoi de blé. Ils ne le trouvèrent point, mais attrapèrent un rhume car il gelait à pierre fendre. Le peuple ne leur reprocha rien, mais tourna sa colère contre les « mazarins ». Il pilla un convoi de meubles et d'habits destiné à Saint-Germain, pourchassant les laquais du roi, dont beaucoup périrent. Le Parlement leva une seconde taxe, plus lourde que la première. Toutefois, il commençait à mettre en doute l'efficacité des généraux. Pour dissiper le malentendu, le « Roi des Halles » sortit de Paris, à la tête de cinq à six mille hommes. Il caracolait sur un cheval blanc. Son chapeau portait un panache blanc. On l'acclama. Il se faisait fort de prendre Corbeil (défendue par douze cents royaux). Ses vaillants guerriers l'abandonnèrent à faible distance de Paris : ils voulaient bien défiler, non se battre. Mais ils n'avaient pas tout à fait perdu leur temps, car ils ramenèrent quelques bœufs.

Dans la nuit du 28 au 29 janvier, la duchesse de Longueville accoucha d'un fils. Elle lui donna Mme de Bouillon pour marraine et le prévôt des marchands (qui était le président Le Fréron) pour parrain. Cette union de la noblesse et de la magistrature enthousiasma l'opinion. De surcroît, le nouveau-né recut le double prénom de Charles-Paris : Charles parce que c'était le saint du jour et Paris parce qu'il y était né. Il devenait ainsi le filleul des Parisiens, fameuse trouvaille ! Une foule exaltée s'était assemblée sur la place de Grève, malgré le froid ; elle criait : « À bas Mazarin ! Vivent Messieurs les princes ! ». Cette ferveur populaire ne dura pas longtemps.

Le 8 février, Condé attaqua Charenton, la seule place encore aux mains des Frondeurs. Il l'emporta en deux heures, mais perdit au cours de l'assaut le duc de Châtillon, un de ses meilleurs lieutenants. Ce dernier avait eu la colonne vertébrale brisée. Il le pleura. Les larmes de la duchesse furent moins sincères. Elle se para pour recevoir les condoléances. On savait qu'elle avait pour amant le beau duc de Nemours. Il est vrai que son mari portait au bras la jarretière de Mlle de Guerchy au moment d'être frappé à mort. C'étaient les mœurs du temps...

Le 19 février, au cours d'une sortie, le prince de Marsillac reçut une grave blessure à la gorge et dut renoncer à combattre. Il était probablement le père de Charles-Paris. Cependant, Mme de Longueville se détourna de lui. Elle se croyait maîtresse de Paris et préférait désormais la politique à l'amour.

Les parlementaires étaient las de ces extravagances et de ces échecs. Ils commençaient à craindre le pire. Pour maintenir le moral du peuple, on présentait le prince de Condé comme un affameur :

« Condé, quelle sera ta gloire
Quand tu gagneras la victoire
Sur le juge et sur le marchand ?
Veux-tu faire dire à ta mère :
Ah, que mon grand fils est méchant,
Il a battu son petit frère ! »

On brocardait aussi les Frondeurs peu pressés de se battre :

« Buffle à manches de velours noir
Porte le grand comte de Maure.
Sur ce guerrier qu'il fait beau voir
Buffle à manches de velours noir !
Condé, rentre dans ton devoir,
Si tu ne veux qu'il te dévore.
Buffle à manches de velours noir
Porte le grand comte de Maure... »

Mais voici l'envers du décor. Grâce à la protection du prince de Conti, Mme de Motteville put sortir de Paris : « Il nous fallut prendre un grand détour, et nous passâmes par plusieurs villages, où nous remarquâmes une désolation effroyable. Ils étaient abandonnés de leurs habitants. Les maisons étaient brûlées et abattues, les églises pillées, et l'image des horreurs de la guerre y était dépeinte au naturel. » Les troupes de Condé se conduisaient comme en pays conquis peut-être par ordre de leur chef. Il ne s'agissait point de toute l'Île-de-France, mais des hameaux les plus proches de la capitale. Riches bourgeois et parlementaires pouvaient voir brûler leurs belles maisons de campagne et les fermes qui en dépendaient : ce spectacle refroidissait les têtes les plus chaudes. Condé avait trop peu d'hommes pour s'emparer de Paris mais, à mesure que les semaines passaient, le dispositif qu'il avait mis en place produisait ses effets. Bientôt il occupa Brie-Comte-Robert et ferma la seule voie libre vers la campagne. On savait que, considérant les prisonniers comme traîtres envers le roi et criminels, ses soldats les jetaient dans la Seine. Quand survint la débâcle des glaces, la Seine déborda. On circulait en bateau dans les rues. Une partie de la population, la plus nombreuse, silencieuse et résignée jusque-là, commençait à maudire les parlementaires et leurs alliés et à demander la paix. Les princes et la coterie de Broussel au Parlement réagirent. La duchesse de Longueville et son amie, la duchesse de Bouillon, moins romanesque mais plus subtile, résolurent de prendre l'armée de Condé à revers. Retz les aida de ses conseils toujours aussi pernicieux. Mme de Longueville avait envoyé son mari en Normandie, non pour se débarrasser de lui car il était peu gênant, mais pour y lever une armée. Le pauvre homme en était incapable ; peut-être manquait-il aussi de conviction, regrettait-il de s'être laissé fourvoyer par sa trop belle épouse. Le maréchal de Turenne était amoureux d'elle. Mme de Longueville ne se fit aucun scrupule d'exploiter ce sentiment. Turenne céda, mais son armée refusa de le suivre.

Prévenu de ces tractations, Mazarin avait acheté son second, le général Erlach, un Allemand. Privé de ses reîtres, Turenne ne pouvait plus rien. Il se réfugia dans sa famille et demanda son pardon à Mazarin, pardon qui lui fut généreusement accordé. Cependant la partie n'était pas encore perdue pour la duchesse. Elle n'ignorait pas que le roi Philippe IV d'Espagne applaudissait aux succès des Frondeurs et ne se souciait nullement des infortunes de sa sœur. Il avait écrit à ses plénipotentiaires : « Si la Reine ma sœur est obligée de quitter la France avec son fils, j'entends qu'elle ne soit pas reçue dans mes États ; il faut éviter les embarras que nous causa jadis la reine Marie de Médicis... » L'archiduc Léopold (le vaincu de Lens) stationnait alors aux Pays-Bas avec une armée. Ce fut en vain que l'on remontra à Mme de Longueville que, si les Frondeurs succombaient malgré l'alliance espagnole, ils seraient considérés comme traîtres à leur roi ; que, s'ils triomphaient, ils seraient sous le joug du roi d'Espagne, autrement plus pesant que celui de Mazarin et de la régente. Elle persuada Conti d'envoyer un émissaire à l'archiduc. Apprenant cette démarche, le prince de Condé écrivit : « Cet événement m'a extraordinairement touché par la grandeur de la faute d'avoir osé traiter avec le roi d'Espagne pendant une guerre ouverte. » L'archiduc envoya un plénipotentiaire à Paris. Ce dernier fut conduit au Parlement par le prince de Conti. Il venait traiter des affaires extérieures de la France directement avec cette assemblée de magistrats qui n'avaient ni le droit ni le pouvoir de négocier. Il y eut des protestations véhémentes. « Le président de Mesmes, dit ironiquement Retz qui assistait à cette séance, fit une exclamation, au seul nom de l'envoyé de l'archiduc, éloquente et pathétique, au-dessus de tout ce que j'ai lu en ce genre dans l'antiquité ; et se tournant, avec les yeux noyés dans les larmes, vers le prince de Conti : "Est-il possible, monsieur, s'écria-t-il, qu'un prince du sang de France propose de donner séance sur les fleurs de lys [1] à un député du plus cruel ennemi des fleurs de lys ?" ». Les parlementaires, entraînés par la faction de Broussel, écoutèrent le discours de cet envoyé : il venait offrir la paix entre les deux couronnes, désirant débattre des conditions avec les hauts magistrats, et non pas avec le cardinal Mazarin d'ailleurs condamné par eux. Le Parlement, sans formuler de réponse, décida d'informer la reine de cette offre. Sans attendre le résultat des négociations, l'archiduc Léopold avait envahi la France. Le marquis de Noirmoutier, dépêché par Mme de Longueville, était son conseiller militaire. Quand ils apprirent que l'ennemi approchait de Soissons, les Frondeurs illuminèrent. Quelques jours après, les troupes commandées par du Plessis-Praslin, renforcées par les reîtres d'Erlach, balayèrent l'armée de l'archiduc.

Les Frondeurs perdaient sur tous les plans. Le parti de la paix l'emportait, malgré les manifestations devant le Parlement suscitées par le coadjuteur et ses séides. Mme de Longueville enrageait : il lui fallait renoncer à la griserie de l'Hôtel de Ville. Paris criait famine. L'anarchie menaçait. Les parlementaires se résignèrent à traiter. De son côté, la

1. Les sièges et les dossiers du Parlement étaient décorés de fleurs de lys.

reine n'était pas hostile à un compromis, et pour plusieurs raisons. Condé avait sans doute sauvé la monarchie, mais Paris restait aux mains des Frondeurs. La décapitation de Charles Ier d'Angleterre donnait aussi à réfléchir. Ce n'était pas la première fois qu'un roi était assassiné. Le cas de Charles Ier était différent : ses alliés l'avaient vendu à Cromwell ; un parlement l'avait jugé et condamné à la peine capitale ; un régime républicain se substituait à la monarchie. Certains magistrats de la Chambre Saint-Louis rêvaient peut-être de suivre cet exemple, au nom du bien public. Mazarin fit le point de la situation avec son réalisme habituel. Il ne voulait point « punir » les rebelles. Il « avait fait des injures ce que Mithridate avait fait du poison, qui, au lieu de le tuer, vint enfin par la coutume à lui servir de nourriture » (Mme de Motteville). Il savait que le peuple souffrait trop pour ne pas accepter la paix, à condition qu'elle fût mesurée. Qu'il suffisait de ménager les susceptibilités des parlementaires et d'acheter, tout simplement, la complaisance des princes et de leurs amazones. C'était une question d'argent, de doigté. En outre, la paix enlèverait un peu de son importance à Condé, dont on commençait à se méfier. La reine se serait montrée plus sévère, car elle pardonnait difficilement les humiliations. Cependant, elle se rallia aux raisons de son ministre.

Les négociations s'ouvrirent. Pendant ce temps, les enragés mettaient les meubles du cardinal à l'encan et pillaient sa bibliothèque. Cela ne parut pas l'émouvoir, malgré son amour des belles choses, sa passion de collectionneur. Rien ne le distrayait de son but. Les tractations furent ce qu'il avait prévu : une comédie. Les délégués du Parlement avaient posé comme préalable son exclusion des entretiens. Finalement, il fut l'un des signataires du compromis (1er avril 1649). Ce n'était, comme la paix de Rueil, qu'une cote mal taillée.

VI

LA TRÊVE

C'était à la vérité le seul Parlement qui avait négocié et signé la paix de Saint-Germain. Les grands seigneurs et leurs égéries comptaient bien tirer un grand parti de leur soumission. Leur collusion avec le peuple et la bourgeoisie n'avait été qu'un épisode dénué pour eux de signification et d'importance. Ils s'étaient prodigieusement divertis à ce jeu de la révolution, dangereux certes puisque nombre d'entre eux y avaient laissé la vie ou récolté de mauvaises blessures, mais exaltant, et disposant les dames à la galanterie. Celles-ci étaient enchantées de jouer les premiers rôles et d'exercer leur fugitif empire sur leurs beaux cavaliers. Il y avait toujours eu dans la noblesse française cette vocation de turbulence, de mépris de l'intérêt public. Quelle grande famille ne comptait pas un ou plusieurs aïeux décapités à la suite d'une conspiration ? La Fronde avait été l'occasion de secouer le joug royal. Il importait peu que l'État, en guerre ouverte avec les Espagnols, courût les plus grands périls. On avait même trouvé plaisant de traiter avec l'archiduc Léopold. Il fallait sortir de cet enchantement, puisque les bavards du Parlement abandonnaient la partie.

Mazarin connaissait la vénalité mêlée d'orgueil de ces brillants personnages. Il leur demanda à quel prix ils entendaient monnayer leur soumission. C'était un piège dans lequel ils tombèrent avec un ensemble touchant. Il cherchait ainsi à les discréditer aux yeux de leurs alliés de la veille et, plus encore, à les diviser, vieille règle de gouvernement, toujours efficace.

À tout seigneur, tout honneur : le prince de Condé demanda une place forte dans son gouvernement de Champagne, le tabouret pour Mme de La Rochefoucauld, quatre cent mille livres pour le mari de celle-ci, les arrérages de la pension de cinq mille livres due à Saint-Ibal, assignée sur une abbaye. Le duc d'Elbeuf voulait le gouvernement de Montreuil pour son fils Harcourt, cent mille livres pour son autre fils Rieux, un commandement dans l'armée pour son troisième fils, Lillebonne. Beaufort réclamait pour son père (Vendôme) le gouvernement de Bretagne qui lui avait été retiré, à défaut le gouvernement de La Rochelle. Bouillon demandait, une fois de plus, à recouvrer sa ville de Sedan et, sinon, un titre de prince, de l'argent comptant, des terres et le gouvernement d'Auvergne. Turenne, le gouvernement de Haute et Basse Alsace et le commandement de l'armée d'Allemagne si elle était maintenue. Le maréchal de La Mothe, un gouvernement en compensation de celui de Seurre et, sous divers prétextes, sept cent mille livres. Le duc de Retz, son rétablissement dans la charge de général des galères. Les demandes de La Trémouille touchaient à l'extravagance : invoquant les dispositions du contrat de mariage entre Frédéric d'Aragon et Anne de Savoie, ses trisaïeux, contrat daté de 1481, il revendiquait les comtés de Roussillon, de Guyenne, de Laval, la succession d'Amboise et la restitution de la baronnie de Lisle-Bouchard vendue naguère au cardinal de Richelieu. Le marquis de Vitry réclamait le titre de duc et pair, et le tabouret pour sa femme. Le marquis de La Boulaye demandait la survivance de la charge de son beau-père, le duc de Bouillon. Luynes, le paiement des arrérages de sa charge de grand fauconnier et le rappel à la cour de Mme de Chevreuse. Le marquis de Noirmoutier, un titre de duc et quarante-deux mille livres. Le comte de Matha, les arrérages de sa pension et le grade de maréchal de camp. Le comte de Maure réclamait le cordon bleu, la révision du procès du maréchal de Marillac (condamné et décapité sous Louis XIII) et la restitution de la charge de lieutenant du roi dans l'évêché de Verdun payée cinquante mille écus. Etc.

Comme on le voit, ces seigneurs avaient fait la guerre pour le bien public ! Hurlant avec les loups, ils avaient clamé leur haine de Mazarin, mais ils avaient trop besoin de lui pour souhaiter son départ. Ils tablaient au contraire sur sa facilité à pardonner et trouvaient fort commode de profiter à la fois de son pardon et de ses bienfaits, prenant pour de la faiblesse ce qui était une manœuvre subtile. Les plus à plaindre étaient les honnêtes gens, ceux qui avaient servi loyalement le roi ; ils voyaient, non sans amertume, les récompenses pleuvoir sur des criminels de lèse-majesté. Car Mazarin plia, une fois de plus. Il accepta de négocier avec les agents des princes rebelles et de leurs lieutenants, paraissant s'y délecter alors qu'il en était excédé et que la situation extérieure le préoccupait.

La plupart des demandes furent satisfaites. Le duc de Longueville reçut même sept cent mille livres en remerciement de la trahison de sa femme. On en vint à la comédie du pardon de la reine. Il importait en effet que les fautifs vinssent en personne faire leur soumission.

Le prince de Conti fut le premier à sortir de Paris pour venir saluer la reine. Il fut reçu en présence de Condé, de Mazarin et du Conseil royal. L'accueil fut assez froid. Condé, qui se comportait en quasi-souverain, s'efforca de réchauffer l'entretien. Il finit par obliger son frère à embrasser le Premier ministre. Vinrent ensuite les ducs d'Elbeuf et de Bouillon, le comte de Maure, La Rochefoucauld et quelques autres seigneurs. La reine les reçut avec assez de rudesse. Mazarin fut au contraire tout miel. Jouant les conciliateurs, il leur dit qu'il avait peut-être eu des torts envers eux et qu'il les excusait d'en avoir eu quelque ressentiment. Le vieux duc de Chevreuse osa se présenter. Il avait quatre-vingts ans et était un peu sourd. Il sollicitait pour sa femme l'autorisation de reparaître à la cour. La reine ne pouvait oublier que Mme de Chevreuse, exilée à Bruxelles, avait été la cheville ouvrière des négociations entre les Frondeurs et l'archiduc Léopold. Elle cria (pour être entendue) qu'elle ne tolérerait pas son séjour à Paris en raison des cabales dont elle était l'auteur, à moins qu'elle ne se repentît sincèrement de sa conduite. Le pauvre homme se porta garant de la fidélité de son épouse. La reine ne put s'empêcher de rire et lui répondit qu'il n'avait pas grand pouvoir sur elle. Il vanta alors les mérites de sa fille, Mlle de Chevreuse. La reine lui cria, agacée, qu'il avait toujours trop aimé la beauté et devait songer au Ciel. Puis ce fut le tour du duc de Longueville, qui arrivait de Normandie avec une grande suite. L'accueil glacial d'Anne d'Autriche lui fit perdre ses moyens. Il se rendit soudain compte de la faute dans laquelle il s'était laissé entraîner. Il pâlit, puis rougit, et resta muet. Ce fut là toute sa harangue. Mazarin l'attira ensuite dans l'embrasure d'une fenêtre. Leur entretien fut assez long. Ils se séparèrent apparemment amis. César de Vendôme poussa la veulerie jusqu'à demander la main d'une nièce de Mazarin (Laure Mancini) pour le duc de Mercœur, son fils ! La reine était au lit lorsque Mme de Longueville et Mlle de Longueville, sa belle-fille, se présentèrent. Mme de Motteville, étant de service, assista à l'entretien. Elle croyait que la duchesse serait plus audacieuse que son mari. Or, l'impétueuse et spirituelle amazone ne sut que rougir et balbutia quelques excuses presque inaudibles. Quant à sa belle-fille, elle se contenta de baiser le drap de la reine et resta muette. On leur donna des sièges. La conversation roula sur des futilités. On se sépara fort sèchement. Le duc de Beaufort s'abstint de paraître. Il croyait ainsi inquiéter la reine et le Premier ministre, et se vendre plus cher. En attendant les propositions de Mazarin, il continuait à parader dans les quartiers populaires, comme un général victorieux. Il en était de même du coadjuteur. Il prétend, dans ses *Mémoires*, que la reine lui avait offert le chapeau de cardinal, pour gagner son appui. Or, c'était lui qui le demandait, ou plutôt le faisait demander, car il n'osait pas quitter Paris. S'étant fait recevoir conseiller au Parlement, à la place de son oncle l'archevêque de Paris, il se flattait d'exercer une grande influence au sein de cette assemblée. C'était pour lui un moyen de chantage. Cependant il se morfondait quelque peu, car il avait assez de sens politique pour comprendre qu'il avait joué la mauvaise carte.

La paix étant conclue, les principaux fautifs réconciliés avec la reine et avec Mazarin, rien ne s'opposait plus à leur retour dans la capitale. Mais la ville était encore en ébullition ; les esprits n'étaient pas encore calmés ; on avait pris l'habitude du désordre. Gaston d'Orléans parut deux fois et fit de courtes visites, sans doute pour tâter le terrain. La foule l'applaudit et le Parlement le reçut avec honneur. Les parlementaires rêvaient toujours de le voir supplanter Mazarin, voire devenir régent à la place d'Anne d'Autriche. Le prince de Condé parut à son tour. Il fut reçu avec froideur. On ne lui pardonnait pas le blocus de Paris. Sa sœur, Mme de Longueville, perçut son désappointement. Ils s'aimaient trop pour ne pas se pardonner l'un à l'autre. Elle lui reprocha doucement de s'être séparé de sa famille pour servir Mazarin, créature indigne de la grandeur des Condé, « singe de Richelieu ». Elle souligna, avec sa rouerie féminine, les avantages que Conti avait tirés de sa « trahison ». Que pouvait-il attendre d'un ingrat, lui, vainqueur de Rocroy et de Lens, sauveur de cette monarchie vacillante ? Se contenterait-il longtemps de jouer les seconds rôles ? Ce fut la première faille. Elle ne cessera de s'agrandir car, si le prince de Condé était un soldat génial, il n'avait pas la tête politique.

Fort sagement, la reine décida de remettre à plus tard son retour à Paris. Elle s'installa d'abord à Compiègne, plaisant asile au bord d'une forêt giboyeuse et d'une agréable rivière. La cour séjourna aussi à Péronne et à Amiens. Ces villégiatures n'étaient pas sans arrière-pensées. La Normandie, dont le gouverneur était le duc de Longueville, semblait paisible, mais on pouvait craindre quelque agitation sournoise. Les gouverneurs de certaines places de Picardie paraissaient peu fiables, dont celui de Péronne. Enfin, les Espagnols de l'archiduc stationnaient en Artois. La place d'Ypres venait de succomber après une défense héroïque. Il n'avait pas été possible de lui envoyer des secours. C'était la triste conséquence de la Fronde. Mazarin décida d'assiéger Cambrai, pour effacer la perte d'Ypres. Il ne confia pas le commandement de l'armée à Condé, mais au comte d'Harcourt. Son intention était à coup sûr de montrer au prince qu'on pouvait se passer de lui. Il eut fallu que l'entreprise réussît. Elle échoua piteusement. Harcourt manqua d'audace et finit par lever le siège. Le prince était ulcéré. Ses préventions contre Mazarin, attisées par Mme de Longueville, s'accrurent. Tout laissait prévoir un éclat, lorsque la cour regagna Paris, le 18 août 1649.

La reine appréhendait ce retour. Non pas Mazarin qui espérait, peut-être sans trop y croire, que la présence du jeune roi étoufferait les restes de la sédition. Des Frondeurs attardés disaient que la journée serait fatale au Premier ministre, s'il se hasardait à paraître dans le cortège royal. Il y eut probablement quelques projets d'assassinat, de l'argent versé à des spécialistes du poignard. Mazarin prit ses précautions. Chose incroyable, l'Entrée fut digne des plus grands jours de la royauté. Là-dessus ne subsiste pas le moindre doute. Témoignage d'Omer Talon : « Le peuple de Paris sortit au-devant du Roi en telle abondance, et les rues depuis le faubourg Saint-Denis jusqu'au Palais-Royal se trouvèrent tellement remplies, et parut tant de joie et d'acclamations publiques, que la Reine demeura non seulement satisfaite, mais confuse de cette démonstration d'amitié publique. » Quand elle aperçut le carrosse du roi et de la reine, la foule en délire le sépara de son escorte de chevau-légers. Les applaudissements, les vivats fusaient de toutes parts. Mazarin était à une portière avec le prince de Condé. Des femmes criaient qu'il était beau ; des hommes, qu'ils l'aimaient bien, qu'ils allaient boire à sa santé : il avait fait distribuer secrètement quelques milliers de pièces. Lorsque le cortège entra au Palais-Royal, il y eut des feux de joie dans tous les quartiers ; on chanta et on dansa. Versatilité des Parisiens...

La reine était enchantée. Elle voyait dans cette liesse

populaire une approbation de sa conduite et pour le jeune roi une preuve d'amour. Elle avait été d'autant plus surprise de cette allégresse qu'elle ne s'y attendait pas. Les salons du Palais-Royal étaient pleins de courtisans fidèles et de Frondeurs provisoirement repentis. Le duc de Beaufort vint saluer la reine et protester de sa fidélité. Le lendemain, le coadjuteur se présenta à la tête du clergé. Mazarin se tenait debout derrière la chaise du roi. Retz feignit de ne pas le voir. Il prononça une courte harangue, en tremblant quelque peu : c'était de rage contre lui-même. Mazarin souriait ironiquement. Cependant, il reçut peu après le coadjuteur en audience privée. Ayant décelé ses intentions réelles, il le flatta et lui laissa espérer pour bientôt le chapeau de cardinal. Les quatre cours souveraines, le prévôt des marchands et les échevins vinrent ensuite faire leur soumission plus ou moins sincère : toutefois les parlementaires n'étaient pas fâchés de se tirer à si bon compte de la fâcheuse aventure où les avaient jetés Broussel et ses acolytes.

Le samedi suivant, la reine s'en fut à Notre-Dame pour y entendre la messe. Elle emmena le roi. On se hâta de tapisser les rues. Les scènes d'allégresse se renouvelèrent. On bénissait à grands cris celle que l'on exécrait encore la semaine précédente. Les harengères du Marché-Neuf se jetèrent sur son carrosse. Les yeux pleins de larmes, elles imploraient son pardon, touchaient ses mains, sa robe, l'habit du jeune roi. Ce revirement tenait du miracle. Pendant l'office, la reine dut élever son fils dans ses bras. Les cris de « Vive le Roi ! » éclatèrent comme un tonnerre.

Le jour de la Saint-Louis, le roi se rendit à l'église des Jésuites, rue Saint-Antoine. On lui donna son plus bel habit et un superbe petit cheval blanc. Les princes de Condé et de Conti l'accompagnèrent, ainsi qu'un grand nombre de seigneurs. Les scènes d'allégresse, les vivats se répétèrent. Mazarin l'attendait sur les marches de l'église. Ses adversaires prétendaient qu'il n'oserait jamais sortir de chez lui, tant il avait peur. Il eut l'audace de quitter le Palais-Royal une heure avant le roi. Il traversa la moitié de Paris sans escorte, n'ayant dans son carrosse que quelques abbés. Il risquait sa vie et ne l'ignorait pas. Cet acte de courage n'eut pas l'effet escompté, car les malcontents restaient actifs. Selon Retz, ces acclamations ne signifiaient rien. Au bout de quatre jours, les libelles continuèrent et « les Frondeurs parurent plus fiers que jamais ». Mais enfin l'aimable coadjuteur préparait sa rentrée en grâce, c'est-à-dire le lâchage de ses amis de la veille.

Mazarin ne partageait certainement pas les sentiments euphoriques de la reine. Il mettait à leur juste valeur l'éphémère ferveur populaire, la soumission des Grands, le feint respect qu'ils manifestaient à son égard, les protestations de loyalisme et les serments de fidélité : on baisait la main qu'on ne pouvait couper ! Jamais sa position n'avait été aussi critique en dépit de son triomphe apparent : Condé le tolérait, mais ne le soutenait plus. Il avait en outre à faire face à un labeur écrasant : redresser la situation militaire après le cuisant échec de Cambrai ; trouver les sommes suffisantes pour solder les troupes, les doter de généraux capables, mettre fin au désordre qui régnait dans Paris, réprimer les troubles de Provence – qui étaient peu graves – et ceux de Guyenne – qui l'étaient davantage, surtout à Bordeaux, et d'abord restaurer l'autorité royale qui partait en miettes. Car, derrière les vivats et les touchants mouvements de foule, s'embusquait l'anarchie. Le Parlement s'était avéré incapable de gouverner la ville. Il avait levé des taxes pour recruter des volontaires qui ne servirent à rien, mais laissé la bride sur le cou aux « contribuables » quant aux impôts royaux. On refusait de payer les aides et les autres taxes. Le sel se vendait librement et à profusion : il n'y avait plus de gabelle ni de gabelous ! Gagnés par l'exemple de Paris, les paysans d'Île-de-France et des provinces refusaient de payer la taille. Non toutes les provinces : il y avait celles qui restèrent tranquilles et sauvèrent ainsi le royaume, ces gens de Bourgogne, de Languedoc, de Poitou, de Normandie et d'ailleurs, dont ne parlent pas les historiens. La guerre des libelles reprenait de plus belle. Chaque jour on en imprimait trois ou quatre nouveaux, appelant à la sédition et traînant Mazarin dans la boue. Le Parlement les ignorait, ou n'osait poursuivre leurs auteurs.

QUATRIÈME PARTIE

LA SECONDE FRONDE

(1650-1652)

I

LES HÉSITATIONS DE CONDÉ

Trois partis restaient en présence. Celui du gouvernement, de ses fidèles et de ses adhérents plus ou moins suspects. Celui de Condé, avec ceux que l'on appelait « les petits maîtres », troupe de fringants seigneurs, batailleurs et insolents. Celui du coadjuteur, avec ses curés, ses moines, ses dévots du Saint-Sacrement et quelques jansénistes frondant le pouvoir comme ils frondaient l'Église romaine. Le Parlement, en acceptant de traiter avec Mazarin, avait perdu une grande part de son crédit ; il était passé de mode et ne constituait plus à proprement parler un parti ; tout au plus, selon les circonstances, pouvait-il gêner le gouvernement. Cependant, le groupuscule des « brousseliens » demeurait attentif et remuant. Condé dominait la situation et l'on s'attendait à quelque coup de force de sa part. Mais lequel ? Que voulait-il et savait-il même ce qu'il voulait ? Non pas le ministère, car les affaires l'ennuyaient et il ne se souciait guère que de son intérêt personnel. Exercer sur le royaume une sorte de protectorat, en évinçant Anne d'Autriche de la régence et en se dotant de ministres à sa dévotion ? Il se serait heurté à Gaston d'Orléans, lieutenant général du royaume : l'âge n'avait guère assagi ce prince mais, contre toute attente, il manifestait quelque droiture envers Anne d'Autriche et le jeune roi, et gardait des partisans. Condé cherchait-il à s'agrandir encore en se faisant octroyer de nouvelles terres, à se tailler une principauté sur laquelle il eût régné en souverain quasi indépendant ? Voulait-il la couronne, car enfin c'était un Bourbon ? Se serait-il contenté du bâton de connétable ? Il semble que oui. Dans son *Apologie pour les princes*, Mme de Longueville écrivit plus tard : « Nul plus que ses mains n'était digne de porter l'épée de connétable. Ses services l'en ont en effet rendu plus digne que tous ceux à qui leurs services l'ont fait mériter. »

Quoi qu'il en soit, il se comportait en maître à la cour et au Conseil royal, tout en feignant de soutenir Mazarin. Il va sans dire qu'il méprisait « le faquin d'Italie ». Ce dernier l'avait jugé. Le prince n'avait point de ligne politique, ni de quelconque programme. À beaucoup près, il se révélait moins bon français que ne l'était le cardinal. Il était surtout moins intelligent, mais sa sœur pensait pour lui, voulait pour lui, et lisait assez bien, avec son intuition féminine, dans le jeu de Mazarin. Il usait, abusait de sa toute-puissance apparente pour obliger la reine à donner le gouvernement de Pont-de-l'Arche, clef de la Normandie, au duc de Longueville. Il réclamait pour lui-même, comme un dû, l'amirauté détenue jadis par son beau-père, Armand de Brézé, et la principauté de Montbéliard. Mazarin l'amusait de belles promesses, pour gagner du temps.

Les Condé se croyaient au-dessus des simples mortels ; ils ne brillaient ni par la discrétion ni par la patience ; et parfois une gloriole de vanité l'emportait sur leur orgueil. Le 5 septembre, pour l'anniversaire de son fils, la reine offrit un grand bal avec une collation à l'Hôtel de Ville. Cette fête devait se dérouler l'après-midi, car la nuit pouvait être dangereuse dans une ville pacifiée depuis si peu de temps. Mme de Longueville séjournait à Chantilly. À l'annonce de ce bal, elle se souvint brusquement des grands jours de l'Hôtel de Ville, du rôle éminent qu'elle avait joué. Elle s'encoléra à la pensée que la reine présidât sur le théâtre même de ses exploits et, par l'intermédiaire de sa mère, la vieille princesse de Condé, demanda une invitation. La reine répondit que Mme de Longueville se reposant à Chantilly, elle craignait de l'incommoder. Le prince de Condé s'en mêla, obtint enfin l'invitation ; il voulait faire accroire que sa sœur était rentrée en grâce. La reine confia à Mme de Motteville :

– « Je m'étonne que cette glorieuse Mme de Longueville ait fait tant d'efforts pour si peu de chose ! »

Mme de Longueville, soudainement guérie, affronta les fatigues du voyage et parut au bal dans ses plus beaux atours. Elle y remporta, semble-t-il, un peu trop de succès, car la reine et son fils rentrèrent de bonne heure au Palais-Royal. C'était de ces piqûres d'épingle que les femmes ne se pardonnent pas entre elles ! La reine saura s'en souvenir le moment venu. Au cours de ce bal, on nota que le jeune duc de Mercœur avait dansé avec Laure Mancini, nièce du cardinal. On murmurait qu'ils étaient fiancés. Cette nouvelle scandalisait les nobles de vieille roche. Elle irrita Mme de Longueville, qui chapitra son frère.

Condé se laissa convaincre. Il avait à la vérité deux raisons de s'opposer au mariage de Mercœur et de Laure Mancini. Mazarin cherchait, par cette manœuvre, à mettre la Maison de Vendôme dans son parti. Accessoirement – et cette imprudence peut surprendre – il avait promis la charge du défunt Brézé à César de Vendôme, si le projet de mariage arrivait à bonne fin. Or, comme on sait, Condé réclamait l'Amirauté pour lui-même, en raison des quatre-vingt mille livres qu'elle rapportait. Enfin, il lui était insupportable qu'un descendant d'Henri IV, fût-ce par la main gauche, épousât une roturière : ce qui était faux, car les Mancini étaient de bonne noblesse romaine.

La robe d'apparat, le trousseau de la mariée étaient prêts. La date de signature du contrat avait été fixée au 19 septembre et le cardinal comptait offrir un grand souper. Condé refusa brutalement de signer, demandant en quoi sa signature était nécessaire, puisqu'il n'était point parent de la mariée. Puis, se crêtant soudain, il lui reprocha de n'avoir pas encore donné Pont-de-l'Arche au duc de Longueville. Pris au dépourvu, Mazarin répondit, pauvrement :

– « Vous savez bien que ce n'est pas possible. Cette promesse n'a jamais été faite sérieusement. »

Le ton monta. On dit – mais est-ce vrai ? – que le prince saisit le cardinal au menton et le rudoya quelque peu. Soudain, il lui tourna le dos et sortit en jetant :

– « Adieu, Mars ! »

C'était une allusion directe à l'échec du siège de Cambrai. Ensuite, il lui fit savoir que c'en était fini de leur amitié, qu'il ne le saluerait plus.

Cette rupture était une catastrophe. Il y avait trop longtemps que les Frondeurs attendaient cet événement. Ils crurent que c'en était fait de Mazarin et se portèrent en foule à l'hôtel de Condé. Les attentistes eux-mêmes offraient leur épée. Mme de Longueville exultait, non moins que le coadjuteur. Mazarin avait un peu trop misé sur l'indécision de Condé. Il ne l'avait pas cru capable de rompre ses engagements envers la reine. L'imminence du péril aiguisait toujours son génie de l'intrigue. Il s'empressa de faire machine arrière. Il ne fallait à aucun prix que son rival se mît à la tête des Frondeurs. Gaston d'Orléans s'entremit. Il avait quelque influence sur Condé, et ne manquait pas d'habileté quand il consentait à s'en donner la peine. Le prince se radoucit. Il accepta de participer à une réunion très étroite, très confidentielle, pour examiner la situation et tenter de s'accorder sur les points essentiels. Au cours de cette réunion entre la reine, Mazarin, le duc d'Orléans et le prince de Condé, ce dernier obtint à peu près tout ce qu'il voulait. Le soir même, Gaston d'Orléans donna à dîner aux deux adversaires, afin de parachever leur réconciliation. Pendant le repas, Condé ne cessa de se moquer du cardinal, lequel conserva son sang-froid et s'abstint de répliquer.

Cette réconciliation de pure forme n'empêcha point Condé d'offrir un grand festin aux principaux chefs de la Fronde, chez Prudhomme. Dès lors, ceux-ci ne doutèrent plus de son adhésion pleine et entière à leur parti. Ils s'en réjouirent bruyamment, car la victoire leur paraissait à portée. C'était mal connaître Mazarin. Ses agents se répandaient dans toutes les couches de la société, entre autres les abbés Zongo Ondeleï et Basile Foucquet (frère du futur surintendant des finances). Il achetait des complicités dans la haute noblesse. Il s'était acquis la dangereuse duchesse de Chevreuse, beauté sur le déclin et qui jalousait les succès de l'éclatante Longueville. Cependant, il fallait absolument prévenir le coup de force que préparaient les Frondeurs désormais sous les ordres de Condé. Le prince hésitait, comme toujours, malgré les objurgations de sa sœur. Il n'avait de combativité que sur les champs de bataille. Déchaîner une guerre civile n'était pas son fait. Il ne parvenait pas à oublier qu'il était du sang de France et que son premier devoir restait de défendre le trône. Il lui répugnait surtout de jouer le rôle de Cromwell. Mazarin sut toucher la corde sensible. Il s'humilia jusqu'à mendier le soutien du prince pour conserver son titre de Premier ministre. Le conservant, il sauvait le royaume et de cela il était parfaitement conscient ! Le 2 octobre, abdiquant toute fierté, il s'engagea à ne plus nommer aux emplois de gouverneur, d'ambassadeur, sans l'accord du prince. À ne plus emprisonner, à ne plus exiler personne de la cour, sans son assentiment. Par réciprocité, Condé assurait Mazarin de son amitié et s'engageait à « entretenir une parfaite intelligence avec lui et à le servir dans tous les intérêts de l'État et les siens particuliers envers tous et les siens ».

Condé, par ces quelques lignes, venait de sceller son destin ! L'idée ne lui vint pas une seconde que Mazarin l'avait berné. Tout au contraire, ayant le triomphe lourd, il l'obligea à rompre le projet de mariage entre sa nièce et le duc de Mercœur. Le cardinal supporta cette nouvelle blessure en silence. Il promit même de ne pas marier ses neveux et nièces sans l'autorisation du prince. Les apparences lui importaient peu : il venait de gagner la partie la plus difficile, la plus périlleuse de sa vie ! Désormais Condé ne pouvait plus se débarrasser de lui ; ils étaient solidaires, attelés au même chariot. Colère des Frondeurs quand ils apprirent cette réconciliation entre leur chef bien-aimé et l'exécrable Mazarin ! C'était assurément une trahison à leur encontre. Mais Condé avait trop de hauteur pour se soucier de leurs états d'âme. Il ne pouvait s'abaisser jusqu'à expliquer sa conduite. Cette désinvolture lui aliéna une partie de ses amis. Les agents de Mazarin, et bientôt le coadjuteur, firent le reste. Les Parisiens ne l'appréciaient guère ; ils ne furent pas longs à le haïr. Des libelles furent distribués, rappelant ironiquement les méfaits de ses ancêtres, l'inconduite supposée de sa mère, émettant des doutes offensants sur sa légitimité.

Aveuglé par ce qu'il croyait être sa réussite, Condé n'apercevait pas le précipice vers lequel on le guidait. Il se croyait quasi roi et tranchait de tout, suivant son caprice de l'heure. Mazarin restait Premier ministre, mais on savait qu'en réalité c'était le prince qui présidait le Conseil royal. Il y avait là un moyen assuré d'aggraver son discrédit, en lui faisant endosser la responsabilité de mesures impopulaires. Car il abandonnait volontiers les questions fiscales et administratives à Mazarin, comme on jette un os à un chien. Il préférait s'occuper de promotions ducales, d'histoires de tabouret, pour accroître son influence. Il se mit à dos une partie des courtisans, qui se groupèrent, élurent des chefs, saisirent la reine de leurs protestations indignées. On ne supportait pas que la clientèle de Condé profitât seule des faveurs. Mazarin jubilait en silence. Dans la ville, la scission entre les Frondeurs et le prince semblait irréversible. Plusieurs d'entre eux, retournant leur veste, avaient offert leurs services au cardinal. Il ne repoussait aucune bonne volonté mais s'excusait de ne pouvoir faire aucune promesse, le prince disposant de toutes les nominations. Mme de Chevreuse travaillait ouvertement pour lui. C'était dans son salon que se réunissaient les ducs et adversaires les plus déterminés de Condé. Mlle de Chevreuse, sa fille, aussi belle que sotte, était la maîtresse de Retz et de quelques autres. L'altière duchesse de Rohan-Montbazon avait adhéré au parti du cardinal, entraînant son gendre Beaufort qui l'aimait éperdument. Retz lui-même se laissait gagner, prévoyant la chute prochaine des Condé et ménageant ses intérêts. Il choisissait, ni plus ni moins, celui qui pourrait lui décrocher le chapeau de cardinal. Le prince acheva d'indisposer la reine. Il trouva plaisant de la détacher de Mazarin et confia cette impudente mission au marquis de Jarzé, un de ses « petits maîtres ». Ce dernier feignit d'éprouver pour la reine une passion dévorante. Comme ses soupirs ne semblaient pas être entendus, il persuada Mme de Beauvais de déposer une lettre près du miroir de la reine. Cette dame était familièrement appelée Cathos dans la famille royale. La reine trouva la lettre. Étant femme, elle penchait plutôt vers l'indulgence. La folie amoureuse de ce jeune homme la flattait. Mazarin fit une crise de jalousie. Puis, devinant qui était derrière Jarzé, il griffonna dans son carnet de bien étranges mots : « Que dirait le prince si on se permettait semblable chose envers sa femme ? » Jarzé osa se présenter devant la reine, bien qu'on eût tenté de l'en dissuader. Il reçut cette algarade :

– « Vraiment, monsieur de Jarzé, vous êtes bien ridicule. On m'a dit que vous faites l'amoureux. Voyez un peu le joli galant ! Vous me faites pitié : il faudrait vous envoyer aux Petites-Maisons. Mais il est vrai qu'il ne faut s'étonner de votre folie, car vous tenez de race [1]. »

Pâle et défait, Jarzé s'en fut conter sa mésaventure à Condé. Le prince entra dans ses turbulences habituelles. Il osa reprocher à la reine d'avoir réprimandé Jarzé et renvoyé Cathos sans lui en parler. Ignorait-elle que Jarzé était de ses amis ? La reine se cabra. Elle était lasse de la tyrannie des Condé. Pour la défier, Mme de Longueville, sans tenir compte de son interdiction, fit célébrer dans l'un de ses châteaux le mariage de Mlle de Pons avec le jeune duc de Richelieu.

Pendant ce temps, les tractations entre Mazarin et le futur cardinal de Retz allaient bon train. Retz, déguisé en cavalier, avait eu plusieurs entretiens secrets avec la reine et obtenu son pardon. Mazarin lui montra le fameux engagement signé par Condé, afin de dissiper ses derniers doutes.

1. Le grand-père maternel de Jarzé avait été chassé de la cour pour avoir fait le galant avec la reine Marie de Médicis.

Retz accepta de travailler pour lui, contre la promesse du chapeau. La cohorte de ses curés et de ses affidés vira casaque et intensifia sa propagande contre le prince. Celui-ci apprit quelque chose des entrevues secrètes du Premier ministre et de Retz. Mazarin le rassura d'une plaisanterie :

– « Si vous saviez comme il a bonne mine, ce coadjuteur, avec un habit de velours noir en broderie d'or, et un bouquet de plumes incarnat et blanc ! S'il revient une seconde fois, je vous en avertirai, afin que vous vous cachiez pour le voir ; cela vous fera rire. »

Le 11 décembre, un singulier attentat remua l'opinion. Comme Guy Joly, conseiller au Parlement, passait rue des Bernardins, une balle fut tirée sur son carrosse. On cria au meurtre. Le Parlement se saisit de l'affaire avec d'autant plus de zèle qu'il s'agissait d'un de ses membres les plus écoutés. L'opinion, dirigée de main de maître, accusa le prince de Condé. Mazarin le fit prévenir du danger qu'il courait. Le prince s'abstint de sortir. Une bande de cavaliers se rua sur son carrosse, à l'entrée du Pont-Neuf. Un laquais fut tué. Ce n'était qu'une opération policière montée par le marquis de La Boulaye, agent double stipendié par Mazarin. Guy Joly a raconté lui-même qu'il s'était porté volontaire pour l'attentat de la rue des Bernardins et qu'à tout hasard il avait endossé un gilet bourré de paille. Condé crut que ses ennemis avaient réellement voulu l'assassiner. Il porta plainte au Parlement, accusant hardiment Broussel, Retz et Beaufort d'avoir perpétré cet attentat. Quand il se présenta, escorté de ses « petits maîtres », il fut conspué. On faillit en venir aux mains. Mazarin se donna le plaisir de le plaindre et d'inviter le procureur général à accélérer la procédure. Mais l'enquête n'apporta aucun résultat et le Parlement ne donna pas suite. D'ailleurs, il n'avait plus à ménager le prince. Chacun sentait qu'il était perdu. Les Frondeurs demandaient même son arrestation. Il ne lui restait pour alliées que sa famille et une clientèle qui s'amenuisait rapidement. La poire était mûre pour Mazarin. Il n'avait plus qu'à la cueillir délicatement.

II

LE LION, LE SINGE ET LE RENARD

Condé avait reçu plusieurs avertissements de ses amis. Il n'en tint aucun compte. Sa mère, la duchesse douairière, pressentait sa disgrâce et l'avait mis en garde, vainement. Le duc de La Rochefoucauld, ayant eu vent de ce qui se tramait, lui recommanda de ne jamais venir au Palais-Royal avec son frère et son beau-frère. Comment avait-il su que l'arrestation des trois princes était décidée ? Les murs avaient des oreilles et les agents doubles ne manquaient pas. Tout de même, un peu inquiet, Condé avait sondé le cardinal, avec sa maladresse coutumière. Le cardinal ne fit aucune difficulté pour renouveler sa promesse d'alliance. Or, la souricière était en place ; tout était arrêté jusqu'au moindre détail. Mazarin y ajouta un trait d'humour. Il pria Condé d'ordonner que les rues avoisinant le Palais-Royal fussent occupées par les gardes du roi le 18 janvier, car on craignait des troubles. Condé signa l'ordre sans hésiter. La perspicacité n'était pas sa qualité dominante. L'invitation de la reine, pour l'après-midi du 18 janvier, ne l'émut pas davantage. La reine souhaitait s'entretenir avec lui de plusieurs questions. Cette invitation lui parut au contraire naturelle, puisqu'on ne décidait rien sans son avis. La reine avait aussi convoqué le prince de Conti et le duc de Longueville (qui regimba un peu parce qu'il souffrait d'une jambe). Lorsque Condé arriva au Palais-Royal, les portes étaient fermées. On lui dit que la reine ayant eu une indisposition légère voulait éviter le défilé habituel des courtisans. Conti et Longueville, appuyé sur une canne, le rejoignirent presque aussitôt. Il se rendit dans la chambre de la reine, qu'il trouva alitée, en compagnie de la duchesse douairière de Condé. Après les compliments d'usage, il se retira. C'était la dernière fois qu'il voyait sa mère. Celle-ci prit ensuite congé de la reine, tout à fait rassérénée. Le prince rencontra Mazarin qui lui parla comme si de rien n'était, et le pria de se rendre à la salle du Conseil, où il allait le rejoindre. Sans défiance, les trois princes se rendirent dans cette salle. Ils attendaient la reine dont on avait annoncé l'arrivée. Ce fut Guitaut, le capitaine des gardes, qui parut, l'épée à la main. Le prince crut qu'il avait une faveur à lui demander. Guitaut lui dit à voix basse :

– « Monsieur, ce que je vous veux, c'est que j'ai ordre de vous arrêter, vous, M. le prince de Conti votre frère, et M. de Longueville. »

– « Moi, monsieur Guitaut, vous m'arrêtez ! »

Il réfléchit un instant, puis :

– « Au nom de Dieu, retournez à la Reine, et dites-lui que je la supplie que je puisse lui parler. »

Guitaut répondit que cela ne servirait à rien. Il y alla pourtant, par simple déférence envers Condé. Ce dernier :

– « Messieurs, la Reine me fait arrêter, et vous aussi, mon frère, et vous aussi, M. de Longueville... J'avoue que cela m'étonne, moi qui ai toujours si bien servi le Roi, et qui croyais être assuré de l'amitié de M. le Cardinal. »

Guitaut revint. La reine refusait de recevoir le prince.

– « Eh bien, je le veux, obéissons ; mais où nous allez-vous mener ? Je vous prie que ce soit dans un lieu chaud. »

– « Au bois de Vincennes. »

Comminges entra avec douze gardes. Dans l'escalier qui menait au jardin, Condé demanda :

– « Comminges, vous êtes homme d'honneur et gentilhomme : n'ai-je rien à craindre ? »

Comminges le rassura. Le carrosse, escorté par une compagnie de gendarmes du roi, sous les ordres de Miossens, évita les rues trop fréquentées. Étant sorti de Paris, il tomba dans une fondrière et versa. Condé, qui était agile, bondit par la portière. Miossens le rattrapa au bord d'un fossé.

– « Ne craignez point, Miossens, je ne prétends pas me sauver ; mais, véritablement, si vous vouliez, voyez ce que vous pouvez faire... »

Mais Miossens était homme d'honneur ; il ne pouvait désobéir aux ordres. Quand le carrosse fut relevé, Comminges cria au cocher d'aller aussi vite que possible. Le prince éclata de rire :

– « Ne craignez rien, Comminges, personne ne doit venir à mon secours ; car je vous assure que je n'ai pris aucune précaution contre ce voyage... »

Puis il lui demanda pourquoi on l'emprisonnait, quel crime il avait bien pu commettre. Comminges ne manquait pas de culture, ni de courtoisie. Il lui répondit que son crime était celui de Germanicus suspect à l'empereur Tibère parce qu'il avait trop de grandeur. Condé rêva là-dessus, puis :

– « À l'heure qu'il est, Monsieur [1] est bien content de m'avoir joué le tour, et son traître de favori [2] a sans doute tramé toute cette affaire. »

Comme on le constate, il ne soupçonnait même pas Mazarin d'être l'auteur de son arrestation ! La chambre destinée aux trois prisonniers dans le donjon de Vincennes n'était pas prête. Il n'y avait même pas de lit. C'était une vexation supplémentaire. Conti et Longueville se plaignirent amèrement. Condé se moqua d'eux et proposa une partie de cartes. Comminges, qui devait veiller à leur ins-

1. Gaston d'Orléans.
2. L'abbé de Rivière.

tallation, resta huit jours à Vincennes. Il eut avec le prince de passionnantes conversations. Ils se séparèrent avec regret et les yeux humides, tant ils étaient satisfaits l'un de l'autre.

Revenons à l'après-midi du 18 janvier. Après le départ de Condé pour Vincennes, la reine sortit de son oratoire miraculeusement guérie et même fort en gaieté. Elle ordonna à La Vrillère, secrétaire d'État, de se rendre chez Mme de Longueville pour l'inviter à venir sans retard au Palais-Royal. La duchesse était absente. Ses domestiques ignoraient où elle se trouvait, mais, après le départ de La Vrillère, ils coururent la prévenir. Elle s'évanouit dans les bras de son amie, la princesse palatine. Ce n'était qu'un bref étourdissement, car elle se ressaisit aussitôt et partit pour l'hôtel de Condé. Elle entra dans la chambre de la princesse douairière en criant :

– « Ah ! Madame, mes frères… »

On notera qu'elle ne pensait même pas à son mari : il comptait si peu pour elle ! La vieille princesse redoutait le pire :

– « Hélas ! qu'y a-t-il ? Mes fils, mes enfants sont-ils morts, et qu'en a-t-on fait ? »

Survint à cet instant le comte de Brienne envoyé par la reine. Il répondit que les princes avaient été simplement arrêtés et conduits à Vincennes. Quant à la princesse, elle voudrait bien se retirer dans l'une de ses terres avec sa belle-fille et son petit-fils, le duc d'Enghien. Parut alors La Vrillère. N'ayant pas trouvé Mme de Longueville, il avait eu l'idée de venir à l'hôtel de Condé. Il put donc s'acquitter de sa mission. Mme de Longueville comptait que, si elle se rendait au Palais-Royal, elle subirait le même traitement que ses frères. Elle fit mine d'obéir. Toutefois, elle exprima le vœu de s'entretenir privément avec sa mère. La Vrillère y consentit : à vrai dire cette besogne lui déplaisait fort. Mme de Longueville ne s'attarda pas à pleurer. Elle monta dans le carrosse de la princesse palatine. Celle-ci, prenant de grands risques, l'emmena dans une petite maison qu'elle possédait au faubourg Saint-Germain. Elle avait fait prévenir le duc de La Rochefoucauld, lequel arriva bientôt, accompagné de son beau-frère Sillery et de quelques gentilshommes. Il fallait se hâter, car les gens du roi pouvaient survenir d'un moment à l'autre. On décida de partir pour la Normandie, où Mme de Longueville croyait qu'il lui serait facile de susciter un soulèvement. Une fois de plus, le roman se mêlait à la réalité. Quoi de plus extravagant que cette fuite haletante d'une princesse, de son amant et de quelques cavaliers, en pleine nuit de janvier, par de mauvais chemins ?

Paris illuminait, dansait et chantait, pour célébrer l'arrestation de Condé. Il y avait eu quelques remous en fin d'après-midi, car on avait cru que c'était Beaufort que l'on avait mené à Vincennes. Mais le « Roi des Halles » fut envoyé par les rues, perruque au vent. La foule acclama son idole tout à loisir, et même le coadjuteur qui était avec lui au milieu des porteurs de flambeaux. Les officiers de Condé s'étaient spontanément réunis dans le jardin de son hôtel. Ils voulaient d'abord tenter un coup de force : prendre en otages les nièces de Mazarin qui étaient au Val-de-Grâce, mais la veille, à tout hasard, il les avait fait ramener au Palais-Royal. La joie des Parisiens incita finalement les condéens à la prudence. Ils prirent le parti de fuir, sans plus attendre, chacun devant rejoindre le secteur qu'on lui assignait. Il ne s'agissait pas pour eux de se mettre à couvert, mais d'organiser la résistance.

Les portes du Palais-Royal avaient été rouvertes. Une foule de courtisans se pressait dans les salons. On venait applaudir le vainqueur. On se répétait le bon mot de Monsieur :

– « Voilà un beau coup de filet ! On vient de prendre un lion, un singe et un renard ! »

Le lion, c'était évidemment Condé ; le singe était Conti, son bossu de frère, et le pauvre Longueville était le renard.

Monsieur passait pour un bel esprit et tenait à sa réputation, dût-il lui en cuire. La reine montrait plus de pondération. Aux flatteurs qui lui présentaient leurs compliments, elle répondit, en vraie souveraine :

– « Je suis fâchée d'avoir été forcée, pour le repos de l'État, de le faire arrêter, vu son mérite, sa naissance et ses services ; mais les intérêts du Roi l'ont emporté sur ces considérations. »

Et à la duchesse de Montbazon qui se réjouissait sans retenue :

– « Je ne suis pas capable de partager votre joie. J'ai cru cette arrestation nécessaire, mais je ne la trouve nullement délectable et je serais plus heureuse si M. le prince ne m'y avait pas obligée. »

Mme de Motteville ne fut pas sans remarquer qu'il y avait dans l'assistance un grand nombre de visages nouveaux. C'étaient des Frondeurs, hier ennemis jurés de Mazarin. Tous se donnaient pour loyaux serviteurs de la couronne, promettaient de défendre désormais la reine et le roi. Parmi eux s'étaient glissés des gentilshommes suspects de sympathie pour les princes. Ils parlaient plus haut que les autres. Les fidèles de la reine et du Premier ministre ne disaient rien, ou riaient entre eux de ces ralliements opportuns. Certains s'étonnaient que Mazarin eût été capable de préparer une action aussi hardie, alors qu'il paraissait si faible et comme résigné à son éviction prochaine. D'autres, les plus raisonnables, s'ils approuvaient l'arrestation des princes, en supputaient les conséquences. Le spectacle de la cour, où la veulerie le disputait à la perfidie, ne les disposait pas à l'optimisme.

Il restait cependant des gens d'honneur sachant concilier leur devoir et leurs sentiments. Quoique attachés au parti de la reine, ils allaient visiter la princesse douairière de Condé, par compassion véritable, non par curiosité. Ainsi le commandeur de Jars dont l'hostilité aux condéens était connue. Mme de Condé fut sensible à sa visite. Elle lui demanda :

– « Commandeur, vous avez toujours été de mes amis ; vous voyez l'état où je suis : vous puis-je faire une prière ? »

– « Oui, Madame, répondit-il ; et pourvu que cela soit en mon pouvoir, il n'y a rien qu'un homme de bien puisse faire que je ne le fasse avec joie pour votre service. »

– « Mon pauvre fils, le prince de Conti, est infirme, délicat et incommodé ; il souffrira beaucoup de n'avoir point son valet de chambre qui est propre à le servir. Je vous prie, faites en sorte que la Reine commande qu'on le lui envoie ; et avec cela je serai en quelque façon soulagée. »

Le commandeur de Jars, en vrai gentilhomme, alla trouver la reine, sans craindre de se compromettre. Le valet de chambre fut aussitôt envoyé à Vincennes pour y partager la prison de son maître. Mme de Condé put se retirer à Chantilly avec sa belle-fille et son petit-fils Enghien. La reine, qui lui avait gardé son amitié, l'avait précédemment autorisée à différer son départ. On perçoit ici combien, parfois, il lui était difficile de se plier à la raison d'État et aux exigences de son Premier ministre. Cependant la volonté de celui-ci prévalait toujours.

Or, si Mazarin la laissait volontiers accorder ces dérogations à la mère du prince de Condé, sincèrement accablée par l'infortune de ses fils, il envoyait deux compagnies de gardes royaux à Chantilly pour surveiller les abords de ce château. Loin de savourer sa revanche sur son adversaire, il redoublait de précautions. La réaction des Parisiens ne l'avait pas autrement surpris ; il y avait contribué avec l'aide du coadjuteur. Précisons au passage que les réjouissances durèrent deux grandes journées et que des pamphlets atroces furent répandus sur le prince. Mazarin fit de sévères réprimandes à La Vrillère, sur sa maladresse à l'égard de Mme de Longueville, une maladresse confinant à la complicité. Tant que Mme de Longueville serait en liberté, on pourrait craindre le pire, car elle était capable de toutes les audaces pour délivrer ses frères et même d'exposer sa vie. Déjà sa fuite nocturne avec une poignée de cavaliers mettait les rieurs de son côté. Elle apparaissait aussi comme un défi. Il y avait plus grave. L'arrestation des principaux affidés du prince avait été décidée. Ils furent avertis à temps et s'enfuirent. On ne trouva que le président Pérault, intendant de Condé, qui fut expédié à Vincennes. Le duc de Bouillon et le vicomte de Turenne, son frère, avaient disparu. Les jours suivants, on apprit que les condéens occupaient les places dont ils avaient le commandement, à savoir : dans le secteur de la Meuse, Stenay, Clermont, Jametz et Damvilliers ; en Bourgogne, le château de Dijon, Saint-Jean-de-Losne et Seurre ; en Berry, Mouron ; en Normandie, le vieux-palais de Rouen, le château de Dieppe, Caen et Pont-de-l'Arche. On apprit aussi qu'une partie de l'ancienne clientèle du prince – officiers et soldats, environ trois mille hommes – ralliaient Turenne qui les attendait à Stenay. L'arrestation des Condé devenait un événement national. Ce risque, le cardinal l'avait prévu et il l'assumait pleinement.

À Rouen, Mme de Longueville éprouva une première déception. Comme épouse du gouverneur de Normandie, elle avait accoutumé d'être acclamée à chacune de ses Entrées dans la ville. On lui fit triste mine. Les Normands étaient des réalistes ; ils n'avaient aucune envie de courir l'aventure pour les beaux yeux de la duchesse. Le marquis de Beuvron, commandant la place, était non seulement l'obligé de M. de Longueville, mais son ami. Toutefois, il tenait à conserver son poste. Il signifia fort poliment à la duchesse qu'elle ne pouvait s'installer à Rouen. Toutefois, comme elle était rompue de fatigue, il lui accorda généreusement un sursis de vingt-quatre heures. Elle décida d'aller à Dieppe, ne doutant pas d'y rencontrer meilleure fortune. De fait, le gouverneur, M. de Montigny, lui permit de s'installer au château, tout en assurant la reine de sa fidélité. Stupeur des Dieppois dont le loyalisme envers la couronne était inviolable : ils élevèrent des barricades pour isoler le château. La fugitive comprit qu'elle ne pourrait longtemps s'y maintenir et chercha un autre parti.

Cependant, Anne d'Autriche et son fils avaient quitté Paris le 1er février. Le comte d'Harcourt, nouveau gouverneur de Normandie, les accompagnait, ainsi que le marquis de Noirmoutier, Frondeur déclaré. Ils n'avaient qu'une centaine d'hommes pour escorte, mais la vue du jeune roi et de sa mère fit merveille : il faut se replacer dans le contexte pour comprendre cet émoi, ces retournements d'opinion. Le cœur venait aux lèvres quand apparaissait celui qui, pour ces braves gens, représentait alors quasi

Dieu sur la Terre ; un élan irrésistible les soulevait. Notre époque ne peut apprécier ces choses, sauf à les discréditer. La reine et son fils arrivèrent à Rouen le 3 février, et l'accueil fut triomphal. Les atermoiements du marquis de Beuvron furent sévèrement jugés. On le releva, provisoirement, de ses fonctions, pour faire un exemple. Les gouverneurs des autres places de Normandie s'empressèrent d'assurer la reine de leur fidélité, notamment La Croisette, qui commandait à Caen. Mazarin resta quelques jours à Paris, pour mettre ordre aux affaires, puis rejoignit le roi et la reine à Rouen. Ce n'était pas sans appréhension qu'il abandonnait « à toute la Fronde le parlement, la cabale des princes et Paris tout entier » (Mme de Motteville) et laissait aux mains de Mme de Chevreuse et de Retz l'incertain Gaston d'Orléans. Cependant, il lui parut plus important de chasser Mme de Longueville du château de Dieppe.

Les rangs s'éclaircissaient autour de la belle Frondeuse. Sa belle-fille, Mlle de Longueville, la quitta pour se retirer à Coulommiers avec la permission de la reine. La Rochefoucauld s'en fut dans son gouvernement de Poitou, sous le prétexte de préparer le soulèvement de cette province : il en était fort incapable ! Ne restèrent bientôt autour de la duchesse qu'une pincée d'irréductibles (Campion, Saint-Ybar, Tracy et Barrière) et une seule fille d'honneur nommée Louise de La Vertpilière. Elle décida de chercher asile en Angleterre et envoya négocier son passage avec un certain Daniel. Mazarin fut prévenu. Le capitaine Daniel accepta, contre dédommagement, de livrer la fugitive. Un petit corps de troupes fut dirigé sur Dieppe. Son commandant, Duplessis-Bellière, bloqua le château du côté de la ville et du côté de la mer. Mais, en février, les nuits sont venteuses. La duchesse descendit le long du rempart avec ses compagnons et gagna un petit port de la contrée, peut-être Varengeville. Elle tenta de s'embarquer sur un bateau de pêche. La mer était mauvaise. Le matelot qui la portait glissa. Elle faillit se noyer, s'enfuit au hasard et trouva refuge dans un manoir du pays de Caux. Montigny se rendit à Duplessis-Bellière qui lui reprocha avec véhémence d'avoir laissé la duchesse s'évader. Elle dut changer de cachette, rester quelques jours au presbytère de Bouville, fuir encore, avec l'aide de gentilshommes normands émus par ses malheurs. Elle put ainsi négocier son passage en Flandre sur un navire anglais et, déguisée en cavalier, s'embarquer au Havre. Mazarin était furieux !

Mme de Longueville atterrit paisiblement à Rotterdam, d'où elle écrivit au roi pour justifier sa conduite. Guillaume d'Orange et son épouse vinrent la saluer, lui offrirent l'hospitalité, la reçurent somptueusement à La Haye. C'était à Stenay qu'elle voulait s'installer, car Turenne y régnait en maître et elle comptait bien utiliser ses talents. Les Espagnols sautèrent sur l'occasion. Le duc de Tolède vint la saluer de la part de l'archiduc Léopold ; il avait un projet de traité dans la poche. Elle ne voulut pas s'engager sans avoir pris l'avis de Turenne. Il la suivit à Stenay. Le 28 février, elle retrouvait enfin le maréchal et les officiers qui peuplaient naguère l'hôtel de Condé. À Paris, pendant la première Fronde, elle avait été l'idole éphémère du peuple, tout en disputant le premier rôle à d'autres belles amazones. À Stenay, elle régnait seule sur une cour de soupirants qui révéraient son frère et se déclaraient prêts à se battre pour sa délivrance. Ils voyaient en elle, non seulement une héroïne – et de quelque manière son odyssée montrait qu'elle était de cette graine –, mais aussi le défenseur de la noblesse humiliée par Richelieu et par son successeur.

III

RETHEL

Misère des guerres civiles, les pires de toutes les guerres, car elles portent les passions à leur paroxysme ! La duchesse de Longueville, affolée de haine contre Mazarin, oubliant qu'elle était française et que l'Espagne était notre ennemie héréditaire, signa, le 30 avril 1650, un traité d'alliance avec le représentant de l'archiduc Léopold. Ce traité stipulait que les places qui seraient conquises en France resteraient aux Espagnols jusqu'à la conclusion d'une paix définitive. Toutefois, cette occupation se limiterait aux places frontières. En contrepartie, le roi d'Espagne s'engageait à verser une indemnité de trois cent mille livres à la signature du traité et cinquante mille livres par mois pendant la durée des hostilités. Il promettait en outre une aide militaire. Cet argent fut le bienvenu, car, pour équiper et nourrir les sept mille hommes rassemblés à Stenay, la duchesse avait déjà engagé ses pierreries. Dès lors, elle se comporta en quasi-souveraine, envoyant de pseudo-ambassadeurs en Allemagne, en Suède, aux Pays-Bas. Grisée par son nouvel état, elle ne doutait plus de la victoire sur

Mazarin et par suite de la libération de ses frères. Turenne ne partageait pas ce bel optimisme, car il connaissait les ressources et les ruses de l'Italien. Il avait cosigné le traité par amour pour la duchesse – un amour déçu, semble-t-il – et dans l'espoir de reconquérir enfin Sedan, patrimoine des Bouillon. De plus, il n'avait pas une sympathie excessive pour le prince de Condé, dont la réputation d'éternel vainqueur occultait la sienne. Enfin, comme beaucoup de soldats, c'était un cœur simple et une âme droite : les intrigues l'irritaient et il avait trop de bon sens pour ne pas comprendre que le traité avec les Espagnols nuirait à la cause des Frondeurs. Mme de Longueville n'en croyait rien. Elle avait écrit – très partiellement – une *Apologie pour MM. les Princes*, qui était un pamphlet de cent trente-six pages, imprimé à Bruxelles et largement diffusé à Paris. Elle y démontrait que Mazarin était l'ennemi public numéro un, rejetant les propositions de paix parce que la guerre lui rapportait davantage, usurpant le pouvoir royal, ruinant les finances de l'État, piétinant l'honneur des grandes familles, écartant impitoyablement ceux qui faisaient obstacle à son entreprise de perdition. L'alliance avec l'Espagne était le seul moyen, prétendait-elle, d'abattre ce tyran et d'obtenir cette paix que souhaitaient tous les bons Français. Elle se leurrait beaucoup sur les effets de son *Apologie*. Les Parisiens lurent cette brochure, mais désapprouvèrent l'alliance avec nos ennemis. La régente signa un édit déclarant Mme de Longueville, Turenne, Bouillon et La Rochefoucauld ennemis de l'État et criminels de lèse-majesté. Le Parlement enregistra cet édit d'autant plus facilement qu'il resterait sans effet.

Mazarin se souciait fort du traité avec les Espagnols, plus encore de la présence à Stenay de Turenne et de son armée de volontaires. Le plan des rebelles lui apparaissait clairement : provoquer des soulèvements simultanés pendant que le gros des forces marcherait sur Paris. Il n'avait pas assez de troupes pour se battre sur tous les fronts. Par bonheur, les Frondeurs manquaient de cohésion et la population leur était généralement hostile. Jamais peut-être Mazarin ne déploya tant d'activité, rédigeant lui-même toutes les dépêches, envoyant ses instructions aux généraux, trouvant les sommes nécessaires pour solder leurs maigres troupes. L'adversité multipliait son génie. Les premiers succès lui rendirent espoir. Car la situation n'évolua pas selon les rêveries exaltées de Mme de Longueville. Après avoir complètement échoué en Normandie, les condéens perdirent Clermont, Damvilliers et Jametz. Turenne ne put s'emparer du Catelet et de Guise. Un moment on put croire que le Berry passait aux condéens, mais Bourges fut promptement reconquise et les derniers rebelles durent se mettre à l'abri dans le fort de Saint-Amand-de-Montrond. Lenet, premier président du parlement de Dijon, tenta de soulever la Bourgogne, dont le gouverneur avait été le prince de Condé. Mais Tavannes entra dans Dijon par surprise et la province ne bougea pas. Le nouveau gouverneur (c'était le duc de Vendôme) prit possession de son poste sans coup férir. Après quoi, la cour put s'installer à Dijon, où elle fut accueillie avec les festivités d'usage. On offrit au jeune roi le spectacle d'un siège : les Frondeurs bourguignons s'étaient en effet réfugiés dans la forteresse de Bellegarde, qui capitula le 11 avril. La cour ne partit de Dijon que le 2 mai. Elle n'y resta qu'un mois et se mit en route pour la Guyenne.

Mazarin prenait un risque considérable en dirigeant ses meilleures troupes vers cette province, alors que l'armée de Turenne occupait Stenay et demeurait redoutable en dépit des échecs qu'elle avait essuyés jusqu'ici. Il était à craindre que l'archiduc Léopold, s'appuyant sur les condéens, n'entreprît une vaste offensive dans le nord-est. Pourtant le cardinal estima plus urgent d'en finir avec Bordeaux, porte ouverte aux Espagnols. Le parlement de cette ville s'opposait au gouverneur de Guyenne, le duc d'Épernon, qui accumulait comme à plaisir les brutalités et les maladresses. À vrai dire, si les Bordelais adhéraient à la Fronde, ce n'était guère qu'en paroles. Leur enthousiasme était surtout verbal et ils hésitaient avant de passer à l'action. Mais ils reçurent le renfort de quelques milliers de Frondeurs, accompagnés de La Trémouille, La Rochefoucauld, Lenet et *tutti quanti*. Et surtout la princesse de Condé leur avait demandé asile. Clémence de Maillé-Brézé était cependant traitée avec arrogance par la tribu des Condé, quasi délaissée par un mari qui ne l'aimait pas. Elle avait résolu de se battre pour lui. Gourville [1] la fit évader de Chantilly dans des circonstances dignes d'Alexandre Dumas. Il la conduisit à Bordeaux. Quand elle se présenta avec son fils, le petit duc d'Enghien, et implora leur secours, les Bordelais l'acclamèrent. Les plus tièdes d'entre eux se sentirent condéens jusqu'à la moelle. Ce fut un beau mouvement de ferveur, ou de folie, et qui leur coûta très cher ! Épernon n'avait pas assez de troupes pour reprendre la ville. Il cantonnait dans le Médoc et menaçait de ravager les belles maisons de campagne et surtout les vignes qui faisaient la fortune des Bordelais. Premier sujet de réflexion pour ceux-ci, et de refroidissement marqué chez les possédants. Épernon attendait des renforts et la venue du roi. Mazarin, la cour et plusieurs régiments progressaient sans hâte. Le Poitou et l'Angoumois se soumirent quasi spontanément. Libourne se rendit sans opposer de résistance. La cour prit ses quartiers à Bourg-sur-Gironde. Le 5 septembre, La Meilleraye attaqua hardiment les faubourgs de Bordeaux. Les défenseurs se replièrent en toute hâte, laissant de nombreux morts. Ils eussent capitulé sans la présence des Frondeurs, de leurs chefs et de la princesse de Condé. On entama des négociations. La ville capitula le 1er octobre, contre une amnistie générale. Le roi y fit son Entrée le 5 octobre. L'accueil qu'on lui réserva fut mitigé. La princesse de Condé vint se jeter aux pieds de la reine, sur le conseil de La Rochefoucauld. Tout en implorant son pardon, elle osa demander la libération de son mari.

– « Je suis bien aise, ma cousine, lui répondit la reine, que vous connaissiez (reconnaissiez) votre faute. Vous aviez pris une mauvaise voie pour obtenir ce que vous deman-

1. Intendant de La Rochefoucauld, homme d'affaires et agent secret.

dez. Maintenant que vous allez en tenir une toute contraire, je verrai quand et comment je pourrai donner satisfaction à votre requête. »

Bordeaux et la Guyenne étant pacifiées (du moins en apparence et provisoirement), la cour reprit le chemin de Paris, où elle arriva à la mi-novembre. Il n'était que temps car, en l'absence de Mazarin, Gaston d'Orléans s'avérait incapable de faire face à la situation. Au cours de l'été, les condéens menés par Turenne et les Espagnols de l'archiduc Léopold s'avancèrent en Champagne. Le maréchal du Plessis sauva Reims de justesse. Les Espagnols perdirent quelques jours en occupant Bazoches, Pontavene et Neufchâtel. Du Plessis courait les plus grands périls ; il avait tronçonné son armée pour couvrir Laon, Soissons, Château-Thierry, Épernay, et tous les passages de la Marne. Le marquis d'Hocquincourt poussa une pointe hors de Soissons pour attaquer un parti d'ennemis. Il fut balayé, refoulé dans Soissons, échappant de peu à la capture. Dans le même temps, Turenne continuait sa progression entre la Marne, l'Aisne et l'Oise. Son objectif était de traverser l'Île-de-France et de foncer sur Vincennes pour y délivrer les princes. Une avant-garde de cavaliers, commandée par Montmorency-Boutteville, parvint à dix lieues de Paris. Mais Gaston d'Orléans avait fait transférer les prisonniers à Marcoussis, vieille et robuste forteresse, flanquée de tours et pourvue de mâchicoulis, facile à défendre. L'archiduc contraignit Turenne à rétrograder. Trop loin de ses bases, il craignait une contre-attaque des royaux, ou feignait cette crainte. Il n'avait pas entière confiance en Turenne. De plus, il se souciait fort peu de voir le vainqueur de Lens en liberté. On comprend dès lors pourquoi cette campagne franco-espagnole, si bien commencée, tourna court et fut pour les royaux moins périlleuse que menaçante. C'était pour l'archiduc, ménager de ses troupes et de son argent, une simple manœuvre de diversion, alors que Turenne marchait sur Paris pour délivrer les princes ! Toutefois, pour semer la zizanie, et connaissant les incertitudes de Gaston d'Orléans, l'archiduc lui envoya le duc de Tolède. Il prétendait le rencontrer, et lui parler seul à seul de la paix, laissant entendre que les conditions en seraient fort douces. Gaston d'Orléans hésita (comme toujours) : le plaisir de traiter dans le dos de Mazarin, la gloire de conclure une paix honorable le tentèrent. Il se ressaisit pourtant et se contenta d'envoyer des ambassadeurs, qui furent récusés par l'archiduc.

La cour revint de son voyage à Bordeaux. La reine, fort malade, avait dû s'aliter pendant une douzaine de jours pendant le trajet. Elle s'installa à Fontainebleau pour y achever sa convalescence. Il lui fallait subir les visites du coadjuteur et de Beaufort qui, pendant son absence, avaient travaillé de leur mieux pour perdre Mazarin. Une rumeur courait, selon laquelle l'évasion des princes était imminente. Retz suggérait que, par précaution, on les mît à la Bastille. Le piège était un peu gros. Il tombait sous le sens que les condéens les libéreraient à bref délai, qui plus est avec l'approbation des parlementaires ! La rumeur n'était que trop fondée. Quatre des sept gardes, qui surveillaient l'appartement des princes à Marcoussis, devaient maîtriser les trois autres ou les poignarder. Une partie de la garnison avait été pareillement achetée. Un homme devait attendre avec un bateau au pied de la terrasse. Les princes eussent ainsi traversé le fossé et rejoint sur l'autre bord le duc de Nemours avec une escorte. Mazarin prit les devants. Les trois prisonniers furent expédiés au Havre, sous la protection d'une petite troupe commandée par d'Harcourt. Le voyage dura dix jours. Le prince de Condé était persuadé que ses amis tenteraient l'impossible pour le délivrer. Il n'en fut rien. Alors, faisant contre mauvaise fortune bon cœur, il composa ce couplet sur un air à la mode :

« *Cet homme gros et court,*
Si connu dans l'histoire,
Ce grand comte d'Harcourt,
Tout couronné de gloire,
Qui secourut Casal et qui reprit Turin,
Est maintenant,

Est maintenant,
Recors[1] *de Jules Mazarin.* »

Ce mot de « recors » fit fureur dans la capitale. D'ailleurs, le prince de Condé était en voie de redevenir une idole dans les salons. On se rendait au bois de Vincennes. On demandait à visiter la prison de « Monsieur le Prince ». On s'attendrissait en voyant les pots d'œillets qu'il se plaisait naguère à arroser, comme César cultivait ses roses. La célèbre Mlle de Scudéry écrivit ce quatrain sur les murs de la chambre :

« *En voyant ces œillets qu'un illustre guerrier*
Arrosa de sa main qui gagnait des batailles,
Souviens-toi qu'Apollon a bâti des murailles,
Et ne t'étonne plus de voir Mars jardinier. »

Les amis des princes se chargèrent de propager ces alexandrins peu dignes de leur auteur. Ils placardaient aussi des affiches représentant le cardinal pendu à une potence, provoquaient des incidents au Parlement. Retz et Mme de Chevreuse manœuvraient pour mettre Gaston d'Orléans dans leur parti. Pourtant Mazarin restait inébranlable. Il préparait la riposte et n'attendait pour quitter Fontainebleau que la guérison complète de la reine. On osa insinuer « qu'il n'était pas fâché de s'éloigner de la Reine pendant sa maladie, parce que, s'il l'eût perdue, il eût été heureux de se trouver hors de Paris, où sa vie en tel cas n'aurait pas été en grande sûreté ».

Or, dès le retour de Guyenne, il était résolu à prendre le commandement de l'armée, afin d'effacer le honteux revers du mois d'août. Il avait en conséquence donné l'ordre aux régiments qui avaient assiégé Bordeaux de remonter vers le nord-est et d'opérer leur jonction avec les troupes de Du Plessis. Se trouvant ainsi à la tête de vingt mille

1. Assistant d'un huissier, pour lui prêter main-forte lors d'une contrainte par corps.

hommes, il ordonna la marche sur Rethel. Cette place fut emportée en trois jours, sans qu'on l'eût entourée d'une circonvallation.

Mme de Motteville n'aimait pas Mazarin. Voici pourtant le portrait qu'elle trace de lui, certainement d'après les témoignages qu'elle recueillit auprès des gens de guerre. Je le transcris parce qu'il éclaire un aspect peu connu du personnage :

« Voilà cet homme, condamné par arrêt du Parlement et pendu en effigie, qui, malgré la haine publique, subsiste dans la grandeur. Il ajoute à sa dignité de ministre celle de conquérant à la tête de vingt mille hommes, et prend des places, sans paraître se soucier des injures de ses ennemis. Se voyant haï des grands du royaume et des peuples, il tâchait de se conserver l'amitié des soldats. Sa maxime était d'aller à l'armée le plus souvent qu'il pouvait, et d'y porter toujours de l'argent ; et il prenait soin de régaler les soldats sur toutes leurs petites nécessités. Cette année, il leur avait porté des justaucorps pour les garantir du froid, qui était déjà grand. Il tenait trois ou quatre tables où il recevait les officiers, afin de les acquérir à lui par cette bonne chère : se montrant d'ailleurs plus doux et plus traitable que quand il était dans le cabinet de la Reine, où, pour l'ordinaire, il était inaccessible à tous. »

Cette attaque éclair sur Rethel violait les usages de la guerre, qui étaient d'hiverner pendant la mauvaise saison et d'ouvrir les opérations au printemps. Pris au dépourvu, Turenne arriva trop tard. Il avait avec lui huit mille chevaux et quatre mille fantassins, en partie espagnols. Averti de son approche, Mazarin décida de l'attaquer, d'accord avec son état-major. Les Français n'avaient que deux pièces d'artillerie. Ils chargèrent avec une telle furie que les Espagnols et les condéens lâchèrent pied. Turenne, malgré sa science et son sang-froid, ne put les rallier, ni même esquisser une manœuvre quelconque. Il parvint à se sauver. Le général qui commandait les Espagnols, les principaux lieutenants de Turenne (Boutteville, Jarzé, Quintin, Sérézi, Aucour) furent capturés. Leur infanterie tout entière fut prise ou tuée. Leur cavalerie se dispersa. Leurs canons, leurs bagages tombèrent aux mains des royaux. Cela se passait le 15 décembre.

La nouvelle en parvint à Paris le 17 décembre, alors que le Parlement délibérait sur une requête de la princesse de Condé et que les orateurs déchaînés traitaient le Premier ministre de charlatan, de faquin et d'ingrat. La reine invita néanmoins les parlementaires à assister au *Te Deum* célébré à Notre-Dame de Paris. L'église était décorée de drapeaux pris à l'ennemi. Cette gloire de Mazarin accrut la rage de ses adversaires. « Il y a des maladies, écrivait Motteville, où les meilleurs remèdes se tournent en poison à ceux qui les prennent, à cause que les humeurs sont mal disposées. »

IV

PROSCRIT

Le 31 décembre, Mazarin revint à Paris. Il comptait, non sur la gratitude du peuple, mais sur une accalmie. La victoire, inespérée, de Rethel privait les condéens de leurs meilleures troupes et mettait les Espagnols hors de cause pour un certain temps. Philippe IV n'avait pas les moyens de recruter une nouvelle armée ; son trésor était à sec. Cela explique qu'il n'eût pas profité de la Fronde pour envahir massivement la France, tout au moins pour reconquérir le passage des Alpes. À Stenay, Mme de Longueville manquait d'argent pour recruter des mercenaires et Turenne songeait à se défaire d'un commandement qui ne menait à rien, sinon à une défaite certaine. L'intrépide duchesse pouvait méditer les derniers mots de sa mère, la princesse douairière de Condé, morte le 2 décembre précédent :

– « Mandez à cette pauvre misérable qui est à Stenay l'état où vous me voyez, et qu'elle apprenne à mourir. »

Or, Rethel ne valut même pas un regain de prestige à Mazarin. Il ne fut complimenté que par la reine, les ministres et quelques fidèles. Il souffrait de la goutte. Le séjour à l'armée n'avait pas arrangé son état. Malgré sa lassitude, il dut replonger dans les intrigues, élaborer de nouvelles combinaisons, supputer ses chances en sondant ses rares amis et ses trop nombreux adversaires, analyser les fautes qu'il avait commises, tenter de les corriger. Le temps avait travaillé contre lui. La veille de son retour, le Parlement avait adopté une motion selon laquelle ou bien les princes seraient immédiatement remis en liberté, ou ils seraient conduits devant le Parlement pour être jugés par les pairs du royaume : leur acquittement ne faisait aucun doute. Au cours de cette séance capitale, le coadjuteur avait déclaré que Mazarin était la cause de tout le mal. Il avait été, comme on sait, l'allié de celui-ci dans l'espoir d'obtenir enfin le chapeau de cardinal. Ne l'ayant pas, il changeait à nouveau de parti. Ce chapeau restait son obsession. Mazarin, peu pressé de voir cet intrigant vêtu de la simarre rouge et, par là, devenir son égal, avait, non sans malice, retardé les démarches à Rome. Il savait que, de toute manière, Retz le trahirait ; qu'une fois cardinal, il voudrait être Premier ministre. Il savait aussi que, s'il était fort propre à méfaire, il n'avait pas tout à fait l'envergure qu'il s'attribuait et que les Frondeurs se défiaient de lui. En sorte qu'il valait peut-être mieux l'avoir pour ennemi que pour ami.

Mazarin cherchait néanmoins une issue. Il songeait à quitter Paris, en emmenant la reine, ses fils et la cour, pour y revenir avec l'armée et mettre fin à l'anarchie. Il pouvait tabler sur la loyauté des soldats et de leurs généraux. Et Turenne n'était plus à craindre. Mais la reine se remettait péniblement de sa maladie ; elle était incapable de supporter l'inconfort d'un voyage en plein hiver. C'était cependant le meilleur parti car, de toute façon, la guerre civile paraissait inévitable.

Dans le même temps, La Rochefoucauld arrivait à Paris. Il descendit chez la princesse palatine (Anne de Gonzague, fille du duc de Nevers, épouse du prince électeur Édouard). Elle était, comme on sait, l'amie de Mme de Longueville, dont elle avait organisé la fuite lors de l'arrestation des princes. Moins exaltée que la souveraine de Stenay mais plus intelligente, elle travaillait à la libération de Condé. Devant l'inconsistance de Gaston d'Orléans partagé entre ses devoirs de lieutenant général et son goût de l'aventure, et les incohérences du parti frondeur, elle conçut un projet d'alliance entre Mazarin et les princes. La Rochefoucauld fut chargé de négocier avec le cardinal. Celui-ci le reçut au Palais-Royal, de nuit, en grand secret et dans la plus retirée des chambres. Toujours ce romanesque des situations, cette ambiance de mystère ! Est-il vrai qu'un instant le duc pensa qu'il lui serait facile de tuer Mazarin ? En tout cas, il se contenta de lui proposer de s'unir aux princes contre les Frondeurs. Le cardinal avait été à même d'apprécier les inconvénients d'une alliance avec Condé ; il n'avait pas oublié les humiliations qu'il avait subies. Il ne rejeta pas ouvertement les offres de La Rochefoucauld. Selon sa méthode, il contourna la difficulté, en demandant qu'on lui laissât le temps d'aviser. La Rochefoucauld ne fut pas dupe. Le refus du cardinal avait probablement une autre cause, mais nous l'ignorons. De même que ses éventuelles tractations avec les chefs de la Fronde. Peut-être faisait-il fond sur Beaufort et les Vendôme, ou sur l'attachement de Gaston d'Orléans à la famille royale ? Quoi qu'il en soit, il ne sentit pas venir le danger.

La démarche de La Rochefoucauld ayant échoué, la princesse palatine se retourna vers les chefs de la Fronde et se résigna, non sans regret, à contracter avec eux un traité d'alliance contre Mazarin. Elle signa ce document au nom des princes, avec le duc de Nemours, le comte de Maure, le président Viole, le conseiller (au Parlement) Foucquet-Croissy et le général des carabiniers Corbeville. Le parti des Frondeurs était représenté par Beaufort, Retz, Brissac et le marquis de Fosseuse. Des traités particuliers prévoyaient la nomination de Châteauneuf comme Premier ministre, la promotion de Retz au cardinalat, le mariage de Mlle de Chevreuse avec le prince de Conti, les fiançailles du duc d'Enghien (huit ans) avec une fille de Gaston d'Orléans, et d'autres unions de moindre importance, sans parler de certains dédommagements personnels. La perspective du mariage de sa fille avec Conti avait tourné la tête de Mme de Chevreuse : elle s'était empressée de lâcher Mazarin. Quant à Retz, voyant le chapeau à portée de main, il abandonnait sans vergogne sa chère maîtresse à un époux contrefait, débile et bossu.

Il ne restait plus pour parfaire l'alliance que l'adhésion de Gaston d'Orléans. Monsieur ne refusait pas de signer le traité mais, selon sa nature, il tergiversait. « Il a, plaisantait sa femme, accouché toute la nuit de sa résolution, bien plus que je n'ai accouché de tous mes enfants ! » Il fallut quasi lui tenir la main pour qu'il consentît à apposer sa signature, le 31 janvier 1650. Encore venait-il d'avoir une altercation violente avec Mazarin et la reine qui lui reprochaient ses compromissions. Il ne voulait plus remettre les pieds chez « cet enragé » et cette « furie ». Le 2 février, la rupture était officielle. Il convoqua les ministres et secrétaires d'État pour leur signifier qu'il ne reparaîtrait pas au Palais-Royal tant que Mazarin y serait. C'étaient pour les Frondeurs et les condéens un avantage décisif et pour la reine un ultimatum. Puis, sur sa lancée, et probablement à l'instigation de Retz, il ordonna au prévôt des marchands de mobiliser la milice municipale pour garder le palais et empêcher la reine et son fils de fuir à Saint-Germain ou ailleurs.

Totalement isolé, sans autre appui que celui de la reine, Mazarin fit front. Il était à la merci du plus mince incident. La noblesse, le clergé, le Parlement, le peuple de Paris s'étaient coalisés contre lui. Il essaya pourtant d'attirer le coadjuteur dans ses filets, fâcheuse initiative ! Non seulement l'entretien n'aboutit à rien mais, le 3 février, Retz déclara au Parlement que Mazarin avait eu la hardiesse de le comparer au Parlement d'Angleterre et qu'il avait appelé les Frondeurs des Fairfax et des Cromwell. Ce fut une tempête d'injures et de cris. Trois motions furent débattues : faire arrêter Mazarin, ou le faire comparaître pour y répondre de sa gestion des affaires et présenter ses excuses aux parlementaires, et sinon inviter la reine à le congédier sans retard. Ce fut la troisième motion qui fut retenue.

Quasi désespérée, en tout cas fort inquiète (non pour elle, mais pour Mazarin), la reine demanda au duc d'Orléans de la recevoir, seule, en son palais du Luxembourg. Connaissant sa faiblesse, elle espérait le détacher du parti adverse et le faire rentrer dans son rôle de protecteur du jeune roi. À l'instigation de Retz, il opposa un refus : sa propre hardiesse le surprit.

Chaque jour s'étoffait la coalition contre Mazarin. C'était une véritable lame de fond. Une assemblée de la noblesse, réunie chez le duc de Nemours, réclama la démission immédiate du cardinal, cependant que le clergé exigeait la libération du prince de Conti. Retz croyait tirer les ficelles de ces pantins. En réalité, il se laissait porter par les événements.

Le 6 février 1651, à onze heures du soir, Mazarin quitta subrepticement le Palais-Royal. Il était vêtu de gris. Accompagné de quelques gentilshommes, il franchit la porte de Richelieu – qui n'était pas encore gardée –, puis au grand galop il rejoignit une escorte de deux cents cavaliers qui l'attendait en rase campagne. Toutefois, il n'alla pas plus loin que Saint-Germain-en-Laye et s'installa au château pour y attendre la reine et son fils. Ils étaient convenus de se retrouver dès que la situation le permettrait.

Elle ne le permit pas. L'évasion du cardinal produisit une grande émotion dans la capitale. Elle éveilla les soupçons des chefs de la Fronde, mais surtout de Retz. D'ailleurs, la pauvre reine était entourée d'espions et trahie. Le garde des sceaux Châteauneuf pactisait avec ses adversaires et travaillait à sa propre nomination comme Premier ministre. Il lui conseillait avec insistance de céder aux injonctions du Parlement, qui étaient de congédier Mazarin et de libérer les princes. Elle demandait en vain à Gaston d'Orléans de reprendre sa place au Conseil : il ne venait pas par crainte de céder aux larmes de sa belle-sœur, car il conservait pour elle une espèce de tendresse. Elle réunit les grands seigneurs les moins compromis et ceux qui lui semblaient les mieux disposés à son égard, entre autres les

Vendôme et leurs amis. Ils avaient oublié les bienfaits du cardinal. La reine dut céder. Châteauneuf vint annoncer au Parlement que « les étrangers seraient à jamais exclus du Conseil du Roi ». Le Parlement prit acte et, le 9 février, décida à l'unanimité que « ledit cardinal Mazarin sortirait dans quinze jours du royaume avec tous ses parents et domestiques étrangers, faute de quoi (il) serait procédé contre eux extraordinairement et permis aux communes et à tous autres de leur courir sus... ». Il était fait défense à tous les gouverneurs et à tous les magistrats municipaux de leur donner asile. Leur retour dans le royaume était interdit à jamais, quel qu'en fût le prétexte.

La reine préparait son départ en grand secret. Elle fut dénoncée. Du moins fut-ce le prétexte dont se servit Retz pour réveiller Gaston d'Orléans en pleine nuit et rameuter l'opinion. Monsieur aimait ses aises. Il se contenta d'envoyer le commandant de sa garde suisse au Palais-Royal pour constater la présence de la reine. Peut-être formait-il secrètement des vœux pour qu'elle réussisse à fuir. Il avait une telle flexibilité d'esprit ! Tant de vents contraires l'agitaient... Mais d'autres, plus habiles et plus déterminés que lui, agissaient. Le bruit courait déjà dans Paris qu'on avait enlevé le jeune roi. Les rues, les pourtours du Palais-Royal s'emplirent d'artisans et de cavaliers criant « Aux armes ! ». L'inévitable Beaufort apparut, avec une quarantaine de gentilshommes. Il était près de minuit. La reine s'était mise au lit, gardant près d'elle deux de ses suivantes, dont Mme de Motteville : « Je crois que chacun tremblait. Mais pour moi, je sais bien que j'eus une très grande peur, et que les choses les plus funestes me passèrent dans l'esprit, comme n'étant pas impossible qu'elles arrivassent ; et tout était à craindre des conseils violents du coadjuteur. La reine seule faisait bonne mine : elle disait que ce ne serait rien, que c'était une folle émotion du peuple qui s'apaiserait, et qui n'avait nul fondement. » Des Ouches, commandant les suisses de Monsieur, se présenta fort courtoisement. La reine l'assura que le roi dormait, ainsi que le petit duc d'Anjou. Il insista pour les voir. La reine le fit conduire dans la chambre de son fils. Des Ouches souleva le rideau, aperçut le jeune monarque profondément endormi (ou feignant de dormir). Il se retira satisfait et, quand il fut hors du palais, s'efforça d'apaiser la foule. Certains criaient qu'ils voulaient eux-mêmes voir le roi. La reine fit ouvrir les portes et les conduisit dans la chambre de son fils. Leur colère tomba. Ils s'extasièrent. Le vieil amour refaisait surface. Ce défilé dura jusqu'à trois heures du matin. Le sang-froid de la reine avait certainement évité le pire. Cependant, les jours suivants, la garde autour du Palais-Royal fut renforcée par ordre de Gaston d'Orléans. Le moindre mouvement était épié. La reine et ses fils étaient captifs de la Fronde. Cela non plus, le Roi-Soleil ne l'oubliera pas !

Le 11 février, la reine dut accepter que La Rochefoucauld, le président Viole et quelques gentilshommes partissent pour Le Havre, afin de libérer les princes de Condé et de Conti et le duc de Longueville. Mais elle réussit à en informer Mazarin.

Ce dernier, frappé par l'arrêt du Parlement, n'avait pas attendu qu'on vînt l'arrêter. Il avait quitté Saint-Germain et se trouvait à Lillebonne quand le messager de la reine le rejoignit. Il détenait d'ailleurs un écrit de celle-ci lui donnant pleins pouvoirs pour se faire remettre les prisonniers. Il galopa à toute bride vers Le Havre, où il arriva le premier. Il lui importait extrêmement de devancer La Rochefoucauld et ses compagnons, car il importait que les prisonniers lui dussent leur liberté. Il espérait par ce moyen se réconcilier avec eux et les mettre dans le parti de la reine : ce trait de naïveté surprend de sa part. Le sieur de Bar commandait la forteresse. Il permit au cardinal de se rendre dans l'appartement des princes. Condé l'invita à déjeuner et se montra fort gai. Après le repas, Mazarin l'entretint privément. Il tentait une ultime manœuvre. Condé le laissa parler, mais ne s'engagea pas. « J'eusse accepté ma liberté des mains du diable lui-même ! » confiera-t-il plus tard. Le cardinal lui fit mille civilités et l'accompagna jusqu'à la voiture où Conti et Longueville avaient déjà pris place. Une légende (très certainement inexacte) veut qu'il ait baisé la botte de Condé, en le suppliant de lui garder son amitié. Le prince eût éclaté de rire. De toute manière, cette galopade de Lillebonne au Havre, ce déjeuner, cette humiliante démarche ne grandirent pas le personnage.

Pendant que les chevaux de Condé trottaient gaiement vers Paris, Mazarin remâchait sa déception. Il était si rare que son ingéniosité lui fît défaut. Peut-être attendait-il un signe de la cour, un encouragement quelconque. Deux jours après, il partit pour Dieppe, dont le gouverneur était Du Plessis-Bellière. Ce dernier le reçut comme s'il était encore Premier ministre. Mais le parlement de Normandie le pria de quitter immédiatement Dieppe et de sortir de la province. Il appliquait à la lettre l'arrêt du Parlement de Paris. Éjecté de Normandie, Mazarin se rendit à Doullens en Picardie. Il y fut rejoint par le premier écuyer d'Anne d'Autriche, Beringhen, et par Ruvigny. La reine l'invitait à se soumettre à la décision des parlementaires et à quitter le royaume. Il écrivit une lettre pleine de dignité, dans laquelle il l'assurait de son entier dévouement, s'étonnant toutefois qu'un cardinal, de surcroît parrain du roi, pût être traité de la sorte après vingt-deux ans de loyaux services et n'eût même pas une retraite assurée en quelque endroit du royaume.

De Doullens, il partit pour Péronne, où l'attendaient ses nièces et son neveu. La reine les avait protégés, et probablement sauvés, avant de les confier à Zongo Ondelei, qui les conduisit à Péronne. Le 27 février, il faisait part de son désarroi au maréchal de Grammont : « Je ne vous dis pas où je vais, car je ne le sais point. »

V

« LE MINISTRE DE BRÜHL »

Il ne voulait pas demander asile à l'archiduc Léopold, ni aux princes « hérétiques » d'Allemagne, ni à ses compatriotes romains car le pape le haïssait, ni au duc de Piémont qui ne pouvait oublier le passé. Cependant, son inquiétude n'était pas telle qu'il en oubliât ses intérêts. Il écrivit à Beringhen et à Le Tellier pour demander ce qui lui était dû, notamment les avances qu'il avait faites sur ses deniers. Il réclamait l'envoi d'une personne pour ajuster ses comptes. Il se plaignait d'avoir fait cent lieues à cheval, faute de carrosse, de n'avoir pas de quoi solder son escorte (cent cavaliers !), de manquer du nécessaire. Le 10 mars, il arrivait à Sedan, où commandait son fidèle ami, le maréchal Fabert. Ses partisans se regroupèrent dans cette ville : Hocquincourt, Navailles, Mondejeu, Broglie et autres. Ils se déclaraient prêts à combattre pour lui. Il récusa leurs offres de service : il ne voulait plus revenir à la cour ; il ne se souciait plus que de laver son honneur compromis aux yeux de toute l'Europe. Sans doute jugeait-il leur initiative prématurée et, sinon, il ne voulait pas ajouter au désordre.

De Sedan, il se rendit à Cologne, d'où il demanda asile au prince électeur, Maximilien de Bavière. Ce dernier mit à sa disposition le château de Brühl. L'archiduc Léopold lui délivra très volontiers les passeports nécessaires. Quand il arriva à Juliers, les canons de la forteresse le saluèrent d'une triple salve. Les Espagnols le traitaient quasi en souverain, le remerciant ainsi de quitter la France. S'il est vrai que l'archiduc lui proposa d'entrer au service de Philippe IV d'Espagne, en tout cas la proposition n'eut pas de suite. L'électeur de Cologne lui dépêcha un chambellan pour le conduire au château de Brühl. C'était une agréable demeure. Mazarin en fit sa résidence. Puis il laissa le temps, son plus sûr allié, agir à sa place car, en dépit de ses déclarations, il ne doutait point de revenir à la cour.

Le 26 février, Paris avait accueilli triomphalement les princes. De Pontoise à la porte Saint-Denis la route était encombrée de carrosses et de cavaliers. Gaston d'Orléans vint au-devant de ses chers cousins. Une foule immense s'agitait dans les rues, criant des vivats, applaudissant. Le blocus, la disette, les humiliations étaient oubliés. On avait allumé des feux de joie et dansé lors de l'arrestation de Condé. On alluma des feux de joie, on dansa et on chanta pour célébrer son retour. L'idole était redorée, mais pour quel usage ? Dans la frénésie générale, plus d'une tête froide se prenaient à raisonner. Ne fallait-il pas redouter la tyrannie du prince, au besoin la prévenir et sinon l'utiliser ? Telles étaient les pensées de Retz, l'un des artisans de cette belle journée. Ce qui ne l'empêchait pas de se pavaner dans le carrosse des princes, avec son ami Beaufort. Le cortège s'arrêta devant le Palais-Royal. Condé vint saluer la reine qui affecta la bonne humeur bien qu'elle eût le cœur serré. Il était à nouveau le maître tout-puissant et le faisait sentir. La diplomatie n'avait jamais été son fort. Il se méprenait en tout cas sur l'admiration empressée des courtisans et, dans une large mesure, sur la signification réelle de la ferveur populaire. C'était l'espérance d'un retour au bonheur que l'on révérait en lui. Le pauvre peuple se disait que, Mazarin exclu du pouvoir, l'union fraternelle des princes, des Frondeurs et des parlementaires se maintiendrait et que leurs efforts conjugués aboutiraient à la paix sociale. Alors chacun pourrait exercer son métier ou sa charge en pleine quiétude. On ne craindrait plus la levée de nouveaux impôts. C'était « le gredin de Sicile » qui dressait les Français les uns contre les autres pour garder un pouvoir qu'il avait usurpé dans le seul but de faire fortune.

Il faut dire qu'après la chute du cardinal, un torrent de pamphlets orduriers, féroces, salaces, déferla sur Paris. On accusait Mazarin, ce « faquin vêtu de rouge », de toutes les turpitudes : assassinat, vol, sodomie. On assurait qu'il avait expédié à Rome douze mules chargées d'or : cent soixante-dix-huit millions. On publia le texte d'un prétendu pacte passé par Mazarin avec le démon. Le poète Scarron (qui n'avait pas encore épousé Françoise d'Aubigné [1]) trempa sa plume dans le vitriol pour complaire à Retz, son protecteur.

« *Alors, dis-je, le plus sot homme*
Qui soit jamais sorti de Rome,
Rejeton de feu Concini,
Pour tout dire, Mazarini,
Ta carcasse désentraillée
Ensanglantera le pavé... »

On osa publier cette pseudo-profession de foi : « Je crois au Roi pour mon intérêt, lequel est tout-puissant à faire agir toutes choses et à Mazarin, son unique favori, lequel a été conçu de l'esprit mercenaire, né du cardinal de Richelieu ; il a souffert sous Gaston et la Fronde ; est mort pour son ministère ; est descendu aux enfers ; est assis à la droite de Lucifer, et de là viendra persécuter les vivants. Je crois à son esprit et à l'église du malin, ou plutôt à la congrégation des partisans, au gouvernement des États, au maniement des finances, à la résurrection des impôts et à la maltôte éternelle... »

1. Future Mme de Maintenon.

Un autre pamphlet, tout aussi misérable, promettait large récompense à celui qui rapporterait « la tête du loup », au soldat qui l'abattrait d'un coup de mousquet, aux valets qui l'étoufferaient entre deux couettes ou dans un nœud coulant, au barbier qui lui ouvrirait la gorge en le rasant, à l'apothicaire qui empoisonnerait son clystère, au cocher qui enverrait son carrosse dans un précipice. Cet appel au meurtre ne fut pas le seul. On s'en prenait aux mazarinettes, comparées à des singes ou à des escargots baveux, à des vipères puantes, à des harengères.

On s'acharnait sur le vaincu. Le Parlement ordonna la saisie de ses biens et de sa magnifique bibliothèque. Le Tellier (ministre de la Guerre) parvint à sauver une partie du mobilier et des collections d'objets d'art, de statues, de tableaux de maîtres. Le cardinal avait chargé un mince commis du ministère de la Guerre de défendre ses intérêts. Il s'appelait Jean-Baptiste Colbert. C'était un travailleur infatigable et méthodique. Il mit de l'ordre dans la fortune de son maître et s'appliqua à faire rentrer les créances comme à recenser les dettes. Mazarin gémissait sans cesse sur son dénuement. Il lui fit également parvenir quatre-vingt mille livres, sa vaisselle d'argent, ses bijoux, ses pierres précieuses. Il truffait ses lettres d'informations utiles. S'il avait choisi de servir Mazarin avec autant de zèle, lui qui poussait le pragmatisme jusqu'au cynisme, c'est donc qu'il prévoyait son retour aux affaires ! De même, si les pamphlétaires et leurs commanditaires continuaient à calomnier le cardinal, c'est qu'ils persistaient à le croire dangereux.

Il l'était, moins sans doute qu'ils ne l'imaginaient. Mais enfin il avait des amis dans la place, et non seulement dans l'entourage de la reine. Ses agents – dont Zongo Ondelei et Basile Foucquet étaient les plus actifs – le renseignaient de leur mieux. Ils avaient mis au point un système compliqué pour lui faire parvenir leurs messages et transmettre ses réponses, en déjouant la surveillance. C'est une idée solidement ancrée, selon laquelle Mazarin eût continué à gouverner la France de son château de Brühl. Qu'il ait donné, maintes fois, ses avis et ses conseils à Anne d'Autriche, c'est un fait avéré ; il en reste des traces. Cependant, il faut considérer les délais de transmission et ne pas oublier que la reine était quasi prisonnière dans son palais, confrontée à une situation éminemment dramatique. Elle avait accoutumé de laisser son Premier ministre gouverner à sa guise, étant sûre de sa loyauté. Désormais, il lui fallait décider sans même pouvoir le consulter. Elle devait se fier à son instinct. De plus, elle était prête à tout subir pour sauver le trône de son fils. Par bonheur, Mazarin lui avait enseigné l'art de dissimuler. Parfois, il s'irritait de leurs divergences de vue, de son « insoumission ». Mais enfin il était à Brühl, libre de ses actes, alors qu'elle était confrontée à une menace grandissante.

Car les Frondeurs parlaient de la destituer et d'attribuer la régence à Gaston d'Orléans. Ils voulaient lui enlever son fils et l'enfermer elle-même dans un couvent. Cela, elle ne pouvait le supporter. Son orgueil Habsbourg, sa tendresse maternelle l'auraient incitée à commettre l'irréparable. Cependant, elle avait tort de s'émouvoir. La belle union des premières semaines suivant le retour de Condé commençait à se lézarder. Chacun tirait la couverture à soi. Tout le monde voulait gouverner en maître. Condé reprenait son attitude autoritaire. Conti avait pris du large et jouait la carte du Parlement. Ce dernier se posait toujours en législateur et cherchait à saper l'exécutif. Les ministres, tirés à hue et à dia, ne faisaient guère qu'expédier les affaires courantes. On voulait des réformes, mais on ignorait lesquelles. Personne n'avait élaboré de programme. Il n'y avait que des idées dispersées, informelles et confuses. Pourtant une espèce de consensus finit par se dégager. Les assemblées de nobles – dont beaucoup venaient de province – commencèrent à réclamer les États généraux. Les princes et leurs partisans firent chorus ; toutefois ils tenaient extrêmement à ce que la majorité du roi fût reportée à l'âge de dix-huit ans (au lieu de treize) : on en verra la cause. Ils proposaient aussi l'institution d'un Conseil de régence formé de la reine, du prince de Condé, du duc d'Orléans et de six membres élus par les trois ordres. Les parlementaires jetaient les hauts cris. Un tel système les eût ravalés au rang de tiers état. Ils estimaient que, les princes acceptant de siéger avec eux, ils constituaient à eux seuls les États généraux : ce concept était, comme on voit, hautement démocratique ! Ils déclarèrent donc illégales, nulles et non avenues les réunions de nobles. Ceux-ci menacèrent de jeter le premier président dans la Seine. La reine leur fit savoir que les États généraux seraient convoqués le 8 septembre, non pas à Paris, mais à Tours. Elle n'avait nullement l'intention de tenir sa promesse. Le roi serait en effet déclaré majeur le 5 septembre ; de ce fait, les décisions prises par la régente deviendraient caduques.

Mazarin suivait avec passion l'évolution de ces querelles intestines, quand bien même il recevait des nouvelles incomplètes et souvent tardives. Le moment lui parut opportun d'aggraver les divisions. Il conseilla à la reine de s'entendre avec le prince de Condé, afin de paralyser l'action du duc d'Orléans et de Retz, son indésirable allié. C'était le moyen assuré d'enlever à Monsieur ce qui lui restait de crédit et d'exciter la colère de Retz. La reine résista quelque peu. Elle ne pardonnait pas ses arrogances à Condé. Finalement, elle se rangea aux raisons de celui que Mme de Motteville appelle « le ministre de Brühl ». Condé reçut le gouvernement de Guyenne, Conti celui de Provence, puis du Languedoc, Nemours celui d'Auvergne, La Rochefoucauld celui de Blaye, Épernon celui de Bourgogne. La Normandie fut rendue à Longueville. De surcroît, le ministère fut ouvert à Chavigny, Molé et Séguier qui avaient la sympathie du prince. Gaston d'Orléans était si dépité qu'il s'enhardit jusqu'à faire des reproches à la reine. Condé s'aliéna le coadjuteur en lui signifiant, sans ménagement, qu'il n'appuierait pas sa candidature au cardinalat. Il rejeta Mme de Chevreuse dans le parti de Mazarin en rompant les fiançailles de Conti avec sa fille. Retz reprit donc sa liaison avec la petite Chevreuse toujours aussi belle que sotte. Ce fut alors que « le ministre de Brühl » lui promit le chapeau. Les intrigues reprirent, plus serrées et haineuses, contre le prince. Il sentait le sol trembler sous ses pas et redoutait d'être assassiné : Retz en eut le projet et proposa à la reine d'organiser l'attentat ; elle refusa, car de tels procédés lui faisaient horreur. Une nuit, l'hôtel de Condé fut en émoi. On entendait un grand bruit de sabots sur les pavés. Le prince eut peur d'être arrêté. Il s'enfuit à Saint-Maur avec tous les siens. Ce n'étaient que des maraîchers qui se rendaient aux halles avec leurs provisions. Rentré à Paris, il s'abstint par deux fois de saluer la reine. Cette attitude injurieuse fit scandale. La reine l'interpréta comme une menace et déposa plainte au Parlement. Au cours d'une séance mémorable (le 21 août), Condé et Retz s'affrontèrent. Leurs partisans faillirent en venir aux mains. La Rochefoucauld tenta d'étouffer le coadjuteur en le coinçant entre les battants d'une porte. Le premier président les réconcilia. L'affaire avait fait grand bruit. Mais, le lendemain, les Parisiens ébahis purent voir Condé sauter de cheval et s'agenouiller devant une procession conduite par Retz. Ce dernier le bénit gravement. La reine retira alors sa plainte, pour gagner du temps. La majorité du roi était imminente.

Elle fut proclamée solennellement le 7 septembre. Ce fut une splendide fête. L'apparition du jeune roi produisit l'effet habituel. Il montait un superbe cheval barbe de robe isabelle, couvert d'une housse fleurdelisée. Les broderies d'or de son habit resplendissaient au soleil. On admirait sa prestance. C'était déjà un excellent cavalier. Parmi les huit cents gentilshommes vêtus de velours qui l'accompagnaient, combien pouvaient jurer en conscience qu'ils lui seraient fidèles ou n'avaient pas travaillé à le perdre ? Quant au peuple qui l'acclamait, combien comptait-il d'émeutiers assagis ou résolus à reprendre les armes ? Les parlementaires l'attendaient dans leurs belles robes rouges. Quelles pensées roulaient dans ces têtes chenues qui s'inclinaient sur son passage ? Louis XIV était en âge de comprendre ; il avait aussi de cuisants souvenirs. Face à ces robins qui contestaient son pouvoir et prétendaient le contrôler, il ne se départit pas de son calme. Son visage ne broncha pas.

– « Messieurs, dit-il d'une voix claire et ferme, je suis venu vous dire que, selon la loi de mon État, j'en veux prendre moi-même le gouvernement et j'espère de la bonté de Dieu que ce sera avec piété et justice. »

Puis, se tournant vers sa mère :

– « Madame, je vous remercie du soin qu'il vous a plu de prendre de mon éducation et de l'administration de mon royaume. Je vous prie de continuer à me donner vos bons avis et je désire qu'après moi vous soyez le chef de mon Conseil. »

On fut frappé par son air de majesté, par le sérieux et la volonté qui se dégageaient de sa personne. On pensait qu'il était vraiment né roi, tant son attitude paraissait naturelle. Cette grandiose cérémonie s'acheva par une messe. Les Parisiens firent des feux de joie, dansèrent, chantèrent et burent à satiété. La reine regrettait une double absence : l'une, involontaire, qui était celle de Mazarin, l'autre, celle de Condé, qui ressemblait fort à une rupture. Le prince s'était abstenu de paraître, malgré son nom de Bourbon. Il crut suffisant d'envoyer une lettre d'excuse. Le roi ne daigna pas en prendre connaissance, mais n'oublia pas l'insulte. Condé croyait que rien ne serait changé dans le gouvernement. Il oubliait que la régence avait pris fin, que Monsieur perdait son titre de lieutenant général et que le Conseil disparaissait. Après que le ministère eût été remanié et que les rouages traditionnels de l'administration eussent repris leur place, il préféra s'enfuir à nouveau. On apprit qu'il s'était réfugié dans la vieille forteresse de Montrond, avec sa famille et ses fidèles. Il avait désormais pour avenir la guerre ouverte et la trahison. Car sa rancœur était à la mesure de son ambition. Quand on scrute son comportement, on a souvent l'impression qu'un reste de loyalisme freine ses excès ; que sa nature emportée occulte parfois un fond de bons sentiments ; qu'en dépit de ses travers il conserve une sorte d'élégance morale. Mais il y a tout et son contraire dans la créature. Nul ne connaissait les rêveries qui étaient les siennes et que sa sœur Longueville partageait avec lui. L'orgueil des Condé était leur commun et dangereux délire. On ne peut toutefois passer sous silence ces quelques lignes griffonnées par le comte de Coligny dans la marge de son livre de messe :

« Il a voulu ôter la couronne de dessus la tête du Roi. Je sais ce qu'il m'en a dit plusieurs fois et sur quoi il fondait ses pernicieux desseins… »

À Montrond, un dernier scrupule sembla le retenir. Mais sa sœur, son frère, ses amis les plus chers le poussaient à la rébellion. Ils misaient sur le fait que le roi n'avait pas de généraux capables de résister à son génie militaire. L'aigle des batailles était influençable, instable, tourmenté, mais, quand il avait pris une décision, il allait jusqu'au bout et trouvait toujours quelque formule superbe pour l'annoncer.

– « Vous avez voulu la guerre et l'épée est tirée ! Sachez que je serai le dernier à la remettre au fourreau. »

Il tint parole ; il alla même un peu au-delà, emporté par son étrange logique, et il y laissa son honneur.

VI

LE COMBAT DE BLÉNEAU

Le plan de Condé était audacieux, mais pouvait réussir et le conduire à Reims pour y recevoir la couronne de France, s'il n'avait pas été conçu à partir de données subjectives, en particulier sur l'adhésion massive de la noblesse. Le prince devait se rendre à Bordeaux, avec La Rochefoucauld, pour soulever la Guyenne contre le roi. Il se faisait fort d'étendre la résistance à l'Angoumois et à l'Aunis et de placer sous son autorité l'armée tenant la frontière des Pyrénées. Le prince de Conti et la duchesse de Longueville établiraient leurs quartiers à Bourges, d'où il leur serait facile de contrôler le centre du royaume. Turenne et le duc de Bouillon agiraient en Flandre, afin de créer un second front. La Bourgogne semblait acquise. En Languedoc, le duc de La Force s'appuierait sur les protestants. Le comte du Dognon assurait au mouvement la possession d'un second port (La Rochelle). Enfin le duc de Longueville, gouverneur de Normandie, s'était engagé à fournir des troupes et de l'argent. Condé se croyait donc maître des deux tiers du royaume. Il encerclait, théoriquement, les provinces restées fidèles au roi. Il ne put moins faire que d'instaurer une sorte de gouvernement insurrectionnel, avec le président Viole pour chancelier. Le marquis de Vineuil était chargé de lever des troupes et de l'argent. Deux précautions valant mieux qu'une, Condé envoya un de ses officiers aux Pays-Bas, pour négocier une alliance avec les Espagnols en actualisant le traité de Stenay naguère signé par Mme de Longueville.

Au départ de Montrond, Condé ne disposait que d'une petite troupe de cavaliers. On fit halte à Verteuil, puissant château (à demi démantelé) qui appartenait à La Rochefoucauld. Quelques milliers de paysans hâtivement transformés en fantassins et quelques centaines de gentilshommes poitevins s'agrégèrent aux condéens. L'arrivée à Bordeaux (22 septembre) fut un véritable triomphe pour le prince. Toutefois, la municipalité se montra réservée. Condé perdit du temps à parcourir la Guyenne. Partout, ou presque, on l'accueillit avec un enthousiasme qui faisait illusion. Sa nature le portait à attaquer les royaux à la première occasion, mais il lui fallait attendre des renforts. Ils vinrent. Le comte de Marsin se présenta avec les quatre régiments qu'il commandait : le roi l'avait chargé de défendre la Catalogne contre les Espagnols ; il désertait pour se mettre à la disposition du rebelle. Bon gré mal gré, ses officiers l'avaient suivi. Le mari de Mme de La Guette, auteur des *Mémoires* qui seront évoqués plus loin, était de ce nombre. Le Suisse allemand Balthazar de Simmern amena un contingent de reîtres, soldats professionnels dont on ne savait s'ils venaient combattre ou piller. Une petite escadre espagnole embouqua l'estuaire de la Gironde, transportant des munitions et de l'argent.

Puis les premières ombres apparurent au tableau. Le duc de Longueville ne tint pas ses engagements. Il était vieux, maladif, et craignait les ennuis. Son séjour à Vincennes, à Marcoussis et au Havre lui donnait à réfléchir. Sans rompre ouvertement avec son beau-frère, il se tint sur l'expectative. Condé le rappela vainement à l'ordre : « Monsieur, je ne m'attendais pas à recevoir de vous de simples compliments après des paroles si positives, et je ne pouvais croire que vous m'eussiez ainsi engagé si avant sans me tenir ce que vous m'aviez promis. Quiconque ne m'assistera pas dans la guerre n'aura nulle part au traité que je ferai pour la paix… » Cette mercuriale ne décida pas Longueville à agir. Il attendit paisiblement la suite des événements pour embrasser le parti du vainqueur. Condé ne pouvait plus compter sur la Normandie. La situation en Berry n'était pas moins obérée. Le duc de Nemours faisait le joli cœur auprès de Mme de Longueville. Conti enrageait de jalousie : il haïssait tous les amants de sa sœur. On puisait dans le trésor de guerre pour se divertir, et l'on oubliait de lever des troupes. Quand l'approche de l'armée royale fut signalée, il fallut évacuer Bourges sans combat, en toute hâte. Après la Normandie, c'était le Berry qui était perdu. Mais il y avait plus grave : Turenne et Bouillon faisaient défection, bientôt suivis par le duc de La Force. De surcroît, la petite armée, formée de condéens et d'Espagnols, qui s'apprêtait à envahir la Champagne venait de se faire battre par les maréchaux d'Aumont et de La Ferté-Senecterre qui la refoulèrent jusqu'à Montmédy. Ces deux maréchaux reçurent l'ordre de se joindre aux royaux, ainsi que le comte d'Harcourt qui commandait en Picardie.

Pressée par Mazarin, non sans avoir beaucoup hésité, la reine s'était mise en route afin de montrer le roi, de conforter ainsi son autorité sur les provinces restées fidèles et de réveiller le loyalisme des hésitants. C'était un voyage plein de risques. Raison pour laquelle ni Gaston d'Orléans, ni Retz, ni le Parlement ne s'y opposèrent. Il est vrai qu'en principe ils étaient pour l'heure ennemis de Condé. Le cortège royal, escorté par les quatre mille hommes du maréchal d'Estrées, se dirigea vers Bourges, par Montereau et Gien. Conti, Nemours et Mme de Longueville déguerpirent sans attendre d'être assiégés. Ils coururent s'enfermer dans Montrond où le comte de Palluau les bloqua. Les échevins et la population de Bourges acclamèrent le jeune roi. Ils n'étaient pas fâchés d'être débarrassés de la duchesse et de sa clique. On décida fort sagement de ne pas s'attarder à prendre Montrond et de se rendre le plus vite possible à Poitiers. Cette ville au passé glorieux, dont témoignent ses monuments, avait toujours été fidèle aux rois de France. Dans la phase la plus tragique de la guerre de Cent Ans, c'est à Poitiers que Charles VII avait installé son gouvernement. La reine s'y établit, avec l'état-major de son armée. C'était une position clef, proche de l'Anjou dont le loyalisme était incertain, et de l'Angoumois. Les renforts affluèrent rapidement, avec Harcourt, Aumont et Sénecterre à la tête de leurs excellentes troupes. Un parent de La Rochefoucauld, le comte d'Estissac, amena un millier de volontaires. Puis ce furent La Force (qui reçut le bâton de maréchal) et surtout Bouillon et Turenne. La noblesse poitevine, plutôt favorable aux condéens, rentra dans l'obéissance. C'est ici qu'apparaît dans toute sa netteté le caractère féodal de cette Fronde des princes. Les grands seigneurs entraînaient, de gré ou de force, leurs vassaux et ceux-ci amenaient leurs contingents de paysans travestis en soldats, mais d'une pugnacité relative. Gagner l'un d'entre eux, qu'il fût duc, comte ou marquis, c'était assurer la tranquillité d'une région. À la faveur des troubles, le vieil ordre des choses reprenait toute sa vigueur. C'était cet état d'esprit que Richelieu avait naguère impitoyablement combattu. Il l'avait presque éradiqué. La Fronde avait été le terreau sur lequel il refleurissait, plus vénéneux que jamais. La France profonde n'était pas frondeuse, mais elle subissait parce qu'elle ne pouvait s'exprimer.

Cependant, la situation des condéens se dégradait rapidement. Condé avait remporté quelques succès faciles en Angoumois, mais il manquait d'argent. D'où son impatience de conclure un traité avec les Espagnols. Il avait envoyé l'habile Lenet pour accélérer les négociations. Les accords furent signés à Madrid, le 30 octobre 1651. Philippe IV s'engageait à fournir à l'armée condéenne de Flandre trois mille cavaliers, deux mille fantassins, un parc d'artillerie et à envoyer à Bordeaux une escadre de trente vaisseaux avec quatre mille fantassins. Il promettait en outre une participation d'environ trois cent cinquante mille livres pour l'entretien des armées rebelles. Il concédait aussi la pleine possession des places fortes dont s'emparerait Condé à trois lieues des Pays-Bas. Deux autres clauses du traité sont à retenir : Condé promettait de ne pas conclure de paix séparée et le roi d'Espagne de ne pas traiter ni de conclure une trêve avec la France « sans M. le Prince et avec sa satisfaction juste, honnête, durable ». Cette dernière clause sauvera Condé lors de la paix des Pyrénées. Philippe IV avait-il l'intention sincère d'aider le prince ? Il lui suffisait de priver la France d'un de ses meilleurs généraux, puisque Turenne lui échappait. D'ailleurs, les secours espagnols furent lents à se matérialiser. Au mois de janvier 1652, le prince mendiait cinquante mille francs pour nourrir ses soldats. Il cherchait à emprunter cette somme, car il lui était impossible de lever une nouvelle contribution de guerre sur les populations qui lui étaient dévouées.

La reine demandait instamment la venue de Mazarin. Elle avait besoin de lui pour la conduite des opérations et, plus encore, de sa présence. Cette insistance, pour ne pas dire cet entêtement bien féminin, était à la mesure des sentiments qu'elle lui vouait. Des sentiments que chaque historien interprète à sa manière, selon son tempérament ou en fonction d'idées plus ou moins préconçues. Le retour du cardinal présentait de graves inconvénients. Il risquait de ressouder les morceaux brisés de la Fronde, de refaire l'union entre Condé, Monsieur, Retz et le Parlement. Il y eut des pourparlers à cet égard. On achoppa sur le traité avec l'Espagne qui indisposait l'opinion. Condé essaya de se rédimer en affirmant qu'en traitant avec Philippe IV il avait travaillé pour la paix entre les deux puissances. Cette explication tirée par les cheveux ne convainquit personne, mais la haine contre Mazarin prima toute autre considération. Par quel aveuglement pouvait-on préférer un prince français qui trahissait son roi à cet Italien qui, depuis des années, travaillait à la grandeur de la France ? L'entourage d'Anne d'Autriche manquait d'enthousiasme. Les ministres étaient partagés. Une partie de la cour se déclarait hostile au retour du cardinal. La reine était la seule à le vouloir. Elle l'attendit trois mois. Mazarin ne voulait pas venir les mains vides. Au prix de combinaisons savantes, il réussit à se doter d'une petite armée personnelle, composée de soldats à sa dévotion et destinée non pas à assurer sa sécurité mais à donner le coup de grâce aux condéens et autres Frondeurs. Il sacrifia ses économies, engagea ses diamants, emprunta, négocia avec les princes allemands l'achat d'une dizaine de régiments d'élite. Le maréchal Fabert, qui commandait à Sedan, lui procura des canons et leurs servants. En apprenant ces nouvelles, le Parlement de Paris fulmina des arrêts mettant à prix la tête du cardinal, et ordonnant la mise à l'encan de ses biens et de sa bibliothèque. Rappelons qu'on ne mettait une tête à prix que s'agissant d'un bandit de grand chemin ! Mais, pris de panique, ces hauts magistrats oubliaient le droit et entraient au service du prince de Condé. Monsieur, ayant perdu son titre de lieutenant général du royaume depuis la majorité du roi, ne se pressa pas d'intervenir. Il finit pourtant par ordonner à son armée – celle des Frondeurs parisiens – de barrer la route à Mazarin, s'il osait pénétrer dans le royaume. Cet ordre était de pure forme, car il voulait surtout ne se mêler de rien, tout en conservant son influence personnelle. Il écrivait alors, d'un ton badin :

« La bibliothèque de Mazarin se vend demain. Les commissaires sont partis pour fermer les passages. Toutes mes troupes s'acheminent vers les rivières pour empêcher le passage de l'ami. Il ne reste plus qu'à mettre les balades en campagne, qu'il craint plus que le venin d'aspic et il en est besoin pour rabattre l'orgueil de cet homme qui voit qu'on l'exalte et que l'on jette en métail [1] et qui croit prendre M. le Prince comme dans un tramail [2] avec le col des écharpes vertes conduites par le maréchal d'Hocquinculo [3] (qui a changé de nom et en a pris un comme vous voyez

1. Métail ou métal : ici, dans le sens d'une idole en métal.
2. Filet de pêcheur ou d'oiseleur.
3. Hocquincourt.

italien). Mais j'espère que ces projets ne réussiront pas et que le vilain s'en ira comme il était venu et que tous les bons Français et Frondeurs se ralliant nous le chasserons une seconde fois de ce frondeur climat, vous assurant que j'aurai éternellement le bon frondeur David sur ma cheminée, à qui je ferai tous les jours mon oraison pour obtenir du Seigneur qu'il me fasse la grâce de bien fronder. »

Monsieur avait de l'esprit, mais il n'avait que cela. D'ailleurs, eût-il voulu mettre ses plaisanteries en pratique que Retz et Mme de Chevreuse l'en auraient empêché. Le coadjuteur tenait enfin sa promesse de chapeau. En attendant des nouvelles de Rome, il se faisait sucre et miel.

Mazarin traversa paisiblement la Champagne, évita Paris en obliquant vers Gien et se dirigea vers Poitiers, où il arriva le 28 janvier 1652. Le roi et son frère vinrent à sa rencontre avec leurs gentilshommes. La reine, oubliant sa dignité, se jetait aux fenêtres pour le voir venir. Cette impatience surprit le sage Le Tellier, et suscita les murmures ironiques de certains courtisans. Mais la reine n'en avait cure. Elle ne prit même pas la peine de cacher sa joie. Ce furent de vraies retrouvailles, comme après une longue absence ou au terme d'un voyage périlleux. On eut l'impression qu'une famille se réunissait et savourait son bonheur. Mme de Motteville, d'habitude si prolixe, s'abstint de tout commentaire : « ... la Reine, comme celle qui l'avait toujours protégé et soutenu, s'il faut ainsi dire, contre toute la France, ne put le revoir qu'avec beaucoup de joie. » Et, quoi qu'elle pense, elle salue Mazarin en ces termes : « C'est pourquoi cette tête, attaquée de tous côtés et mise à prix par des arrêts, au lieu de l'inquiétude des intrigues de la cour qui l'auraient bien plus embarrassée que les menaces du Parlement, fut dans le même temps remplie du soin de toutes les affaires du royaume, qui étaient assez grandes pour occuper toute sa capacité. » Ce qui signifie que Mazarin se remit aussitôt au travail.

Il en était besoin. Les troupes de Condé venaient de s'emparer de Saintes et de Taillebourg. Elles assiégeaient Angoulême et Cognac. Mazarin acheta Du Dognon qui rendit la place de La Rochelle. Puis il lança une vaste opération destinée à reprendre la Saintonge. Les condéens furent battus à Tonnay-Charente et perdirent toutes les places qu'ils avaient récemment conquises. Ils refluèrent vers la Gironde, cependant que le comte d'Harcourt reprenait Agen sans avoir à combattre. Dès lors, il ne restait plus à M. le prince que la ville de Bordeaux et ses environs. Il prit le parti extrême et traversa une bonne partie de la France pour rejoindre les Frondeurs parisiens (« l'armée » de Monsieur !). Il partit le 24 mars, toujours flanqué de La Rochefoucauld. Il laissait Bordeaux aux mains de Conti, avec le titre de lieutenant général de Guyenne, et de Mme de Longueville. Ce n'était pas une sinécure car, les affaires tournant mal, les Bordelais viraient au défaitisme et cherchaient à négocier. Mais il existait un parti quasi révolutionnaire, l'« Union de l'Ormée », qui réclamait la lutte à outrance et… l'instauration d'un régime à la Cromwell. Conti et sa sœur cautionnèrent ce mouvement pour préserver leur autorité.

Mazarin projetait initialement de soumettre Bordeaux, où la dictature populaire s'installait progressivement. Il dut y renoncer, parce que l'Anjou s'insurgeait soudain, avec son gouverneur, le duc de Rohan. Il fallut assiéger Angers pendant deux mois. Faute d'être secouru, Rohan capitula. La Grande Demoiselle, fille de Gaston d'Orléans, s'était mis en tête de renouveler l'exploit de Jeanne d'Arc. Avec une poignée d'amazones de son espèce, elle s'introduisit dans la ville par surprise et imposa son autorité aux Orléanais qui riaient sous cape.

Les royaux remontèrent vers Paris, par Tours et Blois, avec la cour. Les condéens suivaient presque le même itinéraire. Il y eut peu d'accrochages. Chacun savait que l'affrontement décisif aurait lieu en Île-de-France et peut-être à Paris même. Condé n'avait pas le choix. Sa dernière carte était de joindre les maigres forces qui lui restaient à l'armée de Monsieur. Cette armée, dite aussi « des princes », n'avait rien fait de bon. Elle avait deux chefs, Beaufort et Nemours, qui se querellaient sans cesse. Ils n'avaient même pas été capables de secourir Angers, quand il en était encore temps. Tout changea lorsque le prince prit le commandement : dans les premiers jours d'avril, un peu plus tôt que Turenne ne l'avait prévu. Le 7 avril, Condé surprit l'avant-garde des royaux à Bléneau, et la culbuta. La cour était à Gien, avec ses bagages. L'arrivée des fuyards provoqua un début de panique. Turenne ne perdit pas son sang-froid. Il rétablit l'ordre et stoppa l'assaut de Condé. Il s'en était fallu de peu que le prince ne capturât le roi, la reine et Mazarin. Ce combat de Bléneau, si bien commencé, si mal fini, eut des conséquences irréparables pour Condé. Ce dernier commit une autre erreur, à la vérité peu explicable. Il laissa brusquement son commandement et galopa à bride abattue vers Paris avec un parti de cavaliers, laissant Turenne réorganiser son armée et mettre la cour à l'abri au château de Saint-Germain.

La situation était identique à celle de 1649, sauf que les rôles étaient inversés. En 1652, l'adversaire était le prince de Condé et le défenseur de la couronne le maréchal de Turenne. Mais il y avait une autre différence : Turenne n'avait pas d'arrière-pensées politiques. Le malheur s'abattait à nouveau sur les paysans d'Île-de-France. Les royaux comme les condéens étaient mal payés. Ils vivaient sur le pays, pillant et volant, incendiant par manière de jeu, pourchassant les femmes, tuant les hommes qui osaient résister. Des villages entiers périraient, cependant que les rescapés en seraient réduits à vivre dans les bois ou dans les cavernes.

VII

LES CANONS DE LA BASTILLE

Il arrive parfois qu'un historien éprouve une sorte d'écœurement devant certains événements. Ce qui va suivre est assurément une des pages les plus honteuses de notre histoire. Le grotesque y dispute la première place au tragique, la folie à la veulerie, la haine à la cupidité. Il faudrait un volume pour évoquer les événements qui se déroulèrent à Paris et dans l'Île-de-France d'avril à octobre 1652 : c'est un tissu serré d'intrigues, de négociations, de revirements et de trahisons. Aucun des acteurs n'était sincère, même pas le prince de Condé, hormis dans ses colères et son arrogance. Chacun cherchait à tromper son interlocuteur, fût-il son allié, à tirer adroitement son épingle du jeu. L'issue ne pouvait être que décevante, et nécessairement sanglante. Je me bornerai donc à résumer les principaux événements de ces quelques mois.

Condé avait hâte de revenir à Paris : il voulait y devancer le roi, lequel représentait le pouvoir légal. Il y fit son Entrée le 11 avril. L'accueil fut chaleureux, quoique mitigé. Chaleureux parce que le petit peuple était pour le prince et que les condéens avaient préparé le terrain. Mitigé parce que le Parlement et les cours souveraines ne pouvaient, dans leur ensemble, cautionner une illégalité flagrante. De plus, la bourgeoisie parisienne et les éléments modérés, c'est-à-dire une large majorité de la population, tremblaient d'être exposés à de nouvelles aventures. Certains condéens ne comprenaient pas pourquoi le prince avait abandonné son armée au lieu d'écraser Turenne. Le combat de Bléneau leur avait donné de grands espoirs. Sa fausse sécurité était à la vérité inexplicable. Il était entré dans la capitale avec une faible partie de ses troupes. Le reste devait rejoindre les jours suivants. Mais, comme il était prévisible, Turenne bloqua la marche des condéens qui se replièrent sur Étampes et occupèrent cette place.

Au lieu d'agir, Condé se laissa engluer dans des tractations sans fin. Les désaccords apparurent, à peine voilés de courtoisie. Gaston d'Orléans était repris par ses scrupules. Retz venait enfin d'obtenir le chapeau qu'il convoitait depuis si longtemps. Il prit désormais le nom de cardinal de Retz. Cette nouvelle dignité l'obligeait, disait-il, à se montrer circonspect. Il poussait, discrètement, à la négociation. N'était-ce pas le devoir d'un prince de l'Église de rechercher la paix ? Le Conseil royal avait cassé tous les décrets du Parlement qui avaient frappé Mazarin. Cette mesure, parfaitement normale, était cependant prématurée. Elle ressouda, brièvement, les factions. Mazarin restait la bête noire. Il fallait en finir avec lui. Les placards refleurirent sur les murs de Paris. Condé se comportait en maître, car telle était sa nature. Néanmoins, il se laissa convaincre d'envoyer des émissaires à la cour. Traitant le roi d'égal à égal, il exigeait le départ immédiat de Mazarin. Il réclamait aussi les pleins pouvoirs, pour lui et pour Monsieur, afin de conclure la paix avec Philippe IV d'Espagne. Il demandait en outre des commandements militaires, des charges, des titres et de l'argent pour ses amis. Mazarin, selon sa méthode, ne rejeta point ces propositions, mais amorça des pourparlers savants. Les émissaires de Condé n'étaient pas de taille à affronter le plus fameux diplomate de l'Europe. Le prince avait cru que tout plierait devant sa volonté. Méprisant « le faquin de Sicile », il s'irritait de la lenteur des négociations. Il envoya Gourville à Saint-Germain. Il l'avait pris à son service, séduit par son adresse et sa détermination. Gourville n'aboutit à rien. Le prince laissa Mme de Châtillon, Frondeuse notoire, réputée pour son habileté et pour ses talents d'enchanteresse, partir pour Saint-Germain. Elle se faisait fort de retourner Mazarin et de revenir à Paris avec un bon traité de paix. « Il ne lui manquait que le rameau d'olive à la main, écrit le cardinal de Retz. Elle fut reçue et traitée effectivement comme Minerve aurait pu l'être. La différence fut que Minerve aurait apparemment prévu le siège d'Étampes. » Mazarin, la reine, le charmant jeune roi firent mille gracieusetés à Mme de Châtillon. Ils la comblèrent de cadeaux et la retinrent trois jours. Elle crut la partie gagnée. Condé et La Rochefoucauld partagèrent ses illusions.

Soudain, la vérité éclata comme un coup de tonnerre : Turenne bloquait l'armée condéenne à Étampes ! La pseudo-Jeanne d'Arc, je veux dire la Grande Mademoiselle, s'ennuyait à Orléans. Enivrée par son exploit d'opérette, elle voulait rentrer à Paris, ne doutant pas d'y remplir un rôle éclatant. En attendant les passeports qu'elle avait demandés au roi, elle fit un crochet par Étampes, pour y saluer les condéens. Ceux-ci furent touchés de cette attention. C'étaient de galants gentilshommes. Ils reçurent la princesse avec les honneurs militaires et la régalèrent d'une revue. Elle passa devant le front des troupes avec son escorte de belles, tout aussi folles qu'elle. La guerre en dentelles ! Après son départ, on continua à festoyer. Une partie des troupes sortit de la ville pour fourrager. Les royaux surgirent avec Turenne. Ils capturèrent ou tuèrent les fourrageurs, et commencèrent un siège en règle. Furieux, le prince de Condé ramassa quelques troupes et fonça vers Étampes. Ses attaques échouèrent.

Pourtant, la partie n'était pas encore perdue pour lui. Il faisait fond sur l'alliance avec Philippe IV. Les Espagnols avaient profité de la guerre civile pour s'emparer de Dunkerque et de Gravelines. Ils se devaient d'aider le prince de

Condé à poursuivre la lutte, ne fût-ce que pour affaiblir encore un peu plus la puissance française. Ils envoyèrent donc Charles IV de Lorraine pour débloquer Étampes. Charles IV avait perdu son duché, dans les circonstances que l'on a dites, mais il lui restait une armée et, pour gagner sa vie, il s'était établi condottiere. Il louait ses services au plus offrant et passait pour redoutable. Il arriva devant Paris avec ses mercenaires : quatre mille cavaliers, autant de fantassins, un imposant matériel, des troupeaux de bœufs et de moutons. Cette horde débraillée vivait de rapines et semait la désolation sur son passage. Les Parisiens accueillirent Charles de Lorraine comme un sauveur et l'ovationnèrent. Ils déchantèrent vite. Lorsque les reîtres eurent consommé leurs provisions, ils se livrèrent à leur occupation favorite : le pillage et le vol. Des paysans affolés et tremblants affluèrent dans la capitale : ils avaient tout perdu et mendiaient leur pain. Les princes cajolaient Charles IV, l'exhibaient dans les salons, le montraient au peuple. On allait, répétant que, cette fois, Mazarin était perdu, car les royaux étaient trop faibles pour résister aux forces conjuguées des condéens et des Allemands. Mais Charles IV n'avait pas envie d'abîmer son armée, c'est-à-dire d'entamer son capital. Il semblait peu pressé de faire mouvement vers Étampes. Il trouvait au contraire fort agréable de se divertir à Paris, pendant que ses reîtres vivaient sur le pays. Condé ne savait pas que le duc lorrain se rendait fréquemment chez sa chère cousine, Mme de Chevreuse, et qu'il rencontrait chez elle les envoyés de Mazarin. Haïssant la France, Charles IV n'avait pas de préférence pour l'une ou l'autre faction. Il obéirait à qui paierait le plus cher. Ce fut Mazarin qui agença le scénario qui va suivre. Charles IV s'avança vers Étampes. Turenne leva le siège, alors que les condéens étaient à court de munitions et s'apprêtaient à capituler. Ayant récupéré son armée, Condé se crut vainqueur et résolut d'en finir avec les royaux. Charles IV feignit de partager ses vues. Turenne menaça alors de l'attaquer. Cette menace était de pure forme car, le 16 juin, Charles IV et ses reîtres avaient disparu, abandonnant leur camp sans prévenir. Stupeur de Condé ! Et colère des Parisiens dont beaucoup ne souhaitaient plus que le retour du roi. Ils étaient las des querelles, de l'incapacité des princes, de leurs échecs répétés et de l'anarchie qui s'installait. Cependant, des bandes stipendiées insultaient les parlementaires, pourchassaient les « mazarins », saccageaient les boutiques. Beaufort cavalcadait pour rameuter ses partisans.

Condé ne renonçait pas. Il essayait d'insuffler son indomptable énergie à ses lieutenants. N'ayant plus l'initiative des opérations, il avait rapproché ses troupes de Paris. Turenne les laissa établir leurs quartiers à Meudon, Saint-Cloud et Suresnes. Il ne les perdait pas de vue. Quand il eut reçu d'importants renforts, il fit jeter un pont à Épinay. Condé n'était pas en état de soutenir une attaque. Il ordonna à ses troupes de retraiter vers Charenton, dans la nuit du 1er au 2 juillet. Gaston d'Orléans, d'accord avec le prévôt des marchands et les parlementaires, refusa de lui ouvrir les portes de la Conférence et Saint-Honoré. Les condéens durent donc contourner la ville. Embarrassés par leur artillerie et leur bagage, ils n'arrivèrent qu'à l'aube en vue de la porte Saint-Antoine qui était close ! Turenne les attendait sur les hauteurs de Charonne. Il engagea aussitôt le combat. Royaux et condéens s'affrontèrent avec acharnement. Condé s'efforça de briser l'étau qui l'enserrait par ces charges furieuses dont il avait le secret : c'était un exceptionnel meneur d'hommes. Il y avait alors en lui comme une vertu surhumaine. Il se portait, sanglant et superbe, à chaque point menacé et redressait la situation par sa seule présence, forçant l'admiration de ses adversaires. Ses lieutenants tombaient autour de lui. Les balles l'épargnaient. Pourtant, au début de l'après-midi, tout semblait perdu et il ne lui restait qu'à mourir honorablement. La Grande Mademoiselle le sauva. Elle avait extorqué à son père l'ordre d'ouvrir la porte Saint-Antoine : Gaston d'Orléans s'était alité pour ne pas agir lui-même. Les débris de l'armée condéenne s'engouffrèrent par cette porte, emportant leurs blessés. Le prince couvrit leur retraite. La Grande Mademoiselle était sur la plate-forme de la Bastille. Elle fit tourner les canons vers le faubourg Saint-Antoine. Quand les royaux s'avancèrent, les boulets les fauchèrent. Ce qui donna le temps aux miliciens de refermer la porte. Turenne fit sonner la retraite. Le coup était manqué. La Grande Mademoiselle descendit de sa tour. Elle aperçut le prince qui, l'épée à la main, pleurait ses amis morts. Elle note, dans ses *Mémoires*, avec sa modestie habituelle : « Quand je songeai le soir, et toutes les fois que j'y songe encore, que j'avais sauvé cette armée, j'avoue que ce m'était une grande satisfaction et en même temps un grand étonnement de penser que j'avais aussi fait rouler les canons du roi d'Espagne dans Paris, et passer les drapeaux rouges avec les croix de Saint-André. La joie que je sentis d'avoir rendu un service au parti, et de m'être comportée en cette occasion d'une manière si peu ordinaire, et qui n'est peut-être jamais arrivée à une personne de ma condition, m'empêcha d'y faire les réflexions qui se pouvaient faire. » La principale de ces réflexions la concernait pourtant directement. Sa grande ambition avait toujours été d'épouser Louis XIV malgré la différence d'âge. Mazarin eut un mot cruel, mais qui résumait la situation : « Avec les canons de la Bastille elle a tué son mari. » Il était, il est vrai, peu disposé à l'indulgence. Non seulement le combat de la porte Saint-Antoine était un échec regrettable, mais il lui enlevait l'un des rares êtres qu'il eût aimés : son neveu, Paul Mancini, avait été mortellement blessé à la tête de son régiment.

Les Parisiens ont toujours eu le cœur généreux. Ils compatirent aux malheurs des condéens et de leur chef. Les hôpitaux, les couvents étaient remplis de mourants. Qui eut l'idée d'exploiter la ferveur et la piété populaires ? En tout cas, les condéens se hâtèrent de préparer leur coup de force, habillant des soldats en civil, stipendiant des bandes de tueurs et d'émeutiers. Le prince avait ordonné à ses partisans de porter quelques brins de paille à leur chapeau ou à leur boutonnière, en signe de ralliement. Ceux qui s'abstinrent furent copieusement rossés ou bâtonnés. Ces méthodes persuasives laissent entrevoir la suite des événements !

Une assemblée générale avait été convoquée à l'Hôtel de Ville pour le 4 juillet, groupant la municipalité, les représentants du clergé, du Parlement, des autres cours souveraines, des corporations, de la haute bourgeoisie marchande et financière, et les colonels des milices parisiennes, soit environ trois cents personnes. Le but de cette réunion était d'instituer une sorte de gouvernement provisoire pour mettre fin à l'anarchie. D'ailleurs, une partie de ces délégués souhaitait le retour de l'autorité royale, Mazarin repartant toutefois pour l'exil. Les condéens se moquaient de la loi. Ils exigeaient que le titre de lieutenant général du royaume fût rendu à Gaston d'Orléans et que le prince de Condé fût nommé généralissime. Pour légaliser sa dictature, Condé prétendait unir les autorités constituées, les Frondeurs et les condéens. L'assemblée du 4 juillet lui en fournissait l'occasion. Mais il commença par indisposer les délégués en arrivant avec quatre heures de retard. C'était afficher par trop son mépris pour la roture ! Au premier prétexte, il quitta la salle, avec Gaston d'Orléans. Une foule énorme encombrait la place de Grève. Les tonneaux, que des mains diligentes avaient mis en perce, réchauffaient l'ambiance. Quelqu'un cria : « Ils sont pour Mazarin ! Ils ne veulent pas d'union ! À vous ! ».

Des cris furieux s'élevèrent de la foule. Des coups de feu claquèrent. Des émeutiers s'emparèrent de madriers et tentèrent d'enfoncer les portes de l'Hôtel de Ville. Les délégués se montrèrent aux fenêtres. On tira sur eux. « Égorgez, brûlez les mazarins ! » hurlait la canaille. L'émeute dura plusieurs heures. L'Hôtel de Ville fut partiellement incendié.

À l'aube, des centaines de cadavres jonchaient la place de Grève : parmi eux, des officiers de Condé furent identifiés. Les princes n'avaient rien tenté pour arrêter l'effusion de sang. Ils organisèrent un gouvernement insurrectionnel, avec la complicité des parlementaires. Le vieux Broussel fut nommé prévôt des marchands. Condé régnait en maître, mais il s'était aliéné la majeure partie des Parisiens. De surcroît, il prescrivit la levée d'une contribution extraordinaire de huit cent mille livres sur la propriété bâtie. Cet impôt ne rentra pas, mais acheva de le rendre impopulaire, car les soldats, n'étant pas payés, rançonnaient les habitants et pillaient les riches maisons et les magasins. Les désertions furent de plus en plus nombreuses, même parmi les officiers. Les princes se querellaient. Beaufort tua en duel le duc de Nemours. Le prince de Condé souffleta le comte de Rieux : ils en vinrent aux mains et l'on dut les séparer. On voyait se promener chaque soir le prince et la Grande Mademoiselle. Il attendait la mort de sa femme et préparait son remariage avec la plus riche héritière de France. La Grande Mademoiselle se monta d'ailleurs la tête pour rien, car la princesse de Condé survécut à sa maladie.

L'influence de la cour s'étendait rapidement à tous les milieux parisiens. On arborait le brin de paille à son chapeau, non par conviction, mais par prudence. On murmurait que le prince était perdu et l'on maudissait ses soldats. Condé ne s'avouait pas vaincu. À nouveau, il appela ses alliés espagnols à l'aide, sans se rendre compte qu'ils le manipulaient. Comme l'écrivit La Rochefoucauld, « ils voulaient empêcher également et la Reine et le triomphe du Prince, afin d'entretenir perpétuellement la guerre civile ». Or, Condé prétendait se servir d'eux. On apprit que le comte de Fuensaldana entrait dans le royaume avec vingt-cinq mille hommes. Il devait marcher sur Paris pour se joindre aux condéens, mais il s'arrêta à Chauny. Il y eut un moment de panique. L'armée royale n'atteignant pas dix mille hommes, le Conseil royal proposa le repli sur Lyon. La reine protesta contre cet aveu d'impuissance et cette lâcheté. Turenne se faisait fort d'arrêter les Espagnols, en dépit de son infériorité numérique. Mazarin était, à sa manière, aussi brave que la reine. Il soutint l'avis de Turenne. L'armée marcha vers Compiègne, suivie de la cour. Quand la cavalerie royale approcha de Chauny, les Espagnols évacuèrent précipitamment cette ville (d'ailleurs impossible à défendre) et se replièrent. L'archiduc Léopold ordonna à Fuensaldana d'aller assiéger Dunkerque. Cette expédition lui paraissait plus utile que de secourir Condé. Il lui envoya, en contrepartie, le duc Charles IV de Lorraine, avec ses reîtres pillards, augmentés de Wurtembourgeois. Condé fit sa jonction avec le duc lorrain à Villeneuve-Saint-Georges. Mais Charles IV était toujours dans les mêmes dispositions : ne pas entamer son armée, vivre sur le pays. Condé se maintenait avec peine à Paris. Il espérait encore se rédimer par une action d'éclat. Turenne lui tendit un piège. Il se laissa encercler, mais il occupait les collines de Villeneuve-Saint-Georges. Il s'y était fortifié. Sa position était inexpugnable : Condé ne put l'attaquer ; il comptait le réduire par la famine.

Dans la nuit du 5 au 6 octobre, trompant la surveillance de l'adversaire, Turenne franchit la Seine sur un pont de bateaux improvisé et conduisit son armée à Corbeil. C'était une manœuvre d'une audace extraordinaire. Condé était à Paris, souffrant d'un accès de fièvre. Il tonna contre ses lieutenants, mais le mal était fait et il s'avérait cette fois sans remède. D'ailleurs, ses colères n'impressionnaient plus personne. Nombre de condéens songeaient à leur avenir et, sans « trahir » ouvertement, offraient leurs services à la cour. Des lettres furent interceptées qui ajoutèrent à la démoralisation du prince. Les reîtres de Charles IV désolaient les belles terres de la Brie et ne faisaient rien d'autre. Les Parisiens faillirent jeter le duc lorrain dans la Seine, un jour qu'il était de passage. La révolte grondait contre les princes. La trahison était partout. Les agents de Mazarin se démenaient, sous l'impulsion de l'abbé Basile Foucquet. Le roi fit savoir (par affiches) aux Parisiens qu'il accordait une amnistie générale, sauf aux tueurs et aux incendiaires de l'Hôtel de Ville. Ce fut un soulagement pour eux. Ils aspiraient à être débarrassés des princes et de leurs soldats et demandaient au roi de revenir dans sa bonne ville. La cour manœuvra supérieurement et l'on reconnaît l'intelligence de Mazarin dans toutes les mesures qui furent prises. Le roi « pria » le cardinal de reprendre le chemin de l'exil, tout en le couvrant d'éloges. Le cardinal se retira à Bouillon. Puisqu'il était la pomme de discorde, il était opportun de l'éloigner. Personne ne crut que ce nouvel exil serait définitif, mais les apparences étaient sauves. Agissant ainsi, le roi retirait aux Frondeurs et aux condéens tout prétexte de continuer la guerre. C'était un coup droit porté à Condé et à ses amis. Pour soustraire le Parlement à leur influence, il en transporta le siège à Pontoise. Le procureur général Nicolas Foucquet, les présidents Molé, Novion et Lecoigneux obtempérèrent, entraînant par leur exemple une partie des conseillers. Les délégations se succédaient à Compiègne où résidait la cour. Le gouvernement insurrectionnel perdait toute autorité. Il ne put empêcher les Parisiens de troquer le bouquet de paille contre la cocarde blanche, ni de manifester devant le Palais-Royal en réclamant à grands cris le retour du roi. Débordé, Broussel se démit de ses fonctions de prévôt des marchands. Il en fut de même de Beaufort, pseudo-gouverneur de Paris. Le 12 octobre, le Parlement lui-même rentra dans son devoir et demanda à Gaston d'Orléans, lieutenant général de l'insurrection, d'ordonner aux condéens de quitter la capitale. Monsieur s'empressa d'obéir. Dès lors, il ne restait plus aux princes qu'à déguerpir s'ils voulaient éviter leur arrestation, sinon pis. Condé et Beaufort s'en furent prendre congé de la Grande Mademoiselle.

– « Nous nous en allons contents, dit Condé, tâcher à faire quelque chose ce reste de beau temps [1] ; puis quand nous aurons mis les troupes en quartiers d'hiver, nous reviendrons au bal et aux comédies. L'on a eu furieusement de la peine, il faut avoir du plaisir. »

Tout aussi inconsciente, elle les exhorta à « faire des choses si extraordinaires qu'ils fussent en état de faire la paix, afin que nous passions tous le carnaval à Paris avec bien de la joie ».

Cette folle pleura à la pensée qu'elle ne verrait plus, dans la grande allée des Tuileries, l'habit couleur de feu à broderies d'or et d'argent de son beau prince.

Condé ne revint pas pour le carnaval. Il entra au service du roi d'Espagne, autrement dit il passa à l'ennemi alors que la guerre continuait. Le rebelle devenait félon.

1. Pendant la fin de la belle saison.

VIII

L'ARRESTATION DU CARDINAL DE RETZ

La cour ne se hâtait pas de rentrer à Paris. Toutefois, les chevau-légers de la garde et les gendarmes avaient occupé les châteaux royaux, principalement le Louvre où le roi avait décidé de s'installer. Ils n'avaient rencontré aucune résistance. Puis les gardes françaises et les suisses occupèrent les faubourgs de l'ouest et contrôlèrent les portes de la ville. Le Parlement se tenait coi. Les condéens et les Frondeurs les plus compromis cherchaient à se faire oublier. Monsieur ne bougeait plus de son palais du Luxembourg. Il tergiversait, passant de l'abattement à la fanfaronnade. Retz et Châteauneuf, déçus dans leurs espérances, le poussaient à prendre la tête de la rébellion ; ils lui laissaient entendre que, s'il en donnait l'ordre, Paris se couvrirait à nouveau de barricades. Quel était leur but ? Susciter des troubles qu'ils se donneraient le mérite d'apaiser, en espérant bonne récompense.

– « Ah, disait Monsieur, si je voulais, je ferais bien danser l'Espagnole ! »

Il parlait ainsi de la reine, sa belle-sœur. Le duc de Damville, envoyé par le roi, lui enleva ses états d'âme. Il lui apportait l'ordre de se retirer sans délai dans l'une de ses maisons de campagne. Monsieur rentra aussitôt dans son humilité et répondit :

– « Je m'en irai en ma maison de Limours, n'ayant point de passion plus forte que celle de témoigner mon obéissance parfaite… »

Il était prêt à toutes les lâchetés, même à dénoncer les agissements de ses proches : Retz et Châteauneuf, et à livrer les noms de ses agents. Il ne s'était pas comporté autrement sous le règne de Louis XIII. L'âge ne l'avait pas bonifié ! Sa fille, la Grande Mademoiselle, reçut l'ordre de quitter les Tuileries. Elle fut fort surprise, car elle avait frondé par jeu, non par conviction : elle oubliait la « prise » d'Orléans et les canons de la Bastille. Son père lui refusa le palais du Luxembourg, pour la punir de ses extravagances. Plusieurs dames de ses amies refusèrent pareillement de lui donner asile. Finalement elle échoua, en assez pauvre équipage, au château de Saint-Fargeau.

Le roi fit son Entrée aux flambeaux, le 21 octobre, sous les acclamations du peuple. C'était la fin de cette sanglante aventure de la Fronde que l'on ovationnait, la paix civile, le retour à l'ordre incarné par ce jeune monarque que l'on chérissait. La noblesse se rua au Louvre pour saluer son maître, ignorant qu'il ne tarderait guère à la domestiquer. Le cardinal de Retz attendit trois heures pour être reçu. Il affichait une sécurité parfaite. La reine se montra fort gracieuse à son égard.

Le lendemain, le roi tint un lit de justice, non pas dans la grand-salle du Parlement, mais au Louvre, processus inhabituel qui, en temps ordinaire, eût soulevé de véhémentes protestations, mais il n'en fut rien. L'heure était à la réconciliation, au pardon. L'amnistie générale fut confirmée. Quelques mesures d'exil furent prononcées : contre Beaufort et Rohan-Chabot, plusieurs autres seigneurs, quelques présidents et conseillers du Parlement, dont Broussel, et quelques grandes dames dont les méfaits étaient de notoriété publique. Toutes les décisions des parlementaires prises en dehors de l'autorité légale furent cassées. Il fut interdit à l'assemblée de se mêler désormais des affaires politiques et financières. Ces édits furent enregistrés sans discussion. La Fronde parlementaire était close.

Le vieux Broussel refusa de quitter Paris, sous le prétexte qu'il n'avait point de maison de campagne. Il n'exprimait pas le moindre regret et se déclarait prêt à mourir si l'on en voulait à sa vie : il se croyait toujours au temps de la République romaine ! Le gouvernement l'ignora, tout en l'invitant à se tenir tranquille et en le surveillant discrètement.

Un cas restait en litige : celui du cardinal de Retz, l'homme lige de Monsieur ou plutôt son âme damnée, soufflant le chaud ou le froid selon ses caprices ou ses combinaisons. La simarre rouge, qu'il avait endossée avec délices, le mettait à l'abri des sanctions, du moins le croyait-il. Tout autre que lui eût cherché à se faire oublier. Mais sa nature le portait à prendre des risques. Il avait fait des bassesses pour obtenir le chapeau, mais il voulait plus : la place de Premier ministre, celle de Mazarin reparti pour l'exil. Cette présomption le perdit. Patiemment, les ministres réunissaient un dossier contre lui. Ses faits et gestes, ses confidences, ses conseils à Monsieur avaient été écoutés et notés.

Il ne savait point attendre l'événement propice, l'occasion favorable. Son impatience égarait presque toujours sa raison. Voyant que la Fronde entrait dans son déclin par suite des erreurs de Condé, il prit les devants et se posa d'emblée en intermédiaire entre la cour et Gaston d'Orléans. S'il parvenait à réconcilier les partis adverses, à ouvrir au roi la route de Paris, c'était le ministère assuré. Il lui importait donc de grossir son importance, tout en se rendant indispensable, procédé connu, mais qui éveilla la défiance de Mazarin. Théoriquement, Retz devait conduire au roi une députation du clergé parisien pour demander la paix. Mais, pour impressionner la cour, il se fit accompagner d'une suite quasi royale : cent douze chevaux pour tirer les carrosses transportant les chanoines de Notre-Dame, les supérieurs et les prieurs des couvents, les délégués des églises parisiennes, deux cents gentilshommes et cinquante gardes de Monsieur pour former l'escorte. La cour résidait alors à Compiègne. L'importance de ce cortège irrita la reine. Lorsque Retz arriva à Senlis, elle lui fit savoir qu'il était impossible de loger plus de quatre-vingts chevaux. À l'entrée de Compiègne, nouvelle déception : il n'y avait point de garde d'honneur pour accueillir le cardinal, contrairement aux usages. La reine prétendit que la garde s'était égarée dans la forêt, piètre excuse.

Le lendemain, 11 septembre, le roi remit la barrette au nouveau cardinal agenouillé devant lui. Dans l'après-midi, il reçut en audience officielle la délégation du clergé parisien. Retz prit la parole. Malgré les avertissements discrets qu'il avait reçus la veille, il ne put s'empêcher de commettre plusieurs imprudences. Il se posa, d'entrée de jeu, en médiateur, en déclarant : « Sire, tous les sujets de Votre Majesté lui peuvent représenter leurs besoins, mais il n'y a que l'Église qui ait droit de vous parler de vos devoirs ; nous le devons, Sire, par toutes les obligations que notre caractère nous impose, mais nous le devons particulièrement quand il s'agit de la conservation des peuples... » Il brossa un tableau assez éloquent, quoique par trop littéraire, de la désolation des campagnes, de la misère de leurs habitants, auxquelles il appartenait au roi de mettre fin. Puis, en tant que « dépositaire de l'intérieur des consciences », il affirma que les Parisiens portaient une affection sans ombre à leur monarque légitime et que le pouvoir de celui-ci serait en conséquence aussi absolu dans sa capitale qu'à Compiègne. Il l'exhortait à imiter son aïeul Henri IV qui sut pardonner après sa victoire, maintint le Parlement dans ses fonctions, réconcilia la famille royale et cimenta l'union des Français. Il lui conseillait même de conserver dans ses conseils et à la tête de ses armées « M. le duc d'Orléans, dont l'expérience, la modération et les intentions absolument désintéressées » seraient utiles et même nécessaires à la conservation du royaume, sans oublier M. le prince si capable de le seconder dans ses conquêtes. « Quelle apparence que la fin de nos maux ne soit pas proche, puisqu'ils ne tiennent plus qu'à quelques formalités légères et qu'un instant peut assoupir ? » Quand on lit ce discours, on croit rêver, surtout si on le replace dans son contexte. Retz osa même invoquer le souvenir de saint Louis et de Blanche de Castille, sa mère : « Votre Majesté, Sire, devra sans doute les mêmes maximes aux conseils de cette grande Reine qui vous a donné à vos peuples et qui anime, par des vertus qui sont sans comparaison et sans exemple, le même sang qui a coulé dans les veines de Blanche et les mêmes avantages qu'elle a autrefois possédés dans la France. »

Le roi répondit, non sans humour, qu'il se réjouissait de l'amour que lui portaient les Parisiens et formait le vœu qu'ils missent autant de cœur que leurs adversaires à chasser les « ennemis étrangers et domestiques qui voulaient empêcher le Roi Henri le Grand d'entrer en possession de la ville capitale de son royaume ». Dans ses *Mémoires*, Retz qualifie la réponse de Louis XIV d'« honnête, mais générale », et se garde bien de l'insérer à la suite de son propre discours.

Ce monument d'audace et d'hypocrisie brisa net l'avenir de Retz. Fort content de lui-même, il n'aperçut pas l'erreur qu'il venait de commettre, par outrecuidance et fatuité. D'ailleurs, la reine, feignant d'entrer dans son jeu, lui accorda un entretien particulier. Mis en confiance, il vida naïvement son sac. Il n'était point venu à Compiègne seulement pour recevoir la barrette et parler au nom du clergé. Il avait des propositions de paix à formuler de la part de Monsieur. Gaston d'Orléans offrait la paix. Il ne demandait aucune récompense personnelle, aucun avantage. Il ne réclamait qu'une amnistie générale et la promesse « de laisser M. le prince en repos dans ses gouvernements ». La reine eut quelques mots obligeants pour son beau-frère et mit fin à l'entretien. C'était un échec. Retz le camoufla de son mieux par sa superbe et sa prodigalité. Pendant le voyage du retour, il tint « sept tables dressées qui lui coûtaient huit cents écus par jour ». Les Parisiens l'acclamèrent. Il fit placarder son discours. Gaston d'Orléans accueillit vertement son ambassadeur, puis se radoucit et dit tristement :

– « Qu'est-il de faire ? (Que faire ?) Nous allons être pris à la gorge… »

Le 26 octobre, le roi avait donné l'ordre à Mazarin de rentrer à Paris. Il avait besoin de ses conseils. Mazarin résidait toujours à Bouillon, et il avait fort à faire ; il ne se hâta pas de revenir, n'ayant plus de concurrent. Cependant, les manœuvres de Retz pour se rapprocher de la cour l'agaçaient. Il résolut de se débarrasser de lui. Il lui fit offrir un poste de plénipotentiaire à Rome, avec cent cinquante mille livres d'appointements, cinquante mille livres de frais d'installation et cent mille livres pour désintéresser ses créanciers. Il savait que Retz était cousu de dettes et se débattait dans une situation inextricable, son oncle l'archevêque de Paris ne se décidant pas à mourir. Retz essaya de négocier son départ ; il demanda divers avantages pour ses amis les plus proches. On lui conseillait en vain d'accepter les propositions de Mazarin. Il refusa, par bravade. On le vit paraître à Rambouillet, où séjournait la cour, avec une escorte de deux cents gentilshommes. On crut qu'il narguait l'autorité royale : en réalité, il cherchait à se persuader lui-même de son importance ; il jouait au grand personnage qu'il n'était plus, s'il l'avait jamais été ! Ce fut Basile Foucquet qui fut chargé de le prendre « mort ou vif ». Cet abbé-policier le haïssait. Il eût préféré l'assassiner discrètement. La reine s'y opposa. Elle mit à sa disposition un capitaine du régiment des gardes et plusieurs officiers. Mais ce n'était pas une mince affaire que d'arrêter un prince de l'Église, quelle que fût sa faute. Il en résulterait fatalement des complications avec le Saint-Siège, des protestations de la part de l'épiscopat et du clergé français, car on portait atteinte au privilège essentiel de l'Église. On prit allégrement ce risque, tout en convenant d'agir en grand secret, mais avec promptitude. La reine voulait éviter l'effusion de sang. À la vérité, Basile Foucquet ne savait trop comment procéder.

Retz le tira lui-même d'embarras. La duchesse de Lesdiguières lui suggéra de se rendre spontanément au Louvre : c'était, assurait-elle, le meilleur moyen de se blanchir. Ce trait d'audace plut au cardinal. On pense que Mme de Lesdiguières était aux ordres de la cour. Le 19 décembre, le roi eut la surprise de voir paraître l'impudent. Il l'accueillit chez la reine. Chemin faisant et tout en échangeant des aménités avec lui, il envoya chercher Villequier, capitaine des gardes.

– « Oh, monsieur le Cardinal, on m'a dit que vous avez été malade ; on le voit bien à votre visage, mais il paraît pourtant assez bon pour juger que le mal n'a pas été grand. »

Le roi, toujours aussi calme et souriant, dit quelques mots à Villequier et reprit la conversation avec Retz. Lorsque celui-ci, après avoir pris congé, passa dans l'antichambre, Villequier l'arrêta et l'emmena dans son appartement. Retz écrit dans ses *Mémoires* : « L'on trouva très mauvais à la cour que j'eusse bien mangé, tant l'iniquité et la lâcheté des courtisans est extrême. Je ne trouvai pas bon que l'on m'eût fait retourner mes poches, comme on fait aux coupeurs de bourse. » Vers trois heures, un carrosse, escorté de gendarmes et de chevau-légers, l'emmena à Vincennes. Il y passa sa première nuit sans feu et quasi sans meubles. Paris ne bougea point, à son grand désappointement. Seuls le chapitre de Notre-Dame et les curés de Paris s'agitèrent. L'archevêque de Paris leur interdit de manifester. Il ne put toutefois les empêcher d'exposer le Saint-Sacrement pendant trois jours et de prescrire les prières de quarante heures pour obtenir la libération du prisonnier. Il détestait son neveu et craignait surtout d'être sanctionné par la cour.

Anticipons un peu. Retz semblait tout à fait tranquille et résigné dans le donjon de Vincennes. Il étudiait passionnément les auteurs grecs et latins. Il écrivait un traité religieux, et veillait fort tard. En réalité, il entretenait une correspondance suivie avec ses partisans. Quand son oncle, Jean François de Gondi, mourut, le 21 mars 1654, il avait pris ses mesures pour lui succéder quasi dès son dernier souffle. Un notaire apostolique, déguisé en tapissier, était venu dans sa cellule. Retz lui remit une délégation de pouvoirs à l'intention du chanoine de Labour, membre éminent du chapitre de Notre-Dame. L'archevêque mourut à quatre heures. Retz était reconnu archevêque à cinq heures et le chanoine de Labour prenait possession de son siège, fictivement mais légalement. Lorsque Le Tellier arriva au nom du roi, il était trop tard.

Après ce coup d'éclat, Retz fut transféré au château de Nantes, d'où il s'évada. Il s'embarqua pour Belle-Île et de là pour l'Espagne, où on lui fit grand accueil : tout ce qui pouvait nuire à la France était bienvenu de Philippe IV. D'Espagne, il se rendit à Rome, dans le dessein de créer le maximum de complications. Chassé de Rome, il erra en Allemagne et en Hollande, avant de passer en Angleterre.

« Ainsi finit en lui le reste de la Fronde, écrit Mme de Motteville. Il en avait été le chef et la source, et il fut le dernier abattu. » Ce qui était sans doute l'opinion reçue à la cour, mais ne traduisait nullement la réalité. Retz s'était fait passer pour un des chefs de la rébellion ; il n'en avait été que l'inspirateur. Ce n'était qu'un brouillon, mais doué du génie de l'intrigue, pour cela même éventuellement dangereux, bien que sa conduite fût souvent incohérente. Ingénieux mais sans esprit de suite, il poussait l'audace et l'impudence à leur point extrême car, suprêmement intelligent, il avait la fâcheuse tendance de prendre ses interlocuteurs pour des benêts. Son arrestation fut certes moins importante que la fuite de Condé : elle ne pouvait en aucun cas mettre fin à la Fronde, et moins encore lui donner un regain de vigueur hormis près des jansénistes et de la Compagnie du Saint-Sacrement.

Paris était rentré dans son devoir, c'est-à-dire dans l'obédience royale, pour n'en plus sortir avant 1789. Mais la Fronde bordelaise persistait, au grand dam de la bourgeoisie possédante et commerçante. Le prince de Conti et la duchesse de Longueville s'y maintenaient tant bien que mal, avec la complicité du parlement et en s'appuyant sur L'Ormée, ce mouvement populaire à coloration démocratique dont il a été question plus haut. L'Ormée faisait régner la terreur, se substituait aux autorités légales, légiférait et punissait les tenants de l'opposition. Certains de ses membres pactisaient avec l'Angleterre et manifestaient leur antiroyalisme. Dès qu'il rentra de Bouillon, Mazarin s'occupa de Bordeaux. Il expédia une petite escadre pour bloquer l'estuaire de la Gironde et quelques régiments sous les ordres de Candale, fils du duc d'Épernon. Candale reprit quelques bourgades et établit ses quartiers en face de la ville rebelle. Les modérés se chargèrent de mettre L'Ormée hors d'état de nuire. La ville capitula et les royaux y entrèrent au début d'août 1653. Candale, suivant les instructions de Mazarin, amnistia les Bordelais. Quelques chefs de L'Ormée furent exécutés sous les applaudissements du public. Le prince de Conti ne voulait point imiter son frère et se mettre au service des Espagnols : il en fut récompensé par le gouvernement du Languedoc et une « mazarinette » richement dotée. Sa sœur, la duchesse de Longueville, obtint l'autorisation de se retirer à Montreuil-Bellay. On permit à la princesse de Condé de rejoindre son époux, avec le duc d'Enghien. Le comte de Marsin et plusieurs de ses officiers s'en furent en Catalogne pour reconquérir ce qu'ils auraient dû défendre.

Les années suivantes, des troubles éclatèrent dans plusieurs provinces. Des nobles se groupèrent, contestant l'autorité royale. C'est ce qu'on appela, à tort ou à raison, « les queues de la Fronde ». Ces mouvements furent essentiellement antifiscaux, sporadiques, circonscrits à une ville ou à quelques villages. Ils furent promptement et parfois sévèrement réprimés. Étaient-ce réellement des surgeons de la Fronde ? On peut en douter.

IX

CONSÉQUENCES DE LA FRONDE

Pitoyable aventure, la Fronde eut pour conséquence immédiate d'aggraver la misère des paysans et, dans une moindre proportion, des habitants des villes. Le plus grand malheur pour les gens de la terre, c'était de recevoir la visite des soldats, qu'ils fussent amis ou ennemis, étrangers ou français, cantonnés dans une région ou simplement de passage. Là-dessus, les témoignages abondent. Le comte d'Harcourt écrivait à Mazarin : « Nous perdrions un grand nombre de bons soldats qui ne peuvent subsister sans désordre, la plupart n'ayant pas reçu un sol depuis dix mois… Dans les huit ou dix lieues où nous avons séjourné deux mois, nous avons mangé le pays sans rien laisser. » Les soldats se conduisaient comme de franches canailles. Les officiers laissaient faire, quand ils n'étaient pas complices. Terrorisés, les paysans se sauvaient dans les bois, cherchaient refuge dans les châteaux ou dans les monastères. Le récit de la Mère Angélique Arnaud, abbesse de Port-Royal-des-Champs, est à cet égard éloquent : « C'est merveille que toutes les bêtes et les gens ne sont pas morts d'avoir été si longtemps enfermés les uns avec les autres. Nous avions les chevaux sous notre chambre et dans le chapitre, et, dans les caves, nous avions quelque quarante vaches à nous et aux pauvres gens. La cour était pleine de poules, de dindons, canes et oies, et, quand on ne voulait pas les recevoir, ils disaient : "Prenez-les pour vous, nous aimons mieux que vous les ayez que les gens d'armes..." L'église était pleine de blé, d'avoine, de pois, de fèves, de chaudrons, de meubles et de toute sorte de haillons... »

Selon l'auteur anonyme de *La lettre du Père Michel*, les couvents eux-mêmes n'étaient pas toujours respectés : « Nous sommes courus dans nos bois par ces tigres plus cruels que ceux de la Libye, qui n'ont jamais fait de tort aux anciens Pères ermites. La couleur innocente de nos habits leur inspire une rage forcenée contre tout ce qu'il y a de candeur ; et notre pauvreté, qui nous a toujours assuré (garanti) dans les passages les plus infestés, fait que notre sang est désiré par ces gouffres insatiables qui ne peuvent souffrir que rien échappe à leur fureur que ce qui peut satisfaire leur avarice. Ils font toutes sortes de profanations autour des abbayes d'Yerre et de Janzy ; et il faut que ces saintes vierges, épouses de Jésus-Christ, composent tous les jours pour la sûreté de vingt-quatre heures de leur honneur. Ces vestales sacrées, qui croyaient pouvoir garder ce feu éternel qu'elles ont préféré à une flamme légitime qui leur eût donné ou assuré secours dans les villes dans les bras de leurs maris et en la juste valeur de leurs enfants et de leurs proches, sont à tous moments dans la crainte de se voir l'opprobre de cette nation maudite qui a fait des débauches et des ordures, qui ne se peuvent décrire, dans les vaisseaux sacrés [1], et à qui il ne reste plus que de commettre généralement ce sacrilège abominable que l'on nous dit avoir été perpétré sur quelques religieuses particulières... »

Parfois les paysans se réfugiaient dans les grottes, ou bien ils avaient rouvert les souterrains-refuges creusés pendant les guerres de Religion. Ils y entassaient leurs familles

1. Les ciboires.

et leurs provisions. Les soldats les y enfumaient parfois comme du gibier. Les châteaux des grands seigneurs et les terres qui en dépendaient échappaient généralement au pillage. On les respectait par esprit de caste. Les manoirs éparpillés dans la campagne étaient plus exposés. Cependant, les colonels des régiments et les officiers, par galanterie ou par courtoisie envers les châtelaines, s'efforçaient de les protéger. Mme de La Guette avait son logis dans la paroisse de Sussy, à quelque distance du château de Grosbois. Le comte de Grancey (futur maréchal de France) vint dans la région avec plusieurs régiments de cavalerie, dans l'intention d'y cantonner. Ayant de l'estime pour M. de La Guette qui servait en Catalogne sous les ordres de Marsin, il s'enquit de son logis et détacha un de ses capitaines pour offrir ses services à Mme de La Guette. « Nos paysans, écrit-elle, qui avaient toujours fait les fanfarons, se trouvèrent bien surpris quand ils virent monter les cavaliers à l'escalade. Ils jetèrent tous les armes bas et se sauvèrent les uns dans l'église et les autres chez moi. J'eus plus de deux cents femmes et filles réfugiées, et je vis tout incontinent après plus de vingt cavaliers à ma porte qui y frappèrent. Une autre que moi aurait eu frayeur, parce que je savais bien que l'on ne considérait personne en ce temps-là. Je m'y allai pourtant gaiement, et je leur fis ouvrir. Ils me saluèrent du chapeau, et un de la compagnie me dit : "Madame, je suis ici envoyé de la part de M. Tifon, pour conserver votre logis et pour le faire connaître à ces messieurs qui vont cantonner."» Cette sauvegarde fut peu suivie d'effet. Le lendemain, quand le capitaine Tifon se présenta à Mme de La Guette, elle lui demanda si ses cavaliers avaient la permission de tuer, de piller et de violer. Elle lui dit que sa maison était pleine de réfugiés ; qu'elle ne disposait même pas de sa chambre et qu'elle était obligée de coucher dans sa cuisine près du feu. Réponse de Tifon : « Il est vrai, madame, qu'une femme a été violée par six coquins de cavaliers, mais je m'en vais de ce pas trouver monsieur le comte de Grancey pour en faire justice, afin que toutes les autres soient libres de retourner chez elles et que personne ne soit assez hardi de leur rien dire. » Les six cavaliers furent arrêtés. On en fusilla un pour l'exemple. Les vieilles femmes rentrèrent chez elles. Les jeunes restèrent chez Mme de La Guette « pour plus grande assurance... ». Ce n'était là qu'un incident banal, un simple « remuement ». Mais toutes les dames n'avaient pas le courage de Mme de La Guette. Beaucoup abandonnaient leur logis et se réfugiaient dans les villes ou dans des châteaux amis. Certaines suivaient les paysans de leur village dans leurs cachettes ou dans les forêts, et partageaient leur sort.

La Fronde ayant pris fin, de nombreux paysans étaient ruinés. Ils durent emprunter pour remonter leur cheptel, acheter des semences et du matériel, relever leurs masures. Il en allait de même de nombreux hobereaux. Il en résulta d'importants transferts de propriétés, surtout au profit de la bourgeoisie citadine. Les riches furent encore plus riches, y compris ceux que l'on appelait les « laboureurs » (propriétaires exploitants). Une multitude de petits possédants ne purent conserver les maigres lopins de terre sur lesquels vivait tant bien que mal leur famille. Beaucoup en étaient réduits à la mendicité. Cependant, la question se pose de savoir si cette paupérisation du monde agricole s'étendit à tout le royaume, si la Fronde ruina réellement notre pays. L'historiographie moderne a montré d'une part la coïncidence de ces phénomènes avec les opérations militaires ; d'autre part, que les épidémies de « peste » et la malnutrition étaient en grande partie responsables de la mortalité. Il est indiscutable que les soldats, mal payés et mal ravitaillés, « mangeaient le pays ». Mais quel pays ? L'Île-de-France, la Champagne, la Picardie, les zones frontières du Nord et de l'Est, les environs de Bordeaux et quelques cités éparses en Périgord, en Aunis et en Saintonge. Des provinces entières furent épargnées, comme la Bretagne, la Normandie, la Bourgogne, la plus grande partie de l'Anjou. Encore les régions qui furent traversées par les armées ou dans lesquelles elles établirent leurs quartiers ne furent-elles que partiellement touchées. Les villages situés en dehors des routes principales échappaient aux méfaits de la soldatesque. D'ailleurs, si la France, comme le laissent entendre certains historiens, avait été complètement ruinée, comment se serait-elle redressée aussi vite ? Où Mazarin eût-il trouvé l'argent pour continuer la guerre contre l'Espagne ? Il y avait alors quelque trente mille paroisses dans le royaume. On estime aujourd'hui que les neuf dixièmes sortirent intactes de la Fronde. C'est à Paris que se fait et surtout que s'écrit l'Histoire. Or, l'Île-de-France paya le plus lourd tribut en hommes et en richesses. Paris souffrit de la disette, par suite de la hausse du prix du pain. Les déprédations subies par les villages environnant la capitale, les privations infligées aux Parisiens noircissent passablement le tableau. Pourtant, ces considérations restrictives ne peuvent faire oublier la misère des pauvres gens, ni le fait que de nombreux villages « franciliens » perdirent le tiers, et parfois la moitié, de leurs habitants. Et moins encore que ces malheurs étaient imputables à l'outrecuidance, à la cupidité et à la frivolité des acteurs de la Fronde.

Il était impossible que ce mouvement – dont à l'origine toute générosité n'était pas exclue – pût aboutir à autre chose qu'un échec. Il pouvait réussir, en partie, s'il y avait eu conjonction des intérêts. Or, ce n'était qu'une juxtaposition d'intérêts, où l'élément personnel prédominait. Les parlementaires avaient amorcé la lutte à partir d'un contresens : propriétaires de leur charge, ils ne représentaient qu'eux-mêmes, mais s'érigeaient en porte-parole du peuple. Certaines de leurs idées exprimaient des besoins réels. Malheureusement, elles étaient gâtées par le désir qu'ils avaient d'usurper une partie des prérogatives royales. Prétendant légiférer, ils avaient montré leur ignorance des affaires et leur incapacité à gouverner la seule ville de Paris. Les nobles n'avaient point de programme, sinon de restaurer à leur seul profit un ensemble d'usages en vigueur sous les Capétiens directs : le roi avec ses palatins, les grands seigneurs, chacun, dans leur province, avec leur clientèle de vassaux, la parcellisation de la puissance publique, un monde périmé, inadapté aux problèmes du moment. Se joignaient à ce conservatisme la volonté d'accaparer les charges de l'État, surtout les plus fructueuses, et la défiance à l'égard de la classe montante, celle des gens de robe et des bourgeois enrichis dans le négoce. Dès le point de départ, ces divergences se firent jour. L'union entre les deux factions frondeuses répondait à une opportunité, mais ne pouvait être durable, car elle était substantiellement déloyale. On ne s'accordait que sur un point : la haine contre Mazarin. Pourquoi les Frondeurs s'acharnaient-ils contre lui ? Parce qu'il défendait inflexiblement le pouvoir royal, l'héritage de son pupille Louis XIV. On avait misé sur la faiblesse d'Anne d'Autriche, et l'on se heurtait au Premier ministre qu'elle s'était donné. Il fallait, coûte que coûte, se débarrasser de cet intrus. Quasi tous les Frondeurs proclamaient leur attachement au roi, tout en travaillant à sa perte. Ils faisaient le jeu des Espagnols, quand ils ne les appelaient pas à l'aide au mépris de l'intérêt général.

À vrai dire, on ne trouve pas en face de Mazarin une seule tête politique, mais des orateurs déroulant leurs galimatias, des intrigants de bas étage, des imbéciles prétentieux, de grands seigneurs imbus de leur rang et leurs cohortes de gentilshommes décervelés. Condé n'avait de génie que l'épée à la main ; c'était une nullité politique. Gaston d'Orléans aurait pu jouer un rôle d'arbitre, mais il avait la félonie et la lâcheté dans le sang. Le cardinal de Retz croyait tirer toutes les ficelles et, trompant chacun, se trompait lui-même. Beaufort n'était qu'un fanfaron. Mme de Longueville, la Grande Mademoiselle, Mme de Montbazon, la duchesse de Châtillon ou Mme de Chevreuse jouaient les héroïnes et, par leurs galanteries, semaient le trouble dans leur propre parti. Beaucoup de gentilshommes, « appartenant » à de grands seigneurs, beaucoup d'officiers de mérite regrettaient de combattre les soldats du roi et manquaient souvent de zèle. Le Parlement n'était pas moins divisé. Un abîme séparait le vieux Broussel et sa bande des éléments modérés qui, dans le secret de leur cœur, restaient fidèles au roi. Comme il est de règle, une forte majorité de conseillers condamnait les deux extrêmes, tout en se laissant entraîner. Certes, le Parlement pouvait jouer un grand rôle et promouvoir, avec l'accord du roi, des réformes utiles, et même nécessaires. Il ne sut que rompre avec l'autorité royale, entrer dans l'illégalité alors qu'il était le défenseur des lois. Aucun des parlementaires n'avait la stature d'un homme d'État. Quand on enlève les citations latines des discours de Broussel, il ne reste rien de plus que les propos d'un songe-creux. Ceux qui sortaient du lot, comme le président Matthieu Molé, étaient réduits au silence.

La Fronde n'est même pas une révolution avortée, car elle apparaît sans autre but que de déstabiliser Mazarin et de l'évincer. Elle fut en revanche une guerre civile mais conduite en dépit du bon sens, en sorte que l'on se demande si elle menaça réellement les institutions monarchiques. Son seul résultat tangible fut d'ouvrir la voie à l'absolutisme. En 1653, c'était un monde qui s'effaçait au profit du pouvoir centralisateur : une France débonnaire, indocile, un peu fantasque, avec ses particularismes, ses duchés pareils à de petits États, ses myriades de seigneuries, bref ce qui persistait de la féodalité. Désormais, chacun rentrerait dans le rang, non sans sursauts peut-être. Chacun plierait devant une volonté unique. Les Frondeurs avaient perturbé la France pendant cinq ans, pour démontrer en fin de compte que la seule autorité possible était celle du roi ; que l'ordre, c'était le roi.

CINQUIÈME PARTIE

LE POUVOIR ET L'ARGENT

(1653-1661)

I

LA TRIADE

Mazarin ne s'était pas hâté de répondre à l'invitation du roi ; il avait trop à faire à Bouillon. Le 26 janvier 1653, la reine lui écrivait :

« Je ne sais plus quand je dois attendre votre retour puisqu'il se présente tous les jours des obstacles pour l'empêcher ; tout ce que je puis vous dire est que je m'ennuie fort et supporte ce retardement avec beaucoup d'impatience ; et si 16 [1] savait tout ce que 15 [2] souffre sur ce sujet, je suis assurée qu'il en serait touché ; je le suis si fort en ce moment que je n'ai pas la force d'écrire longtemps ni ne sais pas trop ce que je dis. J'ai reçu de vos lettres tous les jours presque, et sans cela je ne sais ce qui arriverait. Continuez à m'écrire aussi souvent, puisque vous me donnez du soulagement en l'état où je suis.

« J'ai fait ce que vous m'avez mandé touchant YaACTh (non déchiffré) du côté de l'enfant et de 83 (non déchiffré).

1. Mazarin.
2. La reine.

Au pis alors vous n'avez qu'à rejeter la faute du retardement sur 15 qui ⩒ jusqu'au dernier soupir [1]. L'enfant vous mandera toutes choses. Adieu, je n'en puis plus. ⩒ lui sait bien de quoi. »

J'ai tenu à insérer cette lettre qui a fait couler beaucoup d'encre, que l'on s'est efforcé de décrypter et en laquelle la plupart des érudits voient la preuve indiscutable d'une liaison charnelle entre la reine et Mazarin. Cependant quelques lignes, non déchiffrées, demeurent parfaitement obscures, et même incompréhensibles. Il convient en outre, pour se faire une opinion objective, de ne pas oublier les exagérations stylistiques du XVIIe siècle : par exemple, l'amant est celui qui courtise, non celui qui couche. De ne pas oublier non plus l'âge des « amants » : la reine avait cinquante-deux ans et Mazarin cinquante et un ans. Ces âges ne correspondent pas aux âges actuels : il faut y ajouter au moins dix ans. La soixantaine était déjà la vieillesse. En admettant la réalité de cette liaison, elle devait être quelque peu refroidie. On discerne toutefois dans cette lettre je ne sais quel élan juvénile. C'est probablement que le cœur et l'esprit vieillissent moins vite que le corps. Au surplus, si la reine avait eu quelque chose à cacher, elle pouvait écrire en castillan, langue que Mazarin comprenait parfaitement. Qu'il y eût de la tendresse entre eux, une affection passionnée, attentive, cela n'est pas douteux et c'est ce qu'exprime cette lettre. Mais je laisse au lecteur le soin de juger... Ce qui compte après tout, je l'ai déjà dit, c'est que l'union de ces deux êtres, qu'elle eût été charnelle ou platonique, sauva le royaume d'une catastrophe qui paraissait inévitable, permit l'achèvement de l'œuvre de Richelieu et prépara le règne glorieux du Roi-Soleil. Le reste appartient à la très petite histoire, celle des alcôves, l'équivalent de certaines de nos revues illustrées, où les amours, vraies ou supposées, de princesses s'étalent à longueur de page, épicées de confidences tronquées, frelatées et le plus souvent vénales.

1. On interprète cette ligne comme suit : « La Reine à Mazarin jusqu'au dernier soupir. »

Mazarin rentra à Paris le 3 février 1653. Dès que sa venue fut annoncée, les officiers de la couronne et les courtisans se précipitèrent à Dammartin pour le saluer et le complimenter. Louis XIV l'attendait au Bourget. Il l'embrassa publiquement et le fit monter dans son carrosse. De la porte Saint-Denis au Louvre, ce ne furent que vivats, applaudissements, cris énamourés. La reine, selon Montglat, était dans un état de joie qui ne se peut exprimer. « Certains s'étonnaient que cet illustre proscrit, ce perturbateur du repos public, cet obstacle à la paix générale, dont la tête avait été mise à prix par le Parlement, entrât à Paris triomphalement, mais ces esprits chagrins gardaient leurs réflexions pour eux. » Témoignage de La Porte, le fidèle valet de chambre, qui détestait, il est vrai, Mazarin : « J'admire l'inconstance des Français à l'égard du cardinal Mazarin, sur qui, après avoir crié "tollé", ils se ruaient à son retour pour aller au-devant de lui ; et ceux mêmes qui avaient été ses plus grands ennemis furent les plus empressés à se produire et à lui faire leur révérence. Je vis une multitude de gens de qualité faire des bassesses si honteuses en cette rencontre, que je n'aurais pas voulu être ce qu'ils étaient à condition d'en faire autant ; tout le monde disait tout haut au Roi et à la Reine que toute la France était mazarine, et qu'il n'y avait personne qui ne tînt à grande gloire de l'être. J'étais dans le cabinet de la Reine lorsque Son Éminence y entra ; j'y vis, parmi tant de gens qui s'étouffaient, à qui se jetterait à ses pieds le premier, j'y vis, dis-je, un religieux qui se prosterna devant lui avec tant d'humilité que je crus qu'il ne se relèverait jamais ! » Le Parlement avait envoyé une délégation pour se conjouir avec la cour et manifester sa soumission. Le prévôt des marchands parut à la tête de ses échevins. Il venait inviter le roi, la reine et le cardinal à un régal à l'Hôtel de Ville, en gage de réconciliation. Fameux festin qui eut lieu le 29 février et auquel Mazarin se rendit sans escorte. « Quelles flatteries et quelles bassesses ne furent point mises en usage par les plus insignes frondeurs pour effacer le souvenir des choses passées et se rendre plus propice cette divinité qu'ils avaient naguère tant outragée. La profusion et la superfluité s'y firent marquer comme s'il eût été question de régaler le Roi au retour de la conquête d'une grande province » (*Journal* de Jean Vallier). Place de Grève, quand, au cours de ce prodigieux festin, il s'était montré à une fenêtre, la foule l'avait acclamé : il est vrai qu'il jetait à pleines mains des piécettes d'argent que les premiers rangs se disputaient à coups de poing.

Ces manifestations populaires, ces adulations des Grands, cette gloire factice n'égaraient point la raison de Mazarin. Il jouait le jeu, comme toujours avec talent, mais savait le prix de cette mascarade et, gardant la tête froide, mesurait le chemin qui lui restait à parcourir. La gloire qu'il recherchait allait bien au-delà des toasts et des vivats. Son authentique grandeur était là. Seuls la reine et son fils les pouvaient pressentir.

La vie reprit son cours entre le cardinal-ministre, la reine et le jeune monarque, formant un pouvoir tricéphale ou une triade. Nous connaissons par le menu l'emploi du temps de la reine grâce à Mme de Motteville. Anne d'Autriche avait gardé ses habitudes d'Espagne. Elle se couchait tard, mais ne se levait qu'entre dix et onze heures, sauf les jours des grandes fêtes religieuses. Elle priait, parfois longuement, avant d'appeler l'une de ses suivantes. Puis elle recevait brièvement les principaux officiers de la couronne, quelques grands seigneurs et quelques dames qui venaient lui parler d'aumônes à faire à Paris ou en province. Le roi et son frère venaient alors la saluer. Après avoir passé une robe de chambre, elle prenait son petit déjeuner : « On lui servait, après son bouillon, des côtelettes, des saucisses et du pain bouilli. » Elle avait un solide appétit. Elle mettait ensuite un corps de jupe, un peignoir et une hongreline noire. Après avoir assisté à la messe, elle se coiffait et s'habillait. Ses cheveux châtain clair étaient encore superbes. Elle affectionnait les robes noires, sans ornements, qui mettaient son teint lilial en valeur. Avant de dîner (notre déjeuner) d'excellent appétit, elle donnait audience. Elle prenait rarement ses repas en public, mais avec ses fils.

L'après-midi, après s'être retirée un moment dans son oratoire, elle assistait au Conseil, ou tenait cercle et sinon s'en allait visiter des religieuses dans les couvents qu'elle affectionnait ; le plus souvent au Val-de-Grâce, qu'elle avait fait bâtir. Chaque soir, elle avait un long entretien avec Mazarin : « Ce ministre y demeurait quelquefois une heure, quelquefois plus. Les portes du cabinet demeuraient ouvertes. » Quand la reine avait souhaité le bonsoir à ses familiers et que Mazarin avait pris congé, elle se retirait dans son oratoire. Elle soupait à onze heures. Puis, avant de se mettre au lit, elle conversait familièrement avec ses suivantes. Les soirs où il y avait comédie ou spectacle de ballets, dont elle était friande quoiqu'elle s'en défendît, elle se couchait beaucoup plus tard. Elle consacrait peu de temps à la lecture, et ne lisait guère que des livres de piété.

La journée du jeune Louis XIV n'est pas moins réglée. Il se lève de bonne heure. Il récite son chapelet. Son précepteur vient lui faire une courte lecture : quelques pages de l'Écriture sainte ou de l'histoire d'Henri IV. Les premiers valets de chambre, La Porte et Dubois, se présentent alors ; ils aident le jeune roi à enfiler sa robe de chambre. Il a gardé son bonnet de nuit. Il passe dans la chambre voisine, où quelques courtisans viennent lui souhaiter le bonjour. Il a un mot pour chacun. Il retourne alors dans sa chambre, où il se livre à ses ablutions, si l'on peut dire, car toute la toilette consiste à se rincer la bouche et à se mouiller le visage. Le grand siècle ignorait l'hygiène la plus élémentaire. L'aumônier de service fait alors son entrée. Louis s'agenouille et récite avec lui l'oraison du jour. Puis on lui brosse les cheveux, qu'il a fort beaux et naturellement bouclés, et on l'aide à revêtir une tenue légère : c'est une sorte de tenue de sport. Louis se rend dans une assez vaste salle jouxtant l'antichambre. Il y fait de la voltige sur un cheval de bois, s'exerce à l'escrime et au maniement de diverses armes. Il travaille ensuite avec son maître à danser, car il raffole des bals et se produit volontiers dans les ballets. Il a mis tant d'ardeur dans ces différents exercices qu'il est obligé de changer de linge. Il enfile un habit ordinaire et se rend chez son parrain, le cardinal, qui loge à l'étage supérieur. Mazarin l'attend avec un ou plusieurs secrétaires d'État, selon les affaires qui seront traitées. Là, pendant deux grandes heures, on dépouille les dépêches ; on débat sur les questions qu'elles soulèvent. Le roi s'initie de la sorte au gouvernement. Il écoute, interroge souvent, manifeste une grande curiosité et le plus vif désir de s'instruire. Il a une remarquable mémoire, une intelligence très sûre. Parfois il s'enhardit à donner son avis, et fait preuve de jugement. Mazarin le corrige au besoin, avec patience et douceur. Il ne lui cache rien des secrets d'État, ayant toute confiance en sa discrétion. Il lui révèle, sans le brusquer, l'envers des hommes et lui enseigne, éventuellement, le tarif des consciences. Il trie les affaires pour ménager une progression, ne pas le décourager et lui donner par là de l'assurance. Il ne veut point que l'éducation de son filleul soit abstraite et livresque, mais réaliste et rationnelle. La veille de son retour, il lui a écrit : « Il ne dépendra que de vous d'être le Roi le plus glorieux qui ait jamais été, Dieu vous ayant donné toutes les qualités pour cela, et n'étant à présent besoin d'autre chose que de les mettre en usage, ce que vous ferez avec facilité et toujours de bien en mieux, acquérant par l'application que vous donnerez aux affaires la connaissance et l'expérience qui vous sont nécessaires ; et, toutefois, il ne faut pas que cela vous empêche de prendre vos divertissements. »

Après la leçon de politique, Louis va saluer la reine qui vient à peine de se lever. Il assiste au déjeuner et reste un moment avec elle. Elle le traite parfois en petit garçon, ce qui est le travers de presque toutes les mères ! Il écoute ses réprimandes en baissant le nez. Ayant pris congé, il se rend au manège et travaille sous la direction d'Arnolfi, son écuyer. On lui présente les nouveaux chevaux. Il les essaie. On admire sa science équestre. Il a une « main » excellente.

Laissant les chevaux, il remonte chez sa mère et assiste près d'elle à la messe dite par l'aumônier. Il dîne (déjeune) en sa compagnie : il a lui aussi un appétit « admirable ». Il écrira dans ses *Mémoires* : « L'assiduité avec laquelle je voyais la Reine ma mère n'était point une loi que je m'étais imposée par raison d'État, mais une marque du plaisir que j'éprouvais en sa compagnie à ne faire avec elle qu'un même logis et souvent une même table. » Il y a là, indubitablement, l'esquisse de cette vie quasi bourgeoise qu'il mènera plus tard avec Mme de Maintenon.

L'après-midi, il consacre une heure ou deux aux leçons de son précepteur. Ce n'est pas un grand lecteur. Sa culture a des lacunes et restera superficielle. Les leçons se réduisent à des conversations quasi mondaines. C'est son métier de roi qui passionne Louis. Parfois, il rédige un petit mémoire à partir de notes prises au cours de la séance du matin avec les secrétaires d'État. Mazarin prend la peine de lui répondre : « Je vous dirai sans exagération que j'ai lu votre lettre avec une extrême joie, car elle est fort bien écrite et vous vous engagez d'une telle manière à vouloir vous appliquer aux affaires et n'oublier rien de ce que vous croyez nécessaire pour devenir un grand Roi. »

Ensuite, il a quartier libre et peut se livrer à son plaisir favori : la chasse à courre, au tir, au faucon. Cette passion de vénerie, tous ses aïeux l'ont eue. Mais lui, il a un besoin viscéral de vivre au grand air, de chevaucher à travers bois.

Après souper, il danse au son « des violons du Roi », badine avec les filles de la reine, s'assied à une table de jeu : Mazarin lui donne peu d'argent de poche. Il se retire dans ses appartements, bavarde avec ses familiers en se dévêtant, récite sa prière et se couche.

Il y a dans cet emploi du temps, quasi immuable, l'amorce de l'étiquette de Versailles. Déjà, Louis aime la régularité et la ponctualité.

Mazarin n'est pas moins régulier et infatigable, bien qu'il subisse la première atteinte de l'âge et souffre d'assez violents accès de goutte. Il se couche beaucoup plus tard que la reine, pour travailler. Il se lève à l'aube. Les audiences, les conseils, l'éducation du roi, les entretiens quotidiens avec la reine, les mondanités qu'il ne peut éviter, les festivités où il doit paraître, les obligations de sa charge, la rédaction de rapports et de dépêches confidentielles, dévorent ses journées. Il ne lui reste pas huit ans à vivre pour terminer son œuvre. Il y usera ses dernières forces, il le sait : nul destin ne lui paraît plus enviable que le sien. Il a appris à Anne d'Autriche ce que devait être une reine de France ; il a refaçonné son caractère par trop impulsif et orgueilleux. Il développe les talents et la personnalité de Louis XIV, son fils spirituel. Il règne à travers eux, « plus puissant que Dieu le Père », comme disent ses ennemis. Il sait qu'en politique rien n'est jamais fini ; que l'on ferme un dossier pour en ouvrir un autre et qu'il n'est pas d'affaires définitivement classées. Les problèmes qui se posent à lui sont multiples, difficiles à résoudre si l'on veut éviter la précipitation. Il lui faut effacer les traces de la Fronde, achever la guerre avec l'Espagne par un bon traité de paix, étendre l'influence de la France à toute l'Europe. Il compte sur sa dextérité et, malgré son pragmatisme, sur son étoile.

Tout d'abord, il remet de l'ordre dans les structures gouvernementales. Il se dote de collaborateurs solides et loyaux : le chancelier Séguier (qui mourra à son poste), Michel Le Tellier, secrétaire d'État à la Guerre (père de Louvois), Loménie de Brienne aux Affaires étrangères, avec Hugues de Lionne pour adjoint et futur remplaçant, Servien et Nicolas Foucquet aux Finances, avec le titre de surintendants.

Le Conseil étroit (le roi, la reine, Mazarin et les ministres) prenait les décisions les plus importantes et définissait les orientations politiques. Le Conseil d'État et le Conseil des dépêches étaient, à des degrés divers, en charge d'appliquer les directives du Conseil étroit. Le Conseil de conscience, qui connaissait des affaires ecclésiastiques, était sous la coupe du Premier ministre : il disposait ainsi des bénéfices en toute liberté et sut en tirer profit.

La tâche était immense. Il fallait remettre en marche une machine administrative énorme, mais imparfaite, mettre fin au laxisme des agents fiscaux, stimuler les trésoriers de France pour accélérer la levée des impôts, équiper les armées, remodeler leurs cadres, redéfinir les pouvoirs des intendants et commissaires, ne rien brusquer, mais au contraire avancer à pas comptés pour ne pas être contraint de revenir en arrière, ne point légiférer à tort et à travers, sans connaissances approfondies des affaires et sans perspective, mais faire appliquer les édits préexistants, tenir les cours souveraines en lisière et principalement le Parlement de Paris, habituer la noblesse à obéir, etc.

Plus tard, non d'ailleurs sans se donner le beau rôle, Louis XIV décrira fort pertinemment la situation :

« ... Il faut se représenter l'état des choses : des agitations terribles par tout le royaume avant et après ma majorité ; une guerre étrangère où ces troubles domestiques avaient fait perdre à la France mille et mille avantages ; un prince de mon sang et d'un très grand nom à la tête des ennemis ; beaucoup de cabales dans l'État ; les parlements encore en possession et en goût d'une autorité usurpée ; dans ma cour, très peu de fidélité sans intérêt et par là mes sujets en apparence les plus soumis autant à charge et autant à redouter que les plus rebelles ; un ministre rétabli malgré tant de factions, très habile, très adroit, qui m'aimait et que j'aimais, qui m'avait rendu de grands services, mais dont les pensées et les manières étaient naturellement très différentes des miennes, que je ne pouvais toutefois contredire ni lui ôter la moindre partie de son crédit sans exciter peut-être de nouveau contre lui, par cette image quoique fausse de disgrâce, les mêmes orages qu'on avait eu tant de peine à calmer ; moi-même, assez jeune encore, majeur à la vérité de la majorité des rois, que les lois ont avancée pour éviter de plus grands maux, mais non pas de celle où les simples particuliers commencent à gouverner librement leurs affaires ; qui ne connaissais entièrement que la grandeur du fardeau sans avoir pu jusqu'alors bien connaître mes propres forces ; préférant sans doute dans le cœur, à toutes choses et à la vie même, une haute réputation si je la pouvais acquérir, mais comprenant en même temps que mes premières démarches en jetteraient les fondements... »

II

LE SACRE DE LOUIS XIV

Louis XIV fut sacré à Reims, le dimanche 7 juin 1654. Il avait quinze ans et demi. Malgré sa jeunesse, il supporta admirablement la longue cérémonie, au cours de laquelle il ne se départit pas un instant de son air de précoce majesté. Mazarin avait attendu que la Fronde fût terminée pour fixer la date de cette cérémonie qu'il voulut grandiose et qu'il organisa avec l'art d'un grand metteur en scène. On sait que le sacre d'un roi de France avait une valeur hautement symbolique et spirituelle. C'était à la fois une seconde naissance et un nouveau baptême. C'était aussi le mariage du roi avec son royaume, suivi d'une adhésion collective exprimée symboliquement par les vivats du peuple.

Un cérémonial compliqué, d'ailleurs modifié et enrichi au cours des siècles, faisait du roi le lieutenant de Dieu sur la terre, sa représentation physique, tout ensemble un évêque et un chef d'État. L'onction lui conférait des pouvoirs de thaumaturge, en particulier celui de guérir les écrouelles. Cependant, la cérémonie de 1654 répondait en outre à une intention nettement politique. Elle proclamait la victoire du roi sur ceux qui, pendant cinq ans, avaient âprement contesté son pouvoir et, tout en affirmant leur loyalisme envers sa personne, tenté de modifier les structures de la monarchie : les parlementaires et les grands seigneurs, les deux noblesses, celle d'épée et celle de robe. Louis XIV affirmait, par son couronnement, sa qualité de droit divin, ne devant compte de ses actes qu'à Dieu seul, même si le peuple était virtuellement associé à la cérémonie.

Cependant, la conjoncture posait quelques difficultés. Six pairs ecclésiastiques et six pairs laïcs devaient soutenir la couronne au-dessus de la tête du roi, marquant par ce geste à la fois leur acquiescement à son règne et leur engagement à l'aider. Il fallut faire appel à certains évêques dont le siège n'avait pas été érigé en pairie. L'évêque de Soissons dut remplacer l'archevêque de Reims. La même question se posa pour les pairies laïques qui avaient disparu au cours des âges. Il n'y avait plus de duc de Normandie, ni de duc de Bretagne, ou de Bourgogne, ni de comte de Toulouse ou de Flandre. On leur substitua de grands seigneurs qui n'avaient pas adhéré à la Fronde ou s'étaient ralliés de leur plein gré, ou assez vite, à la cause royale. Autre particularité : le serment du sacre fut modifié. On l'augmenta de l'engagement solennel d'appliquer avec une extrême sévérité l'édit de 1643 sur les duels. C'était en effet un point d'honneur de dégainer à la moindre parole malheureuse, qu'elle fût intentionnellement injurieuse ou simplement maladroite. Les amis de chaque duelliste participaient au combat. Cette coutume décimait la noblesse. Désormais, on ne pouvait attendre du roi une grâce ou une atténuation quelconque. Or, la consommation du duel entraînait la peine capitale, la confiscation des biens et, dans les cas les plus graves, la dégradation de noblesse.

Il y eut une autre anomalie. L'usage voulait qu'au lendemain de son couronnement le roi se rendît en pèlerinage au monastère de Corbeny, pour y révérer la châsse de saint Maclou et toucher ensuite les écrouelles. Mazarin jugea la région trop peu sûre – ce qui montre que la pacification ne fut pas aussi rapide qu'on le dit généralement. Il fit transporter la châsse de saint Maclou à Reims, et ce fut dans cette ville que Louis XIV toucha environ trois mille malades. C'était une rude épreuve pour un garçon de quinze ans. Il fallait toucher de la main nue des plaies souvent affreuses et malodorantes, en prononçant les mots rituels : « Le Roi te touche, Dieu te guérisse ! ». Louis XIV supporta cette ultime épreuve avec une admirable patience.

Il était d'usage de libérer des prisonniers en signe de joyeux avènement. Toutefois, divers crimes étaient exclus de cette mesure de clémence : le vol de grands chemins, la lèse-majesté divine et humaine, l'empoisonnement, le rapt, le viol, le faux monnayage, la contrebande, la concussion, la désertion, le duel. Quatre magistrats examinèrent avec soin les dossiers. D'ordre de Mazarin, l'écrémage fut particulièrement sévère.

Les sacres des rois comme leurs enterrements donnaient fréquemment lieu à des incidents burlesques. L'archevêché de Reims avait le monopole des sacres depuis Clovis. L'évêque de Soissons, ayant officié, crut normal de faire imprimer le procès-verbal de la cérémonie. Fureur du chapitre de Reims qui répliqua vertement en faisant éditer chez un autre imprimeur une protestation en bonne et due forme !

Cette querelle de clocher était certes moins importante que l'absence de Condé, premier prince du sang, et de quelques autres grands dignitaires de la couronne. La reine avait assisté à la brillante cérémonie du haut de la tribune d'honneur. Elle était trop espagnole et trop pieuse pour ne pas savourer cette heure de grâce. Pensa-t-elle qu'elle n'avait pas elle-même été sacrée ? Louis XIII ne lui avait pas fait cet honneur. La dernière reine qui fut couronnée, en 1610, fut Marie de Médicis, seconde épouse d'Henri IV. Anne d'Autriche aimait tendrement son fils. Il était devenu sa raison d'être, son unique ambition. Elle avait défendu son trône avec un courage qui la plaçait au rang de Blanche de Castille. Tout en admirant Louis, et en savourant la joie de cette grande journée, pouvait-elle s'empêcher d'être fière de sa propre réussite, et de jeter un regard ému à celui qui l'avait tant aidée ? Mazarin se tenait un peu à l'écart, dans un modeste fauteuil. Ce sacre était sa revanche personnelle. Il marquait son triomphe sur ses détracteurs. Certains de ceux qui se pavanaient dans leurs habits rutilants s'étaient naguère ligués contre lui et l'avaient abreuvé d'insultes. D'autres avaient été achetés aussi commodément qu'on achète un cheval. Ils prenaient de grands airs et affichaient la plus touchante ferveur, pour masquer leur cœur vénal. Certes, il y avait de la grandeur dans le mépris que Mazarin ressentait à leur égard.

Mais déjà son génie exigeant l'emportait vers d'autres horizons, vers cette frontière de l'est qui restait sa préoccupation majeure. Il était résolu à frapper un grand coup, en profitant de l'effet du sacre. Ce n'était point un stratège en chambre. Une sorte d'instinct lui révélait les erreurs de ses adversaires, leurs points faibles. Parfois, il semblait lire dans la pensée de leurs généraux. L'année précédente (1653), il avait su profiter de leur dispersion. Ayant repris Château-Porcien, Bar-le-Duc et Commercy, il avait arraché à la reine l'autorisation d'emmener Louis XIV aux armées : pour l'initier à la technique des sièges, l'habituer à la vie des camps et, par sa présence, stimuler le courage des soldats. Rethel fut prise le 8 juillet et, le 27 novembre, Sainte-Menehould. Le jeune roi se montrait robuste et plein d'entrain. La vie militaire lui plaisait. Après le sacre, Mazarin l'emmena à Stenay, naguère bastion de la Fronde. Ce fut le maréchal Fabert qui dirigea le siège. Stenay capitula le 5 août 1654. Simultanément, pour faire diversion, Condé et les Espagnols assiégeaient Arras. Turenne fut chargé de débloquer cette ville. Ayant reçu des renforts après la prise de Stenay, il attaqua le camp ennemi dans la nuit du 24 au 25 août (jour de la Saint-Louis). L'armée de Condé fut battue à plate couture. Le Quesnoy tombait en nos mains le 6 septembre et Clermont-en-Argonne le 22 novembre. Le Roi-Soleil jetait ses premiers rayons. Cette glorieuse campagne succédant à son couronnement lui donnait une haute idée de lui-même.

Il n'en restait pas moins, volontairement, subordonné à

Mazarin. Il l'admirait et il l'aimait filialement. De plus, il était assez intelligent pour apercevoir ses limites, admettre ses insuffisances. Il sentait donc la nécessité de prendre encore des leçons de son maître en politique, même si la souplesse artificieuse de celui-ci heurtait sa propre nature. Assurément, il avait l'étoffe d'un grand roi pour accepter ainsi de jouer les seconds rôles pendant quelques années. Parfois, cependant, son caractère un peu trop vif se manifestait. Mazarin rectifiait discrètement ses erreurs, n'oubliant jamais que son élève était en même temps le maître du royaume.

Il fallut préparer la campagne de 1655, donc faire de l'argent et promulguer de nouveaux édits bursaux. Mazarin se méfiait de l'apparente docilité du Parlement. Cette cour n'avait pas été sérieusement épurée. On s'était contenté de sanctionner Broussel et quelques fortes têtes, d'accepter une soumission plus ou moins fictive. Craignant une résistance, il envoya le roi tenir un lit de justice. Le chancelier prononça un fort beau discours pour montrer que l'obstination des Espagnols contraignait le roi à poursuivre la guerre, nonobstant sa volonté de paix. L'avocat général reconnut que les édits, dont le roi prescrivait l'enregistrement, étaient nécessaires, mais il le priait de prendre en considération le dénuement de ses peuples. Le lendemain, comme dans les premiers jours de la Fronde, de jeunes maîtres des requêtes s'assemblèrent et réclamèrent l'ouverture de débats. Or, les édits ayant été enregistrés, on ne pouvait plus y revenir. Oubliant ce détail, les parlementaires estimèrent que le vote n'avait pas été libre. Ils commencèrent donc à vérifier les textes en cause, c'est-à-dire à les discuter ligne à ligne. Prenant connaissance des procès-verbaux, Mazarin put lire ces étranges lignes : « ... le pays espérait que Sa Majesté, à l'exemple de son aïeul, ce grand et incomparable monarque Henri IV, prendrait un jour elle-même le soin de ses affaires. » La discussion se prolongeant et s'aigrissant, il décida la tenue d'un second lit de justice pour le 13 avril.

Ce jour-là, Louis XIV avait décidé de chasser au bois de

Vincennes. Au lieu de respecter la tradition et d'apparaître sous le manteau fleurdelisé et le sceptre à la main, il arriva à cheval, en costume de veneur : chapeau gris, grandes bottes à revers, justaucorps rouge. Puis, sans préambule ni salutation quelconque, il lança cette apostrophe aux parlementaires ébahis :

– « Chacun sait combien vos assemblées ont suscité de troubles dans mon État et combien de dangereux effets elles y ont produits. J'ai appris que vous prétendiez encore continuer sous prétexte de délibérer sur les édits qui, naguère, ont été publiés et lus en ma présence. Je suis venu ici tout exprès pour vous en défendre la continuation, ainsi que je le fais absolument, et à vous, monsieur le premier président, ni de les souffrir ni de les permettre, quelque instance qu'en puissent faire messieurs des Enquêtes ! »

Puis, il se leva et s'en alla sans qu'une protestation s'élevât dans la salle. En prononçant sa courte harangue, il avait montré du doigt « messieurs des Enquêtes », qui baissaient le nez, et le premier président Pomponne de Bellièvre, qui était atterré.

La légende veut, reprise naguère par quantité de manuels et d'ouvrages historiques, que Louis XIV ait dit :

– « L'État, c'est moi. »

C'est un raccourci saisissant, mais qui n'exprime nullement la pensée du roi, un de ces mots historiques à ranger parmi les vieilles lunes. À la vérité, il avait simplement affirmé son autorité, dans l'intention de couper court aux initiatives des maîtres des requêtes et des nostalgiques de la Fronde. Il n'entendait point entraver la marche du Parlement ni porter atteinte à ses prérogatives. Toutefois, il tenait ces magistrats en piètre estime, car il n'avait pas oublié certaines circonstances de la Fronde, non plus que les humiliations qu'il avait subies.

Les parlementaires étaient du genre hargneux et rechignés. Ils n'aimaient pas avoir tort. Ils aimaient encore moins que l'on s'en prît à leur dignité, en les traitant cavalièrement : c'est le cas de le dire. Ils se ressaisirent. Oubliant, une fois de plus, que les édits étaient indispensables à la poursuite de la guerre, ils se montèrent la tête et arrêtèrent leur plan de bataille. Pour quelques-uns, c'était le bon temps qui revenait. Les maîtres des requêtes se montraient les plus acharnés.

Le lendemain, tous les présidents, conduits par Bellièvre, s'en furent chez le cardinal. Il attendait leur venue, nullement inquiet. Ces hauts magistrats exprimèrent en termes pathétiques – je veux dire dans leur galimatias habituel – leurs doléances et leur douleur. Mazarin les écouta en souriant. Son exquise politesse, ses réponses ambiguës, mirent du baume sur la blessure. Il expliqua, comme toujours sans élever la voix, quelles étaient les véritables intentions du roi. Il les assura de sa bienveillance et tenta de les raisonner, en soulignant à nouveau la nécessité des édits et l'inutilité des débats réclamés par les maîtres des requêtes. Les présidents s'entêtèrent. Mazarin ne s'émut pas outre mesure. Il fit agir Nicolas Foucquet qui était à la fois surintendant des finances et procureur général, et comptait beaucoup d'amis parmi les parlementaires. Il fit aussi intervenir Turenne, responsable des opérations militaires. Et surtout, il acheta Bellièvre. Ce dernier avait la réputation d'un magistrat sévère et intègre. Mazarin savait qu'en réalité il menait grand train et avait le plus urgent besoin d'argent. Que derrière cette hautaine façade d'intégrité se cachait une ambition forcenée. Bellièvre voulut bien accepter une gratification de trois cent mille livres et la querelle des édits s'assoupit comme par enchantement.

Louis apprenait ainsi l'inconvénient et le coût d'une démarche intempestive, et en même temps l'art de retourner une situation apparemment inextricable. On peut toutefois se demander dans quelle mesure Mazarin, sous-estimant l'adversaire, n'avait pas laissé le roi suivre son impulsion. Car enfin il lui arrivait aussi de commettre des imprudences.

III

NIÈCES ET NEVEUX

Mazarin consacrait toutes ses forces à la conduite des affaires. Il voulait laisser à Louis XIV un royaume agrandi et un pouvoir consolidé. Sa politique, complexe mais constante, tendait vers ce double but. Mais il travaillait avec le même cœur à bâtir sa fortune et à promouvoir sa famille. Il avait réussi à faire donner le chapeau de cardinal à son frère Michel, personnage cependant peu digne d'intérêt dont il réparait patiemment les maladresses. Il lui restait deux sœurs. L'aînée, Laure-Marguerite Martinozzi, avait deux filles : Anne-Marie qui épousa Armand de Bourbon, prince de Conti, et Laure qui épousa Alphonse IV d'Este, duc de Modène. Hiéronyma Mancini avait huit enfants : Laure qui épousa Louis de Bourbon, duc de Mercœur ; Michel-Paul qui fut tué au combat de la porte Saint-Antoine en 1652 ; Olympe qui épousa Eugène-Maurice de Savoie-Carignan, comte de Soissons ; Philippe-Julien qui devint duc de Nevers ; Marie qui fut aimée de Louis XIV et mariée au prince Colonna ; Alphonse qui périt en jouant avec ses camarades de collège ; Hortense qui épousa Armand de La Porte, marquis de La Meilleraye, puis duc de Mazarin ; Marie-Anne qui épousa le duc de Bouillon. Cette simple énumération montre à quel degré Mazarin s'était élevé. À vrai dire, sa réussite n'a point d'équivalent dans notre histoire. Elle dépasse celle de Richelieu qui était parvenu, non sans peine, non sans s'exposer à de violentes critiques, à marier sa nièce de Brézé au duc d'Enghien, futur prince de Condé. Encore était-il de noblesse d'épée, de surcroît fort ancienne. Mazarin avait des origines plus modestes, en tout cas obscures. Il était italien. Certains de ses compatriotes étaient venus courir leur chance en France ; ils y avaient réussi. Au siècle précédent, les Gondi avaient bénéficié d'une prodigieuse élévation. La faveur d'une reine, un mariage inespéré avaient fait du fils d'un banquier quelconque un maréchal de France, duc de Retz. L'archevêché de Paris, réservé aux cadets, faisait partie du patrimoine de cette famille. Réussite éblouissante, mais qui ne se pouvait comparer à celle de Mazarin. Il est piquant de constater que le pire ennemi de ce dernier, le cardinal de Retz, était le plus acharné à railler la bassesse de son extraction, alors que leurs origines différaient peu et que les Gondi d'Italie n'étaient guère plus illustres que les Mazarini ! Quant au maréchal d'Ancre, Concini, il avait été un moment le maître du royaume, mais se contentait d'amasser de l'or et de vivre une extravagante aventure. Mazarin voulait durer, établir sa famille (dix neveux et nièces !), fonder en quelque sorte une dynastie. Mais il avait assez de finesse pour ne pas dévoiler trop tôt ses intentions.

La tribu Mazarin ne déferla pas d'un coup au Palais royal. Il y eut deux arrivages, si l'on peut dire : en 1647 et en 1653. Lorsque la reine avait désigné Mazarin comme Premier ministre, elle disait que ce choix ne tirait pas à conséquence, car il était étranger et n'avait point de parents. Mazarin lui avait probablement soufflé cet argument. Il n'empêche que, quatre ans après, on vit débarquer trois Mancini (Laure, Olympe et Michel-Paul) et l'aînée des Martinozzi (Anne-Marie). Mme de Motteville la présente ainsi : « L'aînée des petites Mancini était une agréable brune qui avait le visage beau, âgée d'environ douze ou treize ans. La seconde était brune, avait le visage long et le menton pointu. Ses yeux étaient petits, mais vifs ; et on pouvait espérer que l'âge de quinze ans leur donnerait quelque agrément. Selon les règles de la beauté, il était néanmoins impossible alors de lui en attribuer d'autre que celle d'avoir des fossettes à ses joues. Mademoiselle de Martinozzi était blonde : elle avait les traits du visage beaux, de la douceur dans les yeux. Elle faisait espérer qu'elle serait effectivement belle ; et si nous eussions été assez bons astrologues pour deviner dans sa physionomie les avantages de sa fortune comme on jugea ceux de sa beauté, on eût su en ce temps-là que sa destinée lui devait donner une grande qualité. »

Ces enfants furent présentés à la reine, qui les accueillit avec gentillesse. Elle les revit le lendemain. Mme de Motteville porte un jugement très dur sur le comportement de Mazarin : « Après qu'elles eurent vu la Reine, on les lui mena ; mais il ne montra pas de s'en soucier beaucoup ; au contraire, il fit des railleries de ceux qui étaient assez sots pour leur rendre des soins ; et, malgré ce mépris, il est certain qu'il avait de grands desseins sur ces petites filles. Toute son indifférence là-dessus n'était qu'une pure comédie ; et par là nous pouvons juger que ce n'est pas toujours sur les théâtres des farceurs que se jouent les meilleures pièces. » Les courtisans se pressaient autour de ces enfants, pour satisfaire leur curiosité. Leurs langues effilées s'apprêtaient à médire. Deux des petites filles étaient trop brunes pour ne pas déplaire : la mode était aux carnations florales, au teint de rose et de lys, aux yeux clairs, aux blondeurs éperdues. Elles n'annonçaient rien de cela. Cependant, le maréchal de Villeroy lança ce pronostic, pieusement recueilli par Motteville :

– « Voilà des petites demoiselles qui présentement ne sont point riches, mais qui bientôt auront de beaux châteaux, de bonnes rentes, de belles pierreries, de bonne vaisselle d'argent, et peut-être de grandes dignités ; mais pour le garçon, comme il faut du temps pour le faire grand, il pourrait bien ne voir la fortune qu'en peinture... »

L'imprudent Villeroy imaginait, comme la plupart des courtisans, que Mazarin serait tombé bien avant que son neveu ne parvînt à l'âge d'homme.

Mazarin aimait sincèrement ses neveux et nièces. Il leur servit de père et leur fit donner la meilleure éducation. Ils avaient tous une intelligence fort vive et, semble-t-il, s'adaptèrent rapidement à leur nouvelle existence. Aux heures difficiles, il veilla à leur sécurité. Ils partagèrent son exil au château de Brühl. On ne sait exactement quelle influence il exerça sur eux, mais on peut affirmer qu'il sut leur faire partager ses propres ambitions. La réussite primant chez lui toute autre considération, il n'imaginait pas qu'une fille puisse être heureuse sans faire un très grand mariage, qu'un garçon songeât à autre chose qu'à décrocher une grande charge et à s'égaler à la plus haute noblesse.

Ils vécurent donc à la cour, dans l'entourage du roi, parmi les enfants des plus illustres familles. Michel-Paul devint même l'un des compagnons de jeu préféré du roi, et le resta jusqu'à sa mort prématurée en 1652. L'année précédente, Mazarin avait marié Laure, l'aînée des Mancini, au duc de Mercœur, fils du duc de Vendôme et petit-fils d'Henri IV et de Gabrielle d'Estrées. Elle avait été d'abord fiancée au duc de Candale, arbitre des élégances. Laure Mancini en épousant un Vendôme entrait dans la famille de Bourbon et prenait rang de princesse. C'était un premier essai pour son cher oncle. Après ce brillant mariage, on commença à regarder les Mazarinettes d'un autre œil et, soudain, on les trouva plus attrayantes. En 1653, Mazarin fit venir quatre autres de ses neveux et nièces. Après la félonie de son frère, le prince de Conti cherchait à rentrer en grâce et se morfondait d'avoir gâché sa carrière. Un de ses familiers lui suggéra, mi-sérieux mi-railleur, d'épouser une Mazarinette. Le cardinal, dissimulant sa joie, proposa Anne-Marie Martinozzi ou Olympe Mancini. Le prince de Conti compara les portraits des deux nièces et choisit la première en haussant les épaules :

– « D'ailleurs, s'exclama-t-il, c'est le Cardinal que j'épouse et non la nièce ! »

Le mariage eut lieu le 24 février 1654. Le cardinal fit représenter *Le Cid* dans ses appartements. Un bal clôtura cette mémorable journée qui consacrait l'alliance d'une Martinozzi avec un Bourbon-Condé. On ne fut pas sans remarquer que le lit du cardinal était entouré d'une balustrade, distinction réservée aux seuls membres de la famille royale : mais l'habile homme s'était fait donner l'autorisation écrite du roi.

Le 27 mai 1655, il fit un pas de plus en mariant Laure Martinozzi à Alphonse d'Este, fils du duc de Modène. Le duché de Modène était un petit État indépendant. La joie perce dans la lettre qu'il écrivit au cardinal d'Este : « Jeudi dernier, le 27 mai, eurent lieu les fiançailles de M. le prince Alphonse et de ma nièce, dans la chambre du Roi et en présence de Leurs Majestés ; celles-ci signèrent le contrat de mariage que M. le comte de Brienne, en tant que secrétaire d'État, avait préparé et daignèrent ensuite souper avec Mme la princesse de Carignan, sa fille, le prince de Bade, la princesse palatine, la duchesse de Mercœur, mes sœurs, et d'autres dames de la cour. Le dimanche suivant, la bénédiction nuptiale fut accordée aux époux par M. l'évêque de Soissons, dans la chapelle royale et devant toute la cour. M. le prince de Savoie était le témoin du marié. »

Ce mariage présentait pour Mazarin un double avantage : faire de sa nièce une duchesse régnante et gagner l'alliance du duc de Modène, lequel, excellent général, serait une épine dans le talon des Espagnols. Le comte et la comtesse de Noailles, qui avaient accompagné Laure en Italie, se chargèrent d'amener à Paris Marie-Anne Mancini et son frère Alphonse. Marie-Anne était si charmante qu'elle gagna le cœur de la reine. Elle était aussi la préférée de son oncle. Alphonse rejoignit son frère Paul chez les Jésuites.

La même année (le 19 décembre) mourut Hiéronyma Mancini. Elle n'avait que quarante-deux ans. Feu son mari, qui s'adonnait à l'astrologie, lui avait prédit l'âge de sa mort. Elle avait vécu fort tristement dans l'attente de ce moment fatal. Son frère essayait en vain de la distraire en l'associant aux réjouissances de la cour. Trois semaines plus tard mourait en couches la duchesse de Mercœur, âgée de vingt et un ans. Mazarin assistait à un spectacle de ballet, quand on vint le prévenir. En apercevant la jeune morte, il éclata en sanglots. On ne voulut pas croire à la sincérité de son chagrin. Le duc de Mercœur, veuf inconsolable, se retira dans un couvent, où il reçut les ordres. Cette touchante histoire apporte une bouffée d'air pur.

Douze jours après la mort de Laure de Mercœur, sa sœur Olympe épousait le prince Eugène-Maurice de Savoie-Carignan, comte de Soissons par sa mère. Ce n'était pas une mince satisfaction pour cette intrigante que d'entrer elle aussi dans la Maison des Bourbons après avoir flirté avec le roi. Son oncle lui donna six cent mille livres de dot et nomma son mari colonel-général des suisses. Elle mena une vie brillante et passablement tortueuse. Plus tard, elle fut compromise dans l'affaire des Poisons et, plutôt que de s'exposer aux aléas d'un procès, préféra s'exiler à Bruxelles, où elle mourut en 1708.

En 1654, Mazarin avait acheté de la Maison de Gonzague la baronnie de Mayenne. Louis XIV érigea cette baronnie en duché. Depuis lors, Mazarin était cardinal-duc, comme Richelieu l'avait été jadis. Il souhaitait léguer ce titre à l'un de ses neveux. L'aîné, Philippe-Julien, ne valait rien. Il était agréable, mais indiscipliné, sans esprit de suite et sans ambition, partisan du moindre effort. Il comptait sur sa part d'héritage. Au contraire, Alphonse, son cadet, était très doué et très appliqué. Ses succès scolaires enchantaient son oncle. Pour la Noël 1657, il jouait avec ses camarades de collège à se faire bercer sur un drap. Projeté en l'air, il retomba si durement sur le pavé qu'il se fractura le crâne. On le trépana. Après une amélioration passagère, il mourut le 5 janvier. Désespoir de Mazarin qui s'en fut à Vincennes, pour ne plus voir personne. Il fallut que le roi vînt lui apporter ses consolations. Voilà ce qu'écrivit Guy Patin en cette circonstance : « Le petit

Mancini, neveu de Son Éminence, est mort de ses convulsions avec sa tête cassée le 5 janvier à six heures du soir. Le trépan n'a de rien servi… Le Mazarin avait envie de faire venir un chapeau de cardinal pour ce petit neveu de Rome et il avait envie de lui donner des abbayes pour un million de revenus. Ce qu'un petit Italien eût dévoré tout seul, pourra servir à dix Français ; on dit même qu'il le destinait à être son successeur au ministère, mais la corde est rompue. Les Italiens viennent ici gueux et maigres pour engraisser. » Finalement, le titre de duc de Mazarin échut, faute de mieux, non pas au fantasque Philippe-Julien, mais à un neveu de Richelieu : Armand de La Porte, marquis de La Meilleraye, qui eut la bonne fortune d'épouser la belle Hortense Mancini. Mais il sombra dans la bigoterie la plus extravagante et fut bientôt au bord de la ruine. Pour éviter la tentation, ce maniaque martelait le sexe d'admirables statues et faisait habiller décemment les dieux et les déesses des tableaux.

Louis XIV avait grandi au milieu de cet essaim de filles et de garçons venus de Rome et mêlés aux enfants qui portaient les plus grands noms de France. Les nièces de son parrain s'étaient épanouies sous ses yeux. À l'âge de dix-sept dix-huit ans, il commença à regarder les femmes d'un peu plus près. « Il était augmenté en toutes choses, écrit plaisamment Mme de Motteville. Sa belle et bonne mine se faisait admirer, et il portait dans les yeux et dans l'air de toute sa personne le caractère de la majesté, qui par sa couronne était essentiellement en lui. »

Il portait aussi cette chaleur de sang qui avait été celle de son grand-père Henri IV. La première demoiselle qui attira son attention fut Olympe Mancini. Motteville l'appréciait assez peu lors de son arrivée en France. Elle rectifia en conséquence son portrait : « Elle avait des yeux pleins de feu ; et malgré les défauts du visage, l'âge de dix-huit ans fit en elle son effet ; par l'embonpoint elle devint blanche, elle eut le teint beau et le visage moins long ; ses joues eurent des fossettes qui lui donnaient un grand agrément, et sa bouche devint plus petite ; elle eut de beaux bras et de belles mains, et la faveur avec le grand ajustement donnèrent du brillant à cette médiocre beauté. Enfin elle parut admirable aux yeux du Roi, et assez jolie à tous les indifférents. Il la voyait souvent... »

Trop souvent au gré de la reine qui se méfiait des ambitions d'Olympe et gratifiait Louis d'une candeur qu'il n'avait peut-être pas. Elle ne pouvait souffrir qu'on plaisantât là-dessus : « La grandeur de son âme avait de l'horreur pour cet abaissement. » La réalité était toute simple. Le roi se plaisait en compagnie d'Olympe et celle-ci aimait plaire. Elle avait très bien compris qu'elle ne pouvait devenir reine ; que cette amourette serait sans lendemain, mais la plaçait momentanément au premier rang de la cour. Comme le dit Mme de Motteville, elle « songeait à ses affaires ». Et ses affaires étaient de devenir princesse. Le mariage de sa cousine Anne-Marie Martinozzi avec le prince de Conti excita sa jalousie. Elle refusa d'épouser Armand de La Meilleraye, estimant qu'il était de trop petite condition pour elle, de même que Laure Mancini avait naguère dédaigné le duc de Candale. C'était cette attitude qui avait éveillé les soupçons de la reine. Le dépit qu'elle manifesta publiquement la veille du mariage de Laure s'expliquait par le fait que le duc de Mercœur lui avait préféré celle-ci. Elle avait pourtant des satisfactions de vanité. Le roi, qui s'était entiché d'elle, lui donnait toujours la première place. Il semblait que les bals, les divertissements et les plaisirs de la cour lui étaient destinés. Cependant Louis montrait presque autant de gentillesse à l'égard de la petite duchesse de Mercœur.

Depuis la fin de la Fronde, la cour avait retrouvé son faste et son atmosphère de fête. Les années suivantes, nos succès militaires incitèrent à de nouvelles réjouissances. On a dit, répété, à satiété, que Mazarin voulait amuser le roi pour conserver le pouvoir. Or, tout en l'initiant progressivement aux affaires, en lui apprenant le métier de roi, il n'oubliait pas que la jeunesse a besoin de se divertir. L'honnête homme du XVIIe siècle savait partager harmonieusement son temps entre les travaux et les plaisirs. Il devait paraître à son avantage en toutes circonstances. Si Louis XIV incarna à la perfection ce type humain, il le doit en grande partie à Mazarin. Bien que cardinal, ce dernier appréciait le théâtre, les ballets, la musique, les chants profanes, les bals. En exhibant ce beau garçon qui était le roi, il ne perdait point la politique de vue. C'était un moyen habile d'imposer son image, de le faire admirer par les jeunes nobles, d'imposer sa supériorité.

En 1655, survint un incident qui fit quelque bruit à la cour. La reine avait organisé un petit bal en l'honneur de la reine d'Angleterre et de sa fille qui avait onze ans. Le roi, qui avait accoutumé d'honorer les nièces du cardinal, ouvrit ce bal avec Mme de Mercœur. C'était une faute contre la bienséance. La reine se leva brusquement de sa chaise, écarta Mme de Mercœur et dit à son fils d'inviter la princesse d'Angleterre. La reine d'Angleterre se leva à son tour et lui dit que sa fille avait mal au pied et ne pouvait danser, et qu'il ne fallait pas contraindre le roi. À quoi Anne d'Autriche rétorqua que, si la princesse ne pouvait danser, le roi ne danserait pas. Finalement, ils dansèrent, mais les deux reines étaient furieuses.

Le soir même, le roi fut gourmandé par sa mère. Il répondit qu'il n'aimait pas les petites filles. Elle lui reprocha son incivilité, puis regretta sa vivacité. Louis était presque un homme ; il paraissait avoir vingt ans, mais restait son enfant et elle gardait pour lui la tendresse anxieuse de toutes les mères. La faveur qu'il portait aux nièces du cardinal l'irritait et la décevait quelque peu.

Il n'empêche que, l'année suivante (1656), il offrit à la duchesse de Mercœur une course de bagues qui resta dans les annales. Il avait formé trois groupes de huit chevaliers chacun. Il commandait le premier, dont la livrée était incarnat et blanc. Le duc de Guise menait le second, qui était bleu et blanc et le duc de Candale guidait le troisième, qui était vert et blanc. Les habits étaient brodés d'or et d'argent, faits à la romaine et complétés par des casques à aigrettes et panaches de plumes. Les caparaçons des chevaux étaient aux mêmes couleurs. Des trompettes, des pages vêtus de toile d'argent ouvraient cette splendide cavalcade, la première du règne. Sur l'écu du roi, on voyait un soleil, avec cette devise : « Ne piu, ne pari » (Ni plus, ni pareil).

À la fin de l'été, nouvelles festivités pour accueillir la reine Christine de Suède. On la surnommait « la Pallas suédoise », car elle s'entourait de poètes et de savants et parlait couramment huit langues. Elle arborait des tenues si étranges que la Motteville, toujours un peu gourmée, la qualifia d'« Égyptienne dévergondée ». On nota qu'elle n'avait pas les mains très nettes et se tenait mal. Elle s'exprimait crûment et manquait souvent de tact. C'est ainsi qu'elle conseilla sans façon à Louis XIV d'épouser Olympe Mancini puisqu'il en paraissait amoureux, tout en regrettant qu'elle ne fût pas plus belle.

Or, en février 1657, Olympe épousa le prince Eugène-Maurice de Savoie-Carignan, qui prit le titre de comte de Soissons. Ses désirs étaient comblés, car son mari appartenait à la Maison de Savoie par son père, était petit-fils de Charles Quint par sa grand-mère, et du sang de France par sa mère qui était princesse de Carignan et héritière du dernier comte de Soissons. Il avait peu de revenus, mais Olympe lui apportait six cent mille livres et l'oncle cardinal ne laisserait pas le jeune ménage dans le dénuement. Le roi la vit marier sans chagrin, ce qui réjouit la reine, laquelle dit un jour à Mme de Motteville : « Ne vous l'avais-je pas bien dit qu'il n'y avait rien à craindre de cet attachement ? » Toutefois, cette indifférence de Louis, après tant d'assiduité et une faveur si marquée, suscita quelques murmures chez les courtisans : certains avaient craint qu'il n'eût la faiblesse d'épouser cette nièce « du Mazarin ».

Deux autres nièces, tirées du couvent des Filles-de-Sainte-Marie où on les éduquait, parvinrent alors sur le théâtre de la cour : Marie et Hortense Mancini. Elles avaient respectivement dix-sept et onze ans. Portrait de Marie par Mme de Motteville : « Elle pouvait espérer être de belle taille, parce qu'elle était grande pour son âge et bien droite ; mais elle était si maigre, et ses bras et son col paraissaient si longs et si décharnés, qu'il était impossible de la pouvoir louer sur cet article. Elle était brune et jaune ; ses yeux qui étaient grands et noirs, n'ayant pas encore de feu, paraissaient rudes ; sa bouche était grande et plate ; et hormis les dents, qu'elle avait très belles, on la pouvait dire alors toute laide. » Il n'y a que les femmes pour traiter ainsi leurs congénères !

Le roi montrait quelque sympathie pour Marie, dont l'esprit s'accordait au sien. Mais « cette préférence fut pour quelque temps si médiocre qu'elle ne pouvait être comptée pour quelque chose » (Motteville). Comme on le constate, les moindres faits et gestes du roi étaient épiés par les courtisans ; ses moindres intentions étaient interprétées au goût de chacun. C'est qu'il était de toute importance pour ces futiles et ces ambitieux de ménager l'avenir et de se mettre en bonne place. Soudain le roi parut épris tout de bon d'une nouvelle venue : Mlle de La Motte d'Argencourt. Elle n'était ni très belle ni très intelligente, mais conforme à la mode du temps, c'est-à-dire blonde aux yeux bleus avec un teint de fleur. Elle s'exprimait bien et dansait remarquablement. Louis s'amouracha d'elle si vivement que le cardinal partagea, pour cette fois, les inquiétudes de la reine. Elle l'exhorta en vain à refréner ses sentiments. Bientôt, il ne prit même plus la peine de dissimuler sa passion et il proposa à Mlle de La Motte de devenir sa maîtresse. Elle refusa, mais il redoubla d'assiduité. La reine déplorait qu'en si peu de temps il se fût écarté « de l'innocence et de la vertu ». Il consentit à faire un bref séjour à Vincennes. Quand il revint, il se déclara résolu à ne plus adresser la parole à son amoureuse. Mais, deux jours après, pendant un bal, elle vint le prendre par la main pour danser. Il pâlit, puis rougit. Mlle de La Motte dit à ses amies que la main du roi tremblait pendant qu'il tenait la sienne. Mazarin se servit de ce prétexte pour montrer au roi qu'elle était indigne de lui. Peu après, la belle quitta le service de la reine et fut mise au couvent Sainte-Marie-de-Chaillot. Elle en sortit bientôt pour contracter quelque honnête mariage.

Après son départ, le roi fréquenta l'hôtel de Soissons,

pour y retrouver Olympe. Il avait conservé pour elle « un reste d'inclination ». Il allait surtout se divertir, car l'ambiance était fort gaie et fort libre dans ce salon. Puis il se lassa. Pendant un séjour à Fontainebleau, on remarqua qu'il était souvent avec Marie Mancini, malgré sa laideur « en ce temps-là excessive », et se plaisait beaucoup à sa conversation. Nul ne prévoyait alors la grande passion qui allait suivre. Marie fut de toutes les Mazarinettes celle qui donna le plus de fil à retordre au cardinal. Les autres avaient servi sa politique avec plus ou moins de docilité. Marie faillit ruiner son œuvre.

IV

GUERRE ET DIPLOMATIE

La Fronde avait donné de grands espoirs aux Espagnols. Ils réoccupaient les présides de Toscane. La garnison française de Casal avait évacué cette place. Toute la Catalogne au-delà des Pyrénées avait été perdue. En Flandre maritime, Dunkerque, Gravelines, Mardyck avaient été reprises. La guerre durerait encore des années, jusqu'en 1659, sans qu'il soit possible à l'un des adversaires de frapper un coup décisif. Un simple rappel des faits traduit parfaitement cette situation. En 1653, Condé, passé au service de l'Espagne, avait pris Rocroy, mais Turenne l'avait contraint à lever le siège d'Arras. En 1655, il avait pris Saint-Guillain et Turenne, Landrecies. En 1656, il avait forcé Turenne à lever le siège de Valenciennes. Les deux meilleurs généraux du temps s'affrontaient, cependant que la fortune changeait alternativement de camp. Malgré les combinaisons de Mazarin et du surintendant Foucquet, il devenait de plus en plus difficile de trouver de l'argent : le crédit du roi s'épuisait. Mais la situation de l'Espagne n'était pas meilleure, sinon pis, malgré les tonneaux d'or et d'argent amenés de ses colonies par des escadres de galions. On reprochait à Mazarin de continuer la guerre, alors que son plus constant désir était de conclure une bonne paix. L'Espagne en discutait les conditions depuis Münster, mais ses propositions étaient inacceptables, car elle exigeait que la France restituât la totalité de ses acquis. Comment faire accepter à l'opinion française que tant de sacrifices en vies humaines et en argent eussent été consentis en pure perte ?

La prise de Valenciennes par Condé fut un événement déterminant pour Mazarin. Il partit pour Capelle en emmenant le roi. Cette place capitula le 27 juin. Condé n'avait pu décider les Espagnols à livrer bataille, car don Juan d'Autriche s'y était opposé. La prise de Capelle rétablit la réputation de nos armes ; elle n'effaçait pas la perte de Valenciennes. La médisance allait bon train. Motteville : « Ce qui restait d'ennemis au ministre, quoique cachés et honteux, ne célébraient pas nos victoires avec la même joie qu'ils sentaient nos pertes, et ne faisaient pas tant de bruit des biens que des maux. Cette iniquité s'est pratiquée dans tous les temps. » Mais le cardinal se souciait fort peu de la médisance ; il avait accoutumé d'être incompris. Il intensifia les négociations avec l'Angleterre, dédaignant par avance les critiques acerbes que soulèverait une alliance avec cette nation. D'ailleurs, il n'avait pas le choix et, dans la conjoncture, il s'agissait pour lui de prendre les Espagnols de vitesse.

Pour en finir avec cette guerre, faire pencher enfin le plateau de la balance d'un côté, l'aide d'une autre puissance était aussi nécessaire à l'Espagne qu'à la France. Mazarin n'avait pas de flotte : on avait laissé péricliter celle que Richelieu avait créée à grands frais. Il pensait à la Hollande qui pouvait aligner de superbes escadres, commandées par des amiraux de tout premier ordre (Ruyter et Tromp). Mais les Hollandais ne souhaitaient pas une victoire trop prononcée des Français et, plus encore, leur voisinage. Restait l'Angleterre, en dépit de difficultés quasi insurmontables. Les premières démarches de Mazarin se heurtèrent au refus brutal de Cromwell. Il négociait alors avec les Espagnols, étant assuré que tout acte d'hostilité contre la France serait approuvé par les Anglais (qui n'avaient pas oublié la guerre de Cent Ans et regrettaient encore la perte de Calais). Au surplus, la France avait aggravé son cas en donnant hospitalité aux Stuarts. Mais Cromwell était un protestant enragé. Comme tel, il haïssait viscéralement les papistes. Les négociations avec les Espagnols achoppèrent sur le problème religieux. Cromwell expédia l'une de ses flottes aux Antilles, qui échoua à Saint-Domingue mais s'empara de la Jamaïque. L'Espagne lui déclara la guerre en novembre 1655. Mazarin signa avec lui un traité de commerce, qu'il transforma, le 23 mars 1657, en alliance offensive et défensive. Les deux armées attaqueraient ensemble Dunkerque, Gravelines et Mardyck. L'Angleterre s'engageait à bloquer les ports et à débarquer six mille soldats. Elle recevrait Dunkerque et Mardyck en récompense. Peut-être, dans la même situation, Richelieu n'aurait-il pas accepté de livrer Dunkerque à nos anciens ennemis. Mazarin passa outre. Il ne croyait pas que le régime républicain – si l'on peut appeler ainsi le sanglant despotisme de Cromwell – lui survivrait et il espérait probablement qu'une occasion se présenterait de récupérer ce port. Les dévots et les anciens Frondeurs firent un beau vacarme. Notre Motteville – qui ne manque pas une occasion de desservir Mazarin – ne peut s'empêcher d'écrire : « Ce dessein parut odieux à tous les gens de bien, et on ne manqua pas de blâmer le ministre de cet avantage qu'il donnait aux anciens ennemis de la France, à un hérétique, à un usurpateur ; mais il avait ses raisons : il crut qu'il était impossible sans cela de sauver l'État de beaucoup de maux, et fut persuadé que par cette voie il forcerait le roi d'Espagne à faire la paix. Ceux qui murmuraient contre cette liaison des Anglais avec nous disaient que, sans compter l'intérêt de la religion, il y avait encore à craindre que ce ne fût donner des forces à des voisins qui ne pouvaient nous aimer, et que cette place mettait en état de nous faire un jour la guerre. »

Ce qu'ignoraient Cromwell et pareillement les détracteurs de Mazarin, c'est que des entretiens secrets avaient lieu avec l'Espagne. L'archiduc Léopold avait parfaitement compris que la victoire serait impossible si l'Angleterre et la France conjuguaient leurs forces. Il avait envoyé un mémoire à Madrid à ce sujet. Son messager était passé par Paris. Il s'était entretenu confidentiellement avec Mazarin. Ce dernier l'avait présenté au roi. Puis il avait chargé Hugues de Lionne d'une mission officieuse à Madrid. Les négociations échouèrent. Cependant, les Espagnols avaient paru ébranlés lorsque Lionne parla d'un mariage éventuel entre l'infante Marie-Thérèse et Louis XIV. Espérant toujours une « paix blanche » entre les deux nations, ils rejetèrent finalement la proposition de mariage, mais avec de telles hésitations que l'éventualité restait ouverte. Mazarin savait que l'idée ferait son chemin. « Le fort de M. le Cardinal, écrivait Retz, était proprement de ravauder, de donner à entendre, de faire espérer, de jeter des lueurs, de les retirer, de donner des vues, de les brouiller... »

On discerne cependant, à travers ces marches et contremarches diplomatiques, ces manœuvres savantes, parfois contradictoires, une pensée ferme et précise. Mazarin ne perdait jamais de vue son objectif : l'abaissement des Habsbourg d'Autriche et des Habsbourg d'Espagne. Il poursuivait ainsi la politique amorcée par Henri IV, continuée par Louis XIII et Richelieu. Les traités de Westphalie avaient considérablement réduit la puissance impériale. Ils ne l'avaient pas détruite, tant s'en fallait ! On pouvait toujours craindre le rapprochement entre l'Espagne et l'Autriche. Le mariage en secondes noces de Philippe IV avec sa nièce, l'archiduchesse Anne, avait alarmé à juste raison Mazarin. Lorsque l'empereur Ferdinand III mourut en 1657, il fit tout son possible pour enlever la couronne impériale à l'Autriche. Le détail de ses négociations mériterait un long développement, en raison de leur complexité. Mazarin y déploya toutes les ressources de son ingéniosité. Il commença par laisser entendre que le roi de France pourrait être candidat à l'Empire. Il emmena donc Louis XIV à Metz. Plusieurs princes d'Allemagne vinrent saluer le jeune roi. Ce faisant, le cardinal inquiétait l'Autriche et tâtait le terrain. Comprenant que Louis XIV ne pouvait être élu, il fit savoir qu'il ne serait pas candidat. Il déclara même cyniquement qu'à son avis c'était une chimère que de vouloir enlever la couronne impériale aux Habsbourg autrichiens. Mais, en même temps, il encourageait la candidature de deux princes bavarois : le duc de Pfalz-Neubourg et l'électeur Ferdinand-Max. L'Autriche avait pour candidat Léopold, roi de Bohême et de Hongrie. Mazarin envoya une ambassade en Allemagne, conduite par le maréchal de Grammont avec Hugues de Lionne pour adjoint. Elle coûta fort cher – plus d'un million-or –, car on acheta plusieurs électeurs. Il est vrai que les princes allemands mangeaient à deux râteliers et ne se faisaient pas faute d'accepter l'or autrichien. Léopold de Hongrie n'avait que dix-sept ans, mais il ne manquait ni d'intelligence ni d'habileté, et il était surtout entouré d'excellents conseillers. Il fit une analyse correcte de la situation et préféra transiger. Une partie des princes allemands, soutenus par la France, se déclarant hostiles à la Maison d'Autriche, il s'engagea par serment, avant l'élection, à respecter scrupuleusement les traités de Westphalie, à n'apporter nul soutien aux ennemis de la France, et à garantir l'intégrité de leurs territoires respectifs aux ducs de Modène et de Savoie, nos alliés. Il fut élu empereur le 18 juillet 1658. Les Espagnols s'enorgueillirent de ce succès, ce dont Mazarin se gaussa, car c'était une fausse victoire. L'empereur Léopold avait les mains liées par son serment. Il ne pourrait fournir une aide quelconque à Philippe IV d'Espagne.

Quelques jours après, une ligue fut conclue entre la France, les princes électeurs de Cologne, de Mayence et de Trèves, les ducs de Brunswick et de Neubourg, le landgrave de Hesse et le roi de Suède en sa qualité de duc de Brême et de Verden. Le roi de France y avait adhéré en tant que « membre de la paix », plaisant euphémisme. Cette ligue du Rhin était non seulement un pacte d'amitié, mais impliquait une alliance militaire effective entre ses membres. Quiconque était agressé, à l'intérieur comme à l'extérieur de l'Empire, était assuré de l'aide immédiate des co-contractants. De surcroît, ceux-ci s'engagèrent formellement envers le roi de France à interdire le passage des troupes qui seraient envoyées contre lui. La signature de ce pacte d'assistance mutuelle était un grand succès pour Mazarin. Toutefois, on se méprendrait grandement en l'interprétant comme un asservissement d'une partie de l'Allemagne à la France. Les signataires avaient de sérieuses raisons de craindre les Habsbourg d'Autriche. La ligue du Rhin visait à les protéger contre toute entreprise de l'empereur, avec la garantie d'une aide française. Mais il n'est pas moins exact qu'elle matérialisait les progrès de notre influence en Allemagne.

L'alliance franco-anglaise fut d'abord assez décevante. Mazarin aurait voulu utiliser les régiments anglais à autre chose qu'au siège des trois villes dont il a été question plus haut. Cromwell s'y opposa : c'était la prise de Dunkerque qui l'intéressait ; il entendait rentrer dans ses frais ! De plus, une certaine méfiance persistait entre les nouveaux alliés. La campagne de 1657 se solda par la prise de Mardyck, dont les Anglais prirent possession. C'était un piètre résultat.

La campagne suivante (1658) débuta mal. Une attaque impréparée sur Ostende, par le maréchal d'Aumont, échoua totalement. Aumont lui-même fut fait prisonnier. Cet échec n'empêcha pas les alliés, commandés par Turenne, d'investir Dunkerque, siège difficile car le sol était sablonneux et inondé. Turenne parvint à entourer la ville d'ouvrages reliés entre eux par des ponts. Une flotte anglaise bloquait l'entrée du port. C'était ce que nous appelons aujourd'hui une opération terre-mer. La ville, défendue par le marquis de Leyde, qui était le meilleur officier du génie espagnol, subissait le bombardement à la fois des canons de Turenne et de ceux des navires anglais. Cependant, le marquis de Leyde pouvait faire fond sur une armée de secours dont la venue était imminente. Turenne disposait de quarante mille hommes, dont les six mille

Anglais de Cromwell. Le 14 juin, l'armée ennemie était en vue. Elle était commandée par don Juan d'Autriche avec le prince de Condé pour second. Des Irlandais et des Anglais favorables aux Stuarts combattaient aux côtés des Espagnols. Turenne passa aussitôt à l'attaque. Don Juan d'Autriche n'avait tenu aucun compte des suggestions de Condé. Celui-ci demanda ironiquement au duc de Gloucester :

– « Avez-vous déjà vu perdre une bataille ? »

– « Non. »

– « Eh bien, dans une demi-heure vous en verrez perdre une. »

Dans leur précipitation, les Espagnols n'avaient pas amené d'artillerie : elle leur avait paru inutile, tant ils avaient la certitude de vaincre. Don Juan d'Autriche avait mal conçu son plan. Seule, l'aile gauche, placée sous les ordres de Condé, résista honorablement [1]. Deux jours plus tard, le marquis de Leyde fut tué. Dunkerque capitula le 25 juin et fut remise aux Anglais en application des accords de 1657, non sans regrets. Cependant, l'armée espagnole était à genoux, incapable de couvrir les Pays-Bas. D'ailleurs, don Juan d'Autriche avait eu l'impudence de prélever une large part des garnisons pour attaquer Turenne. Celui-ci exploita supérieurement sa victoire en enlevant Furnes, Dixmude, Gravelines, Oudenarde et Ypres. Un temps effroyable s'abattit sur la région et stoppa l'avance des Français. Bruxelles, capitale des Pays-Bas espagnols, n'aurait pu tenir une semaine. Turenne fut obligé de prendre ses quartiers d'hiver. Il commença à préparer la campagne de 1659. Elle n'eut pas lieu. En janvier de cette même année, les Portugais vainquirent l'armée espagnole à Elvas, avec l'aide des Anglais et des Français. Après la défaite des Dunes, la perte de tant de places aux Pays-Bas, la victoire des rebelles portugais, l'Espagne ne pouvait refuser la paix offerte par Mazarin. Une suspension d'armes fut signée au début de mai. La parole était désormais aux

1. Cette bataille est connue sous le nom de « bataille des Dunes ».

diplomates. Le projet de traité rédigé par Mazarin avait pour clause principale le mariage de Louis XIV avec l'infante Marie-Thérèse. Philippe IV rejeta d'abord cette clause qui lui parut déshonorante et dangereuse pour l'avenir. Il lui répugnait de livrer sa fille à l'adversaire et, pour lui succéder, il n'avait qu'un fils en bas âge, né de son second mariage. Mais il avait affaire à plus malin que lui. Mazarin trouva un moyen infaillible pour le contraindre à mettre son point d'honneur et ses scrupules de côté.

V

LA MALADIE DE CALAIS

La brillante campagne de 1658 faillit être fatale à la France et à Mazarin. Le roi suivait l'armée et, en plusieurs circonstances, le cardinal avait eu le plus grand mal à le maintenir à quelque distance du combat, lui répétant qu'un monarque n'avait pas le droit d'exposer sa vie. Louis se montrait aux régiments qui marchaient au combat. Il portait un justaucorps noir avec une écharpe blanche et un chapeau à panache de plumes. On l'acclamait. Il semblait infatigable. Il pouvait rester quinze heures à cheval et s'accommodait fort gaiement de l'inconfort des camps et des intempéries. N'ayant pas encore de service personnel, il prenait ses repas chez Mazarin ou chez le maréchal de Turenne. Le ravitaillement suivait mal et la chère était souvent maigre. De plus, notamment à Mardyck, des cadavres jonchaient le sol et, dans certains secteurs, l'air était irrespirable. Le roi tomba malade, soit par ingestion de nourriture gâtée, soit par insolation. Il dissimula d'abord son état, mais le 3 juin, tremblant de fièvre, il dut avouer au cardinal qu'il se sentait fébrile. Mazarin, en grand émoi, le conduisit à Calais où la reine séjournait avec une partie de la cour. Le mal empira rapidement. Les médecins accoururent, mais ne s'émurent pas. L'illustre Vallot et ses confrères estimèrent que le roi souffrait d'un excès de chaleur aggravé par le surmenage : « Sa Majesté, écrivit Vallot, n'ayant épargné ni jour ni nuit ses peines et ses fatigues, ne se donnait aucun repos dans un pays où l'air était corrompu et l'eau infectée. » Quoi qu'il en soit de ce diagnostic, une fièvre pourprée se déclara, accompagnée de violents maux de tête, d'accès de délire et de tremblements convulsifs alternant avec de longs moments de torpeur. Louis avait le corps enflé « comme s'il eût été empoisonné ou piqué par un scorpion ». Les médecins alterquèrent avec ardeur et se mirent d'accord pour appliquer leurs remèdes habituels : purges et saignées administrées hardiment. La fièvre tomba et le pouls fut au plus bas, ce qui les surprit. La nuit du 6 au 7 juillet, l'état du malade fut jugé désespéré. Un prêtre lui donna l'extrême-onction. Le mourant fit signe à Mazarin d'approcher. Il lui dit :

– « Vous êtes homme de résolution et le meilleur ami que j'aie. C'est pourquoi je vous prie de m'avertir lorsque je serai à l'extrémité, car la Reine n'aura pas le courage de le faire elle-même, par la crainte que cela n'aggrave mon état. Donnez-m'en votre parole… »

En désespoir de cause, on fit venir un médecin d'Abbeville nommé du Saussoi. Il donna de l'émétique au malade et le sauva. Il faut dire que le roi avait une constitution extrêmement robuste. Jamais Vallot n'eût prescrit de l'émétique, drogue contestée, sinon condamnée, par la Faculté de Paris. Il s'attribua pourtant le mérite de la guérison, tout en laissant entendre qu'elle tenait aussi du miracle.

Or, pendant la maladie du roi, une intense émotion avait saisi la France entière. Le Saint Sacrement était exposé et on priait dans toutes les églises. On attendait anxieusement les nouvelles. Les anciens Frondeurs et les courtisans s'agitaient. Les dévots insinuaient que la mort du jeune roi était un châtiment du ciel : Dieu le punissait d'avoir livré Dunkerque aux hérétiques. Le duc d'Anjou connaissait une brusque faveur. Puisqu'il était appelé à succéder dans peu de jours à son frère aîné, croyait-on, il s'agissait de le traiter en conséquence et d'acquérir ses bonnes grâces. Si Louis XIV mourait, ce serait un grand événement, mais aussi l'occasion d'abattre enfin le cardinal. De hautes dames conseillaient au duc d'Anjou de le faire arrêter et de mettre la main sur la fortune qu'il avait usurpée. Nombre de courtisans versaient des larmes de circonstance, mais parvenaient mal à celer leur joie. Mazarin écrivait alors à Turenne, peut-être pour se rassurer lui-même : « S'il arrivait un malheur que j'appréhende plus que ma mort, je crois pouvoir vous dire que l'état de choses ne changerait en aucune façon. » Mais, en même temps, il avait donné des ordres à Colbert, son intendant, pour que son argent, ses objets d'art et ses collections de pierres précieuses fussent mis à l'abri dans le donjon de Vincennes. À tout hasard, car chacun sait bien qu'il ne faut pas mettre tous ses œufs dans le même panier, il faisait une cour discrète au duc d'Anjou et à son entourage. Le 10 juillet, toutes ces intrigues de cour, ces spéculations et ces espérances tombèrent à rien. Le roi était hors de danger. Il avait une telle vitalité qu'il se rétablit rapidement. Le 22 juillet, on le transporta à Compiègne pour y achever sa guérison. Mazarin suivant l'armée, c'était à la reine qu'il incombait de surveiller le convalescent. Elle était si heureuse de sa guérison qu'elle manifestait une indulgence excessive à son égard et n'osait le contraindre à prendre du repos. Et Mazarin la gourmandait en vrai chef de famille : « Je crains que vous n'agissiez pas avec vigueur sur cette matière, car vous ne vous êtes jamais pu résoudre à vous coucher de bonne heure. »

Il était inévitable que le comportement du duc d'Anjou et de ses familiers et que les intrigues de certains courtisans fussent dévoilés. S'ensuivirent des ordres d'exil et surtout la méfiance de Louis XIV à l'égard de son frère. Mais un autre fait avait été noté : la douleur éperdue, les pleurs de Marie Mancini pendant la maladie du roi et sa joie sans retenue à l'annonce de sa guérison. Quand il apprit cela, le roi en fut bouleversé. Il comprit qu'il était aimé pour lui-même et jeta sur Marie un regard attendri. Elle avait été jusqu'ici sa compagne de jeux, l'initiant à la poésie, au plaisir de la lecture et l'éblouissant parfois de sa science, car elle connaissait le grec, le latin et tous les grands auteurs. Il l'avait écoutée des soirées entières lire à haute voix *Le Cid* ou *Horace*. Il acceptait volontiers cette supériorité intellectuelle, et il en faisait son profit. Mais il découvrait soudain que Marie était devenue belle, avec des dents superbes, un regard éclatant, une abondante chevelure brune, un visage expressif, une taille élancée et souple. L'amour, comme il arrive souvent, avait métamorphosé la grande fille maigre et dégingandée, dont Mme de Motteville raillait la laideur, en femme désirable, transcendée par la passion. Elle avait dix-huit ans ; il en avait vingt. Ils découvrirent ensemble les brûlures, les emportements et les divagations de l'amour...

Il est de bon ton de traiter cette liaison d'amourette chez les historiens sérieux et, chez les romanciers de l'Histoire, de la raconter avec un grand luxe de détails comme si c'était un événement capital ! Elle eut en tout cas assez d'importance pour qu'on s'y arrête un instant. Il ne s'agit point en effet d'une simple anecdote historique, mais d'un fait qui, apparemment minime, faillit compromettre la paix avec l'Espagne, donc modifier le cours de l'Histoire, et qui jeta Mazarin dans un embarras imprévu.

Ni lui ni la reine ne prirent tout d'abord au sérieux l'inclination du roi pour la petite Mancini. Il avait pareillement marqué sa faveur pour la duchesse de Mercœur, la comtesse de Soissons ou la demoiselle de La Motte d'Argencourt. La cour se transporta à Fontainebleau, où l'on menait une existence plus libre, hors des contingences de l'étiquette. Il apparut à tous que Marie Mancini était l'animatrice de toutes les fêtes, les chasses, les promenades à cheval, les concerts sur l'eau. Elle était bonne écuyère et dansait bien, qualités qui ne pouvaient que plaire au roi. Ainsi, chaque jour, ils découvraient davantage leurs goûts communs et leur appétit de vivre.

La reine éprouvait à l'égard de Marie Mancini la

jalousie instinctive des mères, toujours un peu amoureuses de leur fils et craignant de le perdre. Mais elle était heureuse de voir qu'il avait recouvré son entrain et sa gaieté. Elle laissait faire, espérant que cette liaison – un peu trop appuyée peut-être – ne serait, comme les précédentes, qu'une passade. Les observateurs de la cour, jugeant d'après eux-mêmes, se prenaient à penser que la nièce était aussi ambitieuse que l'oncle, et qu'elle avait de grands desseins en hameçonnant le plus grand et le plus aimable roi du monde. Tel était aussi l'avis de la Motteville : « Elle voyait que l'amitié qu'il (le roi) avait eue pour la comtesse de Soissons, bien loin de lui avoir fait tort, lui avait procuré un grand établissement. Une pareille aventure lui semblait être le moyen qu'elle en pût espérer. C'est pourquoi rien ne lui en pouvait déplaire. Ses sentiments passionnés et ce qu'elle avait d'esprit, quoique mal tourné, suppléèrent à ce qui lui manquait du côté de la beauté. Il n'y a point de plus forte chaîne pour lier une belle âme que celle de se sentir aimé. Elle sut si bien persuader au Roi qu'elle l'aimait, qu'il ne put s'empêcher de l'aimer ; et il est aisé de concevoir que, des deux côtés, leur amitié devint aussi forte qu'elle était sensible. Les effets en furent grands… »

Mazarin était trop absorbé par les affaires pour s'inquiéter. Il ne laissait pas toutefois de suivre discrètement l'évolution de cette idylle, croyant qu'il avait assez d'autorité sur sa nièce pour y couper court s'il le jugeait nécessaire. Les malveillants insinuaient qu'il se servait de Marie pour s'attacher plus étroitement le roi. Ils supputaient déjà qu'elle deviendrait favorite, avec les immenses avantages que comportait cette position. Certains allaient jusqu'à dire que le bon oncle en ferait volontiers une reine. N'avait-il pas marié les autres à des Bourbons, à des Vendôme ?

Mais que pensait Marie elle-même ? Elle nous a laissé des *Mémoires*, où elle relate son existence tumultueuse :

« Il arriva de là, qu'ayant fait un voyage à Fontainebleau avec la Cour, que nous suivions partout où elle allait, je connus au retour que le Roi ne me haïssait pas, ayant déjà assez de pénétration pour entendre cet éloquent langage, qui persuade bien plus sans rien dire que les plus belles paroles du monde. Il se put faire aussi que l'inclination particulière que j'avais pour le Roi, en qui j'avais trouvé des qualités bien plus considérables et un mérite beaucoup plus grand qu'à un autre homme de son royaume, m'eût rendue plus savante en cette matière qu'en toute autre. Le témoignage de mes yeux ne me suffisait pas pour me persuader que j'avais fait une conquête de cette importance. Les gens de Cour, qui sont les espions ordinaires des actions des rois, avaient, aussi bien que moi, démêlé l'amour que Sa Majesté avait pour moi ; et ils ne me vinrent que trop tôt confirmer cette vérité par des devoirs et des respects extraordinaires. D'ailleurs les assiduités de ce monarque, les magnifiques présents qu'il me faisait et, plus que tout cela, ses langueurs, ses soupirs et une complaisance générale qu'il avait pour tous mes désirs, ne me laissèrent rien à douter là-dessus. Il vint une tempête qui troubla pour quelque temps la douceur de ces jours… »

Au retour de Fontainebleau, on ne parla plus à la cour que du prochain voyage à Lyon. C'est ici l'une des manœuvres les plus subtiles de Mazarin. Pour obliger Philippe IV d'Espagne à donner enfin sa fille à Louis XIV, il feignit de négocier le mariage de celui-ci avec la princesse Marguerite de Savoie. Afin de donner le maximum de publicité à ce projet, il imagina une rencontre entre les pseudo-fiancés à Lyon. On ne sait d'ailleurs pas exactement – ce détail a peu d'importance – si ce fut Mazarin qui fit une démarche en ce sens à la cour de Savoie, ou si ce fut la duchesse Chrétienne de Savoie qui proposa sa fille : à la vérité, la seconde hypothèse paraît fort douteuse. Quoi qu'il en soit, le cardinal eut plusieurs entretiens confidentiels avec un certain abbé Amoretti, envoyé officieux de la cour de Savoie. Mazarin ne prit pas d'engagement formel ; il consentit simplement à une rencontre entre Marguerite et Louis, étant bien entendu que le roi restait libre de son choix. Mais il avait une manière de présenter les choses telle qu'un refus devenait un peut-être et qu'une acceptation se pouvait commodément changer en refus. L'abbé

Amoretti n'était pas un débutant, mais Son Éminence l'abusa comme en se jouant. La reine ne comprenait pas l'entêtement de Philippe IV. Le projet de mariage savoyard la désolait et l'irritait. À ses yeux, seule l'infante d'Espagne était digne de son fils. Il se fût rabaissé en épousant cette petite princesse de Savoie, et même ridiculisé dans toutes les cours d'Europe. Elle céda pourtant sous l'emprise de Mazarin qui sut lui montrer que son absence enlèverait beaucoup de crédibilité au voyage de Lyon, et probablement aux instances de Louis poussé par Marie Mancini. Si la reine allait à Lyon, elle y emmènerait obligatoirement la cour. Et sinon Marie serait restée à se morfondre au Louvre, loin de son bien-aimé et tremblant qu'il ne trouvât la Savoyarde à son goût. Les préparatifs furent si longs que l'on dut retarder le départ. Le cortège royal s'ébranla enfin, file interminable de carrosses, de chariots, de chevaux de rechange, de cavaliers aux uniformes neufs. Le 26 octobre, on était à Corbeil, puis, par Sens, on arriva à Auxerre où l'on passa la fête de la Toussaint ; le 5 novembre, on était à Dijon, où le roi tint un lit de justice ; on repartit le 19 et, par Beaune, Chalon et Mâcon, on atteignit Lyon le 24. La cour de Savoie arriva le 28. On dit que la princesse Marguerite avait longtemps refusé d'aller à Lyon, jusqu'à simuler une maladie, mais que sa mère l'y avait contrainte. Peut-être pressentait-elle qu'il s'agissait d'une comédie assez offensante pour son amour-propre. Le roi s'était avancé jusqu'à son carrosse pour la dévisager. Il revint d'un petit trot guilleret à la voiture de sa mère.

– « Elle est fort agréable, dit-il. Elle ressemble à ses portraits. Elle est un peu basanée, mais cela n'empêche pas qu'elle ne soit bien faite. »

La duchesse douairière monta dans le carrosse de la reine. Marguerite et Louis s'assirent l'un en face de l'autre et bavardèrent gaiement. C'était presque une réunion de famille. Mme Chrétienne de Savoie était sœur de Louis XIII, raison pour laquelle la cour de France l'appelait Madame Royale. Anne d'Autriche avait le cœur serré. Cette comédie lui semblait honteuse, quand bien même elle en comprenait l'utilité.

La princesse Marguerite ne produisit pas grande impression à la cour. On lui accordait une assez belle taille, un visage assez beau, un teint acceptable « aux flambeaux », mais on lui trouvait le nez disgracieux et la bouche trop grande. Louis se montrait cependant fort satisfait.

– « N'êtes-vous pas honteux, lui disait Marie Mancini, qu'on veuille vous donner une si laide femme ? »

« Je le laisse à penser à ceux qui ont aimé, écrit-elle dans ses *Mémoires*, quel tourment ce doit être, la crainte de perdre ce qu'on aime extrêmement, surtout quand l'amour est fondé sur un si grand sujet d'aimer ; quand, dis-je, la gloire autorise les mouvements du cœur et que la raison est la première à le faire aimer. Comme mon mal était violent, il eut le destin des choses violentes ; il ne dura pas longtemps, et le mariage du Roi se rompit avec la même promptitude qu'il avait été entamé. Ce fut à Don Antonio Pimentel que j'eus cette obligation… »

C'était à lui en effet qu'elle en était redevable, mais aussi à Philippe IV. Le voyage de Lyon avait été annoncé à grand fracas. Le pompeux cortège royal avait mis assez de temps pour que nul n'en ignorât dans les cours européennes. Les ambassadeurs gobèrent des « indiscrétions » savamment dosées et prévinrent leurs souverains respectifs. Le roi d'Espagne commença par ne pas y croire : peut-être flairait-il le piège. Mais il lui fallut se rendre à l'évidence. La cour de France se rendait bel et bien à Lyon pour y fiancer Louis XIV avec la princesse de Savoie. Il sortit de son flegme habituel pour s'écrier :

– « *¡ Esto no puede ser y no será !* » (Cela ne peut être et ne sera pas !)

Et il donna l'ordre aussitôt à Don Antonio Pimentel de Prado, comte de Benavente, de se rendre en France. Pimentel ne traîna pas en chemin. Il avait connu Mazarin pendant l'exil de Brühl et n'eut aucune peine à le rencontrer privément. Le soir de cet entretien, Mazarin entra chez la reine, le visage rayonnant :

– « Bonne nouvelle, Madame ! »

– « Eh ! quoi, serait-ce la paix ? »

– « Il y a plus, Madame ; j'apporte à Votre Majesté et la paix et l'infante. »

Il venait de gagner une fois de plus la partie. La reine était heureuse ; elle rêvait depuis si longtemps de ce mariage qu'elle finissait par croire qu'il ne se réaliserait jamais. Mazarin avait opéré ce miracle. Louis ne fit aucune difficulté pour accepter le principe du mariage avec l'infante. La paix avec l'Espagne n'était pas faite pour autant ! Il pensait que les négociations prendraient encore de longs mois, si elles aboutissaient. Restaient la duchesse douairière et la princesse Marguerite. Madame Royale pleura abondamment, mais le cardinal la connaissait depuis longtemps. Il savait que les diamants ont souvent le pouvoir de sécher les larmes... La princesse Marguerite montra, quoique marquée par l'offense, une dignité qui lui gagna l'estime des courtisans.

La cour resta à Lyon jusqu'à la fin de janvier 1659. Le roi ne quittait plus Marie Mancini. Il s'amusait parfois à conduire le carrosse de sa belle. Il la raccompagnait chez elle chaque soir. Ils se promenaient ensemble au clair de lune. Mazarin, qu'une crise de goutte clouait au lit, recommandait à Mme de Venel, gouvernante de Marie, d'ouvrir l'œil. Mais il se donnait de vaines inquiétudes, car les demoiselles Mancini ne sacrifiaient point leur capital à la légère ; elles ne se donnaient que la bague au doigt ! « Les courtes peines, écrit Marie, et qui sont suivies de bonheur, ne détruisent pas le goût des plaisirs, au contraire, elles l'aiguisent. Ainsi, ayant le cœur délivré de toutes les peines passées, les témoignages sensibles que le Roi me donnait de son amour avaient pour moi des charmes plus grands que jamais. »

Durant le voyage de retour, il faisait très froid et il neigeait. Alors que les dames se blottissaient au fond des carrosses avec leurs chaufferettes et leurs couvertures, Marie galopait joyeusement près du roi. Ils se croyaient libres. Il leur semblait qu'une vie de bonheur s'ouvrait devant eux, comme ce chemin fleuri de neige sur lequel, botte à botte, ils chevauchaient !

VI

L'OBSTACLE

À la cour, divertissements, bals et mascarades se succédaient. « Il faudrait un volume entier, écrit glorieusement Marie Mancini, pour raconter toutes les aventures de ces fêtes galantes. » Des couples s'étaient formés : le grand écuyer et Hortense Mancini, le marquis de Richelieu et Mlle de La Motte d'Argencourt, le marquis d'Alluye et Mlle du Fouilloux, descendante du célèbre veneur, et d'autres dont Marie ne se souvenait plus quand elle rédigea ses *Mémoires*. Leurs flirts donnaient le change. Louis multipliait les gages amoureux. En souvenir du voyage de Lyon, les dames se déguisèrent en Bressanes, mais des plumes couleur de feu et de lys ornaient les chapeaux et les décolletés : on adorait les plumes ! Le roi offrait ces costumes pour avoir le plaisir de gâter Marie. Un jour, la poignée de son épée égratigna les doigts de celle-ci. Il tira l'épée de son fourreau et la jeta. Elle conte ce menu fait comme s'il s'était agi d'un exploit. Parfois, l'extrême jeunesse, si ce n'est la gaminerie, perçait en lui. Il offrit des boîtes de fruits confits à ces demoiselles, qui se régalèrent. Lorsque la gouvernante de Marie, Mme de Venel, ouvrit la sienne, des souris vivantes s'en échappèrent. L'espionne du bon oncle manqua de s'évanouir. Parfois, une ombre fugace traversait le ciel radieux de Marie : « Au milieu de tant de prospérité, je n'étais point satisfaite, parce que je l'étais trop ; je me plaignais de n'avoir plus rien à désirer et j'eusse souhaité quelque disgrâce pour connaître mieux par son opposition le bien dont je jouissais. »

Désormais, Louis affichait sa liaison. Marie le suivait partout. Il lui parlait à l'oreille en présence de sa mère, oubliant le respect qu'il lui devait et même la simple bienséance. Quand la reine le prenait à part et lui conseillait plus de retenue, il répondait parfois avec aigreur. Il advint que, pendant le carême, il s'avisa de donner un ballet. La reine se fâcha, menaça d'aller au Val-de-Grâce pour ne pas assister à ce spectacle.

– « Eh bien, allez-y », répondit-il ironiquement.

Finalement, il regretta son impolitesse et annula le ballet, sur les instances de Marie.

« Il ne faut pas s'étonner, susurre Mme de Motteville, si, dans l'âge où était le Roi, la volupté se voulût rendre maîtresse de son âme : elle n'a pas accoutumé de trouver des Catons qui ne veulent point de commerce avec elle ; et il était aisé de voir que, malgré la sagesse de ce prince, il commençait alors d'avoir plus de penchant à suivre l'exemple de César que celui de son censeur. »

En mars, don Juan d'Autriche [1] vint incognito, en réalité pour étudier le futur gendre de Philippe IV. Il apprécia sa haute taille et son allure, mais s'étonna de la présence continuelle à ses côtés de Marie. Des plaisirs discrets, une liaison cachée n'eussent pas éveillé ses soupçons. Il s'en ouvrit à Mazarin et à la reine, qui promirent d'y mettre bon ordre. Ils ignoraient les serments que les deux « amants » avaient échangés. Cependant, le comportement du roi laissait supposer beaucoup de choses. Mazarin voulut en avoir

1. Fils naturel de Philippe IV d'Espagne et de la comédienne Marie Calderona.

le cœur net. Il questionna adroitement Marie. Elle avoua fièrement qu'il n'était pas impossible qu'elle devînt reine de France, s'il voulait bien y contribuer. Stupeur et embarras du cardinal devant un tel aveu ! Selon Mme de Motteville, il en parla aussitôt à la reine, « en se moquant de la folie de sa nièce, mais d'une manière si ambiguë et embarrassée » qu'il s'attira cette réponse cinglante :

– « Je ne crois pas, monsieur le Cardinal, que le Roi soit capable de cette lâcheté ; mais s'il était possible qu'il en eût la pensée, je vous avertis que toute la France se révolterait contre vous et contre lui, que moi-même je me mettrais à la tête des révoltés, et que j'y engagerais mon fils. »

Ce n'est ici qu'invention pure, propos de courtisans, dont Motteville se fait l'écho. On a déjà souligné qu'elle ne manquait pas une occasion d'exprimer son aversion pour Mazarin. On imaginait que le cardinal, toujours dévoré d'ambition, manipulait sa nièce pour en faire une reine de France. Ce mariage eût été son apothéose ! On voulait ignorer, parce que malgré ses réussites on continuait à le haïr, qu'il travaillait depuis trente ans à en finir avec l'Espagne et qu'il était à la veille de conclure un traité de paix capital pour l'avenir du royaume. Un traité dont la pierre angulaire était précisément le mariage de Louis XIV avec l'infante Marie-Thérèse ! Le couronnement de son œuvre, ce ne pouvait être que cela. Jamais – et la suite le montrera – il n'envisagea, ne fût-ce qu'un moment, la possibilité de laisser le roi épouser Marie.

Mais voici que cette frénésie amoureuse de deux jeunes gens, prenant leurs désirs pour des réalités, se dressait comme un obstacle au milieu de la route ! C'était pour le cardinal une difficulté inattendue, un problème imprévu et qu'il importait de résoudre rapidement. Or, dans le même temps, il négociait, âprement, les conditions de paix avec Pimentel et, malgré la lenteur des courriers, malgré l'obstination du roi d'Espagne sur certains points, il touchait au but. Il ne manquait plus que l'engagement formel de Louis XIV d'épouser l'infante. Ce dernier remettait sans cesse sa décision, prétextant que les préliminaires de paix n'étaient pas encore signés. Ils allaient l'être. Mis au pied du mur, Louis déclara qu'il n'était plus libre, car il avait promis à Marie Mancini de l'épouser. Bien plus, il demanda sa main au cardinal, en disant « qu'il ne trouvait pas de meilleur moyen de récompenser de manière éclatante ses longs et importants services » : on le voit, les leçons du cardinal donnaient leurs fruits, mais ce n'étaient pas ceux qu'il attendait !

La reine supplia son fils de renoncer à ce projet. Elle lui rappela que, s'il n'épousait pas l'infante, les pourparlers avec l'Espagne seraient rompus et qu'il replongerait deux peuples dans les horreurs de la guerre, manquant à ses devoirs de monarque, trahissant le serment qu'il avait prononcé à Reims, et se déshonorant devant les cours étrangères. Il resta inébranlable. C'était Marie Mancini qu'il épouserait, parce qu'il l'aimait et qu'il était aimé d'elle. S'ensuivit une scène véhémente où la mère et le fils s'affrontèrent durement. Il ne fléchit pas. Déjà s'esquissaient l'âpreté de son caractère et son égoïsme.

Mazarin ne vit qu'une échappatoire : éloigner sa nièce de la cour. Puisqu'elle refusait de renoncer au roi, il décida de l'envoyer à La Rochelle, avec ses sœurs et Mme de Venel. Marie finit par accepter cet exil momentané : elle croyait naïvement que son absence augmenterait l'amour du roi. La reine n'osait pas annoncer le départ de Marie à son fils : elle voyait qu'il était heureux et cela lui déchirait le cœur. Mazarin s'en chargea. La colère de Louis fut effroyable. Il accabla le cardinal de reproches, le menaça de disgrâce. Il fut trois jours sans adresser la parole à sa mère. Soudain « le plus grand roi du monde », jouant sa dernière carte, vint se jeter aux pieds de Mazarin :

– « J'épouserai Mlle de Mancini, je romprai avec l'Infante ; je ferai tout plutôt que de la voir souffrir pour l'amour de moi ! »

Sans perdre son calme, le cardinal lui répondit qu'ayant été choisi par le feu roi, puis par la reine mère, et les ayant servis avec une fidélité inviolable, il ne souffrirait pas qu'il fît une chose si contraire à l'État. Et il ajouta qu'il tuerait plutôt sa nièce de ses propres mains.

Louis retourna près de Marie. Il lui rapporta les propos de son oncle et lui jura que jamais il n'épouserait l'infante. À quoi elle répliqua avec une logique bien féminine :

– « Pourquoi, si Votre Majesté est aussi résolue, cède-t-elle sur cet ordre d'exil ? Ne voit-elle pas qu'une fois partie, le cardinal peut m'envoyer beaucoup plus loin, en Italie même selon son bon plaisir, et nous séparer à jamais ? »

Elle sentait la partie perdue, mais se raccrochait au plus mince espoir. Malgré sa propre peine, Louis tentait de la raisonner. Il lui disait que la paix avec l'Espagne n'était pas faite ; qu'une rupture diplomatique restait possible. En guise de consolation, il lui offrit « un fil de perles » qu'il avait acheté à la reine d'Angleterre [1] toujours aussi désargentée : il avait payé ce collier soixante-dix-huit mille livres. La veille du départ de Marie, il eut avec la reine un entretien d'une heure. On le vit sortir « avec quelque enflure aux yeux » et l'on vit aussi que la reine avait pleuré. Tout ce qu'il put obtenir fut qu'au cours du voyage vers la frontière espagnole, il pourrait rencontrer Marie une fois. Mazarin lui permit de lui écrire et à celle-ci de lui répondre. Louis aida sa bien-aimée à monter en carrosse. À l'instant de la séparation, il fondit en larmes et Marie murmura :

– « Sire, vous êtes Roi, vous pleurez et je pars… »

Ce qui devint sous la plume de Racine la célèbre réplique de Bérénice :

« Vous êtes empereur, seigneur, et vous pleurez. »

Le roi s'en fut cacher sa douleur à Chantilly ; il ne voulait pas s'offrir en spectacle aux courtisans. Les jours suivants, négligeant ses devoirs, il consacra une grande partie de ses journées à écrire à Marie. Mazarin l'exhortait en vain à montrer plus de sagesse : « … La manière dont vous en usez n'est nullement propre pour guérir, et si vous ne vous résolvez pas à changer de conduite, votre mal s'empirera de plus en plus. Je vous conjure pour votre gloire, pour votre honneur, par le service de Dieu, par le bien de votre royaume et par tout ce qui vous peut le plus toucher, de

1. Veuve de Charles Ier, le roi décapité par Cromwell.

faire généreusement force sur vous et vous mettre en état de ne pas faire le voyage de Bayonne avec déplaisir. » Cette lettre, comme les autres, resta sans effets.

Mme de Venel tenait le cardinal ponctuellement informé des faits, gestes et paroles de sa nièce. Le 27 août 1659, il lui écrivait : « … Je me vois si malheureux que, devant attendre du soulagement de ma famille dans l'accablement d'affaires où je suis, je n'en reçois que des sujets de déplaisir et particulièrement de ma nièce Marie. Je vous avoue que je ne puis pas m'imaginer à quoi elle songe quand le Roi est à la veille de se marier, et je ne vois pas quel personnage après cela elle prétendra jouer. Je sais bien que je ne manquerai pas de faire ce à quoi son honneur et le mien m'obligeront. »

Dans une lettre datée du lendemain, il tenta, faute de mieux, de discréditer sa nièce aux yeux de Louis, en la chargeant des pires défauts, sans exclure la folie des grandeurs : « … mais, dites-moi, poursuivait-il, quel personnage prétend faire cette fille une fois que vous serez marié ? A-t-elle oublié son devoir à ce point de croire que, quand je serais assez malhonnête ou, pour mieux dire, assez infâme, pour le trouver bon, elle pourra faire un métier qui déshonore ? » La lettre avait dix-huit pages. Le roi fut indigné et répondit qu'il n'écouterait désormais aucun conseil. À quoi le cardinal répliqua, avec une feinte humilité : « Si vous aviez pris la peine d'examiner ma lettre, vous y auriez trouvé un beau champ pour me témoigner de la reconnaissance de ce que je vous mandais par un pur et indispensable motif de votre service, gloire et honneur ; et vous ne me traiteriez pas en extravagant, comme vous le faites… » Cette lettre contenait surtout deux nouvelles d'importance : la paix était conclue et le mariage avec l'infante décidé. Le cardinal n'attendait plus que les ordres de son jeune maître.

Quelques jours après, Marie lui promettait de cesser toute relation avec le roi. Le 8 septembre, il écrivit à Mme de Venel : « Je vous avoue que je n'ai pas eu depuis longtemps un si grand plaisir que celui que j'ai reçu en voyant la lettre que ma nièce m'a écrite, et la nouvelle que vous me donnez de l'assiette où est présentement son esprit, après qu'elle a su que le mariage du roi était tout à fait arrêté. Je n'avais jamais douté de son esprit, mais je m'étais méfié de son jugement et particulièrement dans une rencontre où une forte passion, accompagnée de tant de circonstances qui la rendent furieuse, ne donnait pas lieu à la raison d'agir. Je vous réplique de nouveau que j'ai la plus grande joie du monde d'avoir une telle nièce, voyant que d'elle-même elle a pris une si généreuse résolution, et si conforme à son honneur et à ma satisfaction. Je mande au Roi ce qu'elle et vous m'écrivez qu'elle a fait ; je m'assure que Sa Majesté l'en estimera davantage... Je vous prie de lui témoigner que je l'aime de tout mon cœur ; que je m'en vais songer sérieusement à la marier et à la rendre heureuse... » Et il conseillait à Marie de relire Sénèque pour conforter la résolution prise. « Je suis persuadé, ajoutait-il, qu'elle aime trop sa gloire, son avantage et sa réputation pour y apporter le moindre changement ; et vous lui direz de ma part que je serais au désespoir si cela arrivait, et qu'elle perdrait le mérite de la plus belle action qu'elle puisse faire de sa vie... »

Marie était de sa race. Elle avait lutté jusqu'au bout. Alors que le cortège royal s'acheminait pompeusement vers la frontière espagnole, la reine avait tenu sa promesse et permis à son fils de revoir sa bien-aimée. C'était prendre un gros risque, agir même contre les directives de Mazarin ! Mais la reine gardait un cœur de femme et de mère : elle souffrait de voir souffrir son enfant et voulait lui donner cette dernière joie. Louis et Marie se revirent donc, à Saint-Jean-d'Angély. Ils passèrent tout un après-midi ensemble, en présence d'Hortense Mancini, et toute une soirée jusqu'à deux heures du matin. Ils eurent une dernière entrevue, le lendemain, et se séparèrent pour suivre chacun leur destinée. Marie, admettant enfin que le roi avait choisi la raison d'État, lui rendit sa parole et le pria de ne plus lui écrire. Elle demanda l'autorisation de se retirer dans la solitude de Brouage, place forte perdue dans une étendue de marais : « Je choisis le château de Brouage, comme un lieu dénué de toute sorte de divertissement, et où mes sœurs s'ennuyaient fort, m'imaginant que tout le monde devait prendre part à ma douleur et que le plaisir des autres aurait été un crime pour moi. » La maison qu'elle habita, celle du gouverneur, existe toujours, fort modeste mais pleine de charme, à proximité des remparts et de l'ancien port.

Cet épisode romanesque serait sans doute émouvant, mais banal, s'il n'avait soudain pris le caractère d'une affaire d'État dont les Espagnols s'offusquèrent et qui passionna l'Europe entière. Le pape lui-même, qui n'était guère francophile, se tenait malicieusement informé : il n'était pas fâché que « le plus grand roi du monde » se fût fourvoyé dans une amourette avec une nièce de Mazarin. Ce dernier n'était pas un grand expert en amour. Sensible au chagrin de Marie, il lui envoya l'évêque de Fréjus (son fidèle Ondelei) pour lui proposer un époux tout à fait prestigieux : Lorenzo Onofrio Colonna, duc de Tagliacoli, prince de Paliano et de Castiglione et grand connétable du royaume de Naples. Que l'on veuille bien se souvenir que les princes Colonna avaient jadis fait la fortune des Mazarin. Voici qu'ils sollicitaient la main d'une des nièces de leur ancien protégé : quel chemin parcouru ! Le prince Colonna avait envoyé le marquis Angeleli pour faire cette démarche auprès de Son Éminence. Ondelei savait être persuasif, mais il eut beau représenter à Marie qu'il s'agissait du plus grand parti de Rome, aussi illustre par son antique noblesse que par sa richesse, répéter que le prince Lorenzo l'avait préférée à ses deux autres sœurs et manifestait le plus grand empressement, Marie refusa. Sa douleur était encore trop vive et, surtout, elle ne voulait pas quitter la France. À quel espoir se raccrochait-elle donc ? Mais, précisément, ni la reine ni Mazarin n'avaient envie de la voir reparaître à la cour. Anne d'Autriche la haïssait d'avoir tant fait souffrir son fils. Mazarin se méfiait des retours de flamme et préférait la savoir en Italie. L'un comme l'autre ignoraient la force de volonté de Louis XIV. Il en donna bientôt la preuve.

Ce combat contre l'amour avait causé de tels soucis à Mazarin qu'il contribua assurément à user ses forces déjà déclinantes et à hâter sa fin. De Fontainebleau à Saint-Jean-de-Luz, il avait dû voyager de nuit parce que la chaleur le fatiguait à l'excès. La goutte ne lui laissait aucun répit, malgré les potions que lui administraient des médecins ignares. La passion du roi, les gémissements de Marie, l'appréhension de n'être plus en état d'achever son grand œuvre le rendaient mélancolique. Il était épuisé en arrivant à Saint-Jean-de-Luz, quasi cadavérique. Mais, dans ce délabrement physique, par bonheur son intelligence, sa vivacité d'esprit, sa subtilité restaient intactes.

VII

L'ÎLE DES FAISANS

Don Luis de Haro, ministre espagnol, était arrivé à Fontarabie ; Mazarin, à Saint-Jean-de-Luz, mais il était hors d'état de se déplacer et espérait que Haro viendrait à sa rencontre. C'était mal connaître les Espagnols. La question se posait pour eux de savoir lequel, du représentant de Philippe IV, de surcroît Grand d'Espagne, ou du prince de l'Église, représentant le roi de France, devait faire le premier pas. Taraudé par la maladie, Mazarin n'avait que faire de ces finesses protocolaires. Il lui tardait d'entrer dans le vif du sujet. Mais il avait en même temps trop de subtilité pour paraître vouloir brusquer les choses : il ne venait pas pour quémander, mais pour imposer ; toutefois, il n'entrait pas dans ses intentions d'humilier l'adversaire ou de l'offenser si peu que ce fût. On trouva un compromis qui ménageait les susceptibilités réciproques : c'était un jeu où le cardinal était passé maître depuis longtemps ! Il y avait, dans l'embouchure de la Bidassoa, une petite île qui portait plusieurs noms, mais dont l'Histoire a retenu celui d'île des Faisans. On y éleva un pavillon, avec une frontière symbolique. Deux ponts de bateaux reliaient cet îlot à chacune des rives. Dans la salle des conférences, deux tables se faisaient vis-à-vis, l'une du côté espagnol, l'autre du côté français. Le 13 août, Mazarin apparut avec une suite de cinq cents personnes. Les Espagnols étaient au rendez-vous. Les deux délégations (limitées à cinquante personnes de chaque côté) pénétrèrent dans le pavillon. Après les salutations et les présentations d'usage, les pourparlers commencèrent. Mazarin croyait retrouver Pimentel près de Luis de Haro. Philippe IV avait jugé excessives les concessions que Mazarin lui avait extorquées à Paris ; il l'avait remplacé par don Pedro Coloma, secrétaire d'État. Il s'agissait désormais de donner leur forme définitive aux préliminaires de paix signés par Pimentel, c'est-à-dire de débattre sur chacun des articles et d'ajouter éventuellement des rubriques complémentaires sur les questions restées en suspens. La première séance dura cinq heures. Don Luis de Haro était un négociateur de premier ordre, connu pour sa ténacité enveloppée de douceur. Il misait sur l'état de santé de Mazarin, sur sa lassitude, pour lui arracher des concessions. Mais le cardinal n'était pas dupe et surmontait les élancements de la goutte avec un extraordinaire courage. Coloma n'était pas moins attentif et moins ingénieux que Lionne, l'adjoint du cardinal. Lorsque l'on s'était mis d'accord sur un article, Lionne et Coloma le mettaient immédiatement en forme. Mais en outre, chaque soir, Mazarin rédigeait un compte rendu de la journée, quel que fût son degré de fatigue.

Le préambule du traité était à la hauteur de son importance pour l'Europe.

« Sans aucune autre intention ni motif, que les seuls sentiments de compassion que les deux rois ont eus des souffrances de leurs bons sujets et d'un désir paternel de leur bien et soulagement, et du repos de toute la chrétienté, ils ont trouvé le moyen de mettre fin à de si grandes calamités, d'oublier et d'éteindre les causes et les semences de leurs divisions et d'établir à la gloire de Dieu et à l'exaltation de notre sainte loi catholique une bonne, sincère, entière et durable paix et fraternité… » Cette paix engageait non seulement les deux monarques régnants, mais leurs successeurs, ce qui était beaucoup demander.

Le traité, connu sous le nom de paix des Pyrénées, ne fut signé que le 7 novembre 1659. Il comportait un peu moins de deux cents articles d'inégale importance, dont les principaux touchaient aux gains territoriaux de la France, au pardon du prince de Condé et au mariage du roi et de l'infante. Il redéfinissait et rendait définitives plusieurs dispositions incluses dans les traités de Westphalie.

La France conservait l'Artois, province qui avait été conquise de 1639 à 1645, c'est-à-dire les places fortes d'Arras, de Bapaume, Béthune, Hesdin, Lens, Lillers et Saint-Pol ; toutefois, Aire et Saint-Omer demeuraient provisoirement espagnoles.

En Flandre, elle acquit Bourbourg, Gravelines, Saint-Venant et Térouanne : cet ensemble fut appelé Quartier de Terre Franche. Dans le Hainaut, elle obtint Landrecies et Le Quesnoy. Entre Sambre et Meuse, Avernes, Marienbourg et Philippeville. En Luxembourg, Chauvancy, Damvillers, Ivoi, Marville, Montmédy et Thionville, qui couvraient les Trois Évêchés. La Lorraine, perdue par le duc Charles IV depuis 1634, lui fut partiellement restituée. La France conservait le duché de Bar, la prévôté de Dun-sur-Meuse, Jametz, Moyenvic, Stenay et le comté de Clermont-en-Argonne. Elle obtenait le démantèlement de Nancy et l'ouverture d'une route militaire traversant le duché. Enfin, la possession plénière de l'Alsace lui était reconnue. Sur la frontière des Pyrénées, elle gardait le Roussillon et la Cerdagne, à l'exception de l'enclave de Llivia. Sur la frontière italienne, la possession de la forteresse de Casal était confirmée. De plus, l'Espagne s'engageait à ne pas attaquer le territoire de nos deux alliés : le duc de Modène et le duc de Savoie.

En contrepartie, nous devions rendre un certain nombre de places, comme Ypres, Oudenarde, Dixmude, Furne. Paris n'était pas encore à l'abri des invasions. Il eût fallu conquérir la totalité de la Flandre, ainsi que le voulait

Turenne. Mais ni l'Espagne ni l'Angleterre et encore moins les Hollandais n'eussent toléré cette annexion.

Les discussions achoppèrent sur le pardon de Condé. Ni Mazarin ni le roi n'étaient disposés à amnistier le prince félon, condamné pour crime de lèse-majesté et sans autre excuse que son ambition désordonnée. Philippe IV mettait son point d'honneur à ce qu'il pût recouvrer ses titres et ses biens. Contre la cession de quatre places fortes Mazarin finit par céder. Condé rentra en France en décembre et vint demander au roi un pardon qui lui fut accordé non sans hautainerie. Il recouvra ses biens, dont le château de Chantilly dont pourtant Louis XIV avait fort envie.

La question du mariage avec l'infante Marie-Thérèse continuait d'inquiéter Philippe IV. Il désirait cette union, mais il se défiait des ambitions françaises. La loi salique n'avait pas cours en Espagne. En supposant que Philippe IV décédât sans laisser de fils, Marie-Thérèse héritait de la couronne d'Espagne. Dans ce cas, Louis XIV eût régné de Paris à Madrid. Philippe IV exigea donc que la renonciation de Marie-Thérèse au trône d'Espagne fût stipulée en termes précis et répétés. Mazarin proposait que les Pays-Bas espagnols en fussent exceptés. Cette proposition fut rejetée. Cependant, il avait obtenu que la dot de l'infante serait de cinq cent mille écus d'or, sachant que l'Espagne était incapable de verser une somme aussi considérable. Hugues de Lionne trouva une formule ingénieuse, sur laquelle on se mit d'accord et qui tenait à l'adjonction d'un seul mot : « moyennant ». L'article 4 du traité, dans sa forme définitive, commençait ainsi : « Que *moyennant* le paiement effectif fait à Sa Majesté très Catholique, ladite sérénissime infante se tiendra pour contente et se contentera de la susdite dot, sans qu'après elle puisse alléguer comme bien aucun autre droit... » Ce « moyennant » terrifia les plénipotentiaires espagnols ; cependant, ils ne purent récuser la formule de Lionne, à peine de se reconnaître insolvables. La dot devait faire l'objet de trois versements, dont le premier après la consommation du mariage. Les finances de l'État espagnol étaient dans un tel dénuement qu'il ne fut pas envoyé un seul écu. La guerre de Succession d'Espagne est sortie de ce « moyennant ». Mazarin ne l'avait certes pas prévue, mais il songeait aux Pays-Bas espagnols, à la dangereuse situation de Paris encore trop proche des frontières. Il y avait dans le mot de Lionne un argument de poids pour entamer une négociation ultérieure, et fructueuse, non pas un *casus belli*, du moins dans la conception de Mazarin.

La question portugaise souleva également une vive polémique. Malgré sa défaite d'Elvas, l'Espagne persistait à traiter cette nation en rebelle. Elle était notre alliée et nous ne pouvions l'abandonner sans conditions à l'Espagne. Un délai de trois mois lui fut accordé. Passé ce délai, la France cesserait de l'aider. En réalité, notre aide devint officieuse. « Les traités, écrira plus tard Louis XIV, ne s'observent pas toujours à la lettre, et les intérêts des couronnes sont de telle nature que les princes qui en sont chargés ne sont pas toujours en liberté de s'engager à leur préjudice. » Une formule que Mazarin n'eût pas désavouée.

Cromwell venant de mourir, l'Angleterre perdait beaucoup de son importance. Il était évident, aux yeux de Mazarin comme à ceux de don Luis de Haro, que le régime républicain institué par le Lord Protecteur ne se maintiendrait pas. Mais la restauration monarchique était loin d'être acquise. Les envoyés du futur Charles II Stuart furent reçus courtoisement, mais n'obtinrent pas les appuis souhaités par leur maître. Tout ce qui intéressait don Luis était que la France s'engageât à ne pas soutenir l'Angleterre dans une guerre contre l'Espagne. Mazarin y consentit d'autant plus volontiers que ses agents secrets travaillaient à dresser les habitants de Dunkerque contre les occupants anglais.

Comme on le constate, « les deux Grands », dirions-nous aujourd'hui, réglaient les affaires de l'Europe. Ils traitaient d'égal à égal, ce qui ne correspondait pas à la réalité. La puissance espagnole semblait intacte. Pourtant elle glissait en douceur au second rang. Tel était le résultat de la modération de Mazarin. Il se préoccupait déjà de renouveler la ligue du Rhin et de remettre de l'ordre dans l'Europe du Nord.

Le pape n'avait pas été associé aux négociations, même indirectement. Il n'avait donc pu jouer, même théoriquement, ce rôle d'arbitre qui était dans les traditions du Saint-Siège. Furieux, il retarda autant qu'il le put la dispense nécessaire au mariage de Louis XIV et de l'infante, qui étaient cousins germains. Ce contretemps retarda la protocolaire demande en mariage. Le maréchal de Grammont, qui était chargé de la présenter à Philippe IV, n'arriva à Madrid que le 16 octobre. Mazarin avait prié le roi d'Espagne d'agréer ses excuses parce qu'il n'envoyait pas un prince du sang comme ambassadeur. Il avait demandé à Grammont de vérifier si l'infante ressemblait à ses portraits, sachant que les peintres de cour flattaient trop souvent leurs modèles. Mais, au cours d'une cérémonie grandiose, dont l'étiquette réglait le plus mince détail, Grammont ne put apercevoir qu'une petite idole dorée, une sorte de portrait à la manière de Vélasquez. On ne lui donna pas l'occasion d'approcher Marie-Thérèse, ni d'échanger quelques mots avec elle. Il ne rapporta donc à Mazarin qu'une impression fugace, mais qu'en bon courtisan il s'efforça d'embellir. La mauvaise saison approchant, Philippe IV ne voulait pas entreprendre le voyage jusqu'à Fontarabie. La célébration du mariage fut donc renvoyée au mois de juin 1660. Ce retard inquiéta Mazarin qui redoutait que Louis XIV mît à profit ces quelques mois pour renouer avec Marie Mancini. La cour de France résidait à Bordeaux depuis la fin août. Puis elle se transporta à Toulouse pour être plus proche de l'Espagne et finalement à Aix, avant de regagner Paris.

Pendant le voyage de retour, ce ne furent que fêtes et réjouissances dans toutes les villes traversées par le roi : la France entière célébrait la paix des Pyrénées, se reprenait à espérer des jours meilleurs, avec cet optimisme qui caractérise notre nation. On allait enfin pouvoir travailler, sans craindre le passage des soldats ! Ces braves gens qui se remettaient à l'ouvrage pleuraient de joie en voyant passer, en son brillant cortège, ce jeune roi qui ramenait avec lui le bonheur attendu depuis tant d'années ! La cour retrouva ses plaisirs habituels, dont la médisance n'était pas exclue. Le parti de la guerre critiquait ouvertement la mansuétude de Mazarin. Il ne comprenait pas pourquoi le cardinal avait négocié avec un pays vaincu au lieu d'achever la conquête des Pays-Bas espagnols. Turenne se déclarait furieux du pardon accordé à son rival, le prince de Condé. Il réclamait en compensation la connétablie qui lui eût assuré le commandement suprême des armées. Mais il était protestant et d'ailleurs Louis XIV ne voulait pas de connétable. Turenne fut nommé maréchal-général, grade que Mazarin inventa pour lui et qui lui donnait le pas sur les autres maréchaux. Le parti dévot ne pouvait mieux faire que d'encenser le cardinal, puisqu'il avait mis fin à la guerre contre la très catholique Espagne. Sa perfidie s'exerça sur un autre terrain.

La date du mariage approchant, Mazarin partit le premier pour Saint-Jean-de-Luz. Ne négligeant aucun détail et voulant prévenir tout incident entre les Français et les Espagnols, ménager la susceptibilité de Philippe IV tout en préservant la dignité de Louis XIV, il arrêta le programme des cérémonies avec don Luis de Haro. Il en profita pour affiner quelques points du traité des Pyrénées et rectifier le tracé de la frontière catalane. La cour arriva à Bayonne au début de mai 1660 et se transporta peu après à Saint-Jean-de-Luz. La célébration du mariage était imminente. On savait que Philippe IV et l'infante étaient à Fontarabie. Mais don Luis et Mazarin se disputaient encore la possession de quelques villages et l'on murmurait que le mariage pourrait bien être rompu. Mais le cardinal eut gain de cause, sur l'intervention du roi d'Espagne. Le 3 juin, l'archevêque de Pampelune, assisté de Zongo Ondelei, évêque de Fréjus, bénit l'union de l'infante et de Louis XIV, que représentait don Luis de Haro. Comme aucun prince, aucun Grand d'Espagne, n'était venu le saluer, Louis XIV empêcha le duc d'Anjou, son frère, de se rendre à Fontarabie. Cependant, plusieurs dames poussées par la curiosité, dont la Grande Mademoiselle et Mme de Motteville, bravèrent l'interdiction, assistèrent à la cérémonie et s'arrangèrent pour approcher la future reine de France. Ce qui nous vaut ce piquant portrait : « L'Infante Reine était petite, mais bien faite ; elle nous fit admirer en elle la plus éclatante blancheur que l'on puisse avoir, et toute sa personne de même. Ses yeux bleus nous parurent beaux ; ils nous charmèrent par leur douceur et leur brillant. Nous célébrâmes la beauté de sa bouche et de ses lèvres, un peu grosses et vermeilles. Le tour de son visage était long, mais, étant rond par en bas, il nous plut ; et ses joues, un peu grosses mais belles, eurent leur part de nos louanges. Ses cheveux étaient d'un blond argenté qui convenait entièrement aux belles couleurs de son visage. À dire vrai, avec une taille plus grande et de plus belles dents, elle méritait d'être mise au rang des plus belles personnes de l'Europe… Sa gorge nous parut bien faite et assez grasse, mais son habit était horrible. » Suit une mercuriale impitoyable contre la mode d'Espagne et singulièrement contre les vertugadins : « machine à demi ronde et monstrueuse ». Il est vrai que les Espagnols se gaussaient de la mode française avec ses rubans et ses plumes. Ce que ne dit pas Motteville, c'est qu'après la bénédiction, Philippe IV, jusque-là immobile et muet comme une statue, céda à l'émotion et versa une larme. Pour les Espagnols, cette larme était presque un événement. En France, on avait les pleurs plus faciles, un peu trop peut-être.

Le lendemain, Anne d'Autriche et Philippe IV se rencontrèrent dans le pavillon de l'île des Faisans. On avait déroulé deux tapis, qui ne se joignaient pas tout à fait, pour figurer la frontière ! Mazarin et le jeune duc d'Anjou accompagnaient la reine, non pas Louis XIV. L'infante Marie-Thérèse était avec son père. Anne d'Autriche n'avait pas revu son frère depuis quarante-cinq ans. Elle ouvrit les bras pour l'embrasser, oubliant le protocole. Philippe IV recula, tendit seulement les mains : c'était une reine étrangère qu'il rencontrait, non sa sœur ! Pourtant, si l'on en croit les propos recueillis par Mme de Motteville et qu'elle tenait probablement de la reine, il s'humanisa peu à peu. Comme Anne d'Autriche regrettait la longueur de la guerre qui avait opposé les deux pays et causé tant de misères et de morts, il dit :

– « Hélas ! Madame, c'est le diable qui l'a faite ! »

Et quand la reine lui dit :

– « Je crois que Votre Majesté me pardonnera d'avoir été si bonne française : je le devais au Roi mon fils et à la France. »

Il répondit :

– « Je vous en estime. La Reine ma femme en a fait autant ; car, étant française, elle n'avait dans l'âme que l'intérêt de mes royaumes, et le désir de me contenter. »

Il évoquait ainsi le souvenir de sa première épouse, la princesse Élisabeth de France. Mais il ne manqua pas de vanter les mérites de sa seconde femme.

Sa conversation prit un tour plus familial.

– « À cette heure, dit Philippe IV, nous aurons bientôt des petits-enfants. »

– « Je l'espère aussi, répondit Anne ; mais je vous demande la permission de souhaiter un fils pour le Roi, plutôt qu'une femme pour le prince mon neveu. »

Il daigna sourire. Un moment, Mazarin s'approcha d'eux, disant qu'un inconnu était à la porte. Il entrouvrit la porte derrière laquelle se trouvait Louis XIV, et la referma lentement. Nouveau sourire de Philippe IV :

– « J'ai un beau gendre. » (*Tengo lindo hierno.*)

La reine demanda à l'infante ce qu'elle en pensait :

– « Il n'est pas temps de le dire », trancha Philippe.

– « Et quand sera-t-il temps ? »

– « Quand elle aura passé cette porte. »

Ce qui signifiait : quand elle sera mariée. Alors le duc d'Anjou murmura à l'infante :

– « Que semble-t-il de cette porte à Votre Majesté ? »

Elle répondit en riant :

– « La porte me paraît belle et bonne. »

Le 6 juin, les deux rois se rencontrèrent dans l'île des Faisans, en présence du cardinal Mazarin qui posa sur la table un crucifix et le livre des Évangiles. Lecture fut faite, en français et en espagnol, du traité des Pyrénées. Les deux rois mirent un genou à terre, posèrent la main sur les Évangiles et jurèrent de respecter loyalement le traité. Puis ils s'embrassèrent, en se promettant une éternelle amitié. Après cette prestation de serment, chacun des deux rois présenta à l'autre les grands de son royaume. Lorsque vint le tour du maréchal de Turenne, Philippe IV dit :

– « *¡Me a dado mui males noxes !* » (Il m'a fait passer de mauvaises nuits !)

Le 7 juin, l'infante passa la fameuse porte qui faisait d'elle une reine de France. Elle se sépara de son père en versant d'abondantes larmes. Philippe IV retourna le soir même à Fontarabie. Il se jeta sur son lit et dit à ses familiers :

– « Je suis à demi mort ; car de voir pleurer ma fille, elle le devait, et ma sœur aussi : mais d'avoir vu ces deux garçons pendus à mon col pleurer comme des enfants, je me suis attendri de telle manière que je n'en puis plus. »

Délivré de l'étiquette, il redevenait pour un instant l'homme qu'il était réellement.

Lorsque Marie-Thérèse fut habillée à la française, Louis XIV se laissa émouvoir par sa blondeur argentée, par son teint de rose, ses yeux bleus et sa souriante jeunesse. Le 9 juin, eut lieu le mariage français, cérémonie somptueuse. Après le souper qui fut pris en famille, le roi plein d'entrain annonça soudain qu'il était l'heure de se coucher. Marie-Thérèse s'empressa d'obéir.

– « Vite, vite, dit-elle aux femmes qui la déshabillaient, le Roi m'attend. »

La nuit de noces se déroula sans témoins, nonobstant l'usage de la cour de France. Le lendemain, la jeune reine affichait une gaieté attendrissante. Louis paraissait heureux. Mais quelles étaient ses pensées ? La cour quitta Saint-Jean-de-Luz le 15 juin et, par Bordeaux, Poitiers et Orléans, gagna Fontainebleau. Entre Bordeaux et Poitiers, Louis XIV annonça qu'il se rendrait à La Rochelle, seul, pour visiter le port. Ni Anne d'Autriche, désormais reine douairière, ni Mazarin n'osèrent contrecarrer ce projet. Le roi gagna effectivement La Rochelle, avec quelques gentilshommes de sa suite, expédia au galop la visite du port et se rendit à Brouage. Marie Mancini n'y était plus. Son oncle l'avait autorisée à regagner la capitale. Louis voulut passer la nuit dans le lit même où sa bien-aimée avait couché. Il y gémit et pleura tout son saoul. Le lendemain, rasséréné, il remonta à cheval pour rejoindre le cortège royal. Il était résolu à ne plus mêler la politique et l'amour.

Quand la cour arriva à Fontainebleau, le cardinal obligea Marie à faire la révérence à la nouvelle reine. « Je prévis, écrit-elle dans ses *Mémoires*, combien cet honneur m'allait coûter, et il est vrai que ce ne fut pas sans peine que je me disposai à le recevoir, m'attendant à voir rouvrir une blessure, par la présence du Roi, qui n'était pas encore bien fermée, et à laquelle il aurait sans doute mieux valu appliquer le remède de l'absence. Cependant, comme je ne m'étais pas imaginée que le Roi me pût recevoir avec l'indifférence qu'il me reçut, j'avoue que j'en demeurai si fort troublée que je n'ai de ma vie ressenti rien de plus cruel que ce que je souffris de ce changement, et qu'à chaque moment je voulais m'en retourner à Paris. »

Elle y retourna, mais pour assister à l'Entrée triomphale de Marie-Thérèse, le 26 août. Pis encore, son oncle offrit un souper à Leurs Majestés et elle dut, avec ses sœurs, faire les honneurs de la maison.

Cependant, elle eut sa revanche, après la mort du cardinal. Elle obtint une entrevue avec le roi. Il est probable qu'il lui proposa d'être sa maîtresse. Marie avait trop d'orgueil pour accepter ce rôle et, de rage, accepta d'épouser le prince Colonna.

VIII

PORT-ROYAL

Le Père Rapin, jésuite, disait fort justement de Mazarin : « C'était un bon esprit que le ministre, qui parlait bien de toutes choses et ne cédait à personne pour parler, mais dans le fond, c'était un politique. » Mazarin n'était certes pas un incroyant, comme Retz, mais sa science théologique était assez courte et, trop préoccupé par les affaires, il ne cherchait pas à l'approfondir. Les querelles religieuses, surtout verbales, qui accompagnèrent son ministère, n'eussent rencontré que son indifférence amusée si, de quelque manière, elles n'avaient pas touché à la politique et gêné le gouvernement. De façon générale, le parti dévot, quelle que fût sa doctrine, ne cessa guère de lui être opposé.

La plus grave, la plus constante de ces querelles fut celle des Jésuites contre les jansénistes. À son point de départ, le jansénisme paraissait s'inscrire dans le vaste mouvement de la Contre-Réforme. En réalité, il desservit l'Église en divisant les catholiques français. Jansen, évêque d'Ypres (il avait latinisé son nom en Jansenius), avait publié en 1640, à Louvain, un ouvrage en trois tomes intitulé l'*Augustinus ou Doctrine de saint Augustin sur la santé, la maladie et la médecine de l'âme.* Cet ouvrage parut à Paris l'année suivante. Duvergier de Hauranne, abbé de Saint-Cyran, adopta la doctrine de Jansenius et la répandit au sein d'un petit groupe de chrétiens fervents. Richelieu n'aimait pas beaucoup les sectes. Il flaira le danger et fit embastiller Saint-Cyran, qui fut libéré en 1643 et mourut peu après. La même année, Antoine Arnauld, docteur en théologie et prêtre, publia son traité, *De la fréquente communion.* Il s'y révélait fervent adepte de Jansenius et de Saint-Cyran. *La Fréquente communion* était plus un traité de morale qu'un essai théologique et davantage encore une longue imprécation contre la religion mondaine et l'usage abusif de la communion. Cet ouvrage eut un grand retentissement dans le clergé et le public cultivé. Il répondait à une attente et séduisit ceux que déconcertaient les complaisances de l'Église et qui aspiraient à plus de rigueur religieuse. Or, en 1642, le pape avait condamné l'*Augustinus,* dont l'auteur niait le libre arbitre et affirmait que l'homme ne peut se sauver, quoi qu'il fasse, s'il n'a pas reçu la grâce et que celle-ci est un don de Dieu. Cette prédestination annulait en somme les mérites et les démérites de l'homme et démontrait la vanité de ses efforts devant la puissance souveraine. C'était cette doctrine même, à la fois rigoureuse et désespérante, qu'Antoine Arnauld fit connaître et qui fut aussitôt adoptée et propagée par sa famille.

Curieuse famille dont l'auteur était La Mothe-Arnauld, capitaine de chevau-légers puis procureur général de Catherine de Médicis, huguenot notoire et qui échappa de peu à la Saint-Barthélemy. Il eut treize enfants dont certains abjurèrent la foi réformée. Son second fils, Antoine Arnauld, se signala par son plaidoyer contre les Jésuites. Il eut vingt-deux enfants, parmi lesquels Antoine Arnauld, dit le Grand Arnauld, auteur de *La Fréquente communion* et bientôt chef du mouvement janséniste. Parmi les frères et sœurs de celui-ci, il faut citer Robert Arnauld d'Andilly, auteur de nombreux ouvrages religieux, qui se retira à Port-Royal-des-Champs après avoir mené une vie mondaine ;

Jacqueline Arnauld, en religion Mère Angélique de Sainte-Madeleine ; Catherine Agnès Arnauld, en religion Mère Agnès de Saint-Paul. Et sa nièce Angélique Arnauld d'Andilly, en religion Mère Angélique de Saint-Jean. Ces Arnauld avaient un dénominateur commun : la certitude d'appartenir à une essence intellectuellement supérieure et le goût de se mettre en avant. Il n'est pas évident que leur interprétation de la doctrine de Jansenius fût conforme à sa pensée. Ils condamnaient, jusqu'au ridicule, tout ce qui procédait des sens : la beauté de la nature (oubliant qu'elle était l'œuvre de Dieu), la poésie en raison de son essence païenne, la science elle-même en laquelle ils voyaient une manifestation de l'orgueil humain. Ils préconisaient le dédain du corps charnel, le silence de l'esprit. Cet ascétisme ne menait à rien, s'il n'y avait prédestination, donc abolition du libre arbitre ; pourtant il plaisait et il attirait inexplicablement. Des gens du monde abandonnaient leur salon ; des officiers, des fonctionnaires, des savants renonçaient à leur carrière pour adopter cette terrible morale et en devenir les propagateurs ardents. De nombreux curés adhérèrent à la nouvelle doctrine, cependant que la prélature lui était résolument hostile : il est aisé de comprendre pourquoi. Retz soutenait discrètement le mouvement pour s'en servir contre Mazarin. Les croyants étaient partagés : les uns se désespéraient devant le mystère de la prédestination ; les autres désertaient les sacrements. Les disputes que le jansénisme suscitait parmi les ecclésiastiques excitaient la verve des libertins (les libres-penseurs). Les Jésuites, étant les premiers visés par *La Fréquente communion*, réagirent avec vigueur. Ils craignaient de perdre leurs avantages, en particulier le quasi-monopole qu'ils exerçaient dans l'enseignement et leur influence auprès des princes et des Grands dont ils étaient directeurs de conscience. D'ailleurs, il existait une opposition fondamentale entre eux et les jansénistes. Ils avaient été institués dans la perspective de la Contre-Réforme pour agir collectivement et dans l'oubli de leurs propres personnes. Au contraire, les jansénistes étaient profondément individualistes : seule, l'aventure de leur âme les intéressait. L'attitude indulgente des Jésuites contrastait puissamment avec l'intransigeance des jansénistes, jointe à une sorte de dédain à l'encontre de ceux qui restaient en dehors de leur secte. Les uns se considéraient comme d'obscurs soldats : seuls les résultats obtenus par leur cohorte avaient du prix à leurs yeux. Les jansénistes préféraient le petit nombre des élus, et ils n'étaient pas loin de croire que le fait d'opter pour leur doctrine était déjà le fruit de la prédestination, une quasi-promesse de salut ; que Port-Royal était une image de la Jérusalem céleste.

Les Jésuites insinuèrent fort habilement que le jansénisme rejoignait le calvinisme par certains de ses aspects, et, comme tel, y conduisait par une pente naturelle. On porta le litige devant Rome. Le pape Alexandre VII nomma une commission de cinq cardinaux et de treize théologiens. Après des débats passionnés, il condamna les cinq propositions de l'*Augustinus*, par la bulle *Cum occasione* du 31 mai 1653. Cependant, par une étrange aberration – peut-être volontaire –, les propositions condamnées ne coïncidaient pas textuellement avec l'ouvrage de Jansenius. La riposte des jansénistes fut aisée. Ils prétendirent tirer leur doctrine des écrits de saint Augustin, non pas du livre de l'évêque d'Ypres ; en foi de quoi la bulle *Cum occasione* ne les concernait en rien. Ils n'apercevaient pas que l'Église ne réprouvait point le fondement du jansénisme – qui était une sorte de super-catholicisme –, mais le but qu'il poursuivait et les sombres couleurs dont il se parait, à une époque où la foi commençait à se refroidir. De plus, il se divisa en deux tendances : les uns, à la remorque des Arnauld, n'admettaient aucun compromis : ils oubliaient qu'à travers les âges l'Église avait survécu, en s'adaptant ; les autres étaient plus nuancés et tenaient par-dessus tout à ne pas s'exclure de l'Église ; ils respectaient le pape et la hiérarchie ; ils demeuraient sensibles aux rites et à l'apparat des offices, bien qu'on leur prêchât les vertus d'une simplicité confinant au dénuement. Les Arnauld et leurs familiers ne récusaient point l'Église mais à condition que leur doctrine prévalût en son sein. Il y avait donc une bonne dose d'incohérence dans leur position. Pour en finir, les Jésuites saisirent la Sorbonne. Passons sur les joutes oratoires et les discussions qui ressemblèrent parfois à des empoignades.

Mazarin se gardait bien de prendre parti. Il nageait entre deux eaux en attendant l'issue du procès. Il tenait à ménager les Jésuites, mais évitait une rupture avec les jansénistes. Toutefois, il ne put s'empêcher de reprocher à la Mère Angélique de s'occuper un peu trop de procès, alors qu'elle avait été jusqu'ici un modèle de spiritualité. L'agitation de la cour à ce sujet l'irritait et il se méfiait un peu du mysticisme parfois excessif d'Anne d'Autriche. Antoine Arnauld fut en fin de compte condamné, le 31 janvier 1656. Ce jugement ne suffit pas à éteindre son zèle ni à abattre le jansénisme. Huit jours avant, Blaise Pascal publia, sous un pseudonyme, la première des *Provinciales*, pamphlet virulent contre les Jésuites. À dire vrai, si leur style étincelle, la pensée qui les inspire trébuche plus d'une fois, car elle manque de fondement. Pascal s'en prend, par exemple, à la casuistique comme si les Jésuites l'avaient inventée ! Cependant, le succès fut énorme et obligea le gouvernement à suspendre les persécutions contre les jansénistes. Ce succès fut accru, en mars 1656, par le miracle de la Sainte Épine : une nièce de Pascal avait été guérie d'un grave ulcère lacrymal par l'attouchement d'une épine de la couronne du Christ. La ville et la cour crurent au miracle. Les solitaires de Port-Royal, un moment dispersés, retournèrent à leur cher vallon pour y reprendre leur méditation. Pascal triomphait, voyant dans le miracle de la Sainte Épine la preuve irréfutable du jugement de Dieu sur le jansénisme.

Mazarin attendait patiemment son heure. S'il respectait le mysticisme des sœurs de Port-Royal et des « solitaires », il n'appréciait guère les ingérences du mouvement dans la politique. Il n'oubliait pas que les jansénistes avaient pris parti pour le cardinal de Retz après son évasion du château de Nantes et qu'ils s'étaient associés au clergé parisien pour demander son retour. Non plus qu'ils accueillaient volontiers dans leurs saints asiles les débris de la Fronde, en particulier Mme de Longueville, brusquement convertie : venait-elle se repentir de ses fautes, remâcher ses échecs ou intriguer ? Nombre de personnages déçus dans leur ambition ou disgraciés se rendaient à Port-Royal pour y trouver la fraîcheur des ombrages et pour y écouter les leçons des « messieurs ». Ceux-ci se déclaraient loyaux sujets du roi, mais leurs pénitents se laissèrent aller à bavarder un peu trop, parfois à exhaler leurs rancœurs. Il y avait parmi eux trop d'anciens condéens. Finalement, Mazarin jugea cette secte dangereuse pour la sûreté intérieure de l'État et pour l'avenir de l'Église. Malade, sentant ses forces décliner, il voulut en finir. En septembre 1660, il réunit au nom du roi une commission d'évêques et de théologiens, pour examiner les *Provinciales*. Le livre fut condamné, comme il était prévisible, et le Conseil royal ordonna qu'il fût brûlé par la main du bourreau. C'était le premier avertissement. En décembre, le cardinal réunit une assemblée du clergé, qui rédigea un formulaire ainsi conçu :

« Je condamne, de cœur et de bouche, la doctrine des cinq propositions de Cornelius Jansenius, contenues en son livre intitulé l'*Augustinus*, que les deux papes Innocent X et Alexandre VII ont condamnée, laquelle doctrine n'est pas celle de saint Augustin, que Jansenius a mal expliquée, contre le vrai sens de ce saint docteur. »

Ce formulaire (février 1661) devait être obligatoirement signé par les membres du clergé séculier et régulier. Il posa un grave cas de conscience au bas clergé, en partie favorable au jansénisme. Simultanément, les Mères supérieures des deux couvents de Port-Royal considérés comme le noyau du jansénisme reçurent l'ordre de congédier leurs pensionnaires, novices et postulantes, avec interdiction absolue d'en recevoir à l'avenir. Les « solitaires » durent abandonner leur retraite. La grande persécution commençait. Elle aboutira, en 1665, à l'extinction du jansénisme. Mazarin avait recommandé à Louis XIV de ne « souffrir ni la secte des jansénistes ni seulement leur nom ». Louis XIV s'y employa, non sans brutalité. Mais il eut beau faire raser les murs de Port-Royal-des-Champs, il n'effaça pas le souvenir du jansénisme ni son influence sur certains esprits. Car ce mouvement – peut-être hérétique – était avant tout une façon d'être, un comportement à l'égard de l'autorité ecclésiastique ou royale, une volonté d'indépendance qui rejoignait celle des Frondeurs. C'était la mystique exacerbée des Arnauld qui avait fait le jansénisme ; leur intransigeance et leurs outrances de langage le perdirent. L'évêque Hardouin de Péréfixe disait des sœurs de Port-Royal qu'elles étaient « pures comme des anges et orgueilleuses comme des démons ».

Les jansénistes étaient faciles à abattre, par suite de leurs imprudences et de leurs provocations. Mais le parti dévot, obéissant aux consignes secrètes de la Compagnie du Saint-Sacrement, était au contraire à peu près insaisissable. Il procédait du vieil esprit de la Ligue. Il était irréprochable du point de vue de l'orthodoxie religieuse, tout en affichant une piété par trop démonstrative. De très grands personnages appartenaient à la Compagnie, certains touchant de fort près au pouvoir et même à la Maison royale. On ne peut contester les services qu'ils rendirent aux malheureux mais, sous prétexte de combattre les mauvaises mœurs, ils s'insinuaient dans tous les milieux et jusque dans les maisons privées, de préférence riches. L'action des dévots n'était pas toujours désintéressée. La Compagnie avait une puissance discrète, mais tentaculaire. Elle contrôlait des quartiers entiers de Paris, facilitait la carrière de ses adeptes ou brisait celle de ses adversaires. Le pauvre Molière en sut quelque chose avec son *Tartuffe* : encore bénéficiait-il de la protection de Louis XIV ! Mazarin détestait le parti dévot, et le craignait dans la mesure où il échappait à son contrôle. Pendant toute la Fronde, il en avait reçu des coups. Les dévots ne lui pardonnaient pas de continuer la guerre contre l'Espagne, pays très catholique, comme on l'a signalé plus haut, ni de s'allier avec les princes protestants. Ils se déchaînèrent contre lui quand il signa le traité de Westminster avec l'hérétique Cromwell. Ils soutinrent l'agitation du Parlement durant la première Fronde, puis les princes et surtout Condé, sans bien mesurer qu'ils faisaient le jeu de l'ennemi, mais certains en étaient conscients. Ils avaient bénéficié de l'amnistie générale et étaient rentrés prudemment dans l'ombre, mais pour continuer leur action à leur manière discrète, en prenant le masque de l'humilité, voire de la niaiserie. Pour autant, Mazarin n'oubliait pas l'aide qu'ils avaient apportée à son vieil ennemi, le cardinal de Retz.

Car ce dernier, même en exil, resta à la tête d'une sorte de parti formé des curés parisiens, des confréries pieuses, d'anciens Frondeurs qui lui restaient obstinément fidèles : on se demande pourquoi, car ce trublion de génie était largement responsable de leur échec. Son évasion du château de Nantes lui valut un regain de popularité. On l'approuva ensuite d'avoir fait élire le pape Alexandre VII dont les sentiments antifrançais étaient connus. On ne s'étonna pas davantage que le Saint-Siège, las de ses récriminations et de ses intrigues, l'eût chassé de Rome, ni de la vie aventureuse, et souvent douteuse, qu'il mena ensuite. Il s'occupait, de loin, de son archevêché, parvenant à semer la zizanie, car il nommait des vicaires pour les opposer à ceux du roi. Toujours persuadé de son importance, il publia un pamphlet contre l'alliance avec l'Angleterre, en 1657. La paix des Pyrénées lui enleva ses dernières espérances. Il comprit qu'il ne jouerait plus aucun rôle et s'employa à négocier son pardon. Cependant, Mazarin continuait à le craindre. Sentant venir la mort, il ne voulait pas que Retz rentrât en grâce et manœuvrât pour le remplacer. Une ordonnance du 3 mars 1661 « interdit aux sujets du Roi de donner asile à l'archevêque sous peine de confiscation de corps et de biens, et prescrivit aux gouverneurs des provinces et aux lieutenants généraux de se saisir de lui et de ses partisans partout où ils pourraient les découvrir ».

L'ensemble de ces mouvements religieux, en mettant à part le cardinal de Retz, ne constitue pas à proprement parler une Fronde particulière, mais révèle l'aspect religieux de la Fronde. Il en fut le prolongement indirect. De même que les assemblées de pauvres gentilshommes de province s'obstinant à réclamer la réunion des États généraux. Les uns et les autres formaient une opposition larvée. Colbert avait probablement raison de les classer dans la catégorie des « mal intentionnés », dont la fidélité envers le roi lui paraissait douteuse et qui de ce fait étaient à surveiller de près.

IX

FOUCQUET ET COLBERT

La banqueroute déguisée de 1648 avait, partiellement, provoqué la première Fronde. En 1653, après la défaite des princes et la trahison de Condé, le crédit de l'État était nul, car les épargnants redoutaient une nouvelle banqueroute. Or, tout restait à faire. Il fallait trouver, sans délai, les sommes nécessaires pour entretenir les armées sur le pied de guerre, verser les gratifications promises aux princes étrangers, acheter les consciences à leur juste prix, assurer les dépenses de la cour. Mazarin avait peu de lumières en matière de finances publiques, ce qui ne l'empêcha pas de réaliser une énorme fortune personnelle, accrue il est vrai par l'ingéniosité de Colbert, son intendant. Réduit à son seul talent, Mazarin n'aurait pu négocier la paix des Pyrénées en position de force. Le manque d'argent eût limité son action, l'eût empêché de vaincre l'Espagne. Mais il se dota d'un merveilleux second en la personne de Nicolas Foucquet.

Nicolas Foucquet était né en 1615 ; il appartenait à une vieille famille de robe. Son père avait été conseiller au parlement de Paris. Sa mère, Marie de Maupeou, était fille d'un contrôleur général des finances. Après de brillantes études chez les Jésuites, Nicolas fut reçu avocat à seize ans. Son père lui acheta une charge de conseiller au parlement de Metz, nouvellement créé. À dix-neuf ans, il devint conseiller au parlement de Paris. Il fut ensuite intendant aux armées et en Dauphiné. Son père avait servi Richelieu avec zèle (il avait même été l'un des juges de Chalais). Nicolas se mit pareillement au service de Mazarin, qui lui permit d'acheter en 1650 la charge de procureur général près le parlement de Paris. Foucquet devint donc l'intermédiaire entre la cour et cette assemblée. Il se distingua par son adresse et par sa fidélité à la couronne. Avec l'aide de son frère, Basile Foucquet, l'abbé-policier, il rendit à Mazarin des services capitaux pendant l'exil à Brühl. De plus, il avait une grosse fortune. Sa première femme, Louise Fourché, héritière de Matthieu Fourché, sieur de Quehillac et conseiller au parlement de Rennes, lui avait apporté une confortable dot (estimée à trois millions-or de 1914). Elle était morte en 1641, en lui laissant une fille [1]. Il se remaria dix ans plus tard avec Marie-Madeleine de Castille, qui était encore plus riche et surtout apparentée à la haute finance.

Cette grosse fortune ne fut pas étrangère au choix de Mazarin, non plus que les apparentements des Castille. Les Foucquet avaient un écureuil dans leur blason avec pour devise : *Quo non ascendet ?* (Jusqu'où ne montera-t-il pas ?) L'ambition de Nicolas était impatiente et sans limites. Quand mourut La Vieuville, surintendant des finances, il posa hardiment sa candidature. Le rôle qu'il avait joué durant la Fronde, les risques qu'il avait pris, les périls très réels auxquels il s'était exposé, les services rendus à Mazarin (dont il avait sauvé une partie des collections), bref son loyalisme à toute épreuve, lui donnaient droit à juste récompense. Colbert lui-même appuyait sa candidature. La Compagnie du Saint-Sacrement, à laquelle sa famille et celle de sa femme étaient liées, le poussait discrètement

1. Qui devait épouser Armand de Béthune-Charost, descendant de Sully.

vers les sommets. Cependant le cardinal hésitait, n'aimant être l'obligé de personne. Finalement, il partagea la surintendance entre le vieux Servien et Foucquet. Il espérait que les deux surintendants se surveilleraient l'un l'autre, rivaliseraient de zèle, et qu'il serait amené à arbitrer leurs inévitables querelles ! C'était un mauvais calcul.

Dans les temps normaux, le surintendant n'était qu'un ordonnateur des finances. Il délivrait aux ayants droit une ordonnance indiquant le montant et le fond sur lequel le paiement devait être effectué. Les recettes étaient versées à l'Épargne. C'était à ce service qu'incombait le maniement des fonds. Il était placé sous l'autorité d'un trésorier, assisté d'un contrôleur général et de douze intendants des finances. Le trésorier était donc à même de balancer les recettes et les dépenses et, bien entendu, de vérifier les ordonnances délivrées par le surintendant. Ce système, malgré ses imperfections, présentait de sérieuses garanties. Mais les nécessités de la guerre creusant le déficit et réduisant à rien la confiance des épargnants, il avait bien fallu assouplir les contrôles. Peu à peu, la principale fonction de surintendant devint de trouver de l'argent à tout prix. Qui détenait alors les millions de livres dont on avait besoin ? Les financiers auxquels les épargnants confiaient leurs liquidités. Mais ceux-ci se devaient de préserver les intérêts de leur clientèle, et n'oubliaient pas les leurs. Leurs exigences se proportionnaient aux risques qu'ils acceptaient de prendre. La fortune personnelle du surintendant, celle de ses alliés et de ses relations dans la banque, leur paraissaient être une garantie. Le fait que Nicolas Foucquet fût en outre procureur général les sécurisait : c'était pour eux la quasi-certitude d'échapper aux poursuites judiciaires.

Servien avait l'esprit rogue et les œillères d'un vieux serviteur de l'État. Intègre, dépourvu d'imagination, il était incapable d'entrer dans les combinaisons financières et d'alimenter l'Épargne. Foucquet feignit de n'être que son second et le laissa agir à sa guise. Mazarin dut se rendre à l'évidence : malgré sa bonne volonté, Servien s'avérait incapable de remplir le rôle qu'on attendait de lui ; il savait rogner sur les dépenses, non créer des recettes nouvelles.

Le 24 décembre 1654, Foucquet reçut donc cette instruction au nom du roi :

« ... Ledit Foucquet pourvoira au recouvrement des fonds et des sommes de deniers qui devront être portés à l'épargne, et à cet effet ledit sieur Foucquet fera compter les fermiers et traitants, leur allouant en dépense tout ce qu'ils auront payé en vertu des quittances et billets de l'épargne expédiés à leur décharge sur les ordres desdits surintendants. Il arrêtera aussi tous les traités, prêts et avances, examinera les propositions de toutes les affaires qui se présenteront, fera que les édits, déclarations et arrêts nécessaires soient dressés, et fera poursuivre l'enregistrement partout où sera besoin... »

À partir de là, Foucquet fut le seul maître des finances. Il ne dut aucun compte à Servien que l'on cantonna dans le service des dépenses et assignations. Mazarin lui donnait carte blanche pour négocier les prêts et les avances avec les banquiers. Foucquet devenait ainsi le second personnage de l'État, après le cardinal, ascension dangereuse, mais il avait le cœur au-dessus des périls ! Non seulement il devait faire vivre l'État, mais aussi résoudre des problèmes presque insurmontables à l'ouverture de chaque campagne, mais encore avantager Mazarin à chaque occasion qui se présentait : et elles étaient nombreuses ! Ce dernier le stimulait sans cesse, tout en gémissant sur son impécuniosité. En 1655, il le suppliait de le délivrer de ses « inquiétudes mortelles » devant l'énormité de dépenses cependant indispensables. Il en fut de même en 1656, après la défaite de Valenciennes. Foucquet engagea une partie de sa fortune pour envoyer de toute urgence la solde de l'armée. « Je sais, lui écrivit Mazarin, que vous avez trouvé cette somme sur vos obligations particulières et que vous avez engagé ce que vous aviez au monde pour nous assister dans la conjoncture présente. J'en ai la reconnaissance que je dois et je suis touché au dernier point de la manière dont vous en avez usé. J'en ai entretenu au long Leurs Majestés, lesquelles sont tombées d'accord qu'on doit faire grand cas d'un ami fait comme vous... Il faudra que vous repreniez cette somme sur le premier argent qui viendra des affaires qui sont sur le tapis... » (Lettre du 24 juillet 1656.) Ce qui ne l'empêcha pas de le relancer lors du siège de Courtrai, l'année suivante. Puis à nouveau en 1658 : « Je vous prie de considérer qu'il est impossible que tout ne se renverse, s'il y a la moindre faute au paiement ponctuel de ce que vous êtes convenu de payer chaque mois... Je vous conjure d'y songer et de me mander ce que je dois espérer. »

Colbert, agissant au nom de son maître, l'accablait aussi de demandes et de remarques presque continuelles. Il s'attachait surtout à faire rembourser les créances de son maître, plus ou moins fondées et parfois fictives, en bonnes espèces tintantes et trébuchantes. Plus tard, il aura le front de dénoncer, dans un long mémoire, « les maximes pernicieuses » de Foucquet et de ses prédécesseurs, (Particelli d'Emery, La Meilleraye, d'Aligre, La Vieuville et les autres). Quelles étaient ces « maximes » ?

– Permettre aux traitants, fermiers et comptables des deniers publics « de faire des gains prodigieux ».

– Négliger les recettes ordinaires pour recourir aux recettes extraordinaires : emprunts, création, donc multiplication des charges.

– Consommer, par des dépenses insuffisamment contrôlées, les recettes des deux exercices suivants.

– Consentir des remises telles qu'elles absorbaient la moitié des avances faites à l'État et des emprunts qu'il contractait.

– Manipuler l'assiette de l'impôt au bénéfice d'une foule d'agents comptables tirant profit de ce désordre.

Il est certain qu'à partir du moment où Foucquet échappa à la tutelle de Servien et put donner sa mesure, ces abus s'aggravèrent. Il n'en était pas responsable. Tout ce que lui demandait Mazarin, c'était de faire de l'argent, et non pas de réformer le système. Dans une situation aussi obérée, Foucquet n'avait pas le choix. Il lui fallait coûte que coûte regagner la confiance des épargnants.

« La vérité, écrivait-il à Mazarin, est que la conduite que l'on a tenue jusqu'alors n'était pas bonne. Le meilleur moyen est d'en prendre une tout opposée : ne manquer jamais de parole pour quelque intérêt que ce soit, mais ramener les personnes à la raison par la douceur et de leur consentement. Ne menacer jamais de banqueroute et ne parler de celle de 1648 qu'avec horreur, de sorte qu'on ne puisse en craindre une seconde. Ne jamais toucher aux rentes et aux gages et ne pas laisser soupçonner un retranchement quelconque, à peine de voir se tarir cette source de crédit. Ne point tant parler de taxer les gens d'affaires, mais les flatter au lieu de leur disputer leurs profits légitimes et leur accorder des gratifications proportionnées à leur bonne volonté. Leur offrir l'occasion de réaliser des gains substantiels pour les inciter à prendre des risques. Et surtout se donner la réputation d'une parole inviolable... »

Il réussit à regagner la confiance des gens d'affaires et de leur clientèle. Mais il n'eut pas le temps d'apurer une bonne fois les finances de l'État et de réformer le système. Il savait d'ailleurs que cette réforme serait impossible tant que vivrait le cardinal dont la rapacité augmentait à proportion de sa fortune. Son rôle était de se débattre au milieu de difficultés incessantes, de parer sans cesse au plus pressé, dans une improvisation continuelle. Il lui fallait négocier les levées de taxes et d'impôts avec les financiers, les fournitures d'armes et le ravitaillement avec les munitionnaires, les avances sans lesquelles on n'aurait pu entreprendre ou achever les campagnes de guerre, les emprunts dont le taux atteignait parfois seize pour cent, mais que l'on dissimulait en amputant le capital prêté. La plupart du temps, le trésorier de l'Épargne n'avait pas deux millions en caisse. Il payait les créances en billets d'épargne. Ces billets se dévaluaient rapidement, à moins d'être réassignés sur un bon fonds, c'est-à-dire sur une rentrée certaine. Sinon leurs détenteurs les revendaient à bas prix, parfois à trois ou quatre pour cent de leur valeur. Les financiers obtenaient de Foucquet la différence. Ce fut une époque où ces derniers édifièrent d'insolentes et rapides fortunes. Ils bénissaient ce surintendant dont le pouvoir discrétionnaire s'exerçait à bon escient. Mais on comprend bien qu'il savait faire payer les services rendus et que ces profits reconvertis en emprunts profitaient en fin de compte à l'État.

Autre embarras pour Foucquet : « les ordonnances de comptant », ce que nous appelons aujourd'hui les fonds secrets, mais dont le montant global est connu. Il ne l'était pas au temps de Foucquet. Le processus était d'une simplicité extrême et permettait tous les abus ; il suffisait que le roi ou son Premier ministre mentionnât sur l'ordre de paiement : « Je sais le motif de cette dépense » et signât, pour qu'il fût exécutoire. Ces fonds secrets, l'insatiable Éminence les ponctionnait hardiment. Seul le surintendant en avait connaissance ; il ne pouvait refuser de les avaliser.

« Vous concerterez avec ledit sieur procureur général, afin qu'il paraisse que cela regarde les affaires générales plus que les particulières », écrivait Mazarin à Colbert. Il parvenait de la sorte à se faire rembourser jusqu'à ses dettes de jeu. Colbert lui suggérait sans cesse de nouveaux expédients, en ne s'oubliant pas lui-même : on ne mentionne pas souvent qu'à la mort de Mazarin ce modeste commis avait déjà réalisé une agréable fortune. Tout en paraissant soutenir Foucquet, parce que, dans l'intérêt de son maître, il ne pouvait faire autrement, il travaillait à sa perte. Quand mourut Servien, en 1659, il poussa le cardinal à nommer un second surintendant. Le banquier Herwarth fit alors savoir qu'il cesserait ses avances. Foucquet prétendit de son côté que cette manœuvre lui enlevait tout crédit dans les milieux d'affaires et que, dans ces conditions, il s'en remettait au cardinal pour cautionner les avances sur sa fortune personnelle. Émoi de Mazarin qui se refusait à prendre un tel risque ! Il morigéna Colbert et nomma Foucquet seul surintendant. Il lui délivra même un satisfecit, sous forme de lettres de provision datées du 21 février 1659 :

« Nous aurions lieu de penser au choix d'un sujet capable de remplir la place que le sieur Servien occupait, si la confiance que nous avons en votre personne éprouvée pendant six années en cette fonction, la prudence et le zèle que vous y avez fait connaître, l'assiduité et la vigilance que vous y avez apportées, avec l'expérience que vous y avez acquise, et l'épreuve que nous avons faite de votre conduite en cet emploi, en plusieurs autres occasions pour notre service, ne nous donnaient toutes les assurances que, non seulement il n'est pas nécessaire de partager les soins de cette charge et de vous soulager par l'adjonction d'un collègue, mais aussi qu'il importe au bien de notre État et de notre service, pour la facilité des affaires et la promptitude des expéditions, que l'administration de nos finances ne soit pas divisée et que, vous étant entièrement commise et à vous seul, nous en serions mieux servis et le public avec nous. »

Les compliments ne lui coûtaient rien ! Jamais la position de Foucquet n'avait paru meilleure. Il était réellement tout-puissant. On se demandait jusqu'où monterait l'écureuil de la famille. Mais Colbert poursuivait son travail de sape, essayait d'ébranler la confiance de son maître. Il avait gagné à sa cause le financier Herwarth : par lui il détenait des informations de première main. Mazarin se trouvait alors dans l'île des Faisans, en face de don Luis de Haro ; il négociait la paix des Pyrénées. Colbert lui envoya un mémoire secret, qui lui était, soi-disant, « échappé des mains ». Que révélait-il à son patron ? Le secret de Polichinelle. Il affirmait que le surintendant tenait secrètes ses opérations financières, pour mieux couvrir les désordres des finances et la fraude. Il dénonçait le rachat à vil prix des billets d'épargne, leur réassignation et les bénéfices qui en résultaient. Mais il y avait plus grave : il accusait Foucquet et sa clientèle de financiers de s'approprier quarante millions de livres sur le revenu du roi s'élevant à quatre-vingt-dix millions. Il déplorait que le produit des fermes fût mangé jusqu'en 1663 et le produit des tailles jusqu'en 1662. Il dénonçait avec la même ardeur le pillage éhonté des taxes. Puis il en arrivait à l'essentiel : la fortune de Foucquet, ses établissements superbes, etc. Que proposait-il ? De le maintenir à son poste en redoublant la surveillance ; de le congédier et, sinon, de le contraindre à signer ses ordonnances conjointement avec le cardinal. Bien sûr, Colbert offrait timidement ses services pour le remplacer... Puis, ayant semé sa petite graine, il semblait se rétracter. « Tout ce projet est bon, écrivait-il de sa petite écriture de commis, mais en attendant sa réalisation, il faut vivre. Le Roi n'a aucun crédit ; on ne traite pas avec lui dans la croyance qu'il doit faire banqueroute. Il ne se trouverait pas que, depuis dix ans, un homme, ayant cinquante mille livres de patrimoine, se fût mis dans les affaires du Roi et lui ait prêté un sol. » Analyse largement erronée : nous savons que les hommes ayant cinquante mille livres de patrimoine, et plus, prêtaient au roi, mais par l'intermédiaire et avec la garantie des traitants et des financiers. Alors, que conseillait Colbert ? Si le cardinal préférait garder momentanément Foucquet, il convenait de l'amadouer, de le flatter, de l'inciter à s'engager sur sa fortune personnelle pour un maximum de dépenses.

Autrement dit, il suggérait de ruiner son rival avant de lui enlever sa charge de surintendant, puis de le déférer devant une chambre de justice qui le déshonorerait et prononcerait contre lui la peine qui serait exigée par le roi. Ce plan machiavélique fut exécuté point par point, mais ultérieurement.

Colbert commit l'erreur d'expédier le pli à Saint-Jean-de-Luz en recourant au service des postes contrôlé par Foucquet. Le pli fut intercepté. Le surintendant put en prendre copie, avant de le réexpédier par les voies normales. Puis, comme l'audace lui avait toujours réussi, il partit pour Saint-Jean-de-Luz. L'entrevue avec le cardinal fut houleuse. Mazarin commença par nier l'existence du rapport de Colbert, mais Foucquet en avait la copie en poche. Finalement, le surintendant fut maintenu dans sa charge et Mazarin tenta de le réconcilier avec Colbert. Foucquet joua le jeu de la réconciliation, sans croire un instant qu'il désarmerait la malveillance de son rival. Déjà, son esprit fertile en inventions cherchait un moyen de redresser la situation. Au cours de son entrevue avec Mazarin, il avait été à même de constater les progrès de la maladie dont souffrait celui-ci, son épuisement physique contrastant d'ailleurs puissamment avec sa vivacité intellectuelle. Misant sur sa disparition prochaine et sur l'influence de la reine sur son fils, il résolut de jouer cette carte. Il croyait ainsi se prémunir contre ses adversaires et préparer l'avenir. Cette manœuvre pouvait réussir, à condition toutefois que l'influence de la reine fût aussi grande qu'il l'imaginait. Il lui envoya donc une longue lettre, qui était à la fois très habile et très imprudente. Sollicitant l'appui d'Anne d'Autriche, il rappelait ses services éminents, son adresse à produire de l'argent, et réduisait à néant, croyait-il, les accusations portées contre lui par Colbert, les machinations du financier Herwarth et de Basile Foucquet (son propre frère, passé dans le camp ennemi), les ambitions de certains des ministres, comme Hugues de Lionne, leurs attitudes douteuses. Puis il confessait ses fautes : « Il est vrai que mon esprit est porté aux choses grandes et au-dessus de ma condition plutôt qu'aux médiocres. » Il exprimait ses regrets de mener trop grand train, d'avoir aménagé à trop grands frais le château et les jardins de Vaux-le-Vicomte. Il précisait qu'il avait offert cette merveille à Mazarin, qui était venu la visiter avant son départ pour Saint-Jean-de-Luz. (Son Éminence l'avait noblement refusée, tout en « empruntant » deux ou trois des plus belles tapisseries à Foucquet.) Il poursuivait : « Je sais bien que Vaux et Belle-Isle sont de trop grand éclat pour moi ; mais, en vérité, après de longs services, travaillant comme je fais sans relâche et hasardant avec plaisir, dans toutes les grandes occasions, mon bien et celui de mes amis pour servir le Roi ; m'étant vu, depuis trois mois, réduit en un état que j'ai jamais moins dû de cinq à six millions, il faut bien pouvoir un peu se distinguer des autres hommes car, de mettre de l'argent à profit et entasser inutilement des sommes dans des coffres, ce serait pour moi une condition assez misérable et peu conforme à mon humeur… »

Cette lettre fut évidemment portée à la connaissance de Louis XIV et de Mazarin. Ils laissèrent Foucquet achever de se ruiner pour couvrir les dépenses de l'État. C'était un ministre en sursis auquel on ne ménageait pas les éloges. Il gardait un fond de loyalisme et ne pouvait croire que le roi le jetterait en prison après l'avoir déshonoré.

X

LE PRIX DE L'ARGENT

Mazarin fit sienne, ô combien ! la fière formule de Richelieu : « L'ordinaire, la grandeur, le bien même des grands princes veut que ceux qui ont les premières charges de leur État et la plus grande part en leur confiance fassent une honnête fortune et laissent après eux des marques de la magnificence de leurs maîtres et de la reconnaissance de leurs services. » Richelieu laissa une fortune évaluée à vingt millions de livres. Il précise lui-même : « La plus grande partie de mon bien est venue des gratifications que j'ai reçues de Leurs Majestés en les servant fidèlement. » Le reste provenait de commissions diverses, perçues sur les mouvements de fonds et les nominations aux charges, autrement dit les pots-de-vin. La morale appliquée aux hommes publics du XVIIe siècle n'était pas exactement la nôtre. Il était admis, et même considéré comme normal, qu'un ministre profitât de sa fonction pour s'enrichir : le sage Sully avait montré l'exemple. Les notions de « transparence », de « délits d'initiés », si chères à notre époque, n'existaient pas. Richelieu aimait le faste comme un instrument politique, mais, en bon Poitevin, il aimait aussi les biens au soleil. Il avait bâti le magnifique château de Richelieu en pleine campagne, créé la ville du même nom : il y avait fondé une académie, un collège royal, une imprimerie, un tribunal. À Paris, il avait édifié le Palais-Cardinal, qui devint le Palais-Royal, somptueusement décoré et meublé. Il avait de même, avec un goût très sûr, collectionné les œuvres d'art et les tableaux de maîtres, réunissant des noms prestigieux : Mantegna, Caravage, Rubens, le Pérugin, Titien, Van Dyck, Poussin, Philippe de Champaigne, Véronèse, Léonard de Vinci, Germain Pilon, Michel-Ange… Il avait la mentalité d'un grand seigneur élevant un monument à sa propre gloire, tout en servant l'État avec une volonté inflexible. Il y avait en lui une grandeur innée, car ses origines étaient relativement modestes : une gentilhommerie campagnarde assez désargentée.

Mazarin l'admirait profondément. Il l'avait pris pour modèle. Il adopta ses idées politiques, ses méthodes (non toutes). Il le continua et, à force de ténacité et d'adresse, il acheva son œuvre, dépassa même les limites que celui-ci s'était fixées. D'une certaine manière, peut-être fut-il encore plus grand. Comme lui, il voulut laisser des traces de sa réussite, ayant très bien compris que la postérité s'attache aux constructeurs : peu importent le prix et l'utilité, nous en avons des exemples récents ! Comme Richelieu, ce fut aussi un collectionneur passionné, mais à la manière d'un prince florentin, avec une intention manifeste d'éblouir et une tendance fâcheuse à accumuler. Et comme lui encore, il laissa une grosse fortune : à vrai dire un héritage gigantesque, le plus important du XVIIe siècle, environ trente-cinq millions de livres, peut-être un peu plus.

La plupart des historiens s'accordent à souligner les « voleries » de Mazarin, quand ils ne l'accusent pas de « filouterie » pure et simple, en puisant leurs sources dans les *Mémoires* du cardinal de Retz ou dans l'*Histoire* de Michelet. L'historiographie contemporaine a essayé de comprendre comment Mazarin a pu édifier une pareille fortune et surtout de séparer les revenus normaux des ressources illicites.

Les revenus normaux de Mazarin provenaient des charges temporelles et ecclésiastiques qu'il cumulait, à savoir : pension de cardinal, émoluments de Premier ministre et de membre du Conseil royal, pension extraordinaire (cent mille livres) octroyée par la reine, émoluments de surintendant de la Maison du duc d'Anjou et de surintendant de la Maison et des bâtiments du roi. Le montant des appointements connus dépassait chaque année deux cent mille livres. Ce chiffre peut être quadruplé si l'on prend en compte les autres charges : capitainerie-conciergerie de Vincennes et de Fontainebleau, les gouvernements de Toulon, Bergues, La Fère, Mardyck, Dunkerque, Antibes, La Rochelle, Brouage et les îles. Il convient d'ajouter les gratifications accordées par la reine à titre exceptionnel, cependant répétitives, la surintendance de la Compagnie du Nord pour la pêche à la baleine et au phoque et qui rapportait bon an mal an une centaine de milliers de livres. En outre, il s'exemptait lui-même, de par le roi, des droits de douane sur les lots de marchandises qu'il faisait revendre par des prête-noms. Il avait successivement levé trois régiments (Royal-Italien, régiment de cavalerie, régiment polonais). Comme tout propriétaire de régiments, il faisait de la « gratte » sur les subventions accordées par le roi. Il pratiquait la guerre de course et possédait cinq ou six navires armés en conséquence. Ces navires étaient radoubés dans les arsenaux de l'État, c'est-à-dire gratuitement, et il en était de même de l'accastillage. Il avait incité la reine à conserver par-devers elle la charge de grand maître de la navigation et du commerce : autant dire qu'il l'assumait lui-même, ce qui lui permettait d'augmenter sa part de butin. De plus, comme il était par ailleurs gouverneur de plusieurs ports sur l'Atlantique et la Méditerranée, le contrôle des prises était singulièrement assoupli. Enfin, il faisait vendre assez fréquemment les cargaisons des navires capturés dans des ports étrangers, pour s'adjuger la plus grosse part des bénéfices. Si, à bord des prises, il y avait des œuvres d'art – ce qui n'était pas rare –, les capitaines s'empressaient de les offrir à leur patron. Ce dernier n'avait pas inventé ces pratiques. Richelieu commanditait, lui aussi, la guerre de course, forme légale de la piraterie.

Tous ces gains, dont il est impossible d'évaluer avec certitude le montant global, restaient apparemment licites, du moins conformes aux usages du temps. À partir de là, nous entrons dans l'illégalité bien qu'elle soit relative. Comme on le sait, la vénalité des charges était une source de profit pour le roi et, selon la conjoncture, ce dernier ne se gênait pas pour multiplier les offices. Dans ses surintendances et dans ses gouvernements, Mazarin se comporta en souverain. Je veux dire qu'il créa ou doubla des offices à son seul profit, ce qui de surcroît augmentait sa propre clientèle. Il fixait de sa propre autorité le prix de la charge, et donnait la préférence à celui des candidats qui se montrait le plus « généreux ». De façon plus générale, en sa qualité de Premier ministre, il disposait de toutes les charges. S'il n'empochait pas leur montant, il se faisait verser de confortables pots-de-vin. On cite souvent l'exemple de La Vieuville qui, pour obtenir la charge de surintendant des finances en 1651, fit don de quatre cent mille livres à Mazarin. Mais ce trafic d'influence fort juteux ne se limitait pas aux offices ; il s'étendait aux financiers et aux traitants qui, pour enlever un marché, ou une ferme, récompensaient leur « bienfaiteur ».

Il usait et abusait des ordonnances au comptant, dont on a exposé le système précédemment. N'ayant pas à justifier, ni même à préciser l'objet de la dépense, il lui était facile de confondre ses propres dépenses avec celles de l'État. Bien entendu, il est impossible de chiffrer le montant de ces détournements.

Il avançait de l'argent au roi, mais il ne courait pas grand risque, car il se faisait rembourser par priorité. Il trafiquait sur les billets d'épargne, rachetés pour le dixième de leur valeur, et parfois moins, mais les réassignait sur un bon fonds et engrangeait la différence. De même, il était de part dans les affaires des financiers, bien entendu par personne interposée. Il prêtait à des particuliers et s'entendait merveilleusement à récupérer sa mise : c'est ainsi que la reine d'Angleterre, veuve de Charles Ier, lui céda, par force et à un prix sous-évalué, le Sancy et le Miroir du Portugal, deux diamants qui pesaient respectivement cinquante-neuf et trente carats. Autre reine dont Mazarin sut exploiter la disette financière : Christine de Suède après son abdication. Mais il exploitait aussi les imprudences des grands seigneurs et il acheta, dans d'excellentes conditions, trois cent mille livres de diamants au duc d'Épernon et à la duchesse de Chevreuse. Il raffolait des pierres précieuses. De plus, l'expérience lui avait appris que, parfois, on était obligé de fuir, de s'exiler. Une énorme fortune tenait dans un sachet, pour peu que l'on sût choisir les diamants. Et, sur ce chapitre, il est peu de dire que Mazarin était un connaisseur : il avait même un coup d'œil infaillible. La petite histoire conte qu'un jour il avait acheté à un ecclésiastique naïf un rosaire composé de soixante émeraudes et saphirs et d'une croix de diamants. L'ecclésiastique croyait que c'était du verre. On racontait aussi que ses prête-noms tenaient des boutiques rue des Bons-Enfants, où ils écoulaient des objets de brocante provenant du butin de ses navires de course.

Il entreprit d'approvisionner l'État sur une grande échelle. Il gagnait sur tous les marchés intéressant la Maison du roi, l'artillerie, les munitions, les vivres, la marine, en recourant comme toujours à des hommes de paille. L'Épargne devait acquitter promptement ses créances. Foucquet, surintendant des finances, ne pouvait que le satisfaire avec empressement.

Ses revenus – licites ou illicites – s'augmentaient de bénéfices ecclésiastiques : une vingtaine d'abbayes lui rapportant annuellement un demi-million de livres. Il possédait aussi trois duchés avec les droits qui leur étaient attachés : le duché-pairie de Mayenne, les duchés du Nivernais et de Donziois. Acquisition avantageuse, puisqu'il en avait dépouillé le duc de Mantoue, criblé de dettes. Le roi lui avait donné en outre plusieurs comtés alsaciens et seigneuries de moindre importance. Un peu avant sa mort, il négociait encore la charge de premier président du parlement de Bretagne, exigeant un « donatif » de cent mille écus.

Cette immense fortune était gérée par Colbert, avec une âpreté presque maladive. Il démêla cet écheveau inextricable de bons d'épargne, de traités, de sous-traités, s'appliqua à faire rentrer l'argent, à augmenter les revenus de chaque poste, à mettre les terres abandonnées en culture, à exploiter les forêts, à exhumer des droits réputés caducs, s'intéressant à tout avec la même frénésie de labeur, descendant jusqu'au détail, parfois à la limite du ridicule. De la sorte, il faisait, comme à son insu, l'apprentissage des finances de la France. Complice de Mazarin dans toutes ses opérations, légales ou frauduleuses, il servira Louis XIV avec le même dévouement. Mazarin avait une confiance totale dans ses talents et sa fidélité. Il lui écrivait : « J'ai cinquante ans ; j'ai eu plus de nécessités que je n'en ai à cette heure, et il n'a jamais été en mon pouvoir de mettre mes affaires en bon état. Il faut que vous suppléiez où je manque, et que vous ne prétendiez pas d'exiger de moi certains soins qu'il ne m'est pas possible de donner à mes intérêts particuliers, que je suis en possession, il y a longtemps, et par mon naturel et par habitude, d'oublier pour les affaires publiques. »

Qui pouvait être dupe de ce désintéressement ? En réalité, Mazarin avait un don quasi magique pour flairer la bonne affaire, pour obtenir au meilleur compte et souvent pour rien, ou presque rien, ce qui lui faisait envie. Mais il était vrai qu'écrasé de labeur, il manquait de suivi. Colbert était un expert dans l'art d'ajuster les comptabilités douteuses, de légaliser autant que possible les abus les plus manifestes et de faire fructifier l'argent. Il excellait aussi à dissimuler les liquidités de son maître. Mazarin avait de l'argent en espèces au Palais-Cardinal, dans son logement du Louvre, chez divers financiers parisiens, à Vincennes et dans les places frontières dont il était gouverneur. Il avait un compte en Italie. En cas de nouvel exil, de départ précipité, il aurait eu de quoi subsister. Il est un autre point sur lequel il faut insister. Alors que la fortune de Richelieu était essentiellement immobilière, celle de Mazarin était principalement mobilière : c'était plus une fortune de financier que de grand seigneur terrien.

Colbert gérait en son nom le budget de la Maison du roi. Il rognait sur toutes les dépenses. Son maître encaissait la responsabilité de cette épargne sourcilleuse, non toujours adroite. La reine mère se plaignait de ne pas recevoir d'étrennes selon la coutume. La jeune reine Marie-Thérèse, de n'avoir pas de quoi jouer. Il osait répondre :

– « Hélas ! si elle savait d'où vient cet argent, et que c'est le sang du peuple, elle n'en serait pas si libérale. »

Mais il était lui-même un joueur enragé et risquait souvent trois ou quatre mille pistoles. Il est vrai qu'ensuite il pesait les pistoles qu'il avait gagnées et, le lendemain, remettait en jeu les plus légères.

Parfois, Anne d'Autriche se mettait en colère et laissait échapper devant ses femmes :

– « Ne se lassera-t-il jamais de cette sordide avarice ? Sera-t-il toujours insatiable ? Et ne sera-t-il jamais soûl d'or et d'argent ? »

Mazarin avait des affidés dans l'entourage de la reine. On lui répéta les propos qu'elle avait tenus. Peu après, elle vint le voir dans sa chambre, s'informa de sa santé. Il rétorqua d'un ton rogue :

– « De quoi vous avisez-vous, Madame, de venir voir un insatiable, un homme plein d'une avarice sordide et qui ne sera jamais soûl d'or et d'argent ? »

Elle lui fit ses excuses, tenta une explication embarrassée. Ce n'était pas la première fois que Mazarin la rebutait de la sorte. Les souffrances qu'il éprouvait à la fin de sa vie finissaient par aigrir son caractère, au point qu'il en oubliait son habituelle courtoisie.

Cet appétit de richesses procédait-il de l'avarice ou d'une cupidité sans bornes ? Peut-être aussi, pour partie, de cette mentalité propre aux immigrants, lesquels ne parviennent pas à oublier le dénuement de leur jeunesse, leur impécuniosité même relative : il leur semble que, s'ils cessent de s'enrichir, la ruine les menace. Mais, de surcroît pour Mazarin, la soif d'argent et la soif de pouvoir étaient indissolublement liées. Il aimait l'argent parce qu'il en connaissait le prix, mais aussi en raison des possibilités presque illimitées qu'il offrait. Il aimait le pouvoir pour lui-même, mais aussi parce qu'il avait le sentiment d'être utile et d'exister à travers lui. Jusqu'à son dernier jour, il signa des dépêches de la plus haute importance et exerça la plénitude des fonctions que lui déléguait le jeune roi cependant impatient de régner. Naguère, il avait voulu devenir duc et pair comme Richelieu. Pour lui, cependant, le signe véritable de la puissance, c'était sa prodigieuse fortune. Il en éprouvait une jubilation intime, une joie secrète et sans pareille. Harpagon thésaurise : son argent stagne au fond de ses coffres. Mazarin faisait travailler le sien. Il avait, bien qu'il s'en défendît, la mentalité d'un homme d'affaires. De même que Nicolas Foucquet, qui paya finalement pour lui, il avait, pour édifier sa gigantesque fortune, tiré profit d'un système détestable dans son principe et que venaient alourdir de juteux accommodements.

XI

LE COLLECTIONNEUR

Les collections artistiques réunies par Mazarin étaient à la hauteur de sa fortune. Elles stupéfièrent ses contemporains. L'inventaire dressé après son décès en 1661 fait état d'environ 450 tableaux, 120 statues, 126 bustes et 78 tentures, ce qui ne représente qu'une partie de la fabuleuse accumulation d'œuvres d'art du Palais-Mazarin. Cependant, on a un peu trop tendance à croire que Mazarin fut le premier collectionneur de son temps et, mécène incomparable, lança la mode des galeries de tableaux. C'est oublier que, pendant les dix dernières années de sa vie, le cardinal de Richelieu ne cessa de faire venir des caisses d'Italie ; que ses demeures parisiennes, comme sa maison de Rueil et son château poitevin, regorgeaient de statues et de toiles de maîtres provenant en majorité d'Italie. Nos deux Éminences eurent en commun cette passion, que dis-je, cette frénésie des belles choses. Dans le domaine de l'art comme dans celui de la politique extérieure, Mazarin est « le suivant » de Richelieu. Il n'innove pas. On peut gloser sans fin sur leurs mérites respectifs, sur l'influence qu'ils exercèrent dans les salons parisiens. De fait, bien qu'il achetât en Italie, Richelieu gardait une mesure typiquement française, une sorte d'atticisme. Mazarin, qui grandit à Rome en pleine floraison baroque, préférait l'exubérance, la théâtralité, les contrastes véhéments. Quoi qu'il en soit, l'un et l'autre cherchèrent à se composer un décor digne de leur propre élévation. Richelieu, plus direct, va droit à l'essentiel : ce qu'il lui faut, c'est un écrin pour sa grandeur. Le but de Mazarin est plus complexe, plus subtil, sans doute moins désintéressé. Familier des palais Colonna et Barberini, il possède certainement des connaissances artistiques qui faisaient défaut à Richelieu, issu du fruste et rude milieu des gens d'épée. Mais ce dernier avait un sens instinctif de la beauté, que son successeur n'avait peut-être pas au même degré. Mazarin avait du flair, joint à un certain esprit mercantile et au goût du marchandage.

Pourquoi ce besoin presque obsessionnel d'acheter sans cesse des tableaux, des sculptures, des objets rares, des étoffes somptueuses ? Pour éblouir ses contemporains ? Je crois tout simplement qu'il se faisait plaisir. Il achetait pour éprouver ce frisson délicieux de l'amateur d'art devant une acquisition nouvelle, cette joie quasi sensuelle, charnelle, d'avoir dorénavant à son usage exclusif une parcelle d'immortalité. Il ne songeait point à faire un placement, sachant que les collections les plus prestigieuses ont pour vocation d'être tôt ou tard dispersées. Le Parlement n'avait-il pas fait saisir et vendre à vil prix le mobilier du Palais-Mazarin pendant la Fronde ? Ce qui explique probablement pourquoi Mazarin essayait à chaque acquisition importante d'obtenir des rabais substantiels et préférait les dons et les prêts aux achats. Il savait dépenser, se montrer fastueux, mais il évitait la prodigalité. Peut-on le qualifier de mécène ? Certainement pas, car c'était aux œuvres qu'il s'intéressait, non pas à leurs créateurs.

Comme Richelieu, et pour des raisons identiques, il achetait peu lui-même, mais il avait ses rabatteurs et ses intermédiaires : M. de Bordeaux, ambassadeur en Angleterre, le banquier collectionneur Jabach, le marchand Lopez, juif portugais, l'orfèvre Raymond Lescot, Elpidie

Benedetti à Rome, l'abbé Luigi Strozzi à Florence, pour ne citer que les principaux. Mazarin ne s'attachait pas spécialement à un peintre ou à une école. Il se conformait au goût des collectionneurs romains, qu'il avait fréquentés pendant sa jeunesse. D'où le caractère disparate de l'inventaire cité plus haut. Il donne l'impression d'acquisitions fortuites, inégales, et ne répond nullement à un programme bien arrêté. Les grands noms y jouxtent ceux d'inconnus, sans qu'il soit possible d'expliquer le choix de Mazarin autrement que par ses préférences italiennes et par le hasard. L'école française est à peine représentée : deux Poussin, deux Claude Gellée, quelques Valentin de Boulogne, quelques Simon Vouet. Un seul Greco. Un seul Allemand : l'*Histoire de David* peinte par Hans Sebaldt Beham en dessus de table pliante. Même indigence de peintres flamands (Van Dyck excepté) : quelques tableaux de Lucas de Leyde, deux Breughel le Vieux, un seul Rubens. Mais une profusion de tableaux italiens, où le meilleur côtoie le médiocre, sinon le pire, mais dont émergent plusieurs toiles de très haute qualité : le *Balthazar Castiglione* de Raphaël, le petit *Saint Georges* et le petit *Saint Michel*, œuvres de jeunesse du même peintre, le *Saint Jean-Baptiste* de Vinci, la *Sainte Famille* de Giorgione, *Jupiter et Antiope* du Titien, le *Sommeil d'Antiope* du Corrège, le *Martyre de saint Étienne* et le *Concert sur l'eau* d'Annibal Carrache et le *Déluge* d'Antoine Carrache. Parmi les noms illustres, figurent aussi le Guide, Mantegna, Bassan, Dominiquin, Caravage, etc.

Mazarin possédait vingt-six Van Dyck, achetés non par goût mais par opportunité. Le roi d'Angleterre Charles Ier avait été un amateur raffiné. Après son exécution, le Parlement anglais avait ordonné la mise en vente de ses collections réparties entre ses différents palais : Saint-James, Whitehall, Somerset House et Hampton Court. Mazarin chargea notre ambassadeur en Angleterre d'acheter un certain nombre de tableaux. Il eut également recours aux bons offices du banquier Jabach. Les meilleurs tableaux italiens cités plus haut (les Vinci, Raphaël, Giorgione et Titien) avaient appartenu à Charles Ier. Quant aux Van

Dyck, ils représentaient surtout des princes et des princesses, raison pour laquelle Mazarin les avait acquis, peut-être dans la perspective de les revendre aux Stuarts après la disparition de Cromwell et de son incertaine république.

Mazarin ne manquait point d'assister à l'ouverture des caisses venant de Londres ou d'Italie. Il appelait en consultation le jeune Brienne, le peintre Mignard et le banquier Jabach. Le cardinal, au milieu de ses soucis et de ses travaux incessants, se ménageait ainsi le bonheur de la surprise. Bonheur qui se changeait parfois en déconvenue et celle-ci, le cas échéant, en colère. Il n'aimait pas être « fourbé ». Or, dès cette époque, il ne manquait pas de faussaires capables de vieillir une toile par la patine. Parfois aussi les attributions étaient inexactes, ou volontairement truquées. Brienne raconte, fort joliment, la petite scène qui suit. Mazarin croyait avoir acheté un Annibal Carrache. Quand l'œuvre eut été déballée, Jabach la reconnut sans hésiter pour être dans la manière de Lanfranc (Giovanni di Stefano). Mignard fut de cet avis ; toutefois, il ajouta que la toile avait été peinte d'après un dessin d'Annibal Carrache. Dépité, le cardinal « ne savait à quelle sauce mettre ce poisson ». Il voulut d'abord contraindre son vendeur à reprendre le tableau : « Il y a lésion de plus de moitié du juste prix, disait-il, et de plus ce tableau n'est pas d'Annibal. » Jabach lui proposa de prendre le tableau à prix coûtant et Mignard l'assura que, telle quelle, cette excellente peinture valait largement le prix demandé. Elle plaisait à Mazarin. Il la garda et Brienne l'entendit par la suite et à plusieurs reprises dire : « Je ne le donnerai pas pour mille pistoles. » Ce tableau – qui est au musée du Louvre – s'intitulait la *Séparation de saint Pierre et de saint Paul.*

Parfois Mazarin se faisait offrir une toile, en insistant un peu, et parfois il l'empruntait sans avoir l'intention de la restituer à son propriétaire. Le cardinal Antonio Barberini avait acheté au cardinal Borghèse un tableau sur bois d'Antonio Allegri, dit Le Corrège. Il s'agissait du *Mariage mystique de sainte Catherine d'Alexandrie*, appelé le *Sposalizio.* Mazarin avait une furieuse envie d'avoir ce tableau. Il n'osait le demander au cardinal Barberini qui d'ailleurs le lui aurait refusé. Il imagina donc ce stratagème. Barberini fut informé que la reine Anne d'Autriche désirait avoir le *Sposalizio*. Les désirs de Sa Majesté étant des ordres, Barberini fit venir le tableau de Rome. Il l'apporta lui-même à la reine. Celle-ci, pour lui faire honneur, fit suspendre le *Sposalizio* dans sa chambre. Mais, dès que Barberini eut pris congé, le tableau passa dans l'appartement de Mazarin. Ainsi, pour complaire à son cher ministre, la noble reine s'était-elle rendue complice d'un larcin. Ce qu'apprenant, Barberini ne cacha pas son désappointement, mais enfin il avait bel et bien offert ce tableau à la reine et ne pouvait donc en réclamer la restitution. Cette duperie de la part de Mazarin ne fut certainement pas la seule. Il recommandait fréquemment à ses intermédiaires d'essayer d'obtenir des prix « raisonnables », c'est-à-dire avantageux pour lui. En quoi d'ailleurs il se montra singulièrement avisé, car on sait combien la cote des œuvres d'art est fluctuante, liée à la conjoncture et même à un engouement passager, ou encore aux combinaisons des marchands.

Même absence d'éclectisme dans la collection des statues et des bustes : Mazarin ne se souciait nullement des sculpteurs français ; il n'achetait que des antiques ou supposés tels, car les Italiens ne sont pas moins habiles à copier une statue qu'un tableau. Mazarin achetait principalement en Italie et en Angleterre. Il est impossible de rendre compte en quelques lignes de cette profusion d'Apollons, d'Adonis, de Mercures, de Bacchus, de Cérès, de Vénus, de Cupidons, d'Hercules, d'Andromèdes, de Bacchantes, de Génies, d'empereurs, d'impératrices, de consuls. On admirait surtout une *Minerve assise*, de porphyre et de bronze doré, dont on ne savait s'il s'agissait de la déesse ou de la Ville éternelle divinisée. Parmi les cent vingt-six bustes avec leurs piédestaux, il y avait les douze Césars en porphyre, des têtes d'albâtre, de bronze ou de marbre d'empereurs non tous identifiés, de grandes dames, de philosophes, d'enfants. Gabriel Naudé, bibliothécaire de Mazarin, prétendait que son maître avait fait venir de Rome « toutes ces statues et toutes ces excellentes peintures… afin d'épargner à la jeunesse française les longs voyages qu'il lui faut faire pour se perfectionner dans la sculpture et dans la peinture ». Il essayait alors de tirer les collections de Mazarin des griffes du Parlement. Il va sans dire que le cardinal n'avait jamais songé à mettre ses trésors à la disposition des jeunes artistes français. Il achetait ce qu'il aimait. Il faut ajouter qu'il éprouvait une véritable passion pour les antiques. Dès qu'il avait eu quelque argent, alors qu'il n'était encore que *Monsignore Mazarini*, il avait acheté le *Faune grec* et le *Faune romain*, qui sont aujourd'hui à Versailles.

Les tapisseries et tentures diverses étaient l'un des attraits du Palais-Mazarin. Leur abondance, la diversité de leurs sujets (religieux, mythologiques, historiques, champêtres), le chatoiement de leurs coloris contribuaient à l'enchantement des lieux. Les *Travaux d'Hercule* d'après le Titien et les *Fructus belli* (les Fruits de la guerre) d'après Jules Romain avaient été offerts par Philippe IV d'Espagne et par don Luis de Haro, après la signature de la paix des Pyrénées. Le *Grand Scipion* provenait du maréchal de Saint-André et du commandeur de Souvré. L'*Histoire de saint Paul* et l'*Enlèvement des Sabines* avaient été tissés dans l'atelier parisien de Le Febvre. L'*Histoire de Psyché* et les *Actes des Apôtres* provenaient de la manufacture anglaise de Mortlake et des collections de Charles Ier. Il y avait aussi nombre de tapisseries « à la façon gothique » d'origine française ou flamande. Aux tapisseries s'assortissaient les tentures de brocart d'or à fleurs de velours, de brocatelle de Lyon, de damas de Lucques et de Gênes, de soie et de satin, tendues sur les murs ou servant de portières. Sur les planchers parquetés, on avait déroulé des tapis de Perse, de Turquie, de la Savonnerie. Parmi les meubles d'usage, les lits étaient remarquables par leurs garnitures : lits à rideaux, pantes, dossiers, fond, cantonnières et soubassement de velours, grand lit dit des Alliances qui venait de la Maison de Guise, en velours rouge brodé d'or et d'argent, lits d'ange, lits de repos.

Dans la multitude des meubles souvent de grand prix (guéridons, tables, fauteuils, chaises et sièges pliants, paravents et miroirs de Venise, etc.), on remarquait d'abord les cabinets : Mazarin en possédait vingt. C'étaient de larges coffres soutenus par de robustes piliers, fermés par un abattant ou des vantaux qui laissaient apparaître une fausse architecture de tiroirs, de balustrades, de colonnettes, de portiques. La plupart étaient en ébène incrusté de lapis-lazuli, de cristal de roche, d'améthyste, de jaspe et de cornaline. Cette description de l'un d'entre eux donne une idée assez juste de ces meubles luxueux : « Un cabinet d'ébène profilé d'étain, fait par Colle, orné de cinq niches, entre quatorze petites colonnes de marbre à chapiteaux de bronze doré. Dans la niche du milieu est la figure du cardinal Mazarin sous un pavillon et, dans les quatre autres, Minerve, la Peinture, la Sculpture et l'Astrologie sur une galerie à balustre, sous quatre vases et deux figures représentant la Force et la Justice ; et au-dessus du fronton, les armes du Roi. Ce cabinet et le suivant formant pendant sont portés sur un pied de douze thermes bronzés et dorés avec les signes du zodiaque. » Ces architectures de rêve, avec leurs cachettes et leurs serrures à secret, plaisaient à Mazarin. Il leur confiait ses joyaux, ses documents les plus précieux. Mais il avait aussi une prédilection pour ces tables aux incrustations de marbres de couleur comme on en fabrique encore aujourd'hui en Italie et avec la même maestria. Brienne, par jalousie de collectionneur, n'hésite pas à écrire que Mazarin « était curieux sans se connaître parfaitement en belles choses, excepté aux pierreries ». Si l'on peut contester ses choix, y voir même parfois le mauvais goût d'un parvenu, ses connaissances de diamantaire étaient incomparables. Il suffit de préciser à cet égard qu'il légua à Louis XIV les dix-huit plus beaux diamants connus en Europe : les « Mazarins », dont le Sancy et le Miroir du Portugal. Qu'il offrit à la reine mère la Rose d'Angleterre, diamant brut de quatorze carats serti dans un cabochon de rubis. Et à la jeune reine Marie-Thérèse un gros bouquet de diamants.

La bibliothèque du Palais-Mazarin qui se trouve en partie à l'Institut de France comptait quarante mille volumes, dont presque dix mille manuscrits. Ce fut le médecin humaniste Gabriel Naudé qui en eut la charge pendant une dizaine d'années. On ne sait si elle reflétait ses goûts ou ceux du cardinal. Elle embrassait les disciplines les plus diverses (astrologie, optique, sciences naturelles, médecine) et les langues les plus variées (chinois, éthiopien, syriaque, hébreu, islandais). De même que la collection de peinture, elle n'était pas l'aboutissement d'un programme réfléchi, mais bien le fruit du hasard. Naudé achetait des bibliothèques entières chez les particuliers, des travées entières chez les libraires, au petit bonheur ! Il faisait habiller de riches reliures blasonnées du faisceau de licteur et des étoiles de Mazarin des œuvres parfois mineures. Le joyau de cette bibliothèque, qui groupait des manuscrits, des incunables et des imprimés, était incontestablement la *Bible* de Gutenberg, à double colonne de quarante-deux lignes.

Peut-on dire que Mazarin exerça une influence sur la culture de son temps ? Il semble que cette pensée ne l'effleura même pas. Comme tout Italien cultivé, il considérait les Français comme des Barbares mal dégrossis. S'il confia la décoration de ses appartements à des artistes italiens (notamment Romanelli), ce furent des architectes français qui travaillèrent à ses bâtiments : François Mansart et Pierre Le Muet au Palais-Mazarin, Louis Le Vau au château de Vincennes, à La Salpêtrière et au Collège des Quatre-Nations. Aucun de ces édifices ne rappelle si peu que ce soit les palais italiens ! En revanche, le cardinal s'obstina à imposer à la cour la musique et l'opéra italiens. Il fit venir en France des chanteurs, des compositeurs, des musiciens et le fameux machiniste Torelli. Les Français du XVIIe siècle étaient aussi médiocres mélomanes que nos contemporains : ils applaudirent les décors et les effets de scène, mais goûtèrent peu les dialogues chantés. Ce fut un demi-échec, mais le genre plaisait à la reine mère, offrait à Louis XIV l'occasion de s'exhiber en danseur-étoile et au cardinal de savourer les airs qui, à Rome, étaient sur toutes les lèvres.

Tout autant qu'un collectionneur, c'était un épicurien de l'art.

XII

AU PÉRIL DE SA VIE

Cependant, ni la fortune édifiée par Mazarin ni ses prestigieuses collections ne doivent faire oublier ce qui est l'essentiel de ses réalisations, à savoir la paix, mais aussi l'hégémonie de la France en Europe. Il touchait au but quand la santé avait commencé à lui manquer. Pendant ses longues discussions avec don Luis de Haro, dans l'île des Faisans, il avait eu des coliques néphrétiques compliquées d'accès de goutte. Il les avait surmontés avec un grand courage. Cet effort – quasi surhumain – l'avait épuisé. Pourtant, il ne songea point à prendre du repos, encore moins à résilier tout ou partie de son pouvoir. S'il perçut que ses jours étaient comptés, il accepta stoïquement son destin. Tout ce qui lui importait désormais, c'était de parfaire son œuvre et de léguer à son filleul Louis XIV un royaume promis au plus brillant avenir.

En ayant fini avec les affaires espagnoles par le traité des Pyrénées, il concentra toute son attention sur les problèmes du nord et de l'est. En 1654, la fantasque reine Christine de Suède avait abdiqué en faveur de son cousin,

Charles-Gustave des Deux-Ponts, qui avait pour mère une sœur du défunt roi Gustave Adolphe. Le nouveau roi de Suède était ambitieux et violent. La reine Christine avait vidé le trésor. Charles-Gustave le remplit en attaquant la Pologne dont le roi, Jean-Casimir Wasa, avait eu l'impudence de revendiquer le trône de Suède. La Pologne fut battue et Charles-Gustave occupa Cracovie. Sa trop facile victoire inquiéta ses voisins, notamment l'électeur Frédéric-Guillaume de Brandebourg, duc de Prusse. Ce dernier entra dans une coalition qui réunissait le Danemark, la Russie, la Pologne et l'Autriche. Cette alliance déplut à Mazarin et pour deux raisons : la première tenait à notre alliance traditionnelle avec la Suède ; la seconde, et de loin la plus importante à ses yeux, au fait que l'Autriche intervenait directement dans le conflit, avec le dessein évident de mettre à profit la discorde entre les princes protestants. Charles-Gustave se jeta sur le Danemark qui fut sauvé par la flotte hollandaise. La Hollande ne pouvait en effet tolérer que l'équilibre de forces dans la mer Baltique fût rompu au profit de la Suède. La position de Mazarin devenait délicate. Il ne pouvait prendre ouvertement parti ni contre la Suède, notre alliée, ni contre la Pologne dont la reine était française. Mais il ne pouvait davantage laisser carte blanche à l'Autriche. Aussi, dès qu'il eut les mains libres, il proposa sa médiation. Médiation que les belligérants acceptèrent d'autant plus volontiers qu'ils la désiraient vivement de part et d'autre. Deux congrès se réunirent, où nos ambassadeurs tinrent le premier rôle. Inutile de spécifier que ces diplomates n'étaient pas abandonnés à eux-mêmes, mais recevaient de Mazarin les instructions les plus nettes et les plus détaillées. Le premier de ces congrès se réunit à Copenhague, pour y traiter du conflit entre la Suède et le Danemark ; le second, à Oliva, pour trancher la situation entre la Suède, la Pologne et le Brandebourg. La mort, opportune, de Charles-Gustave, survenue en février 1660, facilita les négociations. Par le traité d'Oliva, signé en mai 1660, le roi de Pologne renonçait à ses droits au trône de Suède ; la Livonie était partagée entre la Suède et la Pologne ; l'électeur de Brandebourg évacuait les territoires qu'il avait conquis en Poméranie suédoise, mais se voyait reconnaître la souveraineté pleine et entière sur le duché de Prusse. Par le traité de Copenhague (juin 1660), la Suède restituait elle aussi ses conquêtes récentes, mais conservait les provinces d'Aland, de Bleckingie et de Scanie. La clause la plus importante de ces traités était l'émergence de l'électeur de Brandebourg. Il cessait d'être vassal de la Pologne pour son duché de Prusse : ce fut le point de départ du futur royaume prussien, de la fortune des Hohenzollern et de l'Empire allemand. Mais cette ascension de la Prusse était, certes, imprévisible en 1660 !

Simultanément, Mazarin se préoccupait de conforter la ligue du Rhin. Elle groupait, rappelons-le, les ducs de Brunswick, du Palatinat-Neubourg et de Wurtemberg, les princes ecclésiastiques de Cologne, Mayence et Trèves, le roi de Suède (pour ses possessions allemandes), le landgrave de Hesse, et divers dignitaires de moindre importance. Le but de cette ligue était de s'opposer à la fois aux Habsbourg d'Autriche et à ceux d'Espagne (pour les Pays-Bas espagnols), avec la garantie et l'appui de la France. Les signataires s'engageaient à faire respecter, au besoin par les armes, les traités de Westphalie. La ligue du Rhin fut renouvelée au début de 1661. Peu de jours après (28 février) et quasi sur son lit de mort, Mazarin signait un traité avec le duc de Lorraine Charles IV. Abandonné par les Espagnols qu'il avait trahis, ce dernier recouvrait théoriquement son duché, mais amputé des villes de l'Argonne, de Moyenvic et Sierck et traversé de part en part par une large route permettant aux Français un accès facile à l'Alsace et au Rhin. En outre, Nancy devait être démantelée.

Dans le même temps, le cardinal mariait Charles II d'Angleterre avec une princesse de Bragance, soutenant ainsi indirectement le Portugal contre l'Espagne. Il négociait également le mariage de Monsieur (le duc d'Anjou) avec Henriette d'Angleterre, faisant fond sur l'influence que cette brillante jeune femme ne manquerait pas d'exercer sur un mari quelque peu inconsistant. Enfin, pour assurer la paix du ménage royal, il expédiait Marie Mancini à Rome, en la fiançant à un prince Colonna.

Tout lui était prétexte pour donner des fêtes. Les tourbillons, qu'il suscitait lui-même sans paraître craindre l'avenir, l'entraînaient inexorablement. Il se faisait outrageusement farder pour masquer sa pâleur. L'ignorance prétentieuse des médecins, l'inexistence d'une véritable pharmacopée ne pouvaient qu'aggraver les maux qui le tourmentaient (la goutte et la gravelle), mais aussi le surmenage : des journées parfois de dix-huit heures consacrées à un labeur écrasant (il lui arrivait de dicter cinquante lettres !), aux audiences, aux obligations mondaines. Une grande sobriété, mais des nourritures exquises et des nuits trop courtes ! Jamais un moment de détente vraie, hormis au spectacle. Les voyages auraient pu le distraire, mais il lui fallait subir les discours de circonstance, y répondre. Les cahots réveillaient ses douleurs et l'épuisaient. Et pourtant il était puissamment heureux de vivre, ne renonçant à aucune de ses prérogatives, ne se dérobant à aucune de ses obligations. Il avait choisi de mourir debout, comme un soldat, et non pas grabataire.

Il va sans dire que les courtisans suivaient avec passion les progrès de son mal, notaient avec satisfaction sa maigreur croissante, les cernes qui assombrissaient l'éclat de son regard, la lassitude qu'il s'efforçait de travestir en enjouement. Il n'ignorait pas que l'on « raisonnait » sur sa succession réputée prochaine. Que les malveillants et ci-devant Frondeurs supputaient la date de sa mort. Il savait qu'en dépit de sa réussite, il n'était aimé ni du peuple ni de ses élites, et ne le serait jamais, mais tablait sur la postérité pour que son œuvre fût enfin reconnue, persuadé qu'il avait mieux servi la France que la plupart des Français.

Sa santé n'avait pas cessé de se dégrader depuis la signature du traité des Pyrénées. Cependant, le 6 juin 1660, malgré l'avis des médecins, il avait tenu à assister debout, dans sa grande simarre rouge, au mariage de Louis XIV et de l'infante Marie-Thérèse. Cette union n'était-elle pas le couronnement de son œuvre, le symbole même de son triomphe !

Il avait été à la peine, c'était bien le moins qu'il fût à l'honneur ! Il voulut encore donner le baiser de paix aux jeunes époux, et ensuite à Anne d'Autriche, devenue reine mère par ce mariage. Elle rayonnait de bonheur et semblait rajeunie de dix ans. Ce baiser était lourd de significations, non seulement chrétiennes. Ce jour n'était-il pas le fruit de leurs rêveries communes, de leurs réflexions et d'une entente que rien n'avait pu altérer ? On transporta Mazarin presque moribond à Sibourre où il logeait. Le roi, les deux reines résidaient à Saint-Jean-de-Luz. La reine mère avait tremblé plus d'une fois pendant la cérémonie. Elle était persuadée que le malade ne pourrait la supporter jusqu'à la fin. Elle se précipita à Sibourre, avec une partie de sa suite, entra dans la chambre du malade et lui demanda comment il se sentait.

– « Très mal », gémit-il.

Et, en même temps, sans plus de façon, il repoussa les couvertures pour montrer ses jambes.

– « Voyez, Madame, ces jambes qui ont perdu le repos en le donnant à la France. »

Les mollets, les cuisses étaient quasi réduits à l'os. Des lunules blanches et violettes tachetaient la peau fripée. La reine ne put retenir un sanglot. Le jeune Brienne fut témoin de cette scène : « On aurait dit, écrit-il, Lazare sortant de son tombeau… Est-il possible qu'un cardinal s'oublie à ce point devant une femme, devant une Reine entourée des dames de sa cour ! Il fallait que la douleur le pressât bien vivement, ou qu'il crût tout permis à un homme qui venait, au péril de sa vie, d'assurer la paix de l'Europe. Il fut plaint, toutefois, et personne que je sache n'osa blâmer cette action ; mais j'avoue qu'elle me causa plus d'étonnement que de pitié. »

Les lumières de la médecine locale opinèrent pendant des heures, avec la componction d'usage, pour conclure à un « mal languissant ». On insista pour connaître au moins la nature de ce mal. Les médecins finirent par répondre que les suffocations de Son Éminence étaient provoquées par une goutte remontée à l'estomac. Ils préconisèrent un usage abondant des clystères.

Après ce diagnostic, il fallut pourtant se résoudre à transporter le malade à Paris, pénible perspective ! Mais lui-même réclamait avec force et appréhendait en même temps le retour dans la capitale. Trop d'affaires en cours l'y attendaient, plus ou moins pressantes. Prendrait-il un jour le temps de mourir et, sinon, la mort le surprendrait-elle en plein travail ? C'était la question que son entourage se posait. Il fit le voyage à petites journées, couché sur un matelas qui amortissait les cahots. Chaque soir, les valets le descendaient sur une toile et le portaient sur quelque lit d'auberge. Le lendemain, ils le reportaient à son carrosse avec les mêmes précautions. Parfois il consentait à faire quelques pas, soutenu par ses serviteurs. Ce bref effort suffisait à provoquer des étouffements.

Ce fut dans cet état qu'il reparut au Louvre, non pour s'y reposer et tenter de réparer sa santé, mais pour reprendre le collier avec un enthousiasme de jeune homme et un optimisme indéracinable. Il prépara avec sa minutie habituelle l'Entrée du couple royal à Paris (26 août 1660). Comme on le sait, il ne put prendre part au défilé. Il y assista, comme à un spectacle, d'une fenêtre de l'hôtel de Beauvais, rue des Bons-Enfants. La reine mère veillait sur lui. Ils virent passer le jeune roi sur son cheval de parade, suivi de sa Maison, la reine Marie-Thérèse, vêtue de brocart brodé d'or, dans un splendide carrosse découvert tiré par six chevaux aubères, son propre carrosse précédé de soixante-douze mules empanachées, de vingt-quatre chevaux de selle montés par des pages, escorté par cinquante cavaliers somptueusement vêtus, mais vide ! Ce jour-là, Mazarin s'élevait au-dessus de lui-même, je veux dire de la vanité inhérente à tout homme ; il atteignait ses véritables dimensions. Cette cavalcade grandiose, qu'il avait supérieurement mise en scène, renouait l'antique lien entre la monarchie capétienne et les Parisiens. La Fronde était effacée.

Ce qui n'empêchait pas les ennemis du cardinal de frétiller d'espérance. Ce mauvais esprit de Guy Patin notait alors dans son *Journal* : « On ne laisse pas de songer qui sera celui qui pourra attraper sa place. On parle fort de quatre, savoir : le marquis de Villeroy, M. Le Tellier, M. Foucquet, surintendant des finances, et le seigneur Ondelei, évêque de Fréjus... » Quelques jours après, il se réjouissait assez bassement : « Un honnête homme des premiers de sa robe, m'a dit aujourd'hui que dans peu de temps nous aurons de bonnes nouvelles... »

Pourtant, il dut patienter encore quelques mois. Ses confrères, les plus illustres médecins de Paris, n'en finissaient pas de se livrer à leur divertissement préféré qui était d'« alterquer », en clair de se contredire. Les médecins qui avaient été appelés à Sibourre au chevet du moribond s'étaient montrés prudents jusqu'à la pusillanimité. Les plus hautes instances médicales de Paris ne craignaient pas d'engager leur responsabilité. Elles assenaient leurs arguments comme des massues, mais leurs avis divergeaient, ce qui prolongea sans doute la vie de Mazarin. Pour les uns, Son Éminence était attaquée d'une gravelle compliquée d'hémorroïdes et d'une exténuation des jambes qui est *via ad hydropem* (le chemin de l'hydropisie). Pour les autres, ce n'était ni la gravelle ni la goutte, mais *morbus viscerum*. L'un recommandait l'usage du lait d'ânesse. L'autre prescrivait des bains fréquents. Un troisième s'élevait avec véhémence contre les bains qui étaient, selon lui, une pratique non seulement pernicieuse mais dangereuse. Toutefois, ils tombaient tous d'accord pour condamner les méthodes de Vallot, médecin de la cour, responsable du traitement : « Vallot le flatte et fait le chien couchant de peur d'être chassé. »

Mais les médecins comme les politiques en furent pour leurs frais. Son Éminence aimait trop cette vallée de larmes pour ne pas s'y attarder. On murmurait que sa maladie n'était qu'un stratagème ; qu'il travaillait à se faire élire pape et songeait à recevoir la prêtrise afin de coiffer la tiare.

XIII

LES IDES DE MARS

Non sans une extrême finesse, l'ambassadeur de Venise analysait ainsi, dans l'une de ses dépêches, les rapports entre Louis XIV et Mazarin : « Il ne faut pas dire seulement que le Roi l'estime comme un ministre utile et nécessaire ; que par force il lui laisse l'autorité, mais il faut avouer qu'il y a une sympathie occulte, une subordination de l'esprit et de l'intelligence, par suite desquelles l'inclination d'un grand prince peut dépendre du génie d'un homme privé. Aussi, il lui laisse un pouvoir absolu sur les affaires du royaume, le pouvoir sur lui-même, la disposition de tout, et, en se privant de sa propre autorité, il ne peut pas rester privé de sa présence. Il le voit plusieurs fois par jour. Dans toutes les choses, jusque dans les petites et même de celles qui ne dépendent que de son goût, il reçoit ses avis et l'on peut dire ses prescriptions. Il n'entend pas parler d'affaires ou demander des grâces qu'il ne renvoie le tout au Cardinal, au plus, il s'offre pour intercéder auprès de lui. » Louis XIV a explicité lui-même son attitude envers Mazarin. Il écrivit plus tard, dans son instruction au dauphin : « Un ministre qui m'aimait, que j'aimais… »

L'hiver s'écoula dans l'incertitude. Le cardinal souffrait un peu moins, parce que Vallot lui administrait de l'opium, mais il continuait à s'affaiblir. Les courtisans s'interrogeaient sur les longs entretiens qu'il avait avec le roi et se demandaient qui Mazarin désignerait pour lui succéder : car personne n'imaginait que Louis pût se passer de Premier ministre et prendre lui-même les rênes de l'État. On le croyait trop ignorant et trop ami des plaisirs.

Le 6 février 1661, un incendie embrasa la galerie des Rois. On y installait le décor d'un ballet que Mazarin offrait à Leurs Majestés. En un instant, les flammes consumèrent les toiles et leurs châssis, les fausses colonnes de brocatelle dorée, gagnèrent les lambris et léchèrent bientôt le plafond. L'incendie toucha le salon voisin qui venait d'être repeint. Ce ne fut qu'un bruit dans Paris : le Louvre brûlait ! Réveillé par son valet, le jeune Brienne accourut, écarta les suisses qui faisaient la chaîne avec les seaux d'eau, arriva juste à temps pour assister à l'évacuation du cardinal :

« Il était tremblant, abattu, et la mort paraissait peinte dans ses yeux, soit que la peur qu'il avait eue d'être brûlé dans son lit l'eût mis dans cet état, soit qu'il regardât ce grand embrasement comme un avertissement que le ciel lui donnait de sa fin prochaine. Jamais je ne vis un homme si pâle ni si défait. Je ne laissai pas de m'approcher de lui comme les autres ; mais, quand je vis qu'il ne répondait à personne, je ne lui dis mot et me contentai de me faire voir à lui. Il monta dans sa chaise sur le haut du grand degré, et on le descendit ainsi à l'aide de quatre porteurs et de ses gardes. »

Tassé dans sa belle chaise garnie de maroquin noir clouté d'or, vitrée de cristal et doublée de damas de Gênes cramoisi et de velours rouge, on le porta rue Neuve-des-Petits-Champs, dans le palais qui portait son nom. On le recoucha avec des précautions infinies, mais il ne parvint pas à retrouver le sommeil et, son mal paraissant empirer, on appela en consultation Guénaud, célèbre médecin (lequel ne laissa d'autres traces que ce vers de Boileau : « Guénaud sur son cheval en passant m'éclabousse »). L'éclaboussure dont il gratifia le cardinal fut certes moins plaisante. Après l'avoir ausculté, avec douze confrères, ce brutal lui lança :

– « Monseigneur, il ne faut point flatter Votre Éminence. Nos remèdes peuvent prolonger vos jours, mais ils ne peuvent guérir la cause du mal ; vous mourrez certainement de cette maladie, mais ce ne sera pas encore de si tôt. Préparez-vous donc, Monseigneur, à ce terrible passage. J'ai cru devoir parler franchement à Votre Éminence, et si mes confrères vous parlent autrement, ils vous trompent : moi je vous dis la vérité. »

Mazarin reçut cet arrêt sans broncher. Il demanda :

– « Combien ai-je à vivre encore ? »

– « Deux mois au moins. »

– « Cela suffit ; adieu, venez me voir souvent. Je vous suis obligé autant que peut l'être un ami. Profitez du peu de temps qui me reste pour avancer votre fortune, comme de mon côté je vais mettre à profit votre avis salutaire. Adieu encore un coup ; voyez ce que je peux faire pour vous… »

Ainsi paraissait-il accepter l'idée de sa mort en vrai stoïcien. En réalité, le stupide Guénaud venait d'abréger ses jours. À quelque temps de là, le petit Brienne, se trouvant dans la galerie du cardinal, entendit soudain les pantoufles de Son Éminence traîner sur le dallage. Il se dissimula derrière une tapisserie. Mazarin contemplait, une à une, les œuvres d'art qu'il avait accumulées.

– « Il faut quitter tout cela ! murmurait-il. Tout cela ! Et encore cela !… Que j'ai eu de peine à acquérir ces choses !… Puis-je les abandonner sans regret ?… Je ne les verrai plus où je vais… »

Brienne était assez peu maître de ses nerfs. Étreint par l'émotion, il soupira un peu trop fort :

– « Qui est là ? demanda le cardinal. Eh bien ? »

– « C'est moi, Monseigneur… »

– « Approchez !… Approchez… »

Ce cadavre vivant était nu dans une robe de chambre fourrée de petit-gris. Il portait un bonnet de nuit.

– « Donnez-moi la main… Je suis bien faible… Je n'en puis plus… »

– « Votre Éminence ferait bien de s'asseoir. »

– « Non, je suis bien aise de me promener. J'ai à faire dans ma bibliothèque. »

Brienne essaya de lui parler d'une lettre importante que l'on venait de recevoir. Mazarin secoua la tête :

– « Je ne suis plus en état d'entendre les affaires ; parlez-en au Roi et faites ce qu'il vous dira... Voyez-vous, mon ami, ce beau tableau du Corrège, et encore cette *Vénus* de Titien, et cet incomparable *Déluge* d'Antoine Carrache... Car je sais que vous aimez les tableaux et que vous vous y connaissez fort bien. Ah ! mon pauvre ami, il faut quitter tout cela ! Adieu, chers tableaux que j'ai tant aimés et qui m'ont tant coûté... »

– « Vous êtes moins mal que vous ne pensez, puisque vous aimez encore vos tableaux. Courage, Monseigneur, personne ne désire plus votre mort ; tout le monde fait au contraire des vœux pour le recouvrement de votre santé. »

– « Est-ce vrai ? On ne veut plus ma mort ? Vous ne savez pas tout : quelqu'un la désire. »

– « Cela ne peut être, Monseigneur ; ne vous mettez point de visions dans l'esprit. »

– « Je sais le contraire, mais n'en parlons plus. Il faut mourir. Plutôt aujourd'hui que demain... Il souhaite ma mort, je le sais bien ! »

Qui désignait-il avec cette insistance ? Foucquet qui briguait la charge de Premier ministre ou le roi qui était impatient de régner par lui-même ? Son intelligence terriblement lucide subsistait intacte, alors que son corps se délabrait un peu plus chaque jour.

À un autre moment, Brienne entra à l'improviste dans la chambre du cardinal. Il le surprit, somnolant dans un fauteuil devant la cheminée. Son corps, agité de spasmes ou de frissons, oscillait de droite à gauche, en avant, en arrière, au risque de tomber dans le feu. Brienne appela Bernouin, le valet de chambre, qui secoua le malade pour l'éveiller.

– « Qu'y a-t-il, Bernouin ?... Guénaud l'a dit !... »

– « Diable soit de Guénaud et de son dire ! Répéterez-vous toujours cela ? »

– « Oui, Bernouin. Guénaud l'a dit et n'a dit que trop vrai. Il faut mourir. Je ne saurais en réchapper. Guénaud l'a dit ! Guénaud l'a dit ! »

On voit le mal qu'avait causé le dénommé Guénaud par ses pronostics.

– « M. de Brienne attend », insista le valet.

– « Faites-le avancer… Mon cher, mon pauvre ami, je me meurs ! »

– « Je le vois bien, mais croyez-moi, mon bon maître, c'est vous qui vous tuez. Ne vous affligez point de ces cruels discours qui font plus de mal à Votre Excellence que son mal lui-même. »

– « Il est vrai, mais Guénaud l'a dit, et Guénaud connaît son métier. »

Ayant de nature le « cerveau humide » (car telle était l'expression de l'époque !), Brienne laissa paraître quelques larmes. Mazarin s'attendrit, ouvrit les bras, serra contre lui le jeune homme que l'haleine empestée du malade suffoqua et qui faillit tourner de l'œil. Mazarin s'en aperçut, prit une pastille parfumée, en offrit une autre.

– « J'en suis fâché, mon ami, mais voilà ce qu'est l'homme. J'ai de belles dents et je mange peu, mais je porte au-dedans de moi la cause d'une mort prochaine… Guénaud l'a dit ! »

Le 11 février, il se fit transporter au château de Vincennes, où l'air était meilleur qu'à Paris en raison de la proximité de la forêt. Selon Guy Patin (mais est-ce vrai ?), de mauvais plaisants avaient parsemé sa chambre de billets de part : « Vous êtes prié d'assister au convoi, service et enterrement de feu Monseigneur l'Éminentissime Cardinal Mazarin, etc. » Le roi et les reines s'installèrent eux aussi à Vincennes. Le malade étant « dans une perpétuelle langueur » souffrait moins, mais il avait des crises d'étouffement : il est probable qu'il commençait un œdème pulmonaire. Au cours de la journée, il travaillait avec un ou plusieurs ministres, selon son habitude. Ou bien il s'entretenait avec Colbert et sinon avec le roi, auquel il dispensait ses ultimes conseils. La reine mère passait tous les jours de longs moments à son chevet. Elle dormait dans une chambre voisine. Les gémissements et les quintes de toux du malade l'éveillaient fréquemment. Selon Montglat – mais faut-il le croire ? –, il la traitait « comme une chambrière » et ne se gênait pas pour la rabrouer. Il arrive que les moribonds, tenaillés par le mal et sentant la vie leur échapper, s'emportent contre leur entourage et même contre ceux qui leur sont les plus chers, et l'on voit ainsi de vieilles tendresses qui tournent à l'aigre.

Le matin du 22 février, le roi et sa mère le trouvèrent plus mal et restèrent plus de deux heures près de lui. Ils pleuraient en sortant de sa chambre. À la fin de février, le bruit se répandit que le dénouement approchait, en dépit des pronostics des médecins. Pressé par le temps, Mazarin bâcla les fiançailles de Marie Mancini avec le prince Colonna. Il donna Hortense Mancini à Armand de La Porte, fils du maréchal de La Meilleraye, à condition qu'il prît le nom et les armes de Mazarin. Armand fut nommé grand maître de l'artillerie en complément de dot, si l'on peut dire. Quant à la dernière des Mancini, la spirituelle et charmante Marianne, on la fiança, contre son gré, au duc de Bouillon. Philippe, incorrigible mauvais sujet, fut donc partiellement déshérité par son oncle au profit d'Armand de La Porte. Ce n'était pas un bon choix, car celui-ci n'avait d'autres mérites que d'être apparenté au défunt cardinal de Richelieu et de posséder déjà une grosse fortune. Mazarin avait toujours conservé une admiration sans bornes pour son prédécesseur et son maître : le mariage d'Armand et d'Hortense rapprochait symboliquement les Richelieu des Mazarin. De même, il se hâta de distribuer charges et bénéfices à ses amis et parents. Il se démit de ses fonctions de surintendant de la Maison de la reine mère en faveur de sa nièce, la princesse de Conti. La surintendance de la Maison de la reine Marie-Thérèse fut donnée à son autre nièce, la comtesse de Soissons. La reine mère n'osait refuser et le roi laissait faire. Cette attitude confortait les espérances de Foucquet et de ses partisans. Ils ne comprenaient point que le roi n'avait pas le courage de contrarier les caprices d'un mourant, parce qu'il l'aimait. « C'était son premier attachement, écrit Motteville, et l'enfance avait été le sceau de cette liaison. »

Les Théatins avaient toujours été chers à Mazarin. Il les protégeait. Il avait facilité leur installation à Paris. C'était l'un d'entre eux, le Père Ange de Binari, qui était son confesseur. Âme admirable assurément et cœur pur, comment pouvait-il imaginer les contradictions d'un esprit tel que celui du cardinal ? Pourtant, il osa menacer Son Éminence de la damnation si elle ne restituait pas les biens mal acquis.

– « Hélas ! gémit l'Éminence. Je n'ai que les bienfaits du Roi. »

– « Il faut distinguer ce que le Roi vous a donné d'avec ce que vous vous êtes donné vous-même ! »

Colbert était un homme de ressources. Il suggéra à son bon maître de léguer la totalité de ses biens au roi, lequel ne manquerait pas de les restituer aussitôt. Ce stratagème plut extrêmement à Mazarin. Il lui permettait d'alléger sa conscience, sans perdre une pistole ! La donation en faveur de Louis XIV fut donc établie. Ô surprise ! Le roi fit attendre deux jours sa décision de restituer, et le moribond se rongeait les sangs :

– « Ma pauvre famille !... Ma pauvre famille qui n'aura pas de pain... »

Colbert n'apporta l'acte de restitution que le 6 mars. Joie de Mazarin à la pensée qu'il mourrait richissime et pouvait revoir son testament en le complétant de codicilles. Chose étrange, cet amateur d'art n'essaya point de préserver l'avenir de ses collections. Il semblait résigné à ce que les statues, les peintures, les tapisseries et les meubles fussent partagés entre ses héritiers, c'est-à-dire promis à une dispersion prochaine.

Le 3 mars, il s'était senti si mal qu'on lui administra le saint viatique, mais la vie reprit le dessus. Chacun s'efforçait de le distraire. On jouait même aux cartes près de son lit. Car, selon Manglat, il avait toujours été « grand brelandier. Il était adroit aux jeux de mains, à faire des tours de cartes et de billard, à jouer à la bauchette ». Un soir que le commandeur du Souvré tenait son jeu, il réussit un beau coup et en avertit Son Éminence, croyant lui faire plaisir. Brienne assistait à la scène.

– « Commandeur, je perds beaucoup plus dans mon lit que je ne gagne et ne pense gagner à la table où vous tenez mon jeu. »

– « Bon, bon ! Ne faut-il pas enterrer la synagogue avec honneur ? »

– « Oui, mais ce sera vous autres, mes amis, qui l'enterrerez et je paierai les frais de la pompe funèbre. »

Et le petit Brienne d'ajouter avec son ingénuité coutumière : « Je ne puis assez admirer qu'un homme qui craignait tant la mort, parce que son cœur ne tenait qu'à la terre, parlât si bien et agît si mal. » Mais que pensait réellement Mazarin ? Quel sentiment éprouvait-il face à la mort ? On pouvait s'y méprendre. À Le Tellier qui voulait l'empêcher d'écrire lui-même son testament, pour lui éviter ce surcroît de fatigue, il répondit ironiquement :

– « Laissez-moi faire, la contrainte que vous me faites est pire que la mort. »

Mais, au même Le Tellier, il avait déclaré pensivement :

– « Voici un étrange passage, monsieur : car je suis homme et pécheur, et je dois craindre les jugements de Dieu ; mais enfin il faut espérer en Sa miséricorde. »

Mais, citant Horace, il avait dit au prince de Condé :

– « *Si fractus illabatur orbis, impavidum ferient ruinæ !* » (Le monde tomberait-il en ruine, je ne broncherais point !)

Le 5 mars, les prières publiques de quarante jours furent prescrites dans toutes les églises de Paris : privilège insigne, réservé jusqu'ici aux personnes de la famille royale ! Les quatre plus grands médecins de l'époque alterquaient toujours sur la nature du mal dont mourait Son Éminence. Brayer tenait pour la rate ; Guénaud pour le foie. Vallot soutenait que le malade avait de l'eau dans les poumons ; Des Fougerais, qu'il s'agissait indubitablement d'un abcès au mésentère : lui seul en avait relevé les traces dans les selles du patient soigneusement triturées et humées malgré l'incommodité. Et Guy Patin, dont la science était tout aussi courte, de s'exclamer : « Ne voilà-t-il pas d'habiles gens ? Ce sont les fourberies ordinaires des empiriques et des médecins de cour qu'on fait suppléer à l'ignorance... »

Le 7 mars, le cardinal reçut l'extrême-onction dans son fauteuil. Il avait décidé de paraître pour la dernière fois en public. Il s'était donc fait raser, relever la moustache au petit-fer, mettre du rouge aux lèvres et aux joues. « On le farda si bien, avec de la céruse et du blanc d'Espagne, qu'il n'avait peut-être été de sa vie ni si blanc ni si vermeil. » Calotte rouge sur la tête, le corps dans une simarre rouge feu, il prit place dans une chaise à porteurs ouverte sur le devant, afin qu'on le vît bien. Et il alla, en cet équipage, faire un tour de jardin, « pour enterrer la synagogue avec honneur », selon sa propre expression. Les courtisans étaient stupéfaits : il leur semblait apercevoir une vision, un songe. L'ambassadeur d'Espagne se permit ce trait d'humour castillan :

– « *¡Este Señor representa muy bien al difunto cardinal Mazarin !* » (Ce Monsieur représente bien le défunt cardinal Mazarin.)

Le comte de Nogent ne fut pas moins cruel :

– « L'air est bon, il a fait un grand changement en vous ; Votre Éminence devrait le prendre plus souvent. »

On ne sut si, sous son bariolage de fards, le moribond pâlit ou rougit.

– « Retournons, fit-il soudain, je me sens mal. »

– « Je le crois bien, insista Nogent, car Votre Éminence est écarlate. »

Les porteurs reconduisirent le malade à sa chambre en toute hâte, car il défaillait et l'on crut qu'il passait. Quand il fut à nouveau étendu sur son lit, il murmura :

– « Je m'affaiblis, qu'on me donne un peu d'eau de grenade... Je reviens. »

Le valet Bernouin le gourmandait :

– « Je savais bien que cela arriverait ; je vous l'avais dit. À quoi sert cette mômerie ? »

Nogent s'en était allé conter l'incident à la reine mère. Elle crut qu'il plaisantait et ne put s'empêcher de rire. Mais Brienne confirma le récit. Alors, elle eut ce mot pour le moins inattendu :

– « Il ne devait point se faire la barbe, cela précipitera sa mort. Tout le monde sait bien l'état où il est ; à quoi bon déguiser, cela ne sert qu'à faire parler. »

À partir de cette promenade, les événements se précipitèrent. Le soir même, le cardinal prit congé du roi, de la reine mère et de Monsieur, et leur fit présent, en guise d'adieu, des « Mazarins » et des autres diamants dont il a été question plus haut. Il donna un diamant au prince de Condé, de même qu'au maréchal de Turenne. Puis il envoya ses civilités à l'Assemblée du clergé et au Parlement. Après quoi, il fit appeler le curé Joly, dont la spécialité était d'aider les croyants à bien mourir. Cela ne l'empêcha pas de parapher son testament et de signer quelques dépêches. Il demanda même à la reine mère la survivance du gouvernement de Bretagne au profit d'Armand de La Porte. Quand le nonce apostolique vint lui apporter l'absolution plénière *in articulo mortis*, de la part du pape, il eut encore la force de remercier par un petit discours en italien. Le curé Joly souleva la question des biens mal acquis. Mazarin lui répondit qu'il dédaignait désormais les richesses de la terre et le pria de ne plus lui parler que de Dieu et de son pardon. Le 8 mars, il y eut « un petit bruit de résurrection ». Puis le malade replongea, non sans accuser les médecins de l'avoir tué, ce qui d'ailleurs était assez exact. Vallot voulut lui faire prendre un bouillon. Il le refusa, en jetant au médecin un regard fixe et perçant. À la fin de la journée, ses douleurs augmentèrent.

– « Je souffre beaucoup, dit-il, mais je sens que la grâce est encore plus forte que le mal. »

Cherchait-il à édifier l'assistance, ou à se persuader lui-même ? Un peu plus tard, tâtant lui-même son pouls, il soupira :

– « Je souffrirai encore beaucoup. »

Il se faisait scrupule de ne pas craindre la mort, et le dit à Joly. Vers deux heures du matin, le 9 mars, il remua un peu dans son lit :

– « Quelle heure est-il ? Il doit bien être deux heures ? »

Joly et Bernouin pensèrent qu'il durerait sans doute jusqu'à dix heures de la matinée. Ils l'entendaient chevroter des prières. Soudain, il murmura :

– « Ah ! sainte Vierge, ayez pitié de moi et recevez mon âme… »

Il avait cessé de vivre. On ne sut démêler s'il était mort en chrétien ou en philosophe. On convint cependant qu'il avait montré un courage surprenant, plaisantant quasi jusqu'à son dernier souffle. Il avait cinquante-neuf ans, ce qui, pour l'époque, était déjà un âge avancé. Les astrologues observèrent que, comme Jules César, il disparaissait aux Ides de mars, car portant le même prénom. Le lendemain, les médecins pratiquèrent l'autopsie et trouvèrent « une petite pierre dans le cœur », ce qui, selon Mme de Motteville, convenait fort « à la dureté qui lui était naturelle ». Il s'agissait probablement d'une petite concrétion d'origine lipidique. Le roi déplora en termes sensibles la perte qu'il venait de faire et versa des pleurs qui n'étaient pas seulement de circonstance, mais exprimaient un vif chagrin. La famille royale et la cour prirent le deuil, exception unique, car les rois et les reines ne portent le deuil que de leurs parents, souverains ou princes : or, Mazarin n'était ni l'un ni l'autre ! L'Église para le défunt d'hyperboles dans ses éloges funèbres. Nous avons l'habitude de ces grandioses comédies funèbres, dont les couronnes s'entrelacent de serpents ! Des Frondeurs attardés ajoutèrent quelques pièces aux mazarinades. Je citerai celles-ci, parmi les moins médiocres :

« Je n'ai jamais pu voir Jules sain ni malade :
J'ai reçu mainte rebuffade
Dans la salle et sur le degré ;
Mais enfin je l'ai vu dans son lit de parade,
Et je l'ai vu fort à mon gré. »

Ou encore :

> « *Ci-gît l'Éminence deuxième :*
> *Dieu nous garde de la troisième !* »

Pour sa part, le marquis de Montglat déclarait que la mort de Mazarin fut accueillie avec joie dans tout le royaume, « car personne n'avait jamais été haï si universellement que lui ». Personne, sauf son prédécesseur, le cardinal de Richelieu, et pour les mêmes raisons.

XIV

LE TESTAMENT POLITIQUE

Dix-huit ans d'un pouvoir plus étendu que ne l'était celui de Richelieu, car ce dernier ne décidait rien sans l'accord de Louis XIII. Seize ans de guerre ininterrompue contre les Habsbourg, car, à la mort de son prédécesseur, si la balance penchait en faveur de nos armes, l'Empire et l'Espagne restaient redoutables. Presque cinq ans d'une guerre civile, plaisamment appelée la Fronde, conduite en dépit du bon sens par ses promoteurs successifs, mais qui déstabilisa un moment la société, mit la monarchie en péril, provoqua des milliers de morts, sans autre profit que de compromettre gravement notre situation extérieure. L'Espagne en effet tira parti de nos luttes intestines pour reprendre Dunkerque, Gravelines, Casal, Barcelone. Sur tous les fronts, diplomatique et militaire, nous reculions. Les Habsbourg dominaient à nouveau l'Europe, et l'Angleterre régnait sur les mers. Mazarin sut faire face à cette situation difficile, pallier le risque d'une invasion massive, tout en affrontant les Frondeurs, soit par les armes, soit par la négociation, divisant ses adversaires pour se maintenir au pouvoir, isolant les plus dangereux pour les perdre, opposant le prince de Condé à Turenne et Turenne à Condé, selon la conjoncture, puis, après deux exils, rentrant à Paris en triomphateur. C'était la victoire de l'intelligence et de la ténacité sur l'incohérence des passions politiques. Agissant ainsi, il avait incontestablement sauvé le royaume du naufrage vers lequel l'entraînaient la magistrature et la noblesse. De cela, il avait eu pleine conscience, d'où son acharnement à défendre pied à pied le pouvoir du jeune roi, avec pour seul allié la reine Anne d'Autriche. L'ordre étant rétabli (sans représailles), l'autorité royale sortant grandie de cette terrible épreuve, il restait beaucoup à faire : poursuivre la guerre contre l'Espagne malgré le manque d'argent, affaiblir suffisamment cette puissance pour lui imposer une paix avantageuse. Il fallut encore six ans de combats pour atteindre ce but, six ans pendant lesquels Turenne et Condé s'opposèrent à chaque campagne. Les négociations qui aboutirent à la paix des Pyrénées et au mariage de Louis XIV et de l'infante Marie-Thérèse durèrent une année. Mazarin n'avait plus que deux ans à vivre. Il n'eut pas le loisir de savourer sa victoire ni même de prendre un repos bien gagné. Perclus de douleurs, mal soigné par des médecins ignorants mais têtus, il avait peu de chances d'échapper à la vieille ennemie avec laquelle il lui fallait se colleter.

Pourtant, lorsqu'elle l'emporta, aux Ides de mars 1661, il avait achevé son œuvre. Les traités de Westphalie, des Pyrénées, d'Oliva, de Copenhague, nous assuraient la première place en Europe. L'abaissement des Habsbourg d'Autriche et d'Espagne avait été le but des rois de France, de François Ier à Louis XIII et Richelieu. Mazarin venait enfin de réaliser ce projet. Il léguait à Louis XIV un royaume dont il avait fait la puissance majeure de l'Europe, par surcroît doté d'un système défensif si bien conçu que, pendant plus d'un siècle (1659-1792), la France ne connaîtra pas d'invasion.

Cela suffirait assurément pour ranger cet Italien « canonisé Français » parmi les éminents serviteurs de notre pays. Pourtant, on ne s'est pas fait faute de lui reprocher de n'avoir pas réformé les structures de l'État. À vrai dire, il n'en eut pas le temps et Colbert s'en chargea, sans doute avec moins d'ingéniosité et de désintéressement qu'on ne le croit. D'ailleurs, peser les mérites et les démérites d'un homme d'État du XVIIe siècle à l'étalon de notre époque est ridicule. Ce qui compte, ce n'est pas comment Mazarin a fait fortune, mais l'œuvre grandiose qu'il accomplit.

Il a un autre titre à notre reconnaissance. Ce fut d'avoir doté le royaume de France d'un grand roi. Au fil des années, il avait préparé Louis XIV à son métier, façonné patiemment son esprit. Il l'avait fait profiter de son expérience, lui enseignant l'art difficile de conduire les hommes, lui montrant les avantages d'une volonté unique et ferme, ceux de la dissimulation, le persuadant qu'il réunissait toutes les qualités d'un grand monarque, lui donnant confiance en lui. Ce n'était pas un enseignement abstrait, répondant à des principes illusoires, mais un empirisme quotidien, avec ses avancées, ses reculs, ses adaptations incessantes. La haute politique n'a que faire des doctrines ; elle les suscite ; quand elle s'y englue, c'en est fini de sa grandeur et elle cesse d'être. Mazarin ne chercha point à maintenir Louis XIV dans l'ignorance, comme l'insinue Saint-Simon, et cela afin de conserver le pouvoir. C'est tout le contraire. Ce psychologue incomparable sut meubler la mémoire de son élève d'exemples utiles et surtout discerner les lignes de force de son caractère, partant l'amener à adopter le style majestueux qui fera du Roi-Soleil le point de mire de toute l'Europe.

Nous aimerions en savoir davantage sur leurs entretiens de chaque jour, plus encore sur leur ultime conversation du 7 mars, avant-veille de leur séparation définitive. Les dernières paroles de son vieux maître revêtaient une telle importance aux yeux de Louis XIV que, pour ne pas les oublier, il les fit mettre par écrit. Il les dicta lui-même à son secrétaire Toussaint Rose. C'est une suite d'une dizaine d'« avis » formant une sorte de testament politique.

Mazarin lui recommandait, en premier lieu, « de maintenir l'Église dans tous ses droits, immunités et privilèges et de veiller de fort près à la moralité et au comportement des prélats et détenteurs de bénéfices ». C'était une allusion directe au cardinal de Retz et à ses amis. L'avis concernant la noblesse est assez surprenant. Mazarin semble avoir oublié la Fronde, l'arrestation des Importants et des Condé. Il suggère à son élève de lui faire confiance et de la traiter avec bonté. Il est très probable que Louis XIV se dispensa de noter certains conseils de Mazarin. En tout cas, si par la suite il dispensa ses faveurs à la noblesse, ce fut pour la domestiquer ; il ne mit aux affaires que « la vile bourgeoisie » stigmatisée par Saint-Simon. Pour la magistrature, l'avis ne souffrait pas d'interprétation. Mazarin estimait « juste de la faire honorer, mais qu'il était très important d'empêcher que ceux de cette profession ne s'émancipent et de les obliger de se tenir dans les bornes de leur devoir sans songer à autre chose qu'à rendre également à tous mes sujets la justice que je leur ai déposée ». Il lui conseillait de soulager ses peuples en diminuant l'impôt, ce que Louis XIV essaiera de mettre en application avec l'aide de Colbert. Les avis de Mazarin touchant au gouvernement proprement dit ne sont pas moins instructifs. Il dit à son élève qu'il avait auprès de lui « des serviteurs fort capables et d'une entière fidélité ». Et il ajouta qu'il lui appartenait de discerner à quoi chacun était propre « pour les employer selon leurs talents ». Louis XIV a tenu le plus grand compte de ce conseil ; il a maintenu les ministres et les secrétaires d'État à leur poste. Certains se sont même perpétués dans leur fils. Toutefois, le roi s'est gardé de mentionner ce que Mazarin lui a dit de Foucquet.

Mais voici l'essentiel :

« Que je devais bien prendre garde que chacun soit persuadé que je suis le maître, qu'on ne doit attendre les grâces que de moi seul, et surtout ne les distribuer qu'à ceux qui les méritent par leurs services, par leur capacité et par leur attachement à ma seule personne.

Que je devais avoir soin que tous ceux de mon Conseil vivent en bonne intelligence entre eux, de peur que leur division ne préjudicie à mon service, entendre leurs avis sur les occurrences ; chercher toujours le meilleur parti parmi les différentes opinions ; prendre ma résolution de moi-même et, après cela, la soutenir hautement, sans permettre qu'il soit donné la moindre atteinte à mon autorité.

Que si quelqu'un de ceux que j'emploie dans mes affaires était assez malheureux pour rien entreprendre sans mon ordre, il fallait absolument l'éloigner de moi, comme indigne de me servir. »

Comme on le constate, Mazarin recommandait au roi de ne pas nommer de Premier ministre, mais de tout décider lui-même. Estimait-il que les ministres en place étaient incapables de remplir cet emploi ? Ne voulait-il pas avoir de successeur en titre ? Je crois, pour ma part, qu'ayant formé Louis XIV dans l'exercice du pouvoir personnel, il jugeait inutile, voire dangereux, qu'il déléguât tout ou partie de ce pouvoir.

Le 10 mars 1661, dans la matinée, le jeune roi réunit ses ministres et secrétaires d'État avec le chancelier Séguier.

– « Monsieur, déclara-t-il, je vous ai fait assembler avec mes ministres et secrétaires d'État pour vous dire que, jusqu'à présent, j'ai bien voulu laisser gouverner mes affaires par feu M. le Cardinal ; il est temps que je les gouverne moi-même. Vous m'aiderez de vos conseils quand je vous les demanderai. »

Il qualifia lui-même cette petite scène de « coup de maître » dans ses *Mémoires* pour l'instruction du dauphin. Ce n'était en réalité rien de plus qu'une prise de pouvoir, ou, si l'on veut, le premier acte de son règne effectif. Ce jour-là, Louis XIV succédait à Mazarin, roi sans titre ni couronne, mais absolu. Pendant des décennies, du fond de son tombeau, Mazarin continuera à régner à travers son disciple…

ANNEXES

Annexe I

Quelques portraits extraits des Mémoires *du cardinal de Retz :*

La reine Anne d'Autriche :

« La Reine avait, plus que personne que j'aie jamais vue, de cette sorte d'esprit qui lui était nécessaire pour ne pas paraître sotte à ceux qui ne la connaissaient pas. Elle avait plus d'aigreur que de hauteur, plus de hauteur que de grandeur, plus de manières que de fond, plus d'inapplication à l'argent que de libéralité, plus de libéralité que d'intérêt, plus d'intérêt que de désintéressement, plus d'attachement que de passion, plus de dureté que de fierté, plus de mémoire des injures que des bienfaits, plus d'intention de piété que de piété, plus d'opiniâtreté que de fermeté, et plus d'incapacité que de tout ce que dessus. »

Monsieur, duc d'Orléans :

« M. le duc d'Orléans avait, à l'exception du courage, tout ce qui était nécessaire à un honnête homme ; mais comme il n'avait rien, sans exception, de tout ce qui peut distinguer un grand homme, il ne trouvait rien dans lui-même qui pût ni suppléer ni même soutenir sa faiblesse. Comme elle régnait dans son cœur par la frayeur, et dans son esprit par l'irrésolution, elle salit [1] tout le cours de sa vie. Il entra dans toutes les affaires, parce qu'il n'avait pas la force de résister à ceux qui l'y entraînaient pour leurs intérêts ; il n'en sortit jamais qu'avec honte, parce qu'il n'avait pas le courage de les soutenir. Cet ombrage amortit, dès sa jeunesse, en lui les couleurs même les plus vives et les plus gaies, qui devaient briller naturellement dans un esprit beau et éclairé, dans un enjouement aimable, dans une intention très bonne, dans un désintéressement complet et dans une facilité de mœurs incroyable. »

LE PRINCE DE CONDÉ :

« Monsieur le Prince est né capitaine, ce qui n'est jamais arrivé qu'à lui, à César et à Spinola. Il a égalé le premier ; il a passé le second. L'intrépidité est l'un des moindres traits de son caractère. La nature lui avait fait l'esprit aussi grand que le cœur. La fortune, en le donnant à un siècle de guerre, a laissé au second toute son étendue ; la naissance, ou plutôt l'éducation, dans une maison attachée et soumise au cabinet, a donné des bornes trop étroites au premier. L'on ne lui a pas inspiré d'assez bonne heure les grandes et générales maximes, qui sont celles qui font et qui forment ce que l'on appelle l'esprit de suite [2]. Il n'a pas eu le temps de les prendre par lui-même, parce qu'il a été prévenu, dès sa jeunesse, par la chute imprévue des grandes affaires et par l'habitude au bonheur. Ce défaut a fait qu'avec l'âme du monde la moins méchante, il a fait des injustices ; qu'avec le cœur d'Alexandre, il n'a pas été exempt, non plus que lui, de faiblesse ; qu'avec un esprit merveilleux, il est tombé dans des imprudences ; qu'ayant toutes les qualités de François de Guise, il n'a pas servi l'État, en de certaines occasions, aussi bien qu'il le devait ; et qu'ayant toutes celles de Henri du même nom, il n'a pas poussé la faction où il le pouvait. Il n'a pu remplir son mérite, c'est un défaut ; mais il est rare, mais il est beau. »

---

1. Corrompit.
2. Détail cocasse : c'était l'esprit de suite qui manquait le plus au cardinal de Retz.

LE PRINCE DE CONTI, FRÈRE DE CONDÉ :

« J'oubliais presque M. le prince de Conti, ce qui est un bon signe pour un chef de parti. Je ne crois pas pouvoir le mieux dépeindre, qu'en vous disant que ce chef de parti était un zéro, qui ne se multipliait que parce qu'il était prince du sang. Voilà pour le public. Pour ce qui était du particulier, la méchanceté faisait en lui ce que la faiblesse faisait en M. le duc d'Orléans. Elle inondait toutes les autres qualités, qui n'étaient d'ailleurs que médiocres et toutes semées de faiblesses. »

LE DUC DE LONGUEVILLE, BEAU-FRÈRE DE CONDÉ :

« M. de Longueville avait, avec le beau nom d'Orléans, de la vivacité, de l'agrément, de la défense, de la libéralité, de la justice, de la valeur, de la grandeur ; il ne fut jamais qu'un homme médiocre, parce qu'il eut toujours des idées qui furent infiniment au-dessus de sa capacité. Avec la grande qualité et les grands desseins, l'on n'est jamais compté pour rien ; quand on ne les soutient pas, l'on n'est pas compté pour beaucoup, et c'est ce qui fait le médiocre. »

LE DUC DE BEAUFORT :

« M. de Beaufort n'en était pas jusqu'à l'idée des grandes affaires ; il n'en avait que l'intention. Il en avait ouï parler aux Importants ; et il en avait un peu retenu du jargon. Celui-là, mêlé avec les expressions qu'il avait tirées très fidèlement de Mme de Vendôme [1], formait une langue qui eût déparé le bon sens de Caton. Le sien était court et lourd, et d'autant qu'il était obscurci par la présomption. Il se croyait habile, et c'est ce qui le faisait paraître artificieux, parce que l'on connaissait d'abord qu'il n'avait pas assez d'esprit pour être fin. Il était brave de sa personne, et plus qu'il n'appartenait à un fanfaron : il l'était en tout sans exception ; en rien plus faussement qu'en galanterie. Il parlait et pensait comme le peuple, dont il fut l'idole quelque temps... »

---

1. Sa mère, Mme de Vendôme, qualifiée de « bonne idiote » par Tallemant des Réaux.

LE MARÉCHAL DE TURENNE :

« M. de Turenne a eu, dès sa jeunesse, toutes les bonnes qualités, et il a acquis les grandes d'assez bonne heure. Il ne lui en a manqué aucune que celles dont il ne s'est pas avisé. Il avait presque toutes les vertus comme naturelles ; il n'a jamais eu le brillant d'aucune. L'on l'a vu plus capable d'être à la tête d'une armée que d'un parti, et je le crois aussi, parce qu'il n'était pas naturellement entreprenant. Mais toutefois qui le sait ? Il a toujours eu en tout comme en son parler, de certaines obscurités qui ne se sont développées que dans les occasions, mais qui ne s'y sont jamais développées qu'à sa gloire. »

LE DUC DE LA ROCHEFOUCAULD :

« Il y a toujours eu des je ne sais quoi en tout M. de La Rochefoucauld. Il a voulu se mêler d'intrigue, dès son enfance, et dans un temps où il ne se sentait pas les petits intérêts, qui n'ont jamais été son faible : et où il ne connaissait pas les grands, qui, d'un autre sens, n'ont pas été son fort. Il n'a jamais été capable d'aucune affaire, et je ne sais pourquoi ; car il avait des qualités qui eussent suppléé, en tout autre, celles qu'il n'avait pas. Sa vue n'était pas assez étendue, et il ne voyait pas même tout ensemble ce qui était à sa portée ; mais son bon sens, et très bon dans la spéculation, joint à sa douceur, à son insinuation et à sa facilité de mœurs, qui est admirable, devait récompenser plus qu'il n'a fait le défaut de sa pénétration. Il a toujours eu une irrésolution habituelle ; mais je ne sais même à quoi attribuer cette irrésolution. Elle n'a pu venir en lui de la fécondité de son imagination, qui n'est rien moins que vive. Je ne la puis donner à la stérilité de son jugement ; car, quoi qu'il ne l'ait pas exquis dans l'action, il a un bon fond de raison. Nous voyons les effets de cette irrésolution, quoique nous n'en connaissions pas la cause. Il n'a jamais été guerrier, quoiqu'il fût très soldat. Il n'a jamais été, par lui-même, bon courtisan, quoiqu'il ait toujours eu bonne intention de l'être. Il n'a jamais été bon homme de parti, quoique toute sa vie il y ait été engagé. Cet air de honte et de timidité que vous lui voyez dans la vie civile s'était tourné, dans les affaires, en air d'apologie. Il croyait toujours en avoir besoin, ce qui, joint à ses Maximes, qui ne marquent pas assez de foi en la vertu, et à sa pratique, qui a toujours été de chercher à sortir des affaires avec autant d'impatience qu'il y était entré, me fait conclure qu'il eût beaucoup mieux fait de se connaître et de se réduire à passer, comme il l'eût pu, pour le courtisan le plus poli qui eût paru dans son siècle. »

La duchesse de Longueville, sœur de Condé :

« Mme de Longueville a naturellement bien du fond d'esprit, mais elle en a encore plus le fin et le tour. Sa capacité, qui n'a pas été aidée par sa paresse, n'est pas allée jusqu'aux affaires, dans lesquelles la haine contre Monsieur le Prince l'a portée, et dans lesquelles la galanterie l'a maintenue. Elle avait une langueur dans les manières, qui touchait plus que le brillant de celles mêmes qui étaient plus belles. Elle en avait une, même dans l'esprit, qui avait ses charmes, parce qu'elle avait des réveils lumineux et surprenants. Elle eût eu peu de défauts, si la galanterie ne lui en eût donné beaucoup. Comme sa passion l'obligea à ne mettre la politique qu'en second dans sa conduite, d'héroïne d'un grand parti elle en devint l'aventurière. La grâce a rétabli ce que le monde ne pouvait lui rendre. »

La duchesse de Chevreuse :

« Mme de Chevreuse n'avait plus même de restes de beauté quand je l'ai connue. Je n'ai jamais vu qu'elle en qui la vivacité suppléât le jugement. Elle lui donnait même assez souvent des ouvertures si brillantes qu'elles paraissaient comme des éclairs ; et si sages qu'elles n'eussent pas été désavouées par les plus grands hommes de tous les siècles. Ce mérite toutefois ne fut que d'occasion. Si elle fût venue dans un siècle où il n'y eût point eu d'affaires, elle n'eût pas seulement imaginé qu'il y en pût avoir. Si le prieur des Chartreux lui eût plu, elle eût été solitaire de bonne foi. M. de Lorraine, qui s'y attacha, la jeta dans les affaires ; le duc de Buckingham et le comte de Hollande l'y entretinrent ; M. de Châteauneuf l'y amusa. Elle s'y abandonna, parce qu'elle s'abandonnait à tout ce qui plaisait à celui qu'elle aimait. Elle aimait sans choix, et purement parce qu'il fallait qu'elle aimât quelqu'un. Il n'était même pas difficile de lui donner, de partie faite, un amant ; mais dès qu'elle l'avait pris, elle l'aimait uniquement et fidèlement. Elle nous a avoué, à Mme de Rhodes et à moi, que par un caprice, ce disait-elle, de la fortune, elle n'avait jamais aimé le mieux ce qu'elle avait estimé le plus, à la réserve toutefois, ajouta-t-elle, du pauvre Buckingham. Son dévouement à sa passion que l'on pouvait dire éternelle quoiqu'elle changeât d'objet, n'empêchait pas qu'une mouche ne lui donnât quelquefois des distractions, mais elle en revenait toujours avec des emportements qui la faisaient trouver agréable. Jamais personne n'a fait moins d'attention sur les périls, et jamais femme n'a eu plus de mépris pour les scrupules et pour les devoirs : elle ne reconnaissait que celui de plaire à son amant. »

MLLE DE CHEVREUSE (MAÎTRESSE DE RETZ) :

« Mlle de Chevreuse, qui avait plus de beauté que d'agréments, était sotte jusqu'au ridicule par son naturel. La passion lui donnait de l'esprit et même du sérieux et de l'agréable, uniquement pour celui qu'elle aimait : mais elle le traitait bientôt comme ses jupes : elle les mettait dans son lit quand elles lui plaisaient ; elle les brûlait, par pure aversion, deux jours après. »

LA DUCHESSE DE MONTBAZON :

« Mme de Montbazon était d'une très grande beauté. La modestie manquait à son air ; sa morgue et son jargon eussent suppléé, dans un temps calme, à son peu d'esprit. Elle eut peu de foi dans la galanterie, nulle dans les affaires. Elle n'aimait rien que son plaisir et, au-dessus de son plaisir, son intérêt. Je n'ai jamais vu de personne qui eût conservé dans le vice si peu de respect pour la vertu. »

Annexe II

Note sur la famille du cardinal Mazarin

Pierre Mazarin (1576-1654) eut quatre enfants de son épouse Hortensia Bufalini :

- *Jules Mazarin* (1602-1661), cardinal.
- *Laure-Marguerite Mazarin* (1608-1685).
- *Michel Mazarin* (1607-1648), cardinal et vice-roi de Catalogne.
- *Hiéronyma Mazarin* (1610-1656).

⋆
⋆ ⋆

Laure-Marguerite Mazarin eut de son époux Jérôme *Martinozzi* :

- *Anne-Marie Martinozzi* (1639-1672), qui épousa Armand de Bourbon, prince de Conti.
- *Laure Martinozzi* (1640-1687), qui épousa Alphonse IV d'Este, duc de Modène. Sa fille, Marie-Béatrix Éléonore d'Este (1658-1718), épousa Jacques II Stuart, roi d'Angleterre.

⋆
⋆ ⋆

Hiéronyma Mazarin eut de son époux Michel-Laurent *Mancini* :

- *Laure Mancini* (1636-1657), qui épousa Louis de Bourbon, duc de Mercœur-Vendôme.
- *Michel-Paul Mancini* (1636-1652).
- *Olympe Mancini* (1638-1708), qui épousa Eugène-Maurice de Savoie-Carignan, comte de Soissons.
- *Philippe-Julien Mancini* (1639-1707), duc de Nevers.
- *Marie Mancini* (1640-1715), qui, après avoir tenté d'être reine de France, épousa le prince Colonna.
- *Alphonse Mancini* (1644-1658).
- *Hortense Mancini* (1646-1699), qui épousa Armand de La Porte, marquis de La Meilleraye, puis duc de Mazarin après la mort du cardinal.
- *Marie-Anne Mancini* (1649-1714), qui épousa le duc de Bouillon.

NOTICES BIOGRAPHIQUES

ALEXANDRE VII, Fabio CHIGI (1599-1667), pape de 1655 à 1667. Nonce apostolique en Allemagne de 1639 à 1651, il prit part aux négociations des traités de Westphalie. Successeur d'Innocent X, il fut un adversaire déterminé du jansénisme, confirma la condamnation des cinq propositions se trouvant dans l'ouvrage de Jansenius et prescrivit la signature du Formulaire de 1664. En conflit avec Louis XIV à la suite d'un incident diplomatique, il dut signer l'humiliant traité de Pise. Mécène, il fit construire la colonnade de la place Saint-Pierre à Rome.

ALLEMAGNE (empereurs d'Allemagne pendant la vie de Mazarin). Rodolphe II (1576 à 1612) – Mathias (1612-1619) – Ferdinand II (1619-1637) – Ferdinand III (1637-1657) – Léopold Ier (1657-1705).

ANGLETERRE (rois d'Angleterre pendant la vie de Mazarin). Jacques Ier (1603-1625) – Charles Ier (1625-1649) – Charles II (1660-1685).

ARNAULD. Famille originaire d'Auvergne qui joua un rôle déterminant dans le mouvement janséniste en France au XVIIe siècle. Au siècle précédent, ils étaient protestants (ce qu'ils s'efforcèrent par la suite de dissimuler). LA MOTHE-ARNAULD, d'abord capitaine de chevau-légers puis procureur général de Catherine de Médicis, échappa de peu à la Saint-Barthélemy. Parmi ses treize enfants, certains persistèrent dans la religion réformée. Son second fils, ANTOINE ARNAULD (1560-1619), lui succéda dans sa charge de procureur général de Catherine de Médicis et, après la mort de celle-ci, il devint avocat et fit une brillante carrière. Il défendit les droits au trône d'Henri IV qui le nomma avocat général et conseiller d'État. Ennemi acharné des Jésuites, il prononça contre eux un plaidoyer resté célèbre en faveur de l'Université de Paris (1594) et publia en 1602 un *Mémoire au Roi* pour empêcher le rappel de la Compagnie. Il eut vingt-deux enfants qui devinrent le fer de lance du jansénisme. ROBERT ARNAULD D'ANDILLY (1589-1674), son fils aîné, fut successivement membre du Conseil des finances, intendant général de la Maison de Monsieur, intendant militaire (1634). Il se retira, à cinquante-cinq ans, à Port-Royal, se consacrant dès lors à la piété la plus rigoureuse, aux lettres et au jardinage. Il traduisit les *Confessions* de saint Augustin, les *Vies des Pères du désert* et les œuvres de sainte Thérèse d'Avila. Ses *Mémoires* furent publiés en 1734. JACQUELINE ARNAULD (MÈRE ANGÉLIQUE DE SAINTE-MADELEINE) (1591-1661), seconde fille d'Antoine Arnauld, entra, à huit ans, à l'abbaye de Port-Royal dont elle fut aussitôt nommée, par dispense spéciale, coadjutrice de l'abbesse ! Éduquée à l'abbaye de Maubuisson, elle revint à Port-Royal en 1602 sous le nom de Mère Angélique. D'abord peu motivée, elle se convertit brusquement à l'âge de dix-huit ans et réforma son abbaye de Port-Royal – couvent mondain – en rétablissant la stricte clôture et la règle initiale. Elle prit Saint-Cyran pour confesseur des religieuses et fit de Port-Royal le noyau du jansénisme. Sa sœur cadette, JEANNE CATHERINE AGNÈS ARNAULD (MÈRE AGNÈS DE SAINT-PAUL) (1593-1671), devint abbesse de Saint-Cyr à l'âge de sept ans, puis, sous l'impulsion de Mère Angélique, entra à Port-Royal-des-Champs en 1608. Elle fut ensuite à la tête de Port-Royal de Paris jusqu'en 1661. Son refus de signer le Formulaire lui valut de rudes persécutions qui ne prirent fin que sous le pontificat de Clément X.

ANTOINE ARNAULD, dit LE GRAND ARNAULD (1612-1694), frère des précédents, adhéra au jansénisme sous l'influence de Saint-Cyran. Prêtre, il passa son doctorat de théologie à la Sorbonne. Son livre, *De la fréquente communion* (1643), fit de lui le chef du mouvement janséniste. Les Jésuites – dont il fustigeait les complaisances – l'attaquèrent vigoureusement. Volontiers combatif, il leur répliqua par son pamphlet, *Théologie morale des Jésuites*. Cependant, son adhésion inconditionnelle aux propositions de Jansenius lui valut la condamnation de la Sorbonne et l'exclusion de la faculté de théologie (1656). Il se retira dès lors à Port-Royal, où il resta douze ans. Il collabora, avec Lancelot et Nicole, à la rédaction de plusieurs manuels marqués par un jansénisme intransigeant. Après la paix de Clément IX (1668), il s'en prit aux protestants et publia contre eux divers ouvrages. Mais il restait suspect de jansénisme et préféra s'exiler à Bruxelles. Il combattit alors les thèses de Descartes, Malebranche et Bayle. À vrai dire, c'était un polémiqueur quasi professionnel ; il ne pouvait vivre sans âpres disputes théologiques. Ses passions successives, et souvent excessives, gâtent quelque peu ses qualités intellectuelles. Sa nièce, ANGÉLIQUE ARNAULD D'ANDILLY (MÈRE ANGÉLIQUE DE SAINT-JEAN) (1624-1684), fille de Robert Arnauld d'Andilly, entra à Port-Royal-des-Champs à l'âge de vingt ans. Maîtresse des novices de Port-Royal de Paris, puis prieure, elle devint abbesse de Port-Royal-des-Champs en 1678. Elle montra un courage extraordinaire lors des persécutions contre le jansénisme. Elle a laissé divers écrits religieux et un *Journal*.

BARBERINI, voir URBAIN VIII.

BASSOMPIERRE (François, baron de), de la Maison de Clèves, 1579-1646. Servit brillamment Henri IV et Louis XIII. Célèbre par son esprit, sa distinction, son luxe, ses aventures amoureuses et son courage, il prit part à la campagne de Savoie en 1602, devint colonel-général des suisses et grand maître de l'artillerie en 1617. Il fut nommé maréchal de France en 1622 et ambassadeur en

Espagne en 1623. Il participa au siège de La Rochelle (1627-1628) et au célèbre combat du Pas-de-Suse en 1630. Ayant comploté contre Richelieu, il fut enfermé à la Bastille de 1631 à 1643. Il a laissé d'intéressants *Mémoires* sur sa vie (de 1598 à 1631) et le récit de ses ambassades en Espagne, en Suisse et en Angleterre.

BEAUFORT (François de Vendôme, duc de), 1616-1659. Petit-fils d'Henri IV et de Gabrielle d'Estrées par son père César de Vendôme, il participa aux sièges de Corbie, d'Hesdin et d'Arras ; et fut distingué par Anne d'Autriche, après la mort de Louis XIII. Mêlé à la cabale, sinon au complot des Importants visant à assassiner Mazarin, il fut emprisonné à la Bastille. Après son évasion, il se jeta à corps perdu dans la Fronde dont il devint un des principaux chefs. On le surnomma « Roi des Halles ». Réconcilié avec la cour, il combattit les Barbaresques et périt au siège de Candie. Son corps n'ayant pas été retrouvé, on crut qu'il avait échappé à la mort et on l'identifia parfois – sans preuves et sans raisons plausibles – au Masque de fer.

BOUILLON (Frédéric-Maurice de La Tour d'Auvergne, duc de), 1605-1652. Fut d'abord au service des princes d'Orange, ses oncles maternels. Il abjura le calvinisme en 1634. Il seconda le comte de Soissons dans sa révolte contre le cardinal de Richelieu et prit part au combat de La Marfée en 1641. L'année suivante, il fut compromis dans la conspiration de Cinq-Mars et ne recouvra la liberté qu'en livrant la forteresse de Sedan. Il fut ensuite parmi les chefs de la Fronde contre le cardinal Mazarin. Il était le frère du maréchal de TURENNE (voir ce nom).

BROUSSEL ou de BROUSSEL (Pierre), 1575-1654. Conseiller au Parlement de Paris, il manifesta l'opposition la plus virulente aux mesures édictées par Anne d'Autriche et le cardinal Mazarin. Après son arrestation (26 août 1648), le peuple se souleva, dressa des barricades et contraignit la reine à le libérer. Il prit dès lors une part active à la Fronde. Le Parlement le nomma gouverneur de la Bastille. En 1652, les Frondeurs l'élirent prévôt des marchands, élection qui fut promptement annulée par le Conseil du roi.

BUCKINGHAM (George Villiers, duc de), 1592-1628. Favori de Jacques Ier et de Charles Ier d'Angleterre, il devint rapidement baron, puis vicomte, marquis et enfin duc. Grand amiral et grand écuyer, il disposa bientôt de toutes les charges d'Église et d'État, et favorisa outrageusement sa famille. Ambassadeur extraordinaire à Madrid (1623) pour négocier le mariage du prince de Galles et de l'infante Marie, il indisposa les Espagnols et provoqua un conflit. Envoyé en France pour y chercher la princesse Henriette, fiancée de Charles Ier, il eut l'outrecuidance de déclarer sa flamme à la reine de France, Anne d'Autriche, et encourut de ce fait la haine de Louis XIII et du cardinal de Richelieu. Il incita, par dépit, Charles Ier à soutenir les Rochelais. Sa défaite dans l'île de Ré lui aliéna l'opinion anglaise. Charles Ier lui conserva néanmoins sa faveur et lui confia le commandement d'une seconde expédition en faveur des Rochelais. Buckingham fut assassiné par un fanatique avant son embarquement.

CARIGNAN, voir SAVOIE.

CHAVIGNY (Léon Le Bouthilier de), 1608-1646. Succéda à son père, Claude Le Bouthilier, comme ministre des Affaires étrangères. Il signa les traités d'alliance avec la Suède et les Provinces-Unies, et fit prévaloir l'influence française à Turin (1640). Son opposition au cardinal Mazarin provoqua sa disgrâce en 1643.

CHEVREUSE (Marie de Rohan-Montbazon, duchesse de), 1600-1679. Fille d'Hercule de Rohan, duc de Montbazon, elle épousa en 1617 le connétable de Luynes, favori de Louis XIII. Veuve en 1621, elle épousa Claude de Lorraine, duc de Chevreuse. Célèbre pour sa beauté et pour son esprit, elle ne cessa d'intriguer. Amie d'Anne d'Autriche, elle fut exilée par le cardinal de Richelieu. Revenue à la cour après la mort de Louis XIII, elle s'allia avec le cardinal de Retz et joua un rôle important pendant la Fronde.

COLBERT (Jean-Baptiste), 1619-1683. Fils d'un marchand drapier, il fut d'abord commis dans les bureaux de Le Tellier, ministre de la Guerre, devint conseiller d'État (1649) et entra au service du cardinal Mazarin qui le chargea de gérer sa fortune. Serviteur zélé, il n'oubliait pas ses propres intérêts et s'enrichit rapidement. Passionné d'ordre mais dévoré d'ambition, il parvint à évincer le surintendant Foucquet et à prendre sa place (1661). Empiétant peu à peu sur les attributions de ses collègues, il remplit les fonctions de principal ministre sans en avoir le titre.

CONDÉ. Branche de la Maison de Bourbon, issue de Louis Ier, prince de Condé, frère d'Antoine de Navarre et oncle d'Henri IV. Chef du parti protestant durant les guerres de Religion, il portait le titre de « Monsieur le Prince ». Il périt assassiné après la bataille de Jarnac (1569). Son fils et successeur, Henri Ier de Condé, combattit aux côtés d'Henri de Béarn, futur Henri IV. On prétendit qu'il avait été empoisonné (1588).

CONDÉ (Henri II, prince de), 1588-1646, fils du précédent. Il se convertit au catholicisme. Marié à Charlotte-Marguerite de Montmorency, il s'enfuit à Bruxelles pour soustraire sa femme aux assiduités amoureuses d'Henri IV. Il revint en France sous la régence de Marie de Médicis, et se mit à la tête des Grands, révoltés contre celle-ci et Concini. Il sut faire payer très cher sa soumission, mais, préparant une nouvelle rébellion, il fut embastillé pendant trois ans. Libéré, il se soumit entièrement au cardinal de Richelieu. Il soutint Anne d'Autriche et le cardinal Mazarin contre les Importants. Il avait hérité de la plus grande partie des biens confisqués à son beau-frère Henri de Montmorency décapité en 1632, notamment du château de Chantilly, qui devint par la suite la principale résidence des Condé.

CONDÉ (Louis II, prince de), le GRAND CONDÉ, 1621-1686, fils du précédent. Appelé DUC D'ENGHIEN ou MONSIEUR LE DUC. Du vivant de son père, il avait été contraint d'épouser la nièce du cardinal de Richelieu, Clémence de Maillé-Brézé. À vingt-deux ans, il remporta la brillante victoire de Rocroy (1643), sur les Espagnols. Il battit ensuite le général bavarois Mercy à Fribourg-en-Brisgau et à Nordlingen (1644, 1645). L'année suivante, il s'empara de Dunkerque. Il subit un échec à Lérida (1647). Sa victoire de Lens en Artois (1648) mit le point final à la guerre de Trente Ans. Pendant les troubles de la Fronde, il prit d'abord le parti de la cour. Puis, s'estimant mal récompensé par Mazarin, il se mit à la tête de la faction des Petits Maîtres et fut emprisonné à Vincennes (1650). Libéré, il partit pour le Midi et s'allia aux Espagnols. Arrêté par Turenne à Bléneau, il fut battu au faubourg Saint-Antoine, tenta maladroitement d'imposer sa dictature à Paris. Abandonné par le Parlement, honni par le peuple, il dut se retirer dans les Pays-Bas (1653) et entra au service des Espagnols. Battu par Turenne à Arras et aux Dunes (1654, 1658), il ne put rentrer en France qu'après la paix des Pyrénées, une des clauses du traité avec l'Espagne prévoyant formellement son pardon. Relégué dans son gouvernement de Bourgogne, il reprit du service en 1668 et conquit la Franche-Comté en trois semaines. Il prit ensuite part à la guerre de Hollande et battit le prince d'Orange à Senef (1674). Après la mort de Turenne, il sauva l'Alsace en stoppant l'invasion de Montecuculli (1675). Ce fut sa dernière campagne. Il se retira à Chantilly, au milieu de ses amis, des poètes et des artistes qu'il protégeait. Bossuet prononça son oraison funèbre.

CONTI (Armand de Bourbon, prince de), 1629-1666. Frère du précédent. Filleul de Richelieu, maladif et contrefait, il fut d'abord destiné à l'Église et pourvu de plusieurs riches abbayes. Cependant, la gloire militaire de son frère aîné excita sa jalousie. Sous l'influence de la duchesse de Longueville, sa sœur, il se jeta dans la Fronde et commanda les troupes du Parlement. Il adhéra ensuite à la cabale des Petits Maîtres et fut emprisonné, par ordre de Mazarin, à Vincennes, puis au Havre, avec Louis II de Condé et le duc de Longueville. Après sa libération, il persista dans son opposition à Mazarin, mais finit par se soumettre et épousa une nièce du cardinal (Anne-Marie Martinozzi). Il fut nommé gouverneur de la Guyenne et commanda une année en Catalogne et en Italie. Après avoir protégé

Molière et sa troupe, il tomba dans la dévotion, comme sa sœur, la duchesse de Longueville. Devenu janséniste, il écrivit un ouvrage contre les spectacles, *Traité de la comédie et des spectacles*. Il écrivit aussi un essai sur *Les Devoirs des grands*.

CROMWELL (Oliver), 1599-1658. Issu d'une famille de gentilshommes campagnards, il mena d'abord une vie déréglée, puis adhéra bientôt au puritanisme le plus intransigeant. Élu député au Parlement en 1628, il se distingua par ses attaques contre le papisme. Les persécutions dirigées par le roi Charles Ier contre les dissidents de la religion anglicane suscitaient alors une émigration massive vers l'Amérique. Cromwell, élu député de Cambridge au Long Parlement (1640), soutint ardemment toutes les mesures visant à restreindre le pouvoir monarchique. La guerre civile lui fraya bientôt les chemins du pouvoir. Les quinze escadrons qu'il forma avec des fermiers des cantons de l'Est (les « côtes-de-fer de Cromwell ») décidèrent des victoires de Marston-Moor (1644) et de Naseby (1645). Opposé au Parlement qui tentait d'imposer la primauté du pouvoir civil, il refusa de licencier son armée et décida de traiter directement avec le roi. Il fit enlever celui-ci et entama des négociations avec lui. Charles Ier s'évada et parvint à gagner l'Écosse qui lui restait favorable. Cromwell remporta sur les troupes royales la victoire de Preston (août 1648). Il entra à Édimbourg et se fit livrer Charles Ier qu'il avait décidé de faire juger. Membre du tribunal, il obtint la condamnation à mort de ce malheureux monarque (27 janvier 1649). Après avoir purgé le Parlement de ses éléments royalistes, il instaura une république. Le Parlement (surnommé le « Parlement croupion ») se révéla incapable de diriger le pays. Cromwell écrasa impitoyablement les Irlandais, puis les Écossais qui avaient reconnu pour roi Charles II. Après ces expéditions, le Parlement croupion fut dispersé. Cromwell mit en place une assemblée de cent quarante membres (*Instrument of Government*) et, n'osant prendre le titre de roi, se contenta de celui de Lord-Protecteur du Commonwealth (16 décembre 1653). Par la suite, il rétablit un Parlement à deux chambres, mais qu'il renvoya bientôt. La dictature de fait qu'il imposait aux Anglais était beaucoup plus dure que la monarchie absolue. Il obtint le droit exorbitant de désigner son successeur, mais ne sut pas doter le nouveau régime de structures solides. En revanche, il eut le mérite d'orienter l'Angleterre vers l'hégémonie maritime et commerciale. En 1657, il s'allia avec la France et les Pays-Bas contre l'Espagne, ce qui valut à l'Angleterre la possession provisoire de Dunkerque (1659). Il avait désigné pour lui succéder son fils Richard Cromwell (1626-1712), qui résilia ses fonctions de Lord-Protecteur en 1659.

ENGHIEN, voir LOUIS II, PRINCE DE CONDÉ.

FABERT (Abraham de), maréchal de France, 1599-1662. D'une famille obscure, il devint soldat à quatorze ans et se distingua au siège de La Rochelle (1627) et au Pas-de-Suse (1629). En 1635, il contribua à arrêter l'invasion de Gallas en Champagne. Il prit part aux sièges de Saverne (1636) et de Landrecies (1637). Il fut ensuite envoyé en Savoie, dirigea les sièges de Chivasso et de Turin, et battit le prince Thomas de Carignan. De retour en France, il assista à la bataille de La Marfée et fut nommé gouverneur de Sedan par Richelieu (1641). Il participa ensuite aux sièges de Collioure et de Perpignan. Promu maréchal de camp, il partit pour l'Italie et s'empara de Porto-Longone et de Piombino. Pendant la Fronde, il garda une indéfectible loyauté envers la cour et aida Mazarin à revenir en France en 1652. Il prit Stenay, sous les yeux du jeune Louis XIV, en 1654. Il fut nommé maréchal de France en 1654. Remarquable technicien des sièges, il inventa les parallèles et les cavaliers de tranchée (que Vauban perfectionna par la suite). Mais il brillait aussi par son désintéressement et son humanité. Une glorieuse figure, injustement oubliée.

FOUCQUET (Nicolas), 1615-1680. Issu d'une riche famille, il fut d'abord maître des requêtes au Parlement de Paris, puis acheta la charge de procureur général (1650). Mazarin le nomma surintendant des finances en 1653, de part avec Servien. Toutefois, à partir de 1654, Foucquet exerça seul cette charge. Pour faire face à la situation financière catastrophique de l'État, il usa de son crédit personnel pour rendre confiance aux traitants et trouver de l'argent à tout prix, non sans commettre de nombreuses irrégularités. Il sauva la monarchie d'une faillite presque certaine, tout en réalisant une énorme fortune, qui lui permit de faire construire le château de Vaux-le-Vicomte. Colbert travailla ardemment à le perdre. Arrêté à Nantes le 5 septembre 1661, il fut condamné au bannissement perpétuel au terme d'un procès de trois ans. Louis XIV changea la sentence en emprisonnement perpétuel. Foucquet fut interné dans la forteresse de Pignerol, où il mourut probablement en 1680.

GONDI. Maison originaire de Florence. Un de ses membres, ANTOINE DE GONDI (1485-1560), passa en France avec Catherine de Médicis, et devint maître d'hôtel du duc d'Anjou, futur Henri III. L'un de ses fils, ALBERT DE GONDI (1522-1602), épousa en 1565 Claude-Catherine de Clermont-Tonnerre, baronne de Retz ; maréchal de France en 1573, il fut l'un des favoris du roi Charles IX et passe pour avoir conseillé la Saint-Barthélemy. De ses deux frères, l'un, CHARLES DE GONDI, mort en 1574, fut maître de la garde-robe et général des galères ; l'autre, PIERRE DE GONDI, fut évêque de Paris et cardinal. Albert avait eu pour fils PHILIPPE-EMMANUEL DE GONDI, 1580-1662, qui fut général des galères en 1598 et se distingua en deux batailles navales : contre les Barbaresques et contre les Rochelais. Après la mort de sa femme, Philippe-Emmanuel quitta le monde et entra dans la congrégation de l'Oratoire. Il est le père du cardinal de Retz (voir RETZ).

HENRIETTE D'ANGLETERRE (Henriette Marie de France), 1609-1669. Fille d'Henri IV et de Marie de Médicis, elle épousa en 1625 le roi Charles Ier d'Angleterre. Catholique intransigeante, elle semble avoir incité son mari à persécuter les protestants. En 1642, elle passa en Hollande pour y lever des troupes, mais dut se réfugier en France en 1644. Après la décapitation de Charles Ier (1649), elle se retira au couvent de Chaillot qu'elle avait fondé. Elle revint briëvement en Angleterre en 1660, lors de l'avènement de Charles II, son fils, puis se fixa définitivement à Chaillot. Bossuet prononça son oraison funèbre.

HENRIETTE ANNE D'ANGLETERRE, DUCHESSE D'ORLÉANS, 1644-1670. Fille d'Henriette d'Angleterre ci-dessus et de Charles Ier, elle épousa en 1661 PHILIPPE D'ORLÉANS, frère de Louis XIV. Délaissée par son mari, quoique belle et spirituelle, elle eut une conduite qui fit jaser la cour. En 1670, Louis XIV lui confia la délicate mission de détacher Charles II d'Angleterre, son frère, de l'alliance hollandaise. Elle y réussit, mais mourut à son retour en France quasi subitement, après avoir bu un verre d'eau de chicorée. On répandit à tort ou à raison qu'elle avait été empoisonnée. Bossuet lui consacra une de ses plus belles oraisons funèbres.

HOCQUINCOURT (Charles de Mouchy, marquis d'), 1599-1658. D'abord fidèle à la régente, il contribua à la victoire de Rethel sur Turenne (1650) et fut nommé maréchal de France. Puis, sous l'influence de belles Frondeuses, Mmes de Châtillon et de Montbazon, il trahit la cause royale et entra au service des Espagnols qui lui confièrent la défense de Dunkerque. Il fut tué en défendant cette place.

INNOCENT X (le bienheureux Giambattista Pamphili), 1574-1655. Pape de 1644 à 1655. Il s'éleva contre les clauses religieuses des traités de Westphalie (1648) et condamna les cinq propositions de Jansenius en 1653 (bulle *Cum occasione*).

JOLY (Guy). Conseiller du roi au Châtelet, devint secrétaire du cardinal de Retz, se brouilla avec lui et rentra dans le parti de la cour. Ses *Mémoires historiques* couvrant la période 1648-1665 forment en quelque sorte le contrepoint des *Mémoires* du cardinal de Retz.

JOSEPH (Père), voir TREMBLAY.

LA FAYETTE (Marie-Madeleine de), 1633-1693. Née Pioche de La Vergne, elle épousa François Motier, comte de La Fayette, frère de Louise de La Fayette qui fut le seul amour de Louis XIII. Veuve très jeune, elle entretint avec le duc de La Rochefoucauld (l'auteur des *Maximes*) une liaison qui dura vingt-cinq ans. Admise à l'hôtel de Rambouillet, elle connut la célébrité avec son roman, *La Princesse de Clèves*. Ses *Mémoires* laissent percer ses opinions d'ancienne Frondeuse.

LA MEILLERAYE (Charles de La Porte, duc de), 1602-1664. Cousin germain du cardinal de Richelieu, il se distingua à l'attaque du Pas-de-Suse et à Carignan. En 1634, il fut nommé grand maître de l'artillerie et maréchal de France en 1639. Il prit aux Espagnols Aire, La Bassée et Bapaume. En 1642, il se rendit maître de la presque totalité du Roussillon. Nommé surintendant des finances en 1648, poste pour lequel il n'avait aucune compétence, il démissionna promptement. Il avait des dons exceptionnels d'ingénieur militaire. Son fils, ARMAND DE LA MEILLERAYE, épousa en 1661 une nièce de Mazarin, Hortense Mancini, et prit le titre de duc de Mazarin après la mort du cardinal.

LA MOTHE-HOUDANCOURT (Philippe de, duc de Cardona), 1605-1657. Il commanda les troupes françaises en Catalogne en 1641, fut fait maréchal de France l'année suivante. Il remporta plusieurs victoires sur les Espagnols, mais échoua devant Lérida (1644) et fut accusé de trahison. Reconnu innocent, il fut renvoyé en Catalogne et se distingua dans sa défense de Barcelone en 1652.

LA PORTE (Pierre de), 1603-1680. Entré au service d'Anne d'Autriche, il fut compromis lors de l'affaire de Buckingham et devint ensuite une sorte d'agent secret de la reine. Arrêté sur ordre de Richelieu, torturé, il n'avoua rien. Après la mort de Louis XIII, il fut comblé de faveurs. Ses *Mémoires*, bien qu'entachés de partialité, sinon même de contrevérités flagrantes, fournissent néanmoins d'utiles renseignements sur l'enfance de Louis XIV.

LA ROCHEFOUCAULD (François VI, d'abord prince de Marsillac, puis à partir de 1650, duc de), 1613-1680.

Marié à quinze ans à Andrée de Vivonne, riche héritière, il se destina d'abord à la carrière des armes. Il fit campagne en Italie avec le grade de mestre de camp. Puis ses intrigues avec Mme de Chevreuse contre Richelieu lui valurent d'être exilé sur ses terres. Rentré en grâce après la mort du cardinal, il oscilla entre son loyalisme envers Anne d'Autriche et ses amitiés dans la faction des Importants. En 1646, il se battit vaillamment en Flandre et fut blessé au siège de Mardyck. Déçu par Mazarin, entraîné par la duchesse de Longueville, il se rangea parmi les chefs de la Fronde. Il tenta de soulever l'Ouest, puis Bordeaux et vit son château de Verteuil rasé par ordre de la cour. Il se distingua au combat de la porte Saint-Antoine et faillit perdre la vue. Il finit par se soumettre et renonça aux aventures. Revenu à Paris, il fréquenta les milieux littéraires, notamment le salon de la marquise de Sablé, et devint l'intime ami de Mme de La Fayette. En 1662, il publia ses *Mémoires sur les brigues à la mort de Louis XIII, les guerres de Paris et de Guyenne et la prison des princes* ; en 1665, ses *Réflexions ou sentences et maximes morales*, qu'il ne cessa de corriger et dans lesquellles s'exprime son caractère désabusé.

LA TOUR D'AUVERGNE. Famille mentionnée dès le XIIe siècle, dont le berceau fut le château de La Tour d'Auvergne (dans le Puy-de-Dôme). Elle se divisa en plusieurs branches, dont certaines illustres. Voir BOUILLON et TURENNE.

LA VIEUVILLE (Charles, marquis puis duc de), 1582-1653. Surintendant des finances en 1623, il se brouilla avec la cour, fut enfermé au château d'Amboise, s'évada et se réfugia à l'étranger. Rentré en grâce en 1628, il intrigua contre Richelieu et dut s'exiler à Bruxelles en 1631. Il revint en France sous le ministère Mazarin et obtint en 1649 la direction des finances avec le titre de duc et pair.

LE TELLIER (Michel), 1603-1685. Remarqué par Mazarin, il fut nommé secrétaire d'État à la Guerre en 1643 et partagea la fortune et les périls du cardinal pendant la Fronde. En 1661, il contribua activement à la chute de Foucquet.

Il amorça ensuite la réforme de l'armée, réforme que parachevа son fils, Louvois, en faveur duquel il résilia sa charge en 1666. Il garda cependant le titre et les fonctions de ministre d'État. En 1677, Louis XIV le nomma chancelier.

LIONNE (Hugues de), 1611-1671. Neveu de Servien, il s'attacha à la fortune de Mazarin et devint ambassadeur. Ministre plénipotentiaire pour le traité des Pyrénées, secrétaire d'État de l'Étranger après le comte de Brienne, il se montra un diplomate habile. Ses négociations assurèrent en partie le succès des premières guerres de Louis XIV. Il a laissé des *Mémoires* d'un grand intérêt historique.

LOMÉNIE DE BRIENNE (Henri-Auguste de), 1594-1666. Succéda à son père dans sa charge de secrétaire d'État en 1615. Louis XIII le nomma gouverneur du château des Tuileries en 1622. Loménie fut ensuite chargé de négocier le mariage d'Henriette de France avec le prince de Galles (futur Charles Ier). Secrétaire d'État aux Affaires étrangères sous le règne de Louis XIV, il a laissé des *Mémoires* surtout anecdotiques, mais utiles à consulter.

LONGUEVILLE (Maison de). Issue de Dunois, bâtard d'Orléans, compagnon de Jeanne d'Arc et comte de Longueville en 1453. Le comté de Longueville fut érigé en duché en 1505.

LONGUEVILLE (Anne Geneviève de Bourbon-Condé, duchesse de), 1619-1679. Fille d'Henri II de Condé et de Charlotte de Montmorency, sœur du GRAND CONDÉ et du prince de CONTI, elle épousa Henri II (voir ci-dessous) duc de Longueville qui avait vingt-quatre ans de plus qu'elle et une maîtresse, la duchesse de Montbazon. Pour complaire à La Rochefoucauld, elle adhéra à la Fronde et s'installa en 1649 à l'Hôtel de Ville de Paris, où elle accoucha d'un garçon, Charles-Paris, fils probable de son amant. Pendant l'emprisonnement de son mari et de ses deux frères, elle essaya de soulever la Normandie dont son mari était gouverneur. Ensuite, elle incita Turenne à traiter avec les Espagnols. En 1652, elle partit pour

Bordeaux avec Condé et tenta de soulever le Midi. Mazarin ayant triomphé, elle se retira du monde et partagea sa retraite entre Port-Royal-des-Champs et les carmélites du faubourg Saint-Jacques.

LONGUEVILLE (Henri II, duc de), 1595-1663. Filleul d'Henri IV, il fut gouverneur de Picardie et de Normandie. Après avoir conspiré contre Richelieu, il fit partie du conseil de régence pendant la minorité de Louis XIV. Sa femme, Anne-Geneviève (ci-dessus), le jeta imprudemment dans la Fronde. Il fut emprisonné avec Condé sur ordre de Mazarin.

LORRAINE (Charles IV, duc de), 1604-1675. Prince irréfléchi et brouillon, il tenta vainement de protéger ses États de l'expansion française ; il eut notamment la maladresse de protéger les adversaires de Richelieu. Pendant la Fronde, il se fit battre par Turenne, qui le battit à nouveau pendant la guerre de Hollande. Ses États lui furent, partiellement et sous condition, rendus par le traité des Pyrénées. Il les perdit à nouveau. Son petit-fils les recouvra provisoirement.

LUXEMBOURG (François Henry de Montmorency-Boutteville, duc de), 1628-1695. Fils posthume du comte de Boutteville décapité pour avoir enfreint l'édit de Louis XIII sur les duels, il s'attacha à la fortune du prince de Condé et combattit à ses côtés pendant la Fronde. Il épousa Madeleine Charlotte, héritière du duché-pairie de Luxembourg dont il prit dès lors le nom et le titre. Remarquable soldat, ses victoires réitérées lui valurent le surnom de « Tapissier de Notre-Dame ».

MAILLÉ-BRÉZÉ. Maison de Touraine mentionnée dès le XIe siècle. Elle était représentée au XVIIe siècle par Urbain de Maillé-Brézé qui épousa une sœur du cardinal de Richelieu. Capitaine des gardes du roi, il fut promu maréchal de France. Ambassadeur en Suède, puis en Hollande, il devint gouverneur de l'Anjou en 1636 et vice-roi de Catalogne en 1642. Il mourut en 1650. Sa fille, Claire-Clémence, avait épousé le futur Grand Condé en 1641.

Son fils, Armand, duc de Fronsac et de Caumont (1619-1646), était chef d'escadre lors du siège de Cadix. Il fut tué devant Orbitello.

MOLÉ (Matthieu), 1584-1656. Procureur général, puis premier président du Parlement de Paris (1640), il s'efforça de jouer un rôle modérateur pendant la Fronde. Il négocia la paix de Rueil (1649) et devint garde des sceaux en 1651. Il a laissé des *Mémoires*.

MONTBAZON, voir CHEVREUSE.

MONTPENSIER (Anne Marie Louise d'Orléans, duchesse de, dite LA GRANDE MADEMOISELLE), 1627-1693. Fille de Gaston d'Orléans, elle était l'une des plus riches héritières d'Europe et rêvait d'épouser Louis XIV. Ses projets d'union avec des rois ou des princes échouèrent. Elle se jeta dans la Fronde, dirigea l'expédition d'Orléans (1652) et fit tirer les canons de la Bastille pour sauver le prince de Condé. Exilée au château de Saint-Fargeau par ordre de Mazarin, elle ne reparut à la cour qu'en 1657. À quarante-deux ans, elle s'éprit follement du beau Lauzun. Louis XIV l'autorisa à épouser celui-ci, en 1681, contre la cession du comté d'Eu et de la principauté de Dombes en faveur du duc du Maine, son fils naturel. Ce mariage ne fut pas heureux. Elle passa ses dernières années dans la dévotion. Elle a laissé des *Mémoires*.

MOTTEVILLE (Françoise Bertaut, dame de), 1621-1689. Veuve de Nicolas Langlois, sieur de Motteville, premier président de la Chambre des comptes de Normandie, femme de chambre d'Anne d'Autriche, elle fut écartée par Richelieu. La reine la rappela après la mort du cardinal. Mme de Motteville reçut ses confidences et celles d'Henriette d'Angleterre. Ses *Mémoires*, d'un exceptionnel intérêt, sont un fidèle miroir de la cour au temps de Mazarin.

NEMOURS (Charles Emmanuel de Savoie, duc de), 1624-1652. Fut l'un des chefs de la Fronde. Il était le beau-frère du duc de Beaufort, qui le tua néanmoins en duel à la suite d'une stupide querelle. Son frère, Henri II de Savoie, duc de Nemours (1625-1659), était archevêque de

Reims ; il démissionna en 1652, rentra dans le monde et épousa Marie, fille du duc de Longueville. La duchesse de Nemours fut reconnue plus tard princesse souveraine de Neuchâtel.

ORLÉANS (Gaston, duc d'), 1608-1660. Frère puîné de Louis XIII, il ne cessa d'intriguer et de comploter contre Richelieu, échouant dans tous ses projets, mais abandonnant lâchement ses complices pour sauver sa vie. Chalais, Ornano, Montmorency, Cinq-Mars, de Thou périrent par sa faute. Réconcilié avec Louis XIII, il devint lieutenant général du royaume pendant la minorité de Louis XIV. Les trois campagnes qu'il dirigea entre 1644 et 1646 (prise de Gravelines, Courtrai et Bergues) le réhabilitèrent quelque peu. Mais, pendant la Fronde, il ne put s'empêcher de conspirer. Mazarin l'exila à Blois jusqu'à la fin de ses jours. Très lettré, Gaston d'Orléans protégea les écrivains et les savants. Il est le père de la Grande Mademoiselle, voir MONTPENSIER.
Le frère de Louis XIV, Philippe d'Anjou (1640-1701), prit le titre de duc d'Orléans après la mort de son oncle Gaston en 1660. Il fut marié en 1661 avec Henriette d'Angleterre et épousa par la suite la princesse palatine (Charlotte-Élisabeth de Bavière).

PAPES (pendant la vie de Mazarin). Paul V (1605-1621). Grégoire XV (1621-1623). Urbain VIII (1623-1644). Innocent X (1644-1655). Alexandre VII (1655-1667).

PARTICELLI (Michel), dit D'EMERY. Italien de Sienne qui s'attacha à la fortune de Mazarin, lequel le nomma contrôleur général des finances en 1643, puis surintendant en 1648. Impopulaire pour avoir remis en vigueur l'édit du Toisé, sacrifié à la vindicte publique, il fut rappelé aux affaires en 1649 et mourut l'année suivante. Particelli avait essayé d'établir une sorte d'équité fiscale, cependant dans le but indirect et inavoué de renflouer le trésor.

PATIN (Guy), 1601-1672. Médecin et savant, il fut élu par deux fois doyen de la faculté de médecine de Paris. Les luttes qu'il soutint contre les partisans de l'antimoine et du quinquina le rendirent célèbre. Son œuvre scientifique est oubliée, mais ses *Lettres* (non destinées à la publication, imprimées après sa mort) sont encore consultées par les historiens. Elles forment un tableau véridique et piquant de la société du temps.

PHILIPPE IV D'ESPAGNE, 1605-1665. Roi de 1621 à sa mort. De même que son père Philippe III, il ne sut gouverner que par ses ministres : Olivarès de 1621 à 1643, Luis de Haro de 1643 à 1661. Il tenta vainement de conserver la Valteline, que Richelieu l'obligea à restituer aux Grisons (1624-1626) et de reprendre les Provinces-Unies dont il dut reconnaître l'indépendance en 1648. L'occupation de l'électorat de Trèves l'entraîna dans un conflit contre la France, qui se solda pour l'Espagne par la perte de l'Artois, du Roussillon et de quatorze villes de la Flandre, du Hainaut et du Luxembourg (traité des Pyrénées, 1659). Il dut en outre faire face à des révoltes : en Catalogne (1640-1652), à Naples (1647-1648) et au Portugal. Le mariage de sa fille, l'infante Marie-Thérèse, avec Louis XIV fit entrer l'Espagne dans l'orbite française. Lettré et mécène, Philippe IV eut le mérite de déceler le génie de Vélasquez.

POTIER DE NOVION (Nicolas), 1618-1672. Devint président au Parlement de Paris en 1645 et soutint vigoureusement les droits de sa compagnie contre Mazarin. Ce fut lui qui proposa de faire application au cardinal d'un arrêt excluant les étrangers de tout ministère. Il se réconcilia pourtant avec Mazarin et devint premier président en 1678. Il fut contraint de démissionner en 1689 pour abus d'autorité.

RETZ (Jean François Paul de Gondi, cardinal de), 1613-1679. Fils d'Emmanuel de Gondi, général des galères sous le règne de Louis XIII. Nonobstant sa foi plus qu'incertaine et ses goûts mondains, il fut destiné à l'état ecclésiastique : dans la perspective de succéder à son oncle, Jean François de Gondi, cardinal-archevêque de Paris. Tout en menant une existence dissipée, il soutint brillamment ses thèses de théologie devant la Sorbonne. Auteur de *La Conjuration du comte Louis de Fiesque*, il s'attira la suspicion de Richelieu. Après la mort de celui-ci, il parvint à se faire nommer coadjuteur de l'archevêque de Paris (1643). Ses talents d'orateur, ses largesses le rendirent promptement populaire et lui gagnèrent le soutien du clergé parisien. Dévoré d'ambition, il ne pouvait que s'opposer à Mazarin. Au début de la Fronde, il proposa sa médiation entre la cour et les Parisiens. Déçu par Anne d'Autriche, il se jeta dans la Fronde, oscillant d'un parti à l'autre et n'ayant en vue que son intérêt personnel. Ami des princes, il ne tarda pas à les trahir : le chapeau de cardinal fut le prix de cette trahison (1652). Suspect à toutes les factions, impopulaire, il fut emprisonné à Vincennes puis au château de Nantes. Quand mourut son oncle, il parvint, par une manœuvre hardie, à se faire reconnaître canoniquement archevêque de Paris. Évadé du château de Nantes, il gagna l'Espagne, puis l'Italie. D'abord soutenu, puis abandonné par le pape, il vagabonda en Europe, menant une vie obscure et quelque peu aventureuse. Après la mort de Mazarin, il put rentrer en France, mais dut se désister de l'archevêché de Paris, recevant en compensation d'opulentes abbayes dont celle de Saint-Denis. Retiré (par ordre) à Commercy, il mena dès lors une vie studieuse et parut s'être converti. Il s'efforça même de payer ses immenses dettes. Ses *Mémoires* le classent parmi les meilleurs écrivains de son temps. Ils rendent compte des différents épisodes de la Fronde avec une apparente mais trompeuse objectivité. Ils sont en réalité un plaidoyer *pro domo*. Cependant, ils contiennent d'admirables portraits (admirables dans la méchanceté) et des scènes décrites avec talent.

ROCHECHOUART (Gabriel, marquis puis duc de), 1600-1675. Gentilhomme de la Chambre de Louis XIII, duc et pair en 1650, il devint gouverneur de Paris en 1669. Il était le père de Mme de Montespan.

SAVOIE (Charles-Emmanuel Ier, duc de), 1562-1630. Surnommé « le Grand ». Enchaîné au parti espagnol par son mariage avec l'infante Catherine, fille de Philippe II, il profita des guerres de Religion pour s'emparer du marquisat de Saluces. Les Ligueurs lui octroyèrent même le titre de comte de Provence. Henri IV, ayant envahi la Savoie et le Piémont, se fit céder le Bugey, le Valmorey et le pays de Gex. Charles-Emmanuel porta ses vues sur Montferrat, Chypre, la Macédoine, la couronne impériale et même le trône de France (en 1593), sans discernement et sans autre motif que sa convoitise. Cette politique désordonnée le discrédita. Son fils, VICTOR-AMÉDÉE Ier (1587-1637) lui succéda. Il épousa Christine ou CHRÉTIENNE de France, fille d'Henri IV. Il combattit néanmoins son beau-frère Louis XIII. Il ne sut ni défendre le Pas-de-Suse ni les principales villes de Savoie et dut signer le traité de Cherasco (1631). Allié à la France contre l'Autriche, il remporta les victoires de Fornavento et de Monbaldone. Ses deux fils, François-Hyacinthe et Charles-Emmanuel II, régnèrent après lui : le premier de 1637 à 1638, le second de 1638 à 1675.

SAVOIE (Thomas-François de), prince de CARIGNAN, 1596-1656. Cinquième fils de Charles-Emmanuel Ier, duc de Savoie. À la tête d'une armée espagnole, il fut vaincu en 1635 par les maréchaux de Brézé et de Châtillon. Mais, deux ans après, il triompha du maréchal de La Force à Saint-Omer. Son ambition le porta à susciter des troubles graves contre sa belle-sœur Chrétienne de France, régente de Savoie pendant la minorité de Charles-Emmanuel II. Réconcilié avec celle-ci, il se mit au service de la France dont il commanda une armée en Italie (1642). Mazarin le nomma grand maître de France après la disgrâce du prince de Condé. Il est le chef de la Maison de Carignan, à laquelle appartint l'infortunée princesse de Lamballe. Voir aussi SOISSONS.

SCHOMBERG (Henri de), comte de NANTEUIL, 1574-1632. Fut successivement ambassadeur en Angleterre, surintendant des finances, grand maître de l'artillerie et membre du Conseil royal. Promu maréchal de France en 1625, il vainquit les Anglais à l'île de Ré pendant le siège de La Rochelle, prit part à la campagne du Piémont, vainquit et captura le duc de Montmorency à Castelnaudary (1632) et devint gouverneur du Languedoc. Son fils, CHARLES DE

SCHOMBERG, DUC D'HALLUIN, 1601-1656, lui succéda dans le gouvernement du Languedoc. Il s'empara de Perpignan en 1642 puis, disgracié, il perdit le gouvernement du Languedoc et obtint, en maigre compensation, celui de Metz et de Verdun. Cependant, Mazarin lui confia le commandement de l'armée qui envahit la Catalogne en 1648. Comme son père, il était maréchal de France.

SCHOMBERG (Frédéric Armand, duc de), 1615-1690. D'origine allemande et d'une famille qui ne semble pas apparentée aux Schomberg ci-dessus, il commença sa carrière militaire en combattant les Impériaux. Il passa en 1650 au service de la France, et contribua à la victoire des Dunes (1658). Envoyé au Portugal, il vainquit les Espagnols à Villaviciosa (1665). Il mena ensuite une campagne victorieuse en Catalogne et fut promu maréchal de France (1675). Il s'exila lors de la Révocation de l'Édit de Nantes. Après avoir été au service de divers princes allemands, il s'attacha à la fortune de Guillaume d'Orange et fut tué à la tête de l'armée d'Irlande à la bataille de La Boyne contre les jacobites.

SÉGUIER (Pierre), 1588-1672, d'une vieille famille de magistrats originaire du Languedoc. Intendant de Guyenne, il devint (1624) président à mortier au Parlement de Paris, puis garde des sceaux et, en 1635, chancelier de France. Pendant la Fronde, Mazarin lui retira provisoirement les sceaux, qui lui furent rendus en 1656. Séguier présida le tribunal qui jugea le surintendant Foucquet. Juriste éminent, il prit une large part à l'élaboration des ordonnances connues sous le nom de Code Louis.

SERVIEN (Abel), MARQUIS DE SABLÉ, 1593-1659. Procureur général au parlement de Grenoble, il fut intendant de Guyenne en 1627, puis fut nommé secrétaire d'État à la Guerre. Éloigné par Richelieu, il revint aux affaires sous le ministère Mazarin et fut l'un des négociateurs des traités de Westphalie. Mazarin le nomma surintendant des finances conjointement avec Foucquet.

SOISSONS (Charles de Bourbon, comte de), 1604-1641. Issu

de la Maison de Condé : son père, Charles de Bourbon, comte de Soissons, était fils puîné de Louis Ier, prince de Condé et de Françoise d'Orléans-Longueville. De même que son père, il complota assidûment contre la branche aînée des Bourbons. Compromis dans la conspiration de Chalais, il passa aux Espagnols et fut tué au combat de La Marfée.

SOISSONS (Eugène Maurice de SAVOIE-CARIGNAN), 1633-1673. Fut colonel-général des suisses et gouverneur de Champagne. Il se distingua à la bataille des Dunes et prit part aux campagnes de Franche-Comté et de Hollande. Promu lieutenant général en 1672. Il avait épousé en 1657 Olympe Mancini, une des nièces de Mazarin, ce qui facilita sa carrière.

TALON (Omer), 1595-1652. D'une vieille famille de magistrats d'origine irlandaise, il devint avocat général au Parlement de Paris en 1632. Excellent jurisconsulte, il brillait aussi par son éloquence débarrassée du jargon habituel au prétoire. Pendant la Fronde, il tenta de défendre les droits du Parlement tout en restant fidèle à la cause royale. Il a laissé des *Mémoires* où la clarté le dispute à l'élégance.

TREMBLAY (François Leclerc du), dit le PÈRE JOSEPH, 1577-1638. Fils d'un président au Parlement, ambassadeur à Venise, et de Marie de La Fayette, il fit de brillantes études (il apprit l'allemand, l'anglais, l'espagnol et l'italien, outre le latin, le grec et l'hébreu), puis visita l'Europe, mena une vie mondaine et commença une carrière militaire. Soudain, il se fit capucin, mais ne tarda guère à mêler la politique à la religion. Devenu l'ami et le confident du cardinal de Richelieu, il lui servit de conseiller et d'agent secret et remplit plusieurs missions officieuses d'une grande importance. Il y gagna le surnom, mérité, d'Éminence grise.

TURENNE (Henri de La Tour d'Auvergne, vicomte de), 1611-1675. Fils puîné d'Henri de La Tour d'Auvergne, duc de Bouillon et prince souverain de Sedan et petit-fils, par sa mère, de Guillaume le Taciturne. Élevé dans la religion protestante et destiné à la carrière militaire, il fit ses premières armes à quatorze ans, au service de ses oncles maternels, Maurice et Henri de Nassau. Il passa en France en 1630 et Richelieu lui donna le commandement d'un régiment d'infanterie. Il prit part aux campagnes sur le Rhin, en Flandre et en Italie. Lieutenant général en 1639, il s'empara de Turin en 1640 et fut promu maréchal de France en 1643 (à trente-deux ans !). Commandant l'armée d'Allemagne, il fut battu par le général Mercy et dut retraiter vers le Rhin. Il remporta ensuite, avec Condé, la victoire de Nordlingen (1645) et s'empara de Trèves. Puis, sous l'influence de la duchesse de Longueville, dont il était épris, il adhéra à la Fronde et combattit même dans les rangs espagnols, mais les royaux le battirent à Rethel (1650) et il ne tarda pas à rentrer dans le devoir. Il fut vainqueur du prince de Condé à Bléneau puis au faubourg Saint-Antoine (1652). Condé étant passé à l'Espagne, il le battit à nouveau à Arras (1654) et aux Dunes (1658), ce qui hâta la conclusion du traité des Pyrénées. En 1660, il fut élevé au grade de « maréchal général des camps et armées de France ». En 1667, il conquit la Flandre en trois mois. Il commandait en 1672 une des armées d'invasion de la Hollande. En 1674, il sauva l'Alsace au terme d'une admirable campagne. Il fut tué par un boulet de canon, à Salzbach, le 27 juillet 1675, alors qu'il livrait bataille à Montecuculi. Louis XIV fit inhumer sa dépouille à Saint-Denis ; Napoléon Ier le fit transférer aux Invalides. On ne sait ce qu'il faut le plus admirer dans Turenne, de sa modestie, de ses qualités humaines ou de ses talents de stratège.

URBAIN VIII (Maffeo Barberini), 1568-1644. Pape de 1623 à 1644. D'une vieille famille de Florence, il succéda à Grégoire XV. Pendant la guerre de Trente Ans, il s'efforça de rester neutre, bien qu'il eût commencé par favoriser le roi de France contre les Habsbourg. Il s'intéressa de fort près aux missions de propagation de la foi, réforma la procédure de canonisation et le bréviaire. Par la bulle *In eminenti* (1642), il condamna l'*Augustinus* de Jansenius. Il pratiqua le népotisme, mais protégea les arts et les sciences. Ce fut sous son pontificat que fut achevée et consacrée la basilique Saint-Pierre. Il fit bâtir la villa de Castel Gandolfo et le palais Barberini.

VENDÔME (César de Bourbon, duc de), 1594-1595. Fils d'Henri IV et de Gabrielle d'Estrées, légitimé en 1595, fait duc de Vendôme en 1598, il épousa la fille du duc de Mercœur, gouverneur de Bretagne et succéda dans cette charge à son beau-père. Ce qui ne l'empêcha pas de conspirer contre Louis XIII et Richelieu. Gravement compromis dans le complot de Chalais, il fut emprisonné, puis libéré, mais perdit son gouvernement et s'expatria. Il ne rentra en France qu'en 1643. À nouveau compromis avec son fils BEAUFORT dans la cabale des Importants, il préféra se réconcilier avec Mazarin et ne participa pas à la Fronde. Il obtint en récompense de sa loyauté (ou de sa neutralité) le gouvernement de Bourgogne en 1651 et la surintendance de la navigation.

VENDÔME (Louis de Bourbon, duc de Mercœur, puis duc de), 1612-1669. Fut nommé vice-roi de Catalogne en 1649. Il épousa Laure Mancini, nièce de Mazarin. Devenu veuf, il entra dans les ordres en 1657, fut promu cardinal. Clément IX l'envoya comme légat en France. Il était le frère du duc de BEAUFORT.

VINCENT DE PAUL (saint), 1580-1660. Issu d'une modeste famille landaise, il fit ses études à Dax et à Toulouse, et fut ordonné prêtre. Pendant les premières années de sa prêtrise, il se montra assez tiède. Mais, capturé par les Barbaresques en 1605, il fut emmené à Tunis, d'où il parvint à s'évader après deux ans d'esclavage. Il se rendit à Rome, où le pape le chargea d'une mission officieuse auprès d'Henri IV. De 1610 à 1612, il fut l'aumônier de la reine Margot et connut alors le monde de la cour. Sous l'influence de Bérulle, il s'orienta vers l'apostolat des campagnes et la réforme du clergé. Il entra au service des GONDI (1613-1625). Tout en s'efforçant d'évangéliser les campagnes les plus déshéritées, il s'intéressait aux forçats et obtint le titre d'aumônier général des galères (1619). Prenant en pitié la misère morale et matérielle de certaines couches populaires, il fonda, avec Louise de

Marillac, la communauté des Filles de la Charité et la confrérie des Dames de la Charité. Simultanément, il œuvrait par ses conférences au redressement intellectuel et spirituel du clergé. Il avait fondé, avec le soutien financier des Gondi, la société des Prêtres de la Mission, qui prirent ensuite le nom de Lazaristes. Il assista, en 1643, aux derniers moments de Louis XIII. Anne d'Autriche lui confia la présidence du Conseil de conscience : il s'appliqua à épurer le haut clergé, sans toujours y parvenir. Pendant la Fronde, bien qu'il eût peu d'estime pour Mazarin, il tenta de rester neutre. Les trésors d'ingéniosité qu'il montra pour nourrir les pauvres préservèrent sa popularité. Vis-à-vis des protestants, il prônait une attitude conciliante, mais manifestait à l'égard des jansénistes une intransigeance absolue. Il fut canonisé en 1737.

BIBLIOGRAPHIE

ALBERT-BUISSON – *Le Cardinal de Retz*, portrait, Paris, 1954.

AUMALE (Duc d') – *Histoire des princes de Condé pendant les XVIe et XVIIe siècles*, Paris, 1885 (T.V).

BADALO-DULONG (Claude) – *Trente ans de diplomatie française en Allemagne. Louis XIV et l'électeur de Mayence : 1648-1678*, Paris, 1956.

BATTIFOL (Louis) – *Le Cardinal de Retz*, Paris, 1927.

BAYARD (Françoise) – *Le Monde des financiers au XVIIe siècle*, Paris, 1988.

BAYARD (Françoise) et GUIGNET (Philippe) – *L'Économie française aux XVIe, XVIIe, XVIIIe siècles*, Gap, 1991.

BÉLY (Lucien), BERCÉ (Yves-Marie), BÉRANGER (Jean), CORVISIER (André), LOUPES (Philippe), KINTZ (Jean-Pierre), MEYER (Jean) et QUATREFAGES (René) – *Guerre et paix dans l'Europe du XVIIe siècle (1618-1721)*, Paris, 1991-1992 (3 vol.).

BÉRANGER (Jean) – *Turenne*, Paris, 1987.

BÉRANGER (Jean) – *Histoire de l'Empire des Habsbourg (1273-1918)*, Paris, 1990.

BERCÉ (Yves-Marie) – *Histoire des croquants.* Étude des soulèvements populaires dans le sud-ouest de la France, Genève, Paris, 1974 (2 vol.).

BERCÉ (Yves-Marie) – *Croquants et nu-pieds : les soulèvements paysans en France du* XVI*e au* XIX*e siècle*, Paris, 1974.

BERCÉ (Yves-Marie) – « Le rôle des Suisses pendant la Fronde : maîtres ou serviteurs ? », *in* : *Cinq siècles de relations franco-suisses*, 1984.

BERCÉ (Yves-Marie) – *La Naissance dramatique de l'absolutisme (1598-1661)*, Paris, 1972.

BERTIÈRE (Simone) – *La Vie du cardinal de Retz*, Paris, 1990.

BLUCHE (François) – *Louis XIV*, Paris, 1986.

BORDONOVE (Georges) – *Foucquet coupable ou victime ?* Paris, 1976.

BORDONOVE (Georges) – *Louis XIII* (Les Rois qui ont fait la France), Paris, 1981.

BORDONOVE (Georges) – *Louis XIV* (Les Rois qui ont fait la France), Paris, 1982.

BOUGEANT (le P.) – *Histoire des guerres et des négociations précédant le traité de Westphalie, sous le règne de Louis XIII et les ministères du cardinal de Richelieu et du cardinal Mazarin*, composée sur les *Mémoires* du comte d'Avaux, Paris, 1727-1744 (6 vol.).

BRAUDEL (Fernand) et LABROUSSE (Ernest), sous la direction de – *Histoire économique et sociale de la France*, t. II, Paris, 1970-1977.

BRAUDEL (Fernand) – *Civilisation matérielle, économie et capitalisme (XVe-XVIIIe siècle)*, Paris, 1979 (3 vol.).

BRIENNE (Henri-Auguste de), dit « le Père » – *Mémoires*, Paris, 1838 (2 vol.).

BRIENNE (Louis-Henri de), dit « le Jeune », *Mémoires*, Paris, 1828.

CAMPION (Henri de) – *Mémoires*, Paris, 1967.

CARRIER (Hubert) – *La Presse de la Fronde (1648-1653) : les Mazarinades*, t. 1, Genève, Paris, 1989.

CASTELNAU (Jacques) – *Retz et son temps*, Paris, 1955.

CHAUNU (Pierre) – *La Civilisation de l'Europe classique*, Paris, 1984.

CHÉRUEL (Adolphe) – *Histoire de France pendant la minorité de Louis XIV*, Paris, 1879-1880 (4 vol.).

COGNET (Louis) – *Le Jansénisme*, Paris, 1991.

CORVISIER (André) – *Armées et sociétés de 1494 à 1789*, Paris, 1976.

DEBÛ-BRIDEL (Jacques) – *Anne-Geneviève de Bourbon, duchesse de Longueville*, Paris, 1938.

DESSERT (Daniel) – « Pouvoir et finance au XVIIe siècle : la fortune du cardinal Mazarin », *in* : *Revue d'Histoire moderne et contemporaine*, t. XXIII, 1976 (20 p.).

DESSERT (Daniel) – *Argent, pouvoir et société au Grand Siècle*, Paris, 1984.

DESSERT (Daniel) – *Louis XIV prend le pouvoir. Naissance d'un mythe*, Paris, 1989.

DESSERT (Daniel) – *Foucquet*, Paris, 1987.

DETHAN (Georges) – *Mazarin, un homme de paix à l'âge baroque (1602-1661)*, Paris, 1981.

DETHAN (Georges) – *Gaston d'Orléans, conspirateur et prince charmant*, Paris, 1959.

DUBUISSON-AUBENAIS – *Journal des guerres civiles, 1648-1652*, Paris, 1883-1885, 2 vol.

DUBY (Georges), sous la direction de – *Histoire de la France rurale. L'âge classique des paysans*, Paris, 1975, t. II.

DULONG (Claude) – *Anne d'Autriche, mère de Louis XIV*, Paris, 1980.

DULONG (Claude) – *Le Mariage du Roi-Soleil*, Paris, 1986.

DULONG (Claude) – *La Fortune de Mazarin*, Paris, 1990.

DULONG (Claude) – *Marie Mancini, la première passion du Roi-Soleil*, Paris, 1993.

FEDERN (Karl) – *Mazarin*, Munich, 1922, trad. de l'allemand, Paris, 1934 et 1979.

GOUBERT (Pierre) – *La Vie quotidienne des paysans français au XVIIe siècle*, Paris, 1982.

GOUBERT (Pierre) – *Mazarin*, Paris, 1990.

GOULAS (Nicolas) – *Mémoires*, Paris, 1879 (3 vol.).

GOURVILLE (Jean Hérault de) – *Mémoires*, Paris, 1838.

GUALDO PRIORATO (G.) – *Storia del ministerio del cardinale Giulio Mazzarino*, Cologne, 1669 (3 vol.).

GUTH (Paul) – *Mazarin*, Paris, 1972.

HILDESHEIMER (Françoise) – *Le Jansénisme en France aux XVIIe et XVIIIe siècles*, Paris, 1992.

JANSEN (Paule) – *Le Cardinal Mazarin et le Mouvement janséniste français, 1653-1659*, Paris, 1967.

JARRY (Louis) – *Les Suites de la Fronde. La Guerre des sabotiers de Sologne et les Assemblées de la noblesse, 1653-1660*, Orléans, 1980.

JOLY (Guy) – *Mémoires*, Paris, 1838.

JOUHAUD (Christian) – *Les Mazarinades : la Fronde des mots*, Paris, 1985.

KLEINMAN (Ruth) – *Anne d'Autriche*, Columbus, 1985, et trad. franç., Paris, 1993.

LA CHÂTRE (comte de) – *Mémoires*, Paris, 1838.

LACOUR-GAYET (Georges) – *L'Éducation politique de Louis XIV*, Paris, 1898.

LA GUETTE (Mme de) – *Mémoires*, Paris, 1982 (éd. Moreau, 1856).

LA PORTE (Pierre de) – *Mémoires*, Paris, 1839.

LA ROCHEFOUCAULD (duc de) – *Mémoires*, Paris, 1838.

LASSAIGNE (Jean-Dominique) – *Les Assemblées de la noblesse de France aux XVIIe et XVIIIe siècles*, Paris, 1962.

LAURAIN-PORTEMER (Madeleine) – *Études mazarines*, Paris, 1981.

LAVISSE (Ernest) – *Histoire de France*, t. VII : *Louis XIV, la Fronde. Le Roi. Colbert (1643-1685)*, Paris, 1905.

LEFEBVRE (Pierre) – « Aspects de la fidélité en France au XVIIe siècle, le cas des agents du prince de Condé », *in* : *Revue historique*, Paris, 1973 (47 p.).

LEFEBVRE (médecin-général Pierre) – *Notre-Dame du Val-de-Grâce*, Paris, 1991.

LE MOËL (Michel) – *La Grande Mademoiselle*, Paris, 1994.

LE ROY LADURIE (Emmanuel) – *L'Ancien Régime, de Louis XIII à Louis XV, 1610-1770*, Paris, 1991.

LORRIS (Georges) – *La Fronde*, Paris, 1961.

LOUIS XIV – *Mémoires*, Paris, 1992, prés. P. Goubert.

MADELIN (Louis) – *Une révolution manquée : la Fronde*, Paris, 1931.

MALO (Henri) – *Le Grand Condé*, Paris, 1937 et 1980.

MANCINI (HORTENSE, duchesse de Mazarin et MARIE, princesse Colonna) – *Mémoires*, Paris, 1965.

MAZARIN (cardinal Jules) – *Lettres*, éd. Chéruel-d'Avenel, Paris, 1872-1906 (9 vol.).

MÉTHIVIER (Hubert) – *La Fronde*, Paris, 1984.

MOLÉ (Matthieu) – *Mémoires*, Paris, 1855-1857 (4 vol.).

MONGRÉDIEN (Georges) – *Le Grand Condé*, Paris, 1959.

MONTPENSIER (Anne Marie Louise d'Orléans, duchesse de), la Grande Mademoiselle – *Mémoires*, éd. Chéruel, Paris, 1856-1859 (4 vol.).

MOTTEVILLE (Mme de) – *Mémoires*, Paris, 1806 (6 vol.).

MOUSNIER (Roland) – *Les XVIe et XVIIe siècles*, Paris, 1992 (rééd.).

MURAT (Inès) – *Colbert*, Paris, 1980.

ORMESSON (Olivier Lefebvre d') – *Journal*, éd. Chéruel, Paris, 1860-1861 (2 vol.).

PATIN (Guy) – *Lettres du temps de la Fronde*, Paris, 1921.

PETITFILS (Jean-Christian) – *Louis XIV*, Paris, 1995.

POISSON (Georges) – *Monsieur de Saint-Simon*, Paris, 1973.

RETZ (Paul de Gondi, cardinal de) – *Œuvres*, Paris, 1870-1896 (10 vol.).

SAINT-AULAIRE (comte de) – *Histoire de la Fronde*, Paris, 1827 (3 vol.).

SAINT-SIMON (Louis de Rouvroy, duc de) – *Mémoires*, éd. Boislile, Paris, 1879-1930 (43 vol.) ; éd. Chéruel et Régnier (22 vol.), 1923.

TALLEMANT DES RÉAUX – *Historiettes*, Paris, 1960-1961 (2 vol.).

TALON (Alain) – *La Compagnie du Saint-Sacrement, spiritualité et société (1629-1667)*, Paris, 1990.

TAVENEAUX (René) – *La Vie quotidienne des jansénistes aux XVIIe et XVIIIe siècles*, Paris, 1985.

TURENNE (Henri de La Tour d'Auvergne, vicomte de) – *Mémoires contenant l'histoire de sa vie depuis l'année 1643 jusqu'en 1659*, Paris, 1838.

VAST (Henri) – *Les Grands Traités du règne de Louis XIV*, Paris, 1893.

VILLAIN (Jean) – *Mazarin, homme d'argent*, Paris, 1956.

*
* *

Mazarin, ouvrage collectif sous la direction de Georges Mongrédien, Paris, 1959.

TABLE DES MATIÈRES

Achevé d'imprimer en mai 1997
sur presse Cameron
par **Bussière Camedan Imprimeries**
à Saint-Amand-Montrond (Cher)
pour le compte de France Loisirs
123, boulevard de Grenelle, Paris

Cet ouvrage a été imprimé
sur du papier sans bois et sans acide

N° d'édition : 28208. N° d'impression : 4/564.
Dépôt légal : mai 1997.

Imprimé en France